KB202674

인돈· 인사례 자료집

인돈학술총서 7
인돈·인사례 자료집

2024년 1월 30일 처음 펴냄

지은이 | 한남대학교 인돈학술원 편
옮긴이 | 최영근·이종태
펴낸이 | 김영호
펴낸곳 | 도서출판 동연
등 록 | 제1-1383호(1992년 6월 12일)
주 소 | 서울시 마포구 월드컵로 163-3
전 화 | (02) 335-2630
팩 스 | (02) 335-2640
이메일 | yh4321@gmail.com
인스타그램 | instagram.com/dongyeon_press

Copyright ⓒ 한남대학교 인돈학술원, 2024

ISBN 978-89-6447-689-5 94230
ISBN 978-89-6447-688-8 (인돈학술총서)

이 책은 2023년 대한민국 교육부와 한국연구재단의
대학혁신지원사업의 지원을 받아 제작되었음.

인돈학술총서 7

William A. Linton & Charlotte B. Linton

| 인돈 · 인사례 자료집 |

한남대학교 인돈학술원 편

최영근 · 이종태 옮김

최영근 역주

동연

기념사

이광섭 | 한남대학교 총장

인돈(William A. Linton) 박사님은 미국남장로교단(PCUSA) 파송 선교사로 1912년 대한민국의 암흑 같은 시대인 일제 강점기에 21세의 젊은 나이로 한국에 입국하셨습니다. 처음에는 호남지역에 있는 전주 신흥학교와 기전여학교 교장을 지내시며 교육과 복음 전도를 담당하셨지만 신사참배 거부로 일제에 의해 강제 출국 조치를 당하셨습니다. 그리고 한국전쟁 이후 다시 한국을 찾아 미국남장로교단의 숙원사업이었던 대학 설립의 총책임을 맡고 그 어느 때보다 제대로 된 고등교육 시스템이 필요한 전후 혼란기에 젊은이들의 통전적 계몽과 성숙을 위해 필사의 노력을 다하셨습니다. 이때 인돈 박사님께서는 전후 혼란스러운 한국교회와 사회를 위해 미래의 지도자가 될 인재를 양성하는 일이 전쟁의 폐허에서 나라의 재건과 회복을 위해 가장 절실하고 중요한 부분이라고 생각하며 당시 광야 같던 오정골에 대전대학교(현 한남대학교)를 설립하고 초대 학장을 역임하셨습니다.

인돈 학장님은 이처럼 일제 강점기부터 전후 혼란기의 가장 큰 위기와 변화의 순간을 우리나라와 함께한 오래된 친구이자, 한국 교회의 신실한 동역자, 기독교 대학 설립에 이바지한 대한민국 고등교육 발전의 공로자로 생을 헌신한 큰 인물이었습니다. 대한민국 정부는 인돈 학장님의 독립운동과 인재 양성 그리고 사회정의 구현에 앞장선 공을 인정하여 2010년 건국훈장 애족장을 추서하였으며, 2022년에는 '3월의 독립운동가'로 선정하였습니다. 한남대학교는 이와 같은 인돈 학장님의 숭고한 사랑과 교육 철학을 계승하여 그분이 남기신 5가지 교육 지침을 모든 강의실에 게시하고 수업 운영의 기본 지침으로 따르고 있습니다. 인돈 학장님의 5가지 교육 지침은 아래와 같습니다.

하나, 수업은 정시에 시작한다(Begin classes on time).

둘, 수업은 정시에 끝낸다(End classes on time).

셋, 모든 학생에게 과목마다 숙제를 내준다(Homework for every student every class).

넷, 교수와 학생은 결강하지 않는다(Professors and students attend every class).

다섯, 기독교 분위기를 유지한다(Christian atmosphere).

위 5가지 교육 지침은 간단해 보이지만 매우 본질적이고 높은 수준의 교육 지침입니다.

이로 인해 인돈 학장님의 교육에 대한 확고한 철학과 창학이념이 지금까지 한남대학교 캠퍼스 곳곳에서 매일 실현되고 있습니다.

여느 한국인보다 깊이 한국을 사랑하고 그리워하셨던 인돈 학장님과 사모님 인사례 선교사님의 생전 기록물들을 체계적으로 정리한 자료집이 곧 번역 출간된다는 소식에 매우 반갑고 기대가 큽니다. 인돈 학장님 전기와는 다르게 이번에 번역 출간되는 자료집에는 인돈 학장님께서 생전 친필로 남기신 각종 편지, 기고문, 신문기사와 더불어 주변 동료들의 회고록 등 인돈 학장님의 삶을 실제적이고 다각적으로 조망해볼 수 있는 특별한 자료들을 실었습니다. 그에 더해 오랜 기간 많은 분의 관심과 애정으로 만들어진 결과물이라고 하니 더욱 특별한 의미가 있습니다. 실제로 사모님이신 인사례 선교사님과 그분의 며느리 인애자 선교사님께서 생전에 직접 정리한 자료들을 인돈학술원에서 여러 차례 학술세미나를 통해 1차적으로 정리하였고, 이를 최영근 인돈학술원장님과 이종태 교수님께서 탁월한 번역 작업으로 완성시키셨습니다. 이 자료집은 인돈 학장님께서 지난 40여 년간의 한국 생활에서 보여주셨던 얼과 정신을 되새겨 볼 수 있는 생애사적 기록물이자, 기독교를 제외하고는 설명할 수 없는 한국 근대 사회 발전상을 살펴볼 수 있는 특별한 역사적 사료가 될 것입니다. 이와 같은 자료집을 통해 인돈 학장님의 한국에 대한 남다른 애정과 선교 활동을 엊그제 일처럼 생생하게 경험하고, 또 무엇보다도 선교 활동에 깃든 그분의 심원하고 숭고한 선교 정신과 삶의 철학을 다시금 깨달을 수 있게 된 것은 매우 감동스럽고 감사한 일입니다.

덧붙여, 인돈 학장님의 생애 기록을 담은 이 자료집이 국내 독자들에게 한국의 선교 역사와 함께 격동기 한국 사회의 발전사를 조망하고 이해하는 데 큰 도움을 줄 것으로 기대합니다. 그리고 초창기 미국 선교사들이 보여준 그리스도의 참사랑을 조금 더 가까이에서 경험하는 특별한 기회를 줄 것입니다. 아울러 교파와 정파를 초월한 그리스도의 사랑으로 대한민국의 미래를 함께 만들어갈 교계 지도자와 사학자, 교육자와 모든 평신도는 물론이고 한국 근대사에 관심을 가진 많은 일반 독자에게도 유익한 정보를 제공해줄 것으로 확신합니다. 다시 한 번 인돈 학장님께서 펼치신 선교사역의 여정을 방대한 자료에 입각하여 세밀하고 생생하게 소개하고, 그 숭고한 의미를 깊이 있게 조명해주신 최영근 인돈학술원장님과 이종태 박사님의 노고에 진심으로 감사드립니다.

발간사

최영근 | 한남대학교 인돈학술원장

　　인돈·인사례 자료집이 원문과 우리말 번역으로 출간되어 기쁘게 생각합니다. 이 책은 인돈(William A. Linton)과 인사례(Charlotte B. Linton) 선교사의 선교 편지, 잡지와 신문 기고문, 신문기사, 인애자(Lois Betty F. Linton) 선교사의 인돈 전기, 동료 선교사들의 회고록 등의 귀중한 자료들을 포함하고 있습니다. 이 책의 대부분은 인사례 선교사가 정성스럽게 모은 자료들과 인애자 선교사가 추가한 자료들입니다. 그들의 수고가 없었다면 인돈·인사례 선교사가 간직하며 살았던 생각과 소중한 이야기들이 우리에게 전달되기 어려웠을 것입니다. 그분들의 생각과 기억, 믿음과 소망, 헌신과 사랑은 자녀들은 물론, 그분들을 기억하는 사람들과 그들의 영향 아래 살아가는 기독교 기관들과 신앙공동체들에도 큰 의미를 갖습니다. 역사는 어제를 들여다보는 창(窓)인 동시에, 오늘을 이해하는 열쇠이고, 내일을 향해 나아가는 문입니다. 그분들이 남긴 글이 역사의 자료가 되어서 오늘 우리의 시점에서 과거를 기억하고 미래를 조성(造成)해나가는 원동력이 되리라 믿습니다.

인돈 선교사는 1912년에 내한할 당시 21세로 남장로회 선교사 가운데 가장 젊었습니다. 일제강점기에 군산과 전주에서 교육 선교와 복음 전도를 담당하였고, 한국전쟁 이후에는 대전에 남장로회 대학을 설립하는 책임을 맡아서 그 결과로 세워진 한남대학교의 초대 총장을 맡았습니다. 1940년에 선교사들이 일제의 압력으로 대거 철수한 후 그리고 한국전쟁의 혼란기를 겪으며, 이전 시기의 선임 선교사들은 대부분 은퇴하였습니다. 그런 상황에서 해방 이전과 이후 남장로회 한국 선교의 연결고리 역할을 한 인물이 인돈 선교사였습니다. 그는 해방 이후 남장로회 한국 선교를 재건하고 새로운 틀을 짜는 데 주도적인 역할을 했고, 선교회의 최대 역점 사업이었던 대학 설립을 이끌었습니다. 또한 한국전쟁 이후 선교지에 새로 들어온 젊은 선교사들의 멘토로서, 한국 선교의 맥을 잡아주는 역할을 하였습니다. 그러한 면에서 인돈 선교사는 미국 남장로회 한국 선교를 대변하는 분이라고 평가할 수 있습니다.

인사례 선교사는 남장로회의 목포 스테이션과 광주 스테이션을 개척하며 전남지역 기독교의 선구자 역할을 한 유진 벨(Eugene Bell, 배유지) 선교사의 딸이었습니다. 그는 목포에서 어머니 로티 벨(Charlotte Witherspoon Bell)을 여읜 뒤에, 한국에서 선교 활동을 하는 아버지와 떨어져 미국에서 자라났습니다. 대학 졸업 후 1922년에 그녀는 인돈 선교사와 결혼하며 선교사로 내한하였고, 1960년에 인돈 선교사가 사망한 이후에도 1964년까지 목포에서 선교 활동을 하다가 은퇴했습니다. 여성 선교사로서 인사례의 정체성과 헌신을 보여주는 대목이기도 합니다. 이 책이 인돈·인사례 선교사의 비전과 기도, 헌신과 열정을 읽을 수 있는 자료를 제공하여 독자들에게 감동과 도전을 줄 것이라 기대합니다.

이 책을 발간하면서 지난 2023년 9월 7일 향년 96세로 노스캐롤라이나 주 몬트리트에서 하나님의 부르심을 받은 인애자 선교사님을 8월 4일에 마지막으로 찾아뵌 기억이 떠오릅니다. 산소호흡기의 도움을 받아 마지막 숨을 쉬고 계시면서도 고향 땅 순천을 그리워하며, 한국교회와 한국을 사랑하는 마음을 방문자에게 따뜻한 사랑과 기도로 전해주셨습니다. 그 방에는 순천에서 농촌선교와 도서(島嶼)선교, 결핵진료소와 재활센터를 세워 환우들을 치료하며 복음을 전하다가 불의의 교통사고로 1984년에 소천한 남편 인휴(Hugh M. Linton) 선교사의 젊을 때 사진이 걸려 있었습니다. 인휴·인애자 선교사 부부는 한국전쟁이 끝난 직후 1953년에 한국 선교사로 임명을 받아 1954년에 내한하여 순천에서 선교 활동을 하였습니다. 인애자 선교사는 1993년에 은퇴하여 몬트리트로 돌아올 때까지 인휴 목사를 이어 결핵진료소와 결핵요양원 사역을 감당하면서 교회는 물론 지역사회에도 커다란 공헌을 하였습니다. 시부모님인 인돈과 인사례의 생애를 잘 보전하려고 누구보다 수고한 이가 바로 며느리 인애자 선교사였습니다. 이 책이 조금 더 일찍 발간되었으면 좋았으리라는 아쉬움이 남습니다. 인애자 선교사는 평소에 본인이 원했던 대로, 순천 결핵요양원 내 인휴 선교사 묘지 옆에 안장되어 이 땅에 묻혔습니다. 이렇게 선교사들은 떠나고 사라져도 그들을 통해 이루신, 그들과 함께하신 하나님의 역사는 생생히 남아 생명을 이어간다고 믿습니다. 이 책도 그들이 심은 씨앗 중 하나가 결실한 열매라고 생각하며 이 자료를 모으는 데 수고하신 인사례 선교사와 인애자 선교사를 기억하며 감사의 마음을 갖습니다.

인사례의 아버지 유진 벨(Eugene Bell) 선교사에서 시작하여 인돈·인사례 선교사 가문은 1895년부터 한국인과 한국교회를 위해 봉사한 분들입니다. 선조들의 신앙과 헌신을 기억하면서 지금도 여러 모양으로 한국인을 위해, 북한 주민을 위해 그리고 하나님 나라의 확장을 위해 수고하는 인돈 가문의 자손들에게도 감사를 전하며 이 책을 헌정(獻呈)합니다.

미국 남장로회 선교역사 자료를 연구하고 그 정신을 계승하는 일에 앞장서는 인돈학술원이 '인돈·인사례 자료집'을 이제야 번역·출간하게 되어 만시지탄(晚時之歎)을 느낍니다만, 이제라도 여러분들의 도움으로 출간하게 되어 감사합니다. 말 그대로, "Better late than never!"

이 책이 출간되기까지 많은 이의 노고가 있었습니다. 역대 인돈학술원장님들께서 선교 자료들을 보존하면서, 연구를 위한 기초자료집을 만들고, 인돈학술세미나를 통해 연구 결과물을 내고, 인돈학술총서를 발간하는 일들을 이어오지 않았다면, 이 자료집의 발간은 불가능했을 것입니다.

누구보다 공동번역자로 수고해주신 이종태 교수님에게 감사를 전합니다. 이 교수님은 그동안 C. S. 루이스를 비롯하여 많은 기독교 저술을 생생하고 의미 깊게 번역하는 작업을 하셨는데, 이번에 인돈·인사례 선교 편지의 영어 원문을 손수 입력하고, 우리말로 꼼꼼하게 번역하느라 노고가 많았습니다. 편지의 의미를 잘 살려낸 훌륭한 번역 덕분에 인돈 선교사 내외분이 옆에서 말씀하시는 이야기를 듣는 듯한 느낌을 받습니다. 또한 이 책의 인쇄본을 교정하는 데 도움을 주신 인돈학술원 전문위원 송현강 교수님과 행정업무와 더불어 영어 원문을 입력하고 교정하느라 수고한 인돈학술원 곽성도 조교에게도 감사를 전합니다.

이 책은 한남대학교 인성플러스센터가 학생들에게 창학정신을 계승하는 인성교육을 하는 데 필요한 교육자료로 활용하기 위해 대학혁신사업비 예산의 일부를 지원해주셔서 발간에 큰 도움을 받았습니다. 이 책의 발간을 적극적으로 지원해주신 한남대학교 이광섭 총장님과 반신환 교목실장님 그리고 인성플러스센터 실무자로서 발간에 협력하신 연구교수 김효석 박사님에게도 감사의 말씀을 전합니다.

무엇보다 인돈학술원에 기탁한 후원자들의 발전기금이 없었다면 이 책의 발간을 시도하지 못했을 것입니다. 후원자들의 발전기금이 이 책의 제작에 결정적인 도움이 되었습니다. 인돈학술원 발전기금을 기탁해주신 후원자들에게 깊은 감사를 전합니다.

아무쪼록 이 책이 한남대학교 학생들의 인성교육과 연구자들의 학술연구와 한국교회의 신앙교육에 두루 사용되기를 바랍니다. 한남대학교 학생들과 교직원은 물론, 인돈·인사례 선교사의 삶을 기억하는 분들에게 소중한 자료로 활용될 것이라 기대합니다. 또한 코로나 팬데믹 이후와 탈종교화 시대에 기독교의 위기를 경험하고 있는 한국교회가 선교의 초심을 회복하고, 우리가 처한 시대와 사회 속에서 빛과 소금의 역할을 감당하기 위한 역사적 혜안을 발견하는 사료로 이 책이 조금이나마 기여할 수 있기를 소망합니다.

목 차

2부. 인돈 기고문·인돈 관련 기사·회고록

인돈·인사례
화보

❶ 1912년 9월 일본 고베 신임 선교사 시절
❷ 여름 지리산에서 휴양하는 인돈 부부
❸ 1923년 6월 유진벨 선교사와 인돈 부부
❹ 1926년 보모와 함께
❺ 1926년 윌리엄(첫째), 유진(둘째),
　 휴(셋째)와 함께
❻ 1930년 안식년 기간 중 애틀랜타

❼ 칼리 이모와 네 자녀
❽ 1930년대 중반 가족사진
❾ 1940년대 인돈 부부
❿ 1954년 대학설립위원(조요섭, 서의필, 김기
　 수, 인사례, 인돈, 미철)
⓫ 인돈·인사례 묘비. 노스캐롤라이나 블랙마운틴

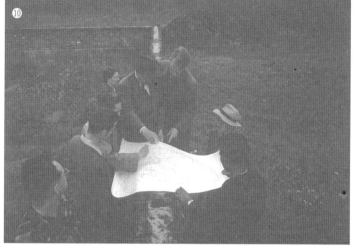

1부

인돈·인사례
선교 편지

Dear folks:

There are so many people that Mr. Linton and I would like to write to and from whom we wish we could hear oftener, that we are going to write circular letters once in a while. This is the first time that I have taken advantage of the offer of our committee to manifold letters and send them on to you.

Maybe some of you have not kept up with us so I will tell you some general things about our life here. Mr. Linton, as you know, has charge of the mission school for boys here. He has three hundred boys in school in all the grades from beginners up thru the third year high school. These boys come from all the surrounding territory as well as from the nearby villages and the port of Kunsan, about a mile away. There are eight Korean teachers, and Mr. Linton teaches Bible and English. The curriculum includes most of the subjects American boys study besides Japanese, Chinese, and Bible. The boys play base ball, foot ball, and tennis and one of the big events of the year is their Field Day. They are just about like a bunch of boys in America, except that they are older on the average and some of them are married! I always feel sorry for the wives of the boys who are away at school, for often they would like too

아시아, 조선, 군산

1924년 10월 25일

친애하는 여러분께,

많은 분과 더 자주 소식을 주고받고 싶은 마음에 린튼 씨와 저는 종종 회람용 편지를 쓰려고 합니다. 그래서 이렇게 처음으로 선교 편지를 다량으로 발송해주는 위원회의 서비스를 이용해 편지 사본들을 만들어 여러분께 보내드리는 바입니다.

아직 저희 최근 소식을 접하지 못한 분들이 계실 것 같아 이곳에서의 저희 생활에 대해 대략 말씀드리고자 합니다. 아시겠지만, 린튼 씨는 남학생을 위한 미션 스쿨의 책임자로 일하고 있습니다. 학교에는 최저 학년부터 고등 3학년까지 전 학년에 걸쳐 3백여 명의 학생들이 다닙니다. 학생들은 가까운 마을들뿐 아니라, 1마일 정도 떨어진 군산항을 비롯해 사방 각 지역에서 옵니다. 한국인 교사 여덟 분이 계시고, 린튼 씨는 성경과 영어를 가르칩니다. 커리큘럼은 미국 소년들이 배우는 과목 대부분을 비롯해 일본어, 중국어, 성경도 포함하고 있습니다. 학생들은 야구, 풋볼, 테니스도 하는데, 가장 큰 연중행사 중 하나가 운동회입니다. 여기 학생들도 미국의 남학생들과 다를 바 없는데, 다만 평균적으로 나이가 더 많고, 심지어 결혼한 학생들도 있습니다! 저는 학교에 와 있는 남학생들의 아내들을 생각하면 늘 마음이 아픈데, 그들은 공부하고 싶어도 형편 때문에 그러지 못하고 있는 경우가 많기 때문입니다. 그 남학생들에 대해서도 안쓰러움을 느끼는데, 학교에 갔다 오는 그들을 아내들이

study to but they can not, and I feel sorry for the boys too for they naturally often find their wives uncongenial after they have been to school.

Our school is poorly equipped and unless we can improve the standards from a material point of view, many of the boys will go to government schools whose certificate counts for more in the business world than a diploma from our school does now. Just in the last few months the Japanese government has offered mission schools a form of recognition that will allow them to continue to teach Bible as a regular part of the curriculum. If we can bring our school up to the government's requirements for this recognition, our graduates will have an equal chance with other school graduates in getting good positions and in entering higher institutions of learning.

I have told you all this about the school because, althou I have no real connection with it, of course it is the part of the work here that interests me most. My assignment is "Language study and local evangelistic work". So far I haven't gotten to do very much of either for Billy who is eighteen months old and Eugene who is six months old, keep me pretty busy althou I have a mighty good Korean nurse. Part of the time I have had a Sunday school class of little girls that was a pleasure. Last spring I tried to teach an hour

뽀로통한 얼굴로 대할 때가 많기 때문입니다.

현재 우리 학교는 시설이 열악한 상태라, 이 물리적 조건을 개선하지 못한다면, 향후 우리 학생들은 많이들 정부가 운영하는 학교들로 옮겨가게 될 것입니다. 왜냐하면, 그 학교들에서 주는 학위증(certificate)이 우리 학교에서 주는 수료증(diploma)보다 사회에 나가서는 더 중요하기 때문입니다. 그런데 몇 개월 전 일본 정부는 미션스쿨들에게 정식 인정을 받고 정규 교과 과정으로 성경도 계속 가르칠 수 있는 조건을 제시해왔습니다. 만일 우리 학교가 정부가 제시하는 조건을 충족해 정식 인정을 받게 되면, 우리 졸업생들은 취업이나 상급 학교 진학에 있어서 다른 학교 졸업생들과 대등한 기회를 얻게 될 것입니다.

학교에 관한 이야기를 이렇게 말씀드리는 건, 비록 저는 정식 교직원은 아니지만 당연히 여기 학교 일은 저의 큰 관심사의 일부이기 때문입니다. 제가 맡은 일은 '언어 공부와 지역 전도'입니다. 지금까지는 그 두 가지 일 모두에 큰 진전이 없었는데, 이제 18개월 된 빌리와 6개월 된 유진을 돌보느라 정신이 없어서입니다. 훌륭한 한인 유모의 도움을 받고 있기는 하지만 말입니다. 주일학교에서 어린 소녀 아이들을 가르치는 일도 하고 있는데, 저는 이 일을 무척 좋아합니다. 작년 봄에는 여성들을 위한 열흘간의 사경회에서 하루에 한 시간씩 강의를 맡아 했는데, 그 여성들에게 얼마나 잘 전달할 수 있었는지는 잘 모르겠습니다. 전 연령층에 걸쳐 서른 분의 여성이 참여했는데, 할머니들은 계속 꾸벅꾸벅 조셨고, 아기 엄마들은

a day in the ten day Bible class for women, but I don't know how much the women learned. I had a class of about thirty women of all ages, grand-mothers who nodded all the time, mothers who had their babies with them and naturally could not pay good attention, and some intelligent women who know a great deal about the Bible. I hope to teach again next spring and I want to be better prepared and be able to "get it over" to them better. You see I learned Korean when I was child and I didn't get the right vocabulary for teaching.

"Language study" is about the hardest thing for all of us. I want to study up and pass my last mission language examination this winter. I am inclined to put off working up the requirements for this examination because one of the first on the list is to learn Korean family relationships in detail! There is a different word for older sister and younger sister, for a man's sister and a woman's sister; for an aunt on the mother's side and an aunt on the father's side, etc., and when you get into the relationship of cousin, it is beyond description!

One of the big opportunities that is always open to those of us who have to stay at home most of the time is to talk to the many women who come to have a sightsee of us and our houses. I am thankful to say that the Koreans come to us a great deal instead of

데려온 아기들을 돌보느라 당연히 집중을 잘 하지 못했는데, 성경에 대해 아주 잘 아는 명석한 여성들도 몇몇 있었습니다. 저는 내년 봄에도 가르치고 싶고, 그때는 더 잘 준비를 해서 더 잘 '와 닿는' 강의를 하고 싶습니다. 저는 어렸을 때 한국어를 배우긴 했지만, 아직은 강의를 하기에는 어휘 실력이 부족합니다.

가장 어려운 일은 '언어 공부'입니다. 저는 열심히 공부해 이번 겨울에 최종 선교사 언어 시험을 통과하고 싶습니다. 이 시험에서 요구하는 필수 암기사항을 공부하다가 포기하고 싶은 마음이 들 때가 있는데, 바로 최우선 항목 중 하나인 한국인의 복잡한 가족관계 호칭을 익힐 때입니다! 자매라도 나보다 나이가 많은 자매를 부를 때와 나이가 적은 자매를 부를 때 호칭이 다르고, 남자의 자매를 부를 때와 여자의 자매를 부를 때, 또 엄마 쪽 aunt와 아빠 쪽 aunt를 부를 때 호칭이 다 다른데, 사촌 관계에 들어가면 뭐라 말을 할 수가 없을 정도입니다!

저는 대부분의 시간을 집에서 보내는데, 그래서 누리는 큰 특권 중의 하나로 저희 집을 구경하러 오는 많은 여성과 대화를 해볼 수 있습니다. 감사하게도, 저희가 찾아갈 필요가 없을 정도로 한국인들이 자주 저희를 찾아오는데, 특히 여성들이 자주 찾아옵니다. 이 여성들은 외국인이 사는 집에 대한 호기심 때문에 오는 것입니다. 가끔은 너무 이것저것 캐물어 불편할 때도 있지만, 그들의 질문에 답해주다가 기독교에 관해 이야기해줄 수 있는 기회를 얻기도 합니다. 궁금해 하는 주방을 보여줄 때면 거의 언제나 그들은 저희에게

our having to go out to find them, and this is especially true of the women. These women come out of curiosity to see the foreigner's house. They are often annoyingly curious in their questions, but it is often easy to get a change to talk to them about Christianity along with answering their questions about the way we live. Nearly every time I show them the dining room they want to know if we get on the table to eat! They can not understand how Billy's hair can be so light. The other day he was down town with me and I heard some one in the crowd ask how foreigners could tell who was old if even children had white hair!

I wish you could come to one of our missionary society meetings. You know the Korean Church has missionaries too, and the older women have a society here that meets once a month in our house, since I am acting as president during Mrs. Bull's absence. Their meetings remind me of the meetings that colored people have, for the paying the dues as each name is called is very much like a negro collection! These old ladies are very faithful about paying what they have to give, and it is they who visit the sick and welcome new believers or newcomers in this community.

We had a fine vacation this summer up in the mountains where a number of people have been camping for the last three summers. It is the place that we hope to develop into a regular moun-

테이블 위에 올라가서 식사하느냐고 묻습니다! 그들은 빌리의 머리 색깔이 어떻게 그렇게 밝을 수 있는지 신기해합니다. 얼마 전에는 아이를 데리고 시내에 나갔는데, 어떤 이가 외국인들은 아이들도 다 머리가 하야니 노인을 어떻게 알아보겠느냐고 말하는 걸 듣기도 했습니다!

우리 선교회 모임에 한 번 와보실 수 있기를 바랍니다. 아시듯이, 한국교회에도 선교사가 있습니다. 연로한 여성들로 구성된 선교회가 한 달에 한 번 저의 집에서 모이는데, 불 여사(Mrs. Bull/역자 주: 부위렴 선교사 부인)의 부재기간 동안 제가 대신 회장 일을 맡고 있기 때문입니다. 그들의 모임을 보면 자신의 이름이 호명되면 회비를 내는 방식이 미국 흑인들의 헌금 관행과 대단히 유사합니다! 이 연로한 여성들은 자신의 재정적 책임을 다하는 일에 대단히 신실하시며, 지역사회에서 병자가 생기면 찾아가며, 새 신자나 새로 이사 온 이들을 맞아주는 이들도 그분들입니다.

이번 여름 저희는 산에서 멋진 휴가를 보냈습니다. 지난 3년간 많은 이가 캠핑을 한 산인데, 장차 저희가 한국의 모든 이를 위해 정식 산악 휴양지로 개발하고 싶은 장소입니다. 바닷가에 이미 두 군데 휴양지가 있지만, 저희는 연중 시간 대부분을 바닷가에서 살고 있는 것과 다름없어서 여름에는 산에서 지내고 싶습니다. 저희가 캠핑하는 그 산의 이름은 '지리산'인데, 사천 피트 이상 되는 높은 산이라, 시원한 공기와 맑은 물, 또 아름다운 들꽃들과 멋진 경관을 가진 곳입니다. 올해는 처음으로 각기 집을 지어보았는데, 저희가

tain resort for all of Korea. There are already two seaside resorts, but we live practically on the sea all the rest of the year so we like the mountains for the summer time. Chiri San, as our camp is called, is over four thousand feet high, so that it is always cool and the water is fine, besides the lovely wild flowers and beautiful views. This year is the first year that anyone put up any sort of a house and what we built this time were stone cottages with thatched or tin roofs, semi-Korean style. If we can add to ours next year we will have a very comfortable house.

Not long ago my father gave the children a cute little Korean horse about the size of a Shetland pony. He seems to be gentle and has a nice disposition, and already drives very well, so we expect to get a lot of pleasure out of him. Billy is already fond of all sorts of animals, and altho he doesn't talk yet he mocks the animals. He has a rather common little puppy now that he pets rather strenuously! When it was tiny he was trying to feed it a piece of the toast that he was eating one day and when it wouldn't eat it I looked around just in time to see Billy pick the toast up off of the ground and eat it himself! I don't see how those of you who have children get along without Korean servants! I don't believe I could manage at all. Which reminds me that it is time for Billy to wake up from his nap, so I must stop writing for this time. I wish all of you could come to see us and see how comfortable our house is and what

지은 돌 오두막은 짚과 양철로 지붕을 만들어 덮은, 반쯤은 한국 스타일인 집입니다. 내년에 좀 더 손을 본다면, 대단히 안락한 집이 될 것 같습니다.

얼마 전 저의 아버지께서 제 아이들에게 셰틀랜드 조랑말 크기 정도 되는 귀여운 한국 말 한 마리를 선물로 주셨습니다. 기질도 온순하고 벌써부터 잘 달리는 말인데, 앞으로 저희 가족에게 큰 즐거움이 되리라 생각합니다. 빌리는 벌써부터 온갖 동물을 다 좋아하는데, 아직 말도 못 하면서 동물들 흉내를 내곤 합니다. 집에 평범한 강아지 한 마리가 있는데, 빌리가 얼마나 그를 격렬히 애정하는지요! 그 강아지가 더 작았을 때 어느 날 빌리가 자기가 먹던 토스트 한 조각을 그 강아지에게 먹이려 하다가 그 강아지가 거부하는 바람에 토스트가 땅바닥에 떨어지자 자기가 집어 먹으려 하는 것을 제가 직전에 포착하고 가까스로 막기도 했습니다! 저는 여러분이 어떻게 한국인 도우미들의 도움 없이 사실 수 있는지 모르겠습니다! 저는 제대로 생활할 수 없을 것 같습니다. 그러고 보니 이제 낮잠 자는 빌리를 깨워야 할 시간이네요. 그래서 편지 쓰기는 여기서 멈춰야 할 것 같습니다. 여러분 모두 언젠가 여기 와보셔서 저희 집이 얼마나 안락하며, 또 이곳 한국인들이 얼마나 좋은 분들인지 직접 보실 수 있게 되기를 바랍니다.

여러분 모두 즐거운 성탄을 보내시고 행복한 새해가 되기를 린튼 씨와 더불어 기원합니다. 모든 일이 다 잘 되시기를 바라며,

nice people these Koreans are.

Mr. Linton joins me in wishing each of you a Merry Christmas, and a Happy New Year. With best wishes for you in whatever you are doing, I am

Most sincerely,
Charlotte Bell Linton

Nashville, Tennessee, December, 1924.

Any Letter with five cents postage, or postcard with two cents postage, addressed to Mrs. Wm. A. Linton, Kunsan, Chosen, Asia, will reach her in due course of mail.

샬롯 벨 린튼

테네시 주 내슈빌, 1924년 12월.

편지라면 5센트 우표를 붙이시고 엽서라면 2센트 우표를 붙이셔서 'Mrs. Wm. A. Linton, Kunsan, Chosen, Asia' 앞으로 보내시면 모두 제대로 배달될 것입니다.

Kunsan, Chosen, Asia

October 31, 1924

Dear Friends:

You may not all be actively engaged in Christian Endeavor work now, but I am sure that I can demand on your seeing to it that this letter gets into the house of the right person, someone who will present the cause I am writing about to the Young Peoples' Society in your Church on December 14th.

On December 14th, the Young Peoples Societies of our Church will have a chance to give to one of the most worthwhile causes in our whole mission work in Korea, the Kwangju Girls' School. After it is enlarged and equipped this school will be the central High School for our entire mission. Therefore we are uniting our efforts in putting before the young people all over our Church, this opportunity to contribute to a most interesting cause. It is especially fitting that you young people should give to a school for young people for you are naturally just a little more interested in people your own age than in some of the other causes.

The purpose of this school is to give a Christian education to the girls who will be the mothers of the coming generation of Christians. I do not need to emphasize to you the importance of Chris-

친애하는 여러분께,

혹 아직 기독교면려청년회(勉勵)(Christian Endeavor) 운동에 참여하고 있지 않은 분이시라 하더라도, 이 편지를 12월 14일 여러분의 교회 청년회에서 제가 이제 말씀드릴 내용에 대해 발표하기로 되어 있는 분에게 전달해주실 것이라 믿습니다.

이번 12월 14일, 우리 교단 청년회들은 이곳 선교회의 가장 중요한 사업 중 하나인 광주 여학교를 돕기 위한 후원자 모집 시간을 가질 예정입니다. 이 학교는 증축되고 설비를 갖추고 나면 저희 선교 사역 전체에서 중추적인 역할을 하는 고등학교가 될 것입니다. 그렇기에 지금 저희는 우리 교단 청년들에게 이 중요한 일에 기여할 수 있는 기회를 알리는 일에 힘을 모으고 있습니다. 이 학교를 후원하는 일에 누구보다 관심을 가질 사람이 있다면 바로 청년 여러분일 것입니다. 왜냐하면 이는 무엇보다 여러분과 비슷한 연배의 청년들을 돕는 일이기 때문입니다.

이 학교의 목적은 다음 세대 기독교인들의 어머니가 될 소녀들에게 기독교적인 교육을 하는 것입니다. 교회와 국가의 안녕에서 기독교 가정이 갖는 중요성은 제가 굳이 여러분에게 강조할 필요가 없을 것입니다. 한국인들도 자녀들이 경건한 가정 분위기에서 자라게 하기 위해서는 기독교 학교에서 교육받은 여성들이 필요하다는

tian homes in the welfare of the Church and nation. Even the Koreans realize the necessity for educating the women in a Christian school in order that their children may grow up in the proper sort of godly atmosphere at home. Just the other day I heard of a very ordinary helper in our hospital here who is paying the school expanses of his fiancee so that she may study in our mission school here a year or two before they are married.

If Japan wants to make real Japanese out of the Koreans she must put Japanese mothers in the homes. Just so, if we want to make real Christians out of the Koreans we must put Christian, educated women in the houses.

Not only must we prepare the girls who are to be the home makers but we must train the future teachers in the elementary grades. The time is rapidly coming when women will teach all of the lower grades, and so if we train the future-teachers in a Christian atmosphere we will indirectly influences the lives of the boys and girls whom they teach.

As you know we are asking for $50,000 to add to the present small plans and thoroughly equip this school. We will have to have suitable equipment or the Japanese government will not give us the recognition we want. As interest on the money you invest in

것을 인식하고 있습니다. 얼마 전에도 저는 저희 병원 일을 돕는 어떤 분이 약혼녀가 결혼 전에 저희 미션 스쿨에서 일이 년 공부할 수 있도록 학비를 내주고 있다는 말을 들었습니다.

만일 일본이 한국인들을 진짜 일본인들로 만들고자 한다면, 각 가정마다 일본인 엄마를 두는 길 외에는 없습니다. 마찬가지로, 우리가 한국인들을 진짜 그리스도인들로 만들고자 한다면, 각 가정마다 교육받은 기독교인 여성을 두는 길 외에는 없습니다.

우리는 우리 학교 여학생들을 장래의 가정주부로서뿐 아니라 장래의 초등학교 교사로도 보고 교육해야 합니다. 여성들이 모든 저학년 학생을 가르칠 때가 빠르게 다가오고 있기에, 우리가 장래 교사가 될 여성들을 기독교적 분위기에서 교육하는 것은 훗날 그들이 가르치게 될 많은 남녀 학생들의 삶에도 간접적으로 영향을 주는 일이 될 것입니다.

여러분도 아시듯, 저희는 학교의 확장 공사와 시설 완비에 필요한 5만 달러를 여러분에게 후원 요청드리고 있습니다. 혹여 저희가 적절한 설비를 갖추지 못하게 되면 일본 정부는 저희 학교를 인증해주지 않을 것입니다. 이 학교의 물질적 부분에 투자해주시는 분들께서는 한국의 이 지역에 많은 기독교 가정이 생겨나는 일에 힘을 보탰다는 보람을 이자로 거두시게 될 것입니다. 여러분과 저처럼, 기독교 가정에서 자란 특권을 누린 이들은 그것이 얼마나 복된 일인지 누구보다도 잘 알고 있습니다. 저희는 필요한 재정을 어느

the material part of this school, you will have the assurance that you have a share in the future Christian homes in this part of Korea. You and I, who have had the privilege of growing up in a Christian home, know better than anyone what a blessing that is. We are glad to ask for this sum of money to be made up of gifts from the young people all over our Church rather than for the whole amount to be given by one wealthy person, for then we will have the support of all of you and after all, your financial support without your spiritual support would be useless. Whether you can give little or much or none at all, please pray for these girls and for those who have this school in charge.

Most sincerely,
Charlotte Bell Linton

Nashville, Tennessee, December, 1924.

Any Letter with five cents postage, or postcard with two cents postage, addressed to Mrs. A. Linton, Kunsan, Chosen, Asia, will reach her in due course of mail.

부유한 재력가 한 개인의 기부를 통해서 채우기보다는 이렇게 우리 교단 전체 청년들에게 후원을 요청드리게 되어 기쁩니다. 왜냐하면 이렇게 해서 저희는 여러분 모두를 후원자로 얻게 되는 것이고, 또 무엇보다, 영적 후원 없는 재정적 후원은 무가치한 것이기 때문입니다. 후원해주시는 액수의 많고 적음과 상관없이, 혹은 후원을 해주지 못한다 하더라도, 이 여학생들을 위해, 또 이 학교를 책임지고 있는 이들을 위해 늘 기도해주시기 바랍니다.

샬롯 벨 린튼

테네시 주 내슈빌, 1924년 12월.

편지라면 5센트 우표를 붙이시고 엽서라면 2센트 우표를 붙이셔서 'Mrs. Wm. A. Linton, Kunsan, Chosen, Asia' 앞으로 보내시면 모두 제대로 배달될 것입니다.

<u>**Chunju, Korea,**</u>

<u>**March 8, 1927**</u>

Dear Friends:

Knowing of your interest in the work of our Korea Mission and feeling certain that you never cease to pray for us, I take this opportunity to acquaint you with the general purposes of our Educational work and with the unprecedented crisis which it now faces.

Our main effort as missionaries of the Gospel in Korea today is teaching. The evangelistic missionary finds that more and more of his time is taken up with training helpers and leaders. Our mission for some years now has increasingly realised its responsibility for giving the children from Christian homes a Christian education that they may become responsible, thoroughly trained leaders for the growing Korean Church.

When we speak of Christian education we firmly believe that in order for education to be Christian first, the instructors must all be intelligent active, Christians; second, that the great majority of the pupils must be from Christian homes; and third, that each subject shall be so taught as to keep the students mindful of the fact that the creator of all nature is our God and the Father of our Lord and Master, Jesus Christ.

친구 여러분께,

저희 한국 선교회에 관심을 가져주시고 또 늘 저희를 위해 기도해주고 계시다는 것을 알기에, 이번 편지에서는 이곳에서 저희가 하는 교육선교의 전체적 목적과, 또 지금 직면하고 있는 유례없는 위기 상황에 대해 여러분에게 알려드리고자 합니다.

한국에 와 복음을 전하는 선교사들로서 현재 저희는 주된 노력을 교육에 기울이고 있습니다. 선교사들은 조력자들과 지도자들을 훈련시키는 일의 중요성을 점점 더 깨닫게 됩니다. 몇 해 전부터 저희 선교회는 기독교 가정 출신 아이들을 성장하고 있는 한국교회의 미래를 책임질 훈련된 지도자들로 양육하기 위한 기독교 교육의 필요성에 대해 점점 더 절감하고 있습니다.

저희는 기독교 교육이 진정으로 기독교적이 되기 위해서는 먼저 모든 교사가 지적이고 열심 있는 그리스도인이어야 하며, 둘째, 학생들의 대다수가 기독교 가정 출신이어야 하며, 셋째, 어떤 과목에서든 학생들로 하여금 모든 자연의 창조주는 우리 하나님, 즉 우리 주 예수 그리스도의 아버지이시라는 사실을 기억하도록 가르쳐야 한다고 확신합니다.

한국에서의 저희 교육선교는 현재 매우 위태로운 상황입니다. 현

Our educational work in Korea is in a most precarious place. No one doubts but that we cannot stay where we are. We either go backward, lose our schools, and draw the future leaders of the Korean Church from the materialistic Government Schools, or else we push forward and train our own leaders in our own schools.

Our most pressing problem and the one on which our school's very life depends is that of government "designation". The High Schools in the U.S.A. are accredited or not accredited. Each community works on its own High School problems until the High School is put on the list of accredited schools. The question of government "designation" here is the same as that of being accredited in the U.S.A, except that it goes much further. High Schools in Japan are either run by the government or privately. The Government sets extremely high standards for its High Schools. Private schools are "designated" only when their equipment and teaching staff are equal to or better than the Government schools and when their graduates are equal to or better than the graduates of Government schools. Civil service or teaching positions are held only by graduates either from Government schools or private schools whose graduates are "designated" as being equal to or better than Government school graduates. In the U. S. graduates from any High School are eligible to take college entrance examinations, while in this country a boy must be a graduate from either a gov-

재 상태로 계속 있을 수는 없다는 사실을 누구도 의심하지 않습니다. 뒤로 후퇴하여, 미션 스쿨들을 닫고 한국교회의 미래의 지도자들이 될 수 있는 아이들을 물질주의적인 공립학교들에서 교육받도록 하던지, 아니면, 앞으로 전진하여 어떻게든 그 미래 지도자들을 우리의 학교들에서 교육하던지, 둘 중의 하나일 뿐입니다.

현재 저희가 처한 가장 큰 어려움이자 저희 학교의 생존 자체가 달려 있는 절박한 문제는 정부의 '지정'(designation)을 받는 일입니다. 미국 학교들의 경우에도 정부의 인가를 받은 고등학교들과 그렇지 못한 학교들이 있습니다. 학교를 운영하는 이들은 자신들의 학교가 정부의 인가를 받고 유지하도록 노력을 기울입니다. 여기 한국에서는 학교들이 정부의 '지정'을 받아야 하는데 미국에서 말하는 인증(accredition)과 기본적으로 같은 것이긴 하지만, 더 까다롭습니다. 일본의 고등학교들은 다 정부가 운영하는 공립학교들이거나 아니면 사립학교들입니다. 일본 정부는 고등학교에 대해 극도로 높은 기준을 제시합니다. 사립학교들은 설비와 교원들의 수준이 공립학교 수준에 준하거나 더 나아야지만, 또 졸업생들의 수준이 공립학교 졸업생 수준에 준하거나 더 나아야지만, '지정'을 받게 되고, 그런 '지정' 사립학교 출신 졸업생들만이 공립학교 졸업생들처럼 공무원이나 교사가 될 수 있습니다. 미국에서는 어떤 고등학교를 나와도 대학 입학시험을 치를 수 있지만, 이 나라에서는 공립학교 졸업생들과 '지정' 사립학교 졸업생들만 대학 입학시험을 치를 수 있습니다. 따라서 아무리 뛰어난 학생이고 미션 스쿨에서 최고의 교육을 받았다 하더라도 정부의 지정을 받지 못한 학교 출신이면

ernment school or a "designated" private school before he is even eligible to take the entrance examinations to college. It is easy to see what becomes of our undesignated mission schools where a brilliant boy might have the best of instruction and still be handicapped for years because his school has no standing.

What are the results? Our elementary grades are crowded because the Government schools are still unable to accommodate all the pupils of school age. But do these pupils continue in our schools? No! They stay with us until they can secure seats in the Government schools. Further than that the Christians are generally the first to get places for their children in the Government schools because they are more wide awake and keep up with affairs of the world better than non-believers. So in the upper grades our schools, instead of having the bright pupils from Christian homes who would make Church leaders, have only the Christian boys who cannot enter the Government schools because of poor scholarship and a few non-Christian boys. Results — The main purpose of our educational work is defeated for we are unable to attract and hold the bright students from Christian homes and therefore we are not preparing a responsible, trained leadership for the Korean Church.

We have taken the question up with the Government repea-

큰 불이익을 받게 되므로, 이것이 저희 학교에 어떤 결과를 초래하고 있을지 쉽게 짐작이 가실 것입니다.

현재 상황은 이렇습니다. 저희 학교는 저학년은 학생들이 많은데, 공립학교가 학령기의 아이들을 다 수용하지 못하기 때문입니다. 하지만 이 학생들이 저희 학교에서 학업을 계속할까요? 그렇지 않습니다! 그들은 공립학교에 자리가 나서 들어갈 수 있을 때까지만 저희 학교에 다닙니다. 게다가 공립학교에 자리가 나면 대개 기독교인들의 자녀들이 먼저 기회를 잡는데, 대개 기독교인들이 비신자들보다 더 깨어 있고 물정에 밝기 때문입니다. 그 결과 저희 학교 상급반의 경우는 기독교 가정에서 자랐고 장차 교회 지도자들이 될 만한 총명한 학생들 대신, 성적이 낮거나 해서 공립학교에 들어가지 못하는 기독교인 남학생들과 소수의 비신자 남학생들만 다니고 있는 실정입니다. 이는 저희의 교육선교가 주된 목적을 이루지 못하고 있다는 말입니다. 왜냐하면 저희는 기독교 가정에서 자란 총명한 학생들을 끌어들이고 붙잡고 있지 못하고 있으며, 따라서 한국교회를 이끌 책임감 있고 훈련된 지도자들을 길러내지 못하고 있는 것이기 때문입니다.

저희는 정부에 거듭해서 이 문제를 제기했지만, 돌아오는 대답은 늘 같았습니다. 충분한 설비와 (공립학교나 '지정' 사립학교를 졸업한) 자격 있는 교사진을 충분히 갖추라는 것이며, 저희 졸업생들의 학업 성취도가 같은 학년의 공립학교 졸업생들에 비해 대등하거나 월등해야 한다는 것입니다. 그런데 당신들의 학교는 설비도 열악하

tedly. Their answer is always the same: You must have adequate equipment and adequate teaching staff of qualified teachers (graduates of government or "designated" private schools) and the scholarship of your graduates must be equal to or better than that of Government school graduates of equal grade. Your school is very, very poorly equipped, your teaching staff is by no means adequate, and your graduates fall below the standards set by the Government schools.

Seeing the urgency of the situation and realizing what an educated Christian leadership means to the Korean Church, our whole mission is working as one man to leave no stone unturned that our Chunju Boys' School may soon be designated. Every effort is being made to raise the seventy thousand dollars needed to equip the school. Of this amount fifty thousand must be secured this year if we expect to get ready to even apply for designation next year. The other twenty thousand is to be used for industrial work and further equipment.

When it was learned that the Executive Committee was unable to increase the running expense budget for the new year a special meeting of the mission was called and it was decided to cut off the upper two grades from the other four Boys' schools in our mission that the running expense budget of this school might be increased

고, 교사들도 자격을 갖추지 못했으며, 졸업생들의 학업 성취도도 공립학교 수준에 미치지 못한다는 것입니다.

사태의 심각성과 한국교회 지도자 양성의 중요성을 절감하는 저희 선교회는 전주남학교(Chunju Boys' School)가 하루속히 정부의 지정을 받을 수 있도록 모두가 한마음이 되어 그야말로 총력을 기울이고 있습니다. 학교의 설비를 갖추는 데 필요한 7만 달러를 모금하기 위해 혼신의 노력을 다하고 있습니다. 이 중 5만 달러는 반드시 올해 안으로 확보해야 내년에 지정학교 신청을 해볼 수 있습니다. 나머지 2만 달러는 실업 실습 교육과 설비 보강에 사용할 것입니다.

내년도 운영비 예산 증액은 불가능하다는 본부 실행위원회의 판단이 내려지자, 선교회 특별 회의가 소집되었고, 이 학교에 자격을 갖춘 기독교인 교사를 충원하기 위한 운영비 확보를 위해 선교회가 운영하는 다른 네 남학교에서 상급반 2개 학년을 없애기로 결정했습니다.

작금의 너무도 가난한 한국인들에게는 실업교육이 절실하기에, 또 총명하지만 재정 형편상 다른 학교에서는 공부할 수 없는 학생들을 계속 붙들어둘 수 있는 길로, 저희는 학교 프로그램에 실업 실습을 포함시켜서 모든 학생이 기술 몇 가지를 배울 수 있게 하고, 또 많은 학생이 학교에서 하는 일을 통해 스스로 학비를 벌 수 있게 만들어줄 계획입니다.

so as to secure some more qualified Christian teachers.

Feeling that industrial education is one of the most urgent needs of the Koreans at this time when they are so desperately poor, and realizing that we shall be able to hold only the bright boys who are financially unable to study elsewhere, we are including in our school program industrial work that will teach all some skill and enable a good many to partially support themselves in school.

This is a brief outline of our educational work and a bit on the problems. We need your help. Of the seventy thousand dollars needed to furnish the necessary equipment only thirty thousand has been subscribed and of that only twenty one thousand has been paid in. It seems almost imperative that we begin building this spring and still we cannot start until more funds are in hand. The great outstanding need of our mission today is a Christian school for boys that the Korean Church may have leaders "well founded in the faith" who will be able to stand until "that day".

Most sincerely yours,
William A. Linton
Acting Principal, Mission Boys' High School,
Chunju, Korea

이상 저희의 교육선교 사역과 현재 저희가 직면한 몇 가지 문제들에 대해 개략적인 소개를 드렸습니다. 저희는 여러분의 도움이 필요합니다. 필수적인 학교 설비를 갖추는 데에 필요한 7만 달러 중에서 현재 3만 달러 정도만 약정된 상태고 그중에서 2만 달러 정도만 돈이 들어온 상황입니다. 올봄에는 반드시 공사를 시작해야 하는데, 재정이 더 확보되기 전에는 그렇게 할 수가 없습니다. 현재로서 저희 선교회의 제일 과제는 바로 이 남학교인데, 이 기독교 학교를 통해 한국교회에 '믿음에 굳게 서서' '그날'까지 충성할 지도자들을 길러내고자 하기 때문입니다.

윌리엄 A. 린튼
Mission Boys' High School, 교장 대행,
한국, 전주

Rev. W. A. Linton

Mr. Linton is from Thomasville, Georgia. He graduated from the Georgia Tech in 1912 and came to Korea that fall for the Industrial work in the Boys School at Kunsan. He was in this work +++ when Mr. Venable the principal of the school retired from the Mission on account of his wife's health, when he became principal. In the summer of 1926 he was moved to Chunju to be associated with Dr. Eversole, the principal of the Central Academy for Boys, and during Dr Eversole's furlough was acting principal of this school. On his first furlo Mr. Linton earned his M. A. in secondary education from Columbia University, New York, at the same time taking course at the Biblical Seminary, New York.; and his second furlo he spent two years at Columbia Theological Seminary, Decatur Georgia, completing his Seminary course, and was ordained by the S. West Ga. Presbytery in May 1930. When he returned from furlo in July 1930 he was put in charge of the Mission's Central High School for Boys at Chunju, and has, in addition, a country field of seven churches, the most distant one being about thirty miles from the city.

Mrs. W. A. Linton, nee Charlotte Bell, the daughter of the late Rev. Eugene Bell, D. D. who was for thirty years a prominent member of the Korea Mission. Mrs. Linton was born in Mokpo, but her childhood years were spent in Kwangju which station was opened

W. A. 린튼 목사

린튼 씨는 조지아 주 토마스빌 출신이다. 그는 1912년 조지아 공대를 졸업했고 그해 가을, 군산 소재 남학교에서 기술교육 교사로 가르치기 위해 한국에 왔다. 그러다 그 학교 교장인 베너블 씨(Mr. Venable)가 아내의 건강 문제로 선교 일에서 은퇴할 때, 그곳에서 일하고 있었던 린튼 씨가 교장이 되었다. 1926년 여름 그는 전주로 이사해 남자 중심학교의 교장인 에버솔(여부솔) 박사(Dr. Eversole)와 동역했고, 에베솔 박사의 휴가 동안 이 학교의 교장 대행이 되었다. 첫 번째 안식년 동안 린튼 씨는 뉴욕 소재 컬럼비아 대학교에서 중등교육학으로 석사 학위를 취득했고, 동시에 뉴욕 소재 성서신학교에서 수업을 들었다. 두 번째 안식년 때 그는 조지아 주 디케이터 소재 컬럼비아 신학교에서 2년을 공부해 신학 수업을 완수하고, 1930년 5월 조지아 서남부 노회에서 안수를 받았다. 그는 1930년 7월 안식년에서 돌아왔을 때 전주에 있는 선교회가 운영하는 남자중심학교를 책임 맡게 되었고, 또한, 시골 지역 일곱 교회를 맡게 되었는데 그중 가장 먼 교회는 도시에서 약 30마일이나 떨어져 있었다.

린튼 여사는 친정의 성은 샬롯 벨(Charlotte Bell)로, 30년간 한국 선교에 헌신한 탁월한 선교사였던 고 유진 벨(Eugen Bell, D. D.) 목사의 따님이다. 린튼 여사는 목포에서 태어났으나, 어린 시절은, 그녀의 아버지와 프레스턴 씨가 스테이션을 창설한 광주에서 보냈다. 거기서 린튼 여사는 한국인들을 사귀고 사랑하며 자랐으며 그들의 언어를 배웠는데, 이 모든 경험은 린튼 씨가 결혼한 1922년 이래 선

by her father and Mr. Preston. There Mrs. Linton grew up knowing and loving the Koreans and speaking their language all of which has been of incalculable value in her life as a missionary since 1922 when she and Mr. Linton were married. From then until 1926 she was in Kunsan, since then has made her home in Chunju. There are four little boys in the home, the oldest being seven and the youngest nearly three, and Mrs. Linton has made a beautiful Christian home for them and their father. These little boys are real boys full of life and mischief, but beautifully trained by their father and mother and this home is a bright and shining light in this land of darkness. Mrs. Linton has made her home and children a joy to the school boys whom she entertains often and to the visiting pastors and elders and Korean friends from Kunsan studying here in the Bible Institutes as well as to her fellow missionaries in the station. Before her furlo Mrs. Linton was President of the West Gate Church Auxiliary and did a great deal of work in that capacity. Now she is teaching her two oldest boys for days a week from 9 to 12 in the mornings, is chairman of a young women's circle of the West Gate Church, has a Sunday School class of young women in that church and visits as often as possible in the Korean homes, and from November on will teach an hour a day in the Bible Schools and classes.

Mr. and Mrs. Linton are supported by the First Presbyterian Church of Greenville, S. C. and 1st Church Fayettville, N. C. and Thomasville, G. A.

교사로 살아온 그녀의 삶에 이루 헤아릴 수 없는 자산이 되었다. 슬하에 네 자녀를 두었는데, 맏이는 일곱 살이고 막내는 거의 세 살이 되었다. 린튼 여사는 그들과 그들의 아버지를 위해 아름다운 기독교 가정을 만들었다. 이 어린 소년들은 남자아이들답게 생기와 장난기 가득한데, 아버지와 어머니에게서 훌륭한 훈육을 받았고, 이 가정은 이 어둠의 땅에 밝게 빛나는 빛이다. 린튼 여사의 집과 그녀의 아이들은 그녀의 초대로 오는 학생들과, 방문하는 목사들과 장로들, 또 여기 성경학원에서 공부하기 위해 군산에서 오는 한국인 친구들에게, 또 선교회 동료 선교사들에게 즐거움이 되었다. 현재 그녀는 주중에는 오전 9시부터 12시까지 첫째와 둘째 아들들을 가르치며, 서문교회의 젊은 여성 서클의 회장으로 섬기며, 그 교회 젊은 여성들의 주일학교 반을 맡고 있고, 기회가 될 때마다 한국인 가정들을 방문하며, 11월부터는 성경학교와 성경공부반에서 하루에 한 시간 가르칠 예정이다.

린튼 씨 부부는 사우스캐롤라이나 주 그린빌 제일장로교회와 노스캐롤라이나 주 페이엇빌 제일교회와 조지아 주 토마스빌 교회의 후원을 받고 있다.

Dear Folks:

It certainly does seem like a long time since we loaded up our
Ford on Monday morning the 12th of May for the long trip to
Vancouver, B. C. So many unexpected things have happened in
that time. As we have already written a good many of you we
found travel by Ford a very satisfactory way of transporting four
wiggly little boys across thirty-five hundred miles of country. We
drove our little Ford right up to the good ship "Empress of Canada"
and after a good ocean voyage across the Pacific had the thrill of
seeing our same little Ford swung out into space and carefully
landed on the wharf at Kobe, Japan. We left the Ford there and
travelled by train across Japan and then ferried across to Korea, We
arrived at Chunju, just exactly two years to the day from the day wo
left for our furlough.

As soon as we could get ready we went on to Camp Graham in
the mountains. We got there just in time for the Fourth of July sup-
per which was attended by nearly all the Mission, for our annual
meeting had begun. We stayed at camp for the rest of the summer
and had a good rest from travelling. There were about a hundred
people there part of the time including those from several Missions

한국, 전주

1930년 10월 20일

친애하는 여러분께,

지난 5월 12일 월요일 아침 포드 차에 짐을 싣고 밴쿠버로 장거리 여행을 떠났던 것이 벌써 오래전 일처럼 느껴집니다. 거기 도착하기까지 예기치 못한 많은 일이 있었습니다. 많은 분께 이미 편지로 말씀드렸듯이, 한시도 가만있지 못하는 남자아이들 넷을 데리고 3,500마일 떨어진 곳까지 가야 했는데 포드 차를 이용했던 건 대단히 잘한 선택이었습니다. 저희는 저희 집 작은 포드 차를 운전해 가서는 근사한 배인 '엠프레스 오브 캐나다'(Empress of Canada)에 올랐고, 태평양을 건너는 멋진 바다 여행 후에는, 저희 집 작은 차 포드가 일본 고베 부두에서 공중에 매달렸다가 조심스럽게 육지에 하선되는 스릴 있는 광경을 보았습니다. 저희는 고베 항에 포드를 두고 기차로 일본을 횡단해서는 배를 타고 한국으로 건너왔습니다. 저희는 안식년을 위해 떠났던 날로부터 정확히 2년에서 하루가 빠진 날 전주로 다시 돌아왔습니다.

저희는 준비되는 대로 곧장 캠프 그래함(Camp Graham/역자 주: 지리산 캠프) 산장으로 갔고, 7월 4일 저녁 모임에 맞춰서 도착할 수 있었습니다. 선교회 거의 모든 분이 참여했는데 거기서 연례회를 가지는 중이었기 때문입니다. 저희는 여름의 남은 기간 그 캠프에 머물렀고, 여독을 풀고 쉬었습니다. 다른 여러 선교회에서 온 분들과 부분 참석자들을 포함해 1백여 명이 참여했습니다. 저희는 상쾌한

besides our own. We enjoyed the good fellowship of friends as well as the fine mountain air and water and came down to the station the last of August feeling refreshed and ready for the winter's work.

Having spent two years work at Columbia Theological Seminary preparing to do evangelistic work in Korea on our return, we felt that we would most probably be moved to some other station so that I could give my whole time to: itinerating work. However, one can never tell what he will be assigned to on the Foreign field. When we got here we found that Dr. and Mrs. Eversole had been forced to give up their work and return to America because of their children. There was no one to take the school and so I find myself head of a high school of two hundred and twenty boys and of an elementary school of two hundred and forty more. We have always been used to boys in our family but nearly five hundred Korean boys made a real family. I shall also have seven country churches to look after, too. Though I had expected to itinerate among the country churches on my return, still itinerating will be an entirely new experience for me and I am looking forward to my first trip out as pastor in charge. Of course I have itinerated with some of the other itinerators, but this will be my first trip in this capacity.

산 공기와 맑은 물뿐 아니라 친구들과 좋은 교제를 나눴고, 겨울 사역을 감당할 새 힘을 얻고 8월 마지막 날 스테이션으로 내려왔습니다.

한국에 돌아가면 복음전도 사역을 하려고 컬럼비아 신학교에서 2년 간 공부를 한 저희는 이제 다른 스테이션으로 배치되어 풀타임 순회전도 일을 하게 될 것으로 생각했습니다. 그러나 선교지에서는 누구도 자신이 맡게 될 일을 예측할 수 없습니다. 이곳에 도착했을 때 저희는 에버솔 박사 부부가 자녀들 문제로 사역을 내려놓고 미국으로 돌아갈 수밖에 없게 되었다는 것을 알게 되었습니다. 그 학교를 맡아줄 만한 다른 적임자가 없었기에 저는 학생 수가 220명인 어느 고등학교와 학생 수가 240명이 넘는 어느 초등학교의 교장직을 맡게 되었습니다. 저희 집에도 남자아이들이 있어서 이미 익숙해져 있긴 하지만, 거의 500명이 되는 한국 남자아이들은 정말이지 대가족이었습니다. 또 저는 7개 시골 교회도 돌봐야 했습니다. 한국에 돌아가서 시골 교회들을 돌아다니며 사역하는 모습을 상상은 해보았지만, 막상 해보는 순회 사역은 상상 이상일 것입니다. 저는 목사로서 담당 교회들을 처음 방문하게 될 날을 고대하고 있습니다. 물론, 전에도 몇몇 동료와 같이 순회 사역을 해보긴 했지만, 이런 성격의 순회 사역은 처음이 될 것입니다.

샬롯은 지역 복음전도 일을 맡았고, 안식년 가기 전에 했던 여성 조력회 일에 다시 빠르게 적응하고 있습니다. 이 일 외에도 그녀는 학교도 운영합니다. 유치원생 둘에 초등학생 둘이 있는 학교인데,

Charlotte is assigned to local evangelistic work and is rapidly getting back into touch with the auxiliary work that she had before we went on furlough. Besides this work she, too, is running a school. There are two pupils and two grades. The oldest pupil is Billy Linton, who is in the second grade, and the second is Eugene Linton who insists that he is in the high first section one. The kindergarten sorter runs itself on the porch and in the class room with the regular school. The pupils in it are Hugh and Dwight Linton and sometimes Katherine Boyer who lives right next door. Sometimes it is more like a three ring circus than a school.

We have been having beautiful fall weather, and in every direction are rice fields getting yellow with ripening grain. There is the promise of the biggest crop of rice they have ever had, and yet this country is feeling the world wide financial depression very keenly. We have seen more beggars since our return than we have ever seen before. Rice is cheaper than it has been since the war. Today is one of the Koreans' biggest holidays, the fifteenth of the eighth month, when they celebrate the harvest, and offer sacrifices to their ancestors. It is also the day when everyone changes from summer to winter clothes and all day we have seen crowds of children in their new, bright colored clothes.

It was a great pleasure to us to see so many of you while we

최고 학년 학생은 빌 린튼으로서 2학년이며, 그 아래는 유진 린튼인데 늘 자기가 최우등생이라고 우깁니다. 유치원은 현관이나 초등수업하는 교실에서 열리는데 저대로 잘 굴러갑니다. 유치원 학생으로는 휴와 드와이트 린튼이 있는데, 가끔 옆집 사는 캐서린 보이어 (Katherine Boyer)가 끼기도 합니다. 어떨 때 보면 학교라기보다는 세 명으로 구성된 서커스단 같습니다.

이곳은 지금 아름다운 가을이며, 사방 어디를 보나 벼가 노랗게 익어가는 밭들이 보입니다. 근래 최고의 풍작이 예상되지만, 그러나 현재 이 나라는 세계 경제 침체의 여파를 심하게 겪고 있습니다. 돌아와서 보니 거리에 거지들이 전보다 더 많아진 것 같습니다. 쌀은 지난 전쟁 이래 값이 가장 내려갔습니다. (음력으로) 여덟 번째 달 15일인 오늘은 한국의 가장 큰 명절 중 하나로서, 이날 한국인들은 수확을 축하하고 조상들에게 제사를 바칩니다. 또 이날은 모두가 여름옷에서 겨울옷으로 갈아입는 날인데, 오늘 저희는 밝은 색깔의 새 옷을 입은 아이들이 떼로 몰려다니는 모습을 종일 볼 수 있었습니다.

미국에 있을 때 여러분 중 많은 분을 뵐 수 있어서 정말 기뻤습니다. 이곳으로 돌아오면서 저희는 여러분에게 더 자주 편지를 써야겠다고 다짐했습니다. 여러분도 저희에게 더 자주 편지를 써주시기 바랍니다. 여러분의 편지는 저희에게 정말 큰 힘이 되기 때문입니다. 여러분이 언제나 저희를 생각하시며 저희 사역을 위해 기도해 주신다는 사실을 기억하며 위로를 얻습니다.

were in America. We have come back with the intention of writing to all of you oftener and we hope that you will write to us often too for your letters mean so much to us. It is a comfort to know that you are thinking of us and praying for the work that we are trying to do.

With best wishes for each of you, we are

Most sincerely,

Mr. & Mrs. William Linton

Received at Nashville, Tennessee, November 17, 1930.

Address: Mr. and Mrs. Win. A. Linton. Chunju, Korea.

Postage: Letters five cents, postcards three cents.

여러분 각자에게 안부를 전합니다.

윌리엄 린튼 부부

테네시 주 내슈빌에서 1930년 11월 17일에 접수됨
주소: Mrs. W. A. Linton, 전주, 한국
우송료: 편지 5센트, 엽서 3센트

Dear Folks;

Today is New Year's day according to the old Korean calendar and that means a happy time for the Korean children. They all have on new, bright colored clothes, and groups of them are going around to their friends' and neighbors' homes to bow to the grown ups which is their way of extending a New Year's greeting. We have already had several calls and I am wondering if the supply of candy and cookies that I have will last the rest of the afternoon! For of course it would never do not to have something to give to each one after his graceful little bow and polite salutation!

As for our own bunch of boys, they are just now entirely well after a siege with scarlet fever in January. Dwight started it off with a very mild case of scarlet fever. As a precautionary measure we gave all four the serum which broke up the scarlet fever, but gave them all severe cases of "serum sickness" which was as bad as the scarlet fever would have been except that it did not last so long and was not so dangerous. I am thankful to say that they are all well again and we have reopened our little school. There's one advantage that we have over you all who have schools to send your children to — we can start school again as soon as they are able to get

친애하는 여러분께,

오늘은 한국의 옛 달력으로는 새해 첫날로서 한국의 아이들에게 행복한 날입니다. 아이들은 모두 밝은 새 옷을 입고는 떼를 지어 친구들과 이웃들의 집에 다니며 어른들에게 새해 인사의 의미로 절을 합니다. 저희도 이미 여러 방문을 받았는데, 준비한 사탕과 쿠키들이 오후까지 남아 있을지 걱정이 됩니다! 왜냐하면 그렇게 우아한 절과 정중한 인사를 받고도 뭔가 줄 것이 없다면 큰일이기 때문입니다!

저희 집 사내아이들에 대해 말하자면, 지난 1월 성홍열(scarlet fever)이 돌았지만 다들 건강히 잘 지냅니다. 드와이트는 성홍열을 가볍게 앓았지만 곧 나았습니다. 다만, 예방 조치로 저희는 아이들에게 혈청 주사를 놔주었는데 그 덕에 성홍열은 막을 수 있었지만, 모두 '혈청병'(serum sickness)을 심하게 앓았습니다. 혈청병은 성홍열만큼 기간이 길지는 않고 위험성도 덜하긴 하지만, 그것 못지않게 고통스러운 병이었습니다. 감사하게도 지금은 그들 모두 건강히 잘 지내며, 저희 집 작은 학교도 다시 열었습니다. 자녀를 보낼 학교가 있는 여러분에 비해 저희가 누리는 큰 이점은, 저희는 아이들이 침대에서 일어나자마자 수업을 시작할 수 있다는 점입니다!

학교 상황에 대해 말씀드리자면, 린튼 씨는 어제 시내로 나가 우

out of bed!

Speaking of schools, Mr. Linton was down town yesterday talking to the head of the educational department here in regard to our application for recognition for our Mission Central High School for Boys here. This man is a Christian, and his attitude toward us is very friendly. We cannot help but feel that the outlook for getting recognition is decidedly encouraging. If we can add the grade that is required when the new school year opens in April, and get some more properly qualified teachers, it may be that our hopes for the school will materialize soon. But all of this depends on our having the money necessary for running expenses. Just now, near the close of the school year when teachers must be secured and plans made for the new year, we hear of the possibility of a 40% cut in the appropriations for Foreign Missions. This would mean that we could not even run the high school that we have now to say nothing of planning for a better school. In which case the position that our school has attained thru years of effort would be lost and there would be no chance of regaining what we would lose in pupils and reputation. This is just a little of what such a cut would mean in one department of the work. We just cannot believe that our Church will go back on the work that they have begun and supported these many years. We are trying to go ahead for we believe that God will provide for His work thru His people.

리 선교회 남자중심학교의 지정학교 인가와 관련해서 이곳 교육당국 책임자와 면담을 가졌습니다. 그는 그리스도인인데다가 저희를 매우 친절히 대해줍니다. 지정학교 인가를 얻을 전망이 매우 높다는 생각이 들지 않을 수 없습니다. 만일 저희가 새 학년도가 시작되는 4월에 한 학년 반을 추가할 수 있고, 또 자격을 갖춘 교사들을 더 확보하기만 한다면, 머지않아 저희의 소망이 실현될 것으로 보입니다. 하지만 이 모두는 운영비를 충분히 확보하느냐에 달려 있습니다. 그런데 교사들이 확보되고 새 학년도 계획을 세워야 하는 학기 말이 다가온 지금 저희는 우리 교단이 해외선교 예산을 40%나 삭감할 가능성이 있다는 소식을 듣습니다. 이는 학교를 발전시키는 일은 말할 것도 없고, 학교를 현 상태로 운영하는 일조차 불가능해진다는 것을 의미합니다. 그럴 경우 저희 학교가 수년간의 노력을 통해 쌓아온 입지를 잃고 말 것이며, 한 번 잃어버린 학생들과 명성을 되찾을 기회는 없을 것입니다. 이는 예산 삭감이 가져올 사태의 작은 부분일 뿐입니다. 저희는 우리 교단이 그들이 시작하고 수년간 후원했던 일을 원점으로 돌릴 것이라 믿을 수 없습니다. 하나님께서 당신의 백성을 통해 당신의 일에 필요한 것들을 준비해주실 것을 믿기에 저희는 앞으로 계속 전진해나갈 것입니다.

최근 저는 브룸홀(Broomhall)이 쓴 『허드슨 테일러, 하나님을 믿었던 사람』이라는 책을 읽었습니다. 믿음을 굳세게 해야 할 시점에 이 책을 읽게 되어 참 감사합니다. 허드슨 테일러는 어떤 상황에서도 하나님께서 그의 물질적 필요와 영적 필요를 채워주실 것을 믿고 신뢰했는데, 저희도 그렇게 해야 할 것입니다. 그리고 저희는 우

I have recently read "Hudson Taylor, The Man who Believed God" by Broomhall. I am so glad that I have read it at a time when our faith needs strengthening. Surely if Hudson Taylor could trust God for every need, both physical and spiritual amidst the circumstances which surrounded him, we should do no less. And we do believe that our Church is not going to fail us this time.

Altho we are well into our own new year, I can say with the Koreans, "May you each one receive many blessings during this new year."

Most sincerely,
Charlotte B. Linton

Received at Nashville, Tenn., March 9, 1931.
Address: Mrs. Wm. A. Linton, Chunju, Korea.
Postage: Letters five cents, postcards three cents.

리 교단이 저희를 실망시키지 않을 것이라 믿습니다.

우리 달력으로는 이미 새해가 지났지만, 한국인들과 더불어 다시 인사드리려 합니다, "모두 새해 복 많이 받으시기 바랍니다."

샬롯 벨 린튼

테네시 주 내슈빌에서 1931년 3월 9일에 접수됨
주소: Mrs. W. A. Linton, 전주, 한국
우송료: 편지 5센트, 엽서 3센트

Chunju, Korea,
June 27, 1935

Dear Folks:

It has been a long time since I have written to some of you, but it has not been because I have not thought of you many times and planned many times to write. I won't take up room making excuses, for any of you can imagine what they are!

We have been back from furlough just five years. Our boys have grown so in that time that you would hardly recognize them. For two years I have had four grades to teach with one pupil in each! I don't need to elaborate on the difficulties of trying to teach your own children (without any training for teaching elementary grades) keeping house, sewing, trying to do some Auxiliary and Presbyterial work, etc. In spite of feeling often that I never do any one of my jobs even half well, it is interesting to teach your own children and I have enjoyed all the different things I have tried to do. Next year we plan to send the two older boys to Soonchun to live with the Wilsons who have been so good as to offer to take them so that they can go to school with the other children in Soonchun to Elizabeth Wilson. It will be a great treat to the boys to be in a school with other children and we are glad to have such a good place, not far away from us to send them their first year away from home.

한국, 전주

1935년 6월 27일

친애하는 여러분께,

여러분 가운데 몇몇 분께는 편지를 쓴 지 오래되었지만, 그것은 여러분 생각을 많이 하지 않았거나 여러 차례 편지 쓸 생각이 없었기 때문은 아니었습니다. 변명을 늘어놓지는 않으려 합니다. 여러분께서 충분히 사정을 짐작하시라 생각하기 때문입니다!

안식년에서 돌아온 지 이제 5년이 되었습니다. 저희 아들들은 여러분이 알아보지 못할 수도 있을 만큼 부쩍 자랐습니다. 지난 2년간 저는 학생이 1명씩인 네 개 학년 반을 가르쳐야 했습니다! 집안일도 하고, 바느질도 하고, 여성조력회 일과 노회 일 등등도 하면서, (초등교육 교수법을 배워본 적 없는 사람이) 자기 자녀를 가르치려 할 때의 어려움은 제가 굳이 상세히 말씀드리지 않아도 될 것입니다. 가끔은 제가 어느 일도 제대로 못 하고 있다는 생각이 들기도 하지만, 자기 자녀를 가르치는 일은 재미있는 일이고, 또 저는 제가 하는 다른 일들도 다 좋아합니다. 내년에는 첫째와 둘째를 순천에 보내 윌슨 씨 댁에서 지내게 할 예정입니다. 윌슨 씨 부부는 너무도 감사하게도 저희 아이들이 순천에서 다른 아이들과 함께 엘리자베스 윌슨에게서 교육을 받도록 맡아주시겠다고 하셨습니다. 다른 아이들과 함께 교육을 받는 건 저희 아이들에게 정말 신나는 경험이 될 것입니다. 저희 아이들은 처음으로 집을 떠나는 것인데, 그리 멀리 떨어져 있지 않은, 그런 좋은 곳으로 아이들을 보낼 수 있어서

I am sure we have written most of you that our Central High School for boys, of which Mr. Linton is Principal, was finally given the government recognition that the student body and faculty had worked so hard for far so long. This past March we had our first graduation since we got that recognition. Twenty-eight fine boys were graduated and have gone into various lines of work. A good many have entered higher schools, two went to medical college, and several plan definitely to study for the ministry.

At present Mr. Linton is having the pleasure of seeing our new auditorium-gymnasium begun. Those of you who gave to the main building of the school in 1925-27 will be interested to know that we are getting this additional equipment. Mrs. Richardson of Greensboro, North Carolina, has very generously given the money for this new building which will provide the much needed auditorium, gymnasium, and additional class rooms for the school and also a meeting place for large gatherings of the Christian community. Heretofore there has been no place large enough to accommodate union Church meetings, especially at the time of the large Bible classes when the Church-people came in from the country. School work under all the existing circumstances is hard and very trying at times, but the Lord has certainly blessed our school and put it into the hearts of others to help in the work, so that in spite of the hard part it is a joy to have a part in training these boys for

기쁩니다.

아마 여러분 대부분은 린튼 씨가 교장으로 있는 남자중심학교가 마침내 학생회와 교사들이 그렇게 오랫동안 애써왔던 정부의 승인을 받게 되었다는 사실을 저희 편지로 접하셨을 것입니다. 지난 3월 저희는 그 승인 이후 하는 첫 번째 졸업식을 가졌습니다. 스물여덟 명의 훌륭한 학생이 졸업했고 다양한 직업 전선으로 진출했습니다. 상급 학교로 진학한 학생들도 많은데, 두 명은 의대로 진학했고, 목회자가 되기 위해 신학공부를 하겠다고 뜻을 세운 학생들도 여럿 있습니다.

요즘 린튼 씨의 즐거움은 저희 학교에 신축된 강당 겸 체육관입니다. 1925-27년에 저희 학교 본관 건축을 위해 기부해주셨던 분들이라면 어떻게 이 추가적 건물이 세워지게 되었는지 궁금하실 것입니다. 노스캐롤라이나 주 그린즈버러에 사시는 리처드슨 여사께서 이 새 건물을 위해 후하게 기부해주셨고, 이제 앞으로 이 건물은 강당으로, 체육관으로, 추가적 교실로, 또 기독교 관련 큰 회합 장소로 긴요하게 사용될 것입니다. 지금까지는 교회 연합 모임, 특히 대형 사경회 때 각 지역에서 오는 성도들을 다 수용할 수 있는 큰 장소가 없었습니다. 현재도 학교 형편은 여전히 어렵고 때로는 버겁게 느껴질 때도 있지만, 주님께서 이 학교를 축복하시고 사람들의 마음속에 돕고자 하는 마음을 넣어주셨음을 확신하기에, 저희는 어렵더라도 이 소년들을 기독교 지도자로 길러내는 일을 기쁘게 감당하고자 합니다.

Christian leadership.

Last week our Mission held its annual meeting here and we enjoyed so having the folks from the other stations with us for a few days. Today the much needed rain seems to be beginning and the air feels like "rainy season." I am beginning to get ready to take the children to our little shack at Camp Graham. Three of the children have been sick a good deal since having whooping cough last summer and altho they are much improved we feel that a summer in the mountains will help them a lot. On account of school not closing until late in July and also because of the building he is doing Mr. Linton will not be able to get away except for a few days at a time later on.

Those of you who are interested in Auxiliary and Presbyterial work may like to know that the women in the Korean Church are going right ahead with that work. It is surely encouraging to attend the Presbyterial meetings from year to year and see the progress made in the organization of new Auxiliaries, in the way records are kept and in the amounts brought in for their "Foreign" mission work in China. In the local Church where I am a member our Auxiliary has fourteen circles. This Church is the oldest Church in our territory and just recently they have started a new building. The Auxiliary is anxious to make a special contribution to the building

지난 주 저희 선교회는 연례회의를 가졌는데, 다른 스테이션들에서 오신 분들과 며칠간 함께 지낼 수 있어서 기뻤습니다. 오늘은 그간 고대하던 비가 내리기 시작할 것 같고, 공기도 '우기' 분위기입니다. 저는 캠프 그래함에 있는 저희 작은 오두막으로 아이들을 데려갈 준비를 하고 있습니다. 네 아이 중 셋은 지난여름 백일해 감기에 걸려 많이 아팠는데, 지금은 많이 나았지만, 산에서 여름을 보내면 큰 도움이 되리라 생각합니다. 학기가 7월 말이 되어야 끝나고, 또 건축 일도 있어서 린튼 씨는 나중에 며칠만 시간을 낼 수 있을 것입니다.

여러분 가운데 여성조력회 일과 노회 일에 관심 있는 분들이라면 한국교회 여성들이 그런 일들을 잘 해내고 있다는 소식에 기쁘실 것입니다. 매해 노회 때마다 새로운 여성조력회 조직이나 회의 기록 방식이나, 또 중국에서 하는 '해외' 선교를 위한 재정 규모 등에서 발전하는 모습은 정말이지 고무적입니다. 제가 속한 지역교회의 여성조력회도 서클이 열네 개나 됩니다. 이 교회는 저희 영역에서 가장 오래된 교회인데, 최근에 새 건물 건축을 시작했습니다. 여성조력회 회원들은 개인적으로도 건축 헌금을 약정했지만, 그에 더해 여성조력회 차원에서도 특별 헌금을 하고 싶어 합니다. 종탑도 세울 수 있을 만큼 모금을 하려는 계획인데, 그들의 형편상 쉽지 않은 일이지만, 그러나 저는 그들이 결국 해낼 것이라 믿습니다.

편지를 마치기 전에, 늘 기도로, 편지로, 카드로, 또 다양한 방법으로 저희를 기억해주시는 여러분 모두에게 감사를 표하고 싶습니

over and above the pledges that they have already made individually to the cause. They are thinking of trying to get up enough to put up the bell tower. This is a good deal for them to attempt, but I hope they can do it.

Before I close I want to thank those of you who have remembered us in your prayers and with letters and cards and in various ways. Even if I have waited a long time to write I have appreciated your thinking of us as you have. When you find time please write to us and I am going to try to do better in the future about answering letters. I agree with all Mrs. Kellersberger had to say about Missionaries writing letters. It is not the first time she has stirred me up to try to do better!

With best wishes to each and every one of you in your work, in which Mr. Linton would join me, if he knew I were writing, I am

Yours most sincerely,
Charlotte B. Linton

Received at Nashville, Tennessee, July 20, 1935.
Address: Mrs. W. A, Linton, Chunju, Korea.
Postage: Letters five cents, postcards three cents.

다. 비록 이렇게 오랜만에야 편지를 보내게 되었지만, 저는 늘 저희를 생각해주시는 여러분께 언제나 감사한 마음입니다. 시간이 되신다면 꼭 저희에게 편지를 써주시기 바랍니다. 저도 답장을 보내드릴 수 있도록 더 노력하겠습니다. 저는 선교사들의 편지쓰기에 대한 켈러스버거(Kellersberger) 여사의 조언에 동의합니다. 이번에도 그녀에게서 자극을 받아 더 분발해야겠다는 마음을 먹게 되었습니다!

여러분 모두 하시는 일에 형통하시기를 바라며, 린튼 씨도 제가 편지 쓰고 있다는 걸 알았다면 더불어 인사를 전했을 것입니다.

샬롯 벨 린튼

테네시 주 내슈빌에서 1935년 7월 20일에 접수됨
주소: Mrs. W. A. Linton, 전주, 한국
우송료: 편지 5센트, 엽서 3센트

Chunju, Korea,

November 2, 1935

Dear Friends:

Since I wrote last a good many things have happened. The children and I had a good summer in the mountains and we were all much benefited by our stay there. Mr. Linton was not able to be with us much on account of building the fine gymnasium-auditorium at the school. The first part of September I had the pleasure of attending the Korean Presbyterian Women's meeting that corresponds to our Committee on Women's work. It was inspiring to hear reports from over twenty presbyterials and to hear of the foreign mission work the women are doing through their missionary to the Chinese in North China.

Later on in September I took Billy and Eugene to Soonchun where they are living with the Wilsons and going to school to Elizabeth Wilson. They are enjoying school work with other children after studying alone for five years. We surely do miss them and are looking forward to having them home at Thanksgiving. It seems quite easy to teach two grades after trying to teach four!

Speaking of teaching at home, you can imagine how many interruptions there would be! But this morning I had an interruption

한국, 전주

1935년 11월 2일

친구 여러분께,

지난번 편지를 보낸 이래 아주 많은 일이 있었습니다. 아이들과 저는 산에서 멋진 여름휴가를 보냈습니다. 거기서 한동안 지내며 많은 유익을 누렸습니다. 린튼 씨는 학교의 체육관 겸 강당 건축 일로 저희와 오래 함께하지는 못했습니다. 9월 초에는 저는 우리 교단 여성사역위원회 같은 조직인 한국 장로회 여전도회(the Korean Pres-byterian Women) 모임에 참여해서 즐거움을 누렸습니다. 스무 개가 넘는 노회들의 보고와 또 북중국에 파송한 선교사를 통해 중국인들을 대상으로 하고 있는 선교 이야기를 들었는데 고무적이었습니다.

9월 말에는 저는 빌리와 유진을 다시 순천에 데려다주었습니다. 거기서 그들은 윌슨 씨 네 집에서 지내면서 엘리자베스 윌슨에게서 교육을 받고 있습니다. 5년간은 혼자서 공부했던 터라 아이들은 다른 아이들과 함께 공부하게 되어 좋아합니다. 아이들이 정말 그립고, 그들이 여기 집으로 돌아올 추수감사절이 고대됩니다. 그간 네 명을 가르치다가 이제 두 명만 가르치니 일이 훨씬 수월합니다!

집에서 자녀들을 가르치는 일에 대해 말씀드려보자면, 정말이지 수업이 중간에 끊길 때가 얼마나 많은지 모릅니다! 그런데 오늘 아침에 수업이 중간에 끊기게 된 건 가치 있는 일 때문이었던 터라 여러분에게 그 이야기를 해드리려고 합니다. 저희 교회 여성조력회

that I thought was quite worth while so I want to tell you about it.
A faithful leader of one of our circles came to get the Auxiliary pro-
gram book because it is her circle's time to have charge of the
Auxiliary meeting this month. That was a pleasant experience in it-
self — to have someone remember to come get the leader's materi-
al well in advance rather than for me to have to hunt them up end
give it to them, but what interested me more was her conversation.
First she told me of her next door neighbors, a whole family who
have burned their "household gods" and decided to be Christians
but who as yet do not know much about Christian living. My friend
told me that for weeks last spring and summer she went every
morning to their house and conducted family prayers for them and
that during the past few weeks she has gone with them at daylight
every morning to the hillside back of their home to have prayers.
Now you can understand what this means when I tell you that this
lady has four children under ten and that she does her own work.
In spite of little children to care for and house work to do she has
completed the course in our Mission Bible School which meant
three months study a year for three years. She went on to say that
on account of her home duties she had not been able to go out and
do personal work as the other Bible School students did and that
she felt that she owed the Lord that much. I told her I felt sure the
Lord had sent her those neighbors to help even if she could not go
far from home. She told me she hoped to go with me some to do

써클 중 하나의 리더이신 어느 신실한 부인께서 여성조력회 프로그램 책자를 받으러 저희 집에 오셨는데, 이번 달은 그 부인의 서클이 여성조력회 모임의 책임을 맡을 차례였기 때문입니다. 이것만 해도 기쁜 일이었습니다. 보통은 늘 제가 이번 달 책임자를 알아내어 지도자용 자료를 전달해주러 찾아가곤 했는데, 이 여성 리더 분은 미리 기억하시고 책자를 받아두려고 오신 것이기 때문입니다. 하지만 제가 더 감동을 받은 건 그 부인께서 대화중에 들려준 이야기들이었습니다. 먼저, 그 부인은 자신의 이웃들에 대해 말해주었는데, 어느 가정은 그들의 '가족 신들'을 다 불태우고 기독교인이 되기로 결정했지만, 기독교인은 어떻게 살아야 하는지에 대해 아직 많이 모르고 있다고 합니다. 그래서 그 부인은 지난봄과 여름에는 여러 주 동안 매일 아침 그 이웃의 집에 찾아가 그들을 위해 가정 기도회를 인도해주었고, 지난 몇 주간은 매일 새벽 동이 틀 때 그들과 같이 그들의 집 뒤편 언덕 산에 올라가 함께 기도했다고 합니다. 그런데 이제 여러분은 제가 드릴 말씀을 들으면 이게 얼마나 대단한 일인지 알게 되실 텐데, 그 부인에게는 아직 열 살이 되지 않은 아이가 넷이나 있고, 게다가 해야 할 집안일들도 있습니다. 그렇게 어린아이들을 돌보고 집안일까지 다 해가며 그 부인은 우리 선교회 성경학교 과정을 다 이수했는데, 이는 3년간 매해 꼬박 세 달을 공부했다는 뜻입니다. 또 그 부인이 말하기를, 해야 할 집안일 때문에 다른 성경학교 학생들처럼 어디 나가서 개인전도 일을 하지 못했는데, 그래서 그만큼 주님께 빚진 심정이라는 것이었습니다. 저는 그 부인께, 비록 집에서 어디 멀리까지 가실 수는 없지만 주님께서는 부인을 이웃들에게 보내셔서 돕게 하셨다고 확신한다고 말했습니다.

personal work. Since I try to visit unbelievers on Saturday afternoons she and I went together this afternoon and enjoyed giving the "message" to some who though they have heard before have not heeded, hoping that some hearts will be touched.

The Korean Church I attend is just finishing a lovely new building. The people have given so liberally toward this new building that it has been a real inspiration to us as well as a blessing to them. They started building without all the money pledged, but many have doubled their subscriptions, and gifts have come from unexpected sources so that every Sunday the pastor has had interesting experiences of how money has come in to pay the bills for labor and materials.

Many have written to us since my last letter and I wish I could tell you how much we enjoy your good letters and your interest in us and our work. Mr. Linton is busy as usual in the school but it is a joy to be in such work. Please continue to pray for the school with all the problems that arise. Mr. Linton is in the country this weekend visiting some of his churches. I know he would want to join me in best wishes to all of you.

It will be nearly Christmas time when this reaches you so I want to wish each one of you a Christmas season of real joy and peace

그러자 그 부인은 언제 저랑 같이 개인전도 일을 하러 가고 싶다고 말했습니다. 저는 토요일 오후마다 비신자들을 방문해왔던 터라, 오늘 오후 저는 그녀와 함께 나가서 기쁘게 '복음 메시지'를 전하고 돌아왔습니다. 전에 전했을 때 들으려 하지 않았던 사람들이지만 아무쪼록 몇 사람이라도 마음을 열게 되기를 바라면서 말입니다.

제가 출석하는 한국교회는 얼마 전 근사한 새 건물을 완공했습니다. 교인들의 아낌없는 헌금으로 세워진 이 새 건물은 그들에게 복일 뿐 아니라 저희에게도 큰 감동을 줍니다. 그들은 건축비 전체 약정이 되지 않은 상태에서 건축을 시작했지만, 많은 이가 약정했던 것보다 두 배로 헌금했고, 예기치 않았던 곳에서 기부도 들어와, 주일마다 목사님은 어떻게 돈이 들어와 인건비와 자재비를 낼 수 있었는지 극적인 이야기를 들려주곤 합니다.

지난 편지를 받으시고 많은 분께서 편지를 보내주셨습니다. 여러분의 따뜻한 편지들과 저희와 저희 일에 보여주시는 관심에 저희가 얼마나 기쁜지 말로 다 표현할 수 없습니다. 린튼 씨는 늘 그렇듯 학교 일로 바쁘지만 그 일을 즐깁니다. 여러 문제에 당면해 있는 학교를 위해 계속해서 기도해주실 것을 부탁드립니다. 린튼 씨는 이번 주말 맡고 있는 여러 교회를 방문하느라 출타중입니다. 함께 있었다면 저와 더불어 여러분에게 안부를 전했을 것입니다.

이 편지가 여러분 손에 닿을 때쯤이면 거의 성탄절 때일 것이라 생각합니다. 여러분 모두 기쁨과 평화 가득한 성탄절 보내시고, 새

and a new year full of good things.

With best wishes for each of you in whatever you are doing, I am Yours most sincerely,

Charlotte B. Linton

Received at Nashville, Tennessee, November 24, 1935.
Address: Mrs. Wm. A. Linton, Chunju, Korea.
Postage: Letters five cents, postcards three cents.

해 복된 일들이 가득하시기를 바랍니다.

하시는 모든 일에 형통하시기를 바라며,
샬롯 벨 린튼

테네시 주 내슈빌에서 1935년 11월 24일에 접수됨.
주소: Mrs. W. A. Linton, 전주, 한국
우송료: 편지 5센트, 엽서 3센트

<u>Chunju, Korea,</u>

<u>February 17, 1936</u>

Dear Friends:

Before I get started on the many things that are always ready to be done on Monday morning I want to tell you how much Mr. Linton and I appreciate the many Christmas and birthday greetings that we received from you and to thank you for your thought of us. One of the happiest experiences we have is receiving letters and messages from America, and you folks added to our pleasure with your notes and expressions of love and interest.

So far 1936 has been a busy time for everyone here. Right after Christmas came the "Ten Days' Class for Men" with between three and four hundred in from the country to study. The last of January the Auxiliary in which I work had a Bible Class for the women in our Church and we had 75 who studied every afternoon for a week. Right now the men's month's institute is in session and one hundred eighty men, mostly elders, deacons, and other church leaders are here for that. This week I want to make plans for the women's "World Day of Prayer" meeting which is held jointly by the women of the five local churches. We are working on plans for our Presbyterial meeting which will be March 30. By the time you get this letter our Women's Ten Days' Class will be in session.

한국, 전주

1936년 2월 17일

친구 여러분께,

월요일 아침 해야 할 일들을 시작하기에 앞서 린튼 씨와 저는 여러분께서 보내주신 성탄과 생일 축하 인사들에 대해, 또 언제나 저희를 생각을 해주시는 것에 대해 감사의 말씀을 드리고 싶습니다. 저희에게 가장 행복한 시간 중 하나는 미국에서 오는 편지들과 메시지들을 받을 때인데, 여러분이 보내주신 사랑과 관심의 표현을 받으며 그런 기쁜 시간을 가졌습니다.

1936년이 시작되고 오늘까지 여기 모든 이는 바쁜 시간을 보냈습니다. 크리스마스가 끝나자마자 '남성을 위한 열흘 사경회'가 시작되었는데, 3~4백 명 되는 분이 각지에서 오셨습니다. 1월 말일에는 제가 소속된 여성조력회가 저희 교회에서 여성들을 위한 사경회를 열었는데, 일흔다섯 분이 일주일 동안 매일 오후에 공부를 했습니다. 지금은 남선교회 월례회가 진행 중이며, 1백여 명의 남자 분이 모였는데, 대부분 장로나 집사나 기타 교회 리더인 분들입니다. 이번 주 저는 다섯 지역교회 여성들이 연합해서 여는, 여성 '세계 기도의 날' 모임을 계획해보려 합니다. 또 저희는 3월 30일에 있을 노회를 위해서도 준비하고 있습니다. 여러분이 이 편지를 받으실 때쯤이면 저희 '여성들을 위한 열흘 사경회'가 진행 중일 것입니다. 저희 사역을 위해 기도해주실 때 꼭 이를 기억해주시기를 부탁드립니다.

Please remember that as you pray for our work here.

It is a busy time at our Boys' School too, because this is the end of the school year here. The graduating class will soon begin their final examinations and are already putting in applications to other schools or trying to get positions for next year. The commencement exercises will be March 5. Our fine new auditorium is practically finished and we hope to dedicate it at commencement time.

We have had an unusually cold winter and from all accounts you have had the same. It is beginning to warm up now, tho, and the bulbs are beginning to show themselves.

Thanking you again for your cards and letters and with best wishes for each and every one of you in your work, I am
Most sincerely,
Charlotte B. Linton

Received at Nashville, Tennessee, March 9, 1936.
Address: Mrs. W. A. Linton, Chunju, Korea
Postage: Letters five cents, postcards three cents

저희 남학교도 바쁜 시기인데, 학년 말이기 때문입니다. 졸업반은 곧 기말시험을 치를 예정이고, 다른 학교들에 원서를 넣고 있거나 직장 자리를 알아보고 있습니다. 졸업식은 3월 5일에 있을 것입니다. 저희의 근사한 새 강당이 거의 완성되었고, 졸업식 때 봉헌식을 할 수 있기를 기대하고 있습니다.

올겨울 이곳은 전례 없이 추웠는데, 보내오시는 소식들로 보아, 여러분도 마찬가지이셨던 것 같습니다. 그래도 이제는 따뜻해지기 시작하고 있고, 구근 식물들이 꽃을 피우려 하고 있습니다.

보내주신 카드들과 편지들에 감사드리며, 하시는 모든 일이 형통하시기를 바라며,
샬롯 벨 린튼

Camp C. E. Graham,

Chiri San, Korea,

August 24, 1936

Dear Friends:

Before we leave camp I want to got a short letter off to you to give you some news of us. As many of you know, we have a little stone house here on this beautiful mountain where we spend our vacation.

The children and I have been here since the first of July. Mr. Linton has been here about a month of the time altogether which is longer than he was with us last summer, that together with the fact that the children have not been sick this summer has made us have a most delightful time in spite of an exceedingly rainy season. While friends and relatives at home write of drouth, we have wished for sunshine!

Week before last there was a terrible cloudburst near Chunju and the floods caused the loss of many lives and much property. The pastor of one of the churches and his wife escaped by climbing on a nearby roof. Seven of our Boys' school teachers' families fled to the main building of the school and were saved. Part of the dormitory collapsed and the woman who cooks at the dormitory

캠프 그래함,

한국, 지리산

1936년 8월 24일

친구 여러분께,

이곳 캠프에서 내려가기 전에 여러분께 저희 소식 몇 가지를 전하는 짧은 편지를 쓰려 합니다. 많은 분이 아시듯, 저희는 여름휴가를 보내는 이 아름다운 산에 작은 돌집이 하나 있습니다.

아이들과 저는 7월 첫째 날부터 이곳에 와 있습니다. 린튼 씨는 지난여름 때보다는 더 길게, 한 달 정도는 저희와 같이 있을 수 있었고, 게다가 아이들도 이번 여름에는 아프지 않아서, 비록 비가 너무 많이 오고 있긴 하지만 저희는 너무도 즐거운 시간을 보내고 있습니다. 친구들과 친척들의 편지를 보니 거기는 가뭄이 걱정이라는데, 이곳의 저희는 햇빛이 너무도 그립습니다!

지난주 전주 지역에 억수같이 많은 비가 쏟아져 홍수가 나 많은 인명 피해와 재산 손실이 있었습니다. 어느 교회의 목사님과 사모님은 옆집 지붕에 올라가 겨우 목숨을 건지기도 했습니다. 저희 남학교 선생님들의 가정들 중 일곱 가정이 학교 본관으로 피신해 목숨을 건졌습니다. 기숙사 일부가 무너져 내렸고, 기숙사 조리를 담당하는 여성과 그녀의 자녀들이 보이지 않아 홍수에 휩쓸려 내려갔는지 알았습니다. 그런데 후에 그들은 나무들 위에서 발견되었는데, 그 여성은 가시가 있는 나무에 달려서 그 가시들에 끔찍하게 살

and her children were thought to be drowned. They were found later in trees — the woman in a thorn tree, terribly cut by the thorns — but we are so thankful they were saved. Of course the Korean houses having mud walls and floors are ruined by being flooded so even when the houses do not collapse, they have to be almost rebuilt. The good looking wall across the front of our school campus given by the patrons and alumni of the school several years ago is down.

So far we have not heard of any Christians losing their lives though many lost all their possessions. The non-Christians are commenting on the fact that the Christians' lives were spared. We hope that all of this tragedy may be the means of bringing some to Christ.

As soon as we heard of the flood, Mr. Linton went home and the children and I will go in a day or two. As soon as I get home I will have to get Billy and Eugene ready to go to Pyong Yang to boarding school. After that I hope to attend the Women's Council of the Korean Presbyterian church. At this meeting we will have present, Miss Kim, whom the Women's Council has been supporting as a missionary to the Chinese in China, this will be her first furlo and we are looking forward to seeing her.

이 찢기긴 했지만, 감사하게도 그들 가족 모두 목숨은 건질 수 있었습니다. 한국 집들은 벽과 마루가 진흙이라 홍수에 속수무책이었고, 완전히 무너져 내리진 않았더라도, 거의 다시 지어야 할 만큼 크게 손상되었습니다. 여러 해 전 학교의 후원자들과 졸업생들의 기부로 세운, 학교 캠퍼스 앞을 가로질렀던 멋진 벽도 무너져 내렸습니다.

현재까지 들리는 바로는, 기독교인들 중에는 비록 재산을 잃어버린 이들은 있어도 목숨을 잃은 사람은 아무도 없다고 합니다. 기독교인들은 다 목숨을 구했다는 사실이 비기독교인들 사이에서 화제가 되고 있다고 합니다. 바라기는, 이 비극을 통해서도 어떤 이들이 그리스도께 인도되기를 기도합니다.

홍수가 났다는 소식을 듣자마자 린튼 씨는 집으로 내려갔고, 아이들과 저는 하루나 이틀 뒤에 내려갈 생각입니다. 집에 가서는 저는 빌리와 유진을 평양에 있는 기숙학교로 보낼 채비를 해야 합니다. 그러고는 한국 장로교 여전도회에 참석할 계획인데, 이 모임에는 여전도회가 중국 선교를 위해 중국에 파송하고 후원하고 있는 선교사인 김 여사(역자 주: 여전도회 파송 김순호 전도사)가 참석할 예정입니다. 그녀는 첫 번째 안식년을 맞아 오는 것인데, 저희는 그녀와의 만남을 고대하고 있습니다.

이 회합을 마치면, 저는 휴와 드와이트를 집에서 가르치는 일도 재개해야 합니다. 이번 가을 이렇게 저는 바쁘게 지낼 것 같고, 아마

As soon as this meeting is over I must start school work with Hugh and Dwight. So you see I have a busy fall ahead, and I'm sure all of you have, too. I'm feeling rested and eager to get home and at work again.

With best wishes always for your happiness and success in whatever you are doing.

Most sincerely,
Charlotte B. Linton

Received et Nashville, Tennessee, September 19, 1936.
Address: Mrs. Wm. A. Linton, Chunju, Korea.
Postage: Letters five cents, postcards three cents.

여러분도 그러하시리라 생각합니다. 충분히 쉰 저는 이제 어서 돌아가 일에 매진하고 싶습니다.

여러분 모두 행복하시며 하시는 일에서 열매를 거두시기를 바라며,

샬롯 벨 린튼

<u>Chunju, Korea</u>

<u>April 10, 1937</u>

Dear Folks:

It's Saturday night and I want to work on my Sunday School lesson some more but I also want to write to you before another week has gone.

First of all I want to thank those of you who wrote to us at Christmas time and for our birthday, and those who thought of us for your interest. It would be hard for you to understand what a help the knowledge of your love and prayers is to us. I hope soon to write to each of you personally, but in the meantime I'll say "Thank you" this way.

Last week our North Chulla Presbyterial met in Kunsan. More than eighty Auxiliaries sent in reports and there were over a hundred delegates and officers present. The contributions from the Auxiliaries have increased so much that in addition to increasing our gifts to Home and Foreign Missions, local charities, etc., we plan to pay the salary of a Bible woman who will live a few months at a time in some unevangelized district and do personal work, in this way finally building up a group of Christians who will later establish a church. This method has been tried with greet success in

친애하는 여러분께,

여기는 토요일 밤입니다. 내일 주일학교 공과 준비도 더 하고 싶지만, 한 주가 지나기 전에 여러분에게 편지를 쓰고 싶어 이렇게 적습니다.

먼저, 성탄 시즌과 저희 생일 때 편지를 보내주신 분들께, 또 늘 저희에게 관심을 기울여주시는 분들 모두에게 감사를 드립니다. 여러분의 사랑과 기도가 저희에게 얼마나 큰 힘이 되는지 아마 여러분은 상상하지 못하실 것입니다. 여러분 한 분 한 분께도 곧 개인적 편지를 쓸 수 있게 되기를 바라면서, 그 전에 이렇게 모든 분께 "감사합니다" 하는 말씀을 전합니다.

지난주는 저희 전북(North Chulla)노회가 군산에서 열렸습니다. 80개도 넘는 여성조력회가 보고서를 제출했고, 100명이 넘는 총대와 임원이 참석했습니다. 여성조력회들이 보내주는 후원금이 많이 증가해, 이제 저희는 국내외 선교회들, 지역 구제사업 등에 대한 후원을 늘릴 계획일 뿐 아니라, 여성 권서 한 분을 모셔 사례를 지불할 계획입니다. 그녀는 미전도 지역들에 돌아가며 여러 달씩 지내며 개인전도 일을 할 것이고, 그렇게 해서 기독교인 모임이 만들어지면, 나중 그들을 통해 교회가 세워지게 될 것입니다. 이 방법은 그간 많은 곳에서 시도되었고 대단한 성공을 거두었습니다.

a good many places.

Just before Presbyterial meeting Miss Kim Soon Ho, the single lady worker sent to China by the Korean Presbyterian women was here on a visit. She is home on her first "furlo". She is a remarkably fine person and a very attractive speaker. She told of her work among the Chinese here and in Kunsan while our large Bible Classes for women were in session. One afternoon here she spoke to over eight hundred women and held their attention for over an hour. It was a wonderful opportunity for the women to learn how their contributions to foreign missions are used. They are justly proud of having their own foreign missionary. After having her, many said to us that they understood our situation here better now.

This afternoon I went out with one of the Bible School students to do personal work from house to house. We were kindly received everywhere but so many women with whom we talked seemed hardened and uninterested. Some of course received us gladly. I enjoy trying to teach personal work one hour a week in the Mission Bible School for women that lasts from March 15 to June 15, and having charge of the practical work on Saturday afternoons. But it's work that makes me feel my unworthiness more

노회가 열리기 직전에 한국장로회 여전도회가 중국에 파송한 독신 여성 사역자인 김순호(Kim Soon Ho) 여사가 이곳을 방문했습니다. 그녀는 첫 번째 '안식년'을 맞아 귀국한 것입니다. 대단히 훌륭한 분인 그녀는 대단히 매력적인 연설가이기도 합니다. 그녀는 우리 대규모 여성사경회가 열리는 동안 이곳과 군산에서, 본인이 그간 중국인들을 대상으로 사역했던 이야기를 들려주었습니다. 어느 오후에는 8백 명이 넘는 여성 앞에서 연설했는데, 한 시간 넘는 시간 동안 모두가 그녀의 연설에 집중했습니다. 그 여성들로서는 자신들의 해외 선교 헌금이 어떻게 사용되고 있는지 확인하게 된 감동적인 시간이었습니다. 그들은 자신들의 손으로 파송한 해외 선교사가 있다는 사실에 긍지를 갖고 있습니다. 그 선교사의 이야기를 듣고 나서 여기서 선교사로 살아가는 저희 상황을 더 잘 이해하게 되었다고 말하는 이들도 많습니다.

　　오늘 오후에는 저는 성경학교 학생들 중 한 명과 같이 나가서 가가호호 방문하여 개인전도 활동을 했습니다. 다들 친절하게 맞아주긴 했지만, 저희가 하는 이야기에 많은 여성은 마음이 닫혀 있고 무관심해 보였습니다. 물론 저희를 기쁘게 받아준 이들도 있었습니다. 저는 3월 16일부터 6월 15일까지 계속되는 선교회 여자 성경학교에서 일주일에 한 시간씩 개인전도를 가르치며 매주 토요일 오후에는 실습 활동을 책임지고 있습니다. 제가 즐기는 일이기도 하지만, 저의 부족함을 가장 많이 느끼게 되는 일이기도 합니다.

　　풀턴 박사님(역자 주: 미국 남장로회 해외선교본부 총무)이 2월에 저희

than anything else.

Some of you know of Dr. Fulton's visit to our Mission in February. I don't know when we have had anyone come who gave us more inspiration and courage for our hard problems than he did. It was a pleasure, too, to have him in our home again.

Our big boys who have been at school in Pyeng Yang this year were here for a nice long Christmas vacation and again for a short Easter holiday. They and those of us at home have kept well all year. We feel so thankful for that. Billy is my height now, and the others are doing their share of growing.

Mr. Linton is in the country this weekend and I'm sure he would join me in the best wishes to all of you.

Most sincerely,
Charlotte B. Linton

Received at Nashville, Tenn., May 1, 1937.
Address: Mrs. W. A. Linton, Chunju, Korea
Postage: Letters five cents, postcards three cents

선교회를 방문하신 것을 아시는 분들도 계실 것입니다. 박사님처럼 저희에게 많은 영감과, 고난을 이겨내는 용기를 불어넣어주신 분은 또 없었습니다. 그분을 저희 집에 다시 모시게 된 것도 즐거움이었습니다.

저희 큰 아들들은 올 해 평양에서 학교(역자 주: 평양외국인학교)를 다녔는데 성탄절 긴 방학에 여기 와 있었고 지금은 부활절 휴일을 맞아 또 와 있습니다. 그들도, 또 이곳의 저희도 모두 한 해 동안 잘 지냈고, 이에 대해 큰 감사를 느낍니다. 빌리는 이제 키가 저만큼 컸고, 다른 아이들도 부쩍부쩍 크고 있습니다.

린튼 씨는 주말을 맞아 시골교회 사역 중인데, 여기 있었더라면 저와 더불어 여러분 모두에게 인사를 전했을 것입니다.

샬롯 벨 린튼

Chunju, Korea,

January 22, 1938

Dear Friends:

At last 1938 has come around and we can say, "We'll be seeing you this summer." We arrived at Chunju on June 29, 1930 and will be leaving some time during June this summer. We hope to renew our acquaintance with each one of you. In some ways it has been a long eight years since we got back. When one sees the length of our oldest boys the length of years is aptly demonstrated. In many ways, however, the time has passed very quickly. It hardly seems long since I first landed in Korea in September, 1912.

The last eight years have witnessed many changes in the work of the Mission but the year 1937 will go down in the records of the Korea Mission as the year of most tremendous change. It saw the withdrawal of the Mission from secular education. It marks the limit of full Religious Freedom in Korea. The Mission has enjoyed many years of religious freedom under the strong Japanese Government but the freedom has now been much curtailed. Just how hard will be the ensuing persecution of the Church is hard to tell. Many have already suffered and many are suffering right now. We'll have to tell you much more about all of this when we see you.

친구 여러분께,

드디어 1938년이 왔고, "이번 여름 여러분과 만나게 될 것입니다"라고 말할 수 있게 되었습니다. 저희는 1930년 6월 29일에 전주로 돌아왔는데, 올여름은 6월 한 달 동안 이곳을 떠나 있을 예정입니다. 여러분 한 분 한 분과 다시 만나 교제할 수 있기를 기대합니다. 저희가 여기 돌아온 지 이제 8년이 되었는데, 어찌 보면 긴 세월입니다. 저희 집 큰 아이들이 얼마나 컸는지를 보게 되시면 그 세월의 길이가 실감나실 것입니다. 하지만 또 어찌 보면 시간이 너무도 빨리 지나갔습니다. 저는 1912년 9월에 한국에 처음 왔는데, 그때부터 지금까지가 그리 오랜 세월로 느껴지지 않습니다.

지난 8년간 선교회 사역에 많은 변화가 있었지만, 1937년은 한국 선교 역사에서 가장 급격한 변화가 있었던 해로 기록될 것입니다. 이 해에 저희 선교회는 공교육에서 철수했기 때문입니다. 이는 현재 한국에서 종교의 자유가 제한을 받고 있다는 사실을 말해줍니다. 그간 저희 선교회는 강경한 일본 정부하에서 여러 해 종교의 자유를 누렸지만, 이제 그 자유가 많이 줄어들고 말았습니다. 앞으로 교회에 얼마나 심한 박해가 닥쳐올지 누구도 예상할 수 없습니다. 많은 이가 이미 고난을 겪었고 지금도 겪고 있습니다. 여러분을 만나게 되면 이 모든 일에 대해 더 자세히 전해드리도록 하겠습니다.

The closing of our Central High School for Boys here at Chunju caused many heartaches. I have been in educational work since I first came to Korea and it is no easy thing to see one's life work crumble around him. However, I am entirely reconciled, feeling that it was the Lord's will. I thank God for the forty years that have been allowed the Korea Mission to demonstrate Christian Education and pray that He will open up the way for future efforts in that line. We all regret the loss of this great branch of Missionary work but we praise God that we have been allowed to suffer for the "Word of God and the testimony of Jesus." The testimony to the fact that "Jehovah He is God" more than compensates for the loss. Our school buildings stand empty today because they were erected to teach the worship of Jehovah God. It is impossible to prostitute them to the teaching of the worship of other gods. Unless some change comes making it possible to open again for secular education in the near future, they will be used for a Bible School.

In the meanwhile I am giving all of my attention to looking after some forty country churches. This type of work is not entirely new to me because I have had eight country churches now for some years. I have enjoyed the contacts I have had with this sort of work and am certain I shall like it. Even while I had the school I enjoyed the work in the country because it gave me a relief from the confinement of the school — six days in the week and a half months

저희는 전주의 남자중심학교를 폐교했는데 많은 아픔이 따르는 일이었습니다. 저는 한국에 온 이래 교육 사역에 종사해왔는데, 일생의 사역이 허물어지는 것을 보는 건 결코 쉬운 일이 아닙니다. 하지만 저는 이 또한 주님의 뜻이라고 믿고 다시 마음의 평화를 되찾았습니다. 저는 저희 선교회가 지난 40년간 기독교 교육을 펼쳐 보일 수 있었던 것에 대해 하나님께 감사드리고, 하나님께서 장래에도 그 길을 열어주시기를 기도합니다. 이 중요한 선교 분야를 상실한 것에 대해 저희 모두 가슴이 아프지만, 저희는 저희가 '하나님의 말씀과 예수의 증거'를 위해 고난받도록 허락받은 것에 대해 하나님께 감사 찬양을 드립니다. "여호와가 하나님이시다"는 사실을 증거할 수 있게 된 것은 모든 상실을 보상하고도 남습니다. 저희 학교 건물들은 현재 비어 있는데, 그 건물들은 여호와 하나님을 예배하는 것을 가르치기 위해 세워진 건물들이기 때문입니다. 다른 신들을 예배하는 것을 가르치는 데에 그 건물들을 사용하는 것은〔영적〕간음 행위로서 있을 수 없는 일입니다. 가까운 장래에 상황이 바뀌어 다시 학교를 열 수 있게 되기 전까지는, 그 건물들은 성경학교를 위해서만 사용될 것입니다.

현재로서는 저는 40여 개의 시골 교회를 돌보는 일에 저의 모든 관심을 쏟고 있는 중입니다. 이 사역이 제게 완전히 새로운 일은 아닌 것이, 저는 그간 수년간 여덟 개 교회를 섬겨왔기 때문입니다. 저는 이런 일을 하며 사람들을 만나는 것을 좋아했고, 앞으로도 분명 그럴 것입니다. 학교 일을 할 때에도 저는 시골 다니는 일을 좋아했는데, 일 년 중 여섯 달, 일주일에 6일을 학교 안에 갇혀 있는 제게

during the year.

The Linton Family are now making great plans for the trip home this summer. We are hoping that we shall be able to go home by way of the Indian Ocean and Europe. It will be the last time that our family will all be together on a trip home. Our oldest will most likely be left in America after this furlough and then the others will all go home to school before we go on another furlough. If we don't go that way this time we'll not have another opportunity. There are many things that make it uncertain not the least being the world situation today. We only hope a world war will not break out before we can get home. It is our plan to spend a month in Palestine so that I can have a good time preparing for future Bible teaching. A month's stay in Jerusalem has been a long cherished dream and now that it seems more than likely that most of my work in the future will be Bible teaching, such a trip will be of almost inestimable value.

With all good wishes and hoping to see all of you in the near future,

Most sincerely yours,
William A. Linton

그것은 휴식 같은 시간이었기 때문입니다.

올여름 고향에 가게 되는 저희 린튼 가족은 거창한 계획을 세우고 있습니다. 저희는 인도양과 유럽을 경유하여 고향에 갈 수 있기를 바라고 있습니다. 저희 가족이 이렇게 함께 고향에 가는 건 이번이 마지막이 될 것 같습니다. 저희 큰아들은 아마도 이번 안식년 후에는 미국에 남게 될 것 같고, 다른 아들들도 다음번 안식년 전에 다들 미국에서 학교를 다니게 될 것입니다. 이번에 이런 경로로 가지 못한다면 기회가 다시는 없을 것 같습니다. 현재 세계 상황도 그렇고 해서 이 계획의 성사 여부는 많은 요인으로 불확실한 상태입니다. 저희가 고향으로 가기 전에 세계대전이 벌어지지 않기를 바랄 뿐입니다. 팔레스타인에 한 달간 머물며 앞으로 성경을 가르칠 때를 위한 공부를 할 계획입니다. 예루살렘에서 한 달간 지내는 것은 오랜 꿈이었는데, 앞으로 저의 일의 대부분은 아마 성경을 가르치는 일이 될 것이 확실하기에 이 여행은 값어치를 따질 수 없을 만큼 제게 유익한 여행이 될 것입니다.

모두 잘 지내시기를 바라며, 머지않아 여러분 모두를 보게 되기를 기대합니다.

윌리엄 A. 린튼

Chunju, Korea

Jan. 26th, 1940

Dear Will:

This is the third or fourth start I've made on a letter to you. Here's hoping that I'll be able to finish this one. A nice long letter telling just the news we wanted to hear about came from you some days ago. Each time I started a letter something happened to interrupt and before I got back to it, conditions changed so much that I felt a new start should be made.

In many ways conditions continue about the same out here. We do not anticipate any radical change in Korea as long as the present Governor-General continues in office. He seems to be a devout believer in the Shinto Gods of Japan. He seems to feel that the success of Japan's program in East Asia, and finally in the whole world, can only be brought about by the united prayers of all the Japanese nationals to the Sun Goddess (Amaterasu Omikami), who has given to the Japanese people and especially to the imperial line in Japan this supreme role in the world.

The effort on the part of the police to effect a complete separation between the native church and the Missionaries continues unabated. In some sections the Christians are forbidden to have

윌에게,

그간 네게 편지를 쓰려고 서너 번 펜을 들기는 했다. 이번에는 꼭 끝까지 쓸 수 있기를 바란다. 듣고 싶었던 소식들이 담긴 너의 긴 편지를 얼마 전 고맙게 잘 받았다. 답장을 쓰려 할 때마다 뭔가 일이 생겨 중단되었고, 이어서 쓰자니 그간 여기 상황이 변했기에 새로 쓸 수밖에 없었단다.

여러 면에서 이곳 상황은 전과 다름이 없다. 현 총독이 계속 자리에 있는 한 한국 상황은 큰 변화를 기대할 수 없다. 총독은 일본 신도의 독실한 신자인 것 같다. 그는 동아시아와 더 나아가 전 세계를 향한 일본의 계획은 일본 국민 모두가 태양신(아마테라스 오미카미)에게 단결하여 기도드릴 때 실현 가능하다고 믿는 듯하다. 그 여신이 일본 국민에게, 특별히 일본의 황실에게 세계를 위한 막중한 임무를 부여했다는 것이다.

현지 교회와 선교사들을 완전히 분리시키려는 경찰의 획책이 계속되고 있다. 어떤 지역에서는 기독교인들은 우리와 어떠한 접촉도 하지 못하게 되어 있다. 여러 지역에서 교회 지도자들은 선교사들에게 그들 교회를 방문하지 말아달라는 편지를 쓰도록 강요받고 있다. 그런데 다른 한편으로 선교사들은 고위 공무원들에게 극도의 정중한 대우를 받고 있다. 선교사를 찾아갔다는 이유로 기독교인들

any contact whatsoever with us. In many places Church leaders were forced to write letters to the Missionaries telling them not to visit their churches. On the other hand missionaries are treated with utmost respect by the higher officials. They always declare that the missionaries are mistaken when they reported cases where Christians have been mistreated by the police because they visited a missionary. A good selection of the letters sent to the missionaries asking that they not visit the churches was made and on comparison it was found that the statements were all just the same though the paper was often different. When the chief of police was presented with this indisputable evidence that the police had directed the whole thing there was no answer.

Quite recently I went to visit a church that I had visited many times before. Many of the members had been taken into church by me. The police learned that I had come so they got busy right away and told the leaders in the church that I should not be allowed to preach, so they had to revoke their invitation. However I attended the meeting. As I went in I noticed a policeman sitting in the congregation with his hat on smoking a cigarette. When the meeting was over the whole congregation gathered around to welcome me. The policeman immediately got rough with them and told them they were not speak to me but to go on out. I said nothing because I knew that if I said anything that the police would take

이 경찰에 의해 고초를 겪은 사례들을 말하면 그들은 늘 우리가 잘 못 알고 있는 것이라고 주장한다. 그런데 선교사들에게 교회를 방문하지 말아달라고 요청하는 편지들을 여럿 모아서 서로 대조해보니 종이는 다르더라도 적힌 문장은 똑같다는 사실이 드러났다. 이렇게 이 모든 일이 경찰이 꾸민 일이 분명하다는 명백한 증거를 경찰서장에게 제시했는데도 아직 아무런 답변이 없다.

불과 얼마 전 나는 그간 여러 차례 방문한 적 있는 어느 교회를 방문한 일이 있다. 교인 중 많은 이가 내가 교회로 인도한 이들이다. 내가 왔다는 걸 알게 되자 경찰은 즉각 조치를 취해 교회 지도자들에게 내게 설교를 맡겨서는 안 된다고 말했고, 그러자 그들은 초대를 취소할 수밖에 없었다. 하지만 그럼에도 나는 그 모임에 참석했다. 들어가 보니 모자를 쓴 경찰관이 담배를 피우고 있었다. 모임을 마치자 전 교인들이 나를 둘러싸고 환영해주었다. 그러자 그 경찰관은 즉시 험한 태도를 보이며 그들에게 내게 말을 걸어서는 안 되며 다들 밖으로 나가라고 말했다. 나는 아무 말도 하지 않았는데, 내가 무슨 말을 하면 경찰관이 그걸 트집 삼아 내가 떠난 뒤 그 기독교인들을 괴롭힐 걸 알았기 때문이다. 그 경찰관은 내 차가 있는 언덕 아래까지 나를 따라왔는데, 보니 다른 경찰관이 한 명 더 있었다. 그는 평복을 입고 그 교회 모임에 참석했던 것이다. 그들은 내가 어디로 가는지, 또 무슨 목적으로 거기 온 것인지 알아내고 싶어 했다. 그들은 나더러 경찰서로 가서 이 문제를 이야기해야 한다고 고집했고, 결국 나는 그렇게 하기로 하고 그들을 따라갔다. 우리는 한 시간 반 동안 논쟁을 벌였는데, 그들은 그 구역 경찰서장에게 전화를 해

it out on the Christians after I left. The policeman followed me down the hill to the car and it was then that I learned that there had bean two police in the church all the time, one in plain clothes. They wanted to know where I expected to go from there and what I came out for. They insisted that I go to the police station and talk the matter out so I finally consented and went with them. We argued the matter up and down for an hour and a half while they phoned to the chief of police for their district to find out whether I had the right to speak to people I knew and to preach the gospel in that section. It was finally decided that I could and in the end we parted on very good terms. If I hadn't spent that time getting the thing straightened out the members of the church would have had no end of trouble. They had already told the man who led the service to come to the police station and also a young Christian woman whom I had known for some years was ordered to come to the police station, because she rather insisted on speaking to me in the church.

I could tell of many other such incidences that have occurred similar to this one. Americans can't really realize what a blessing American freedom is. Christians who have walked all day in order that they might see us and welcome us back to Korea have to watch for an opportune time to slip in to see us, even after they have gotten here. They are afraid the police will find out.

서는 내게 그 지역에서 지인들에게 연설이나 설교를 할 권한이 있는지 여부를 조회했다. 내게 그럴 권한이 있는 것으로 최종 결론이 났고, 그래서 결국 우리는 원만한 합의에 도달하고 헤어질 수 있었다. 만일 내가 그때 그렇게 시간을 들여 문제를 바로 잡지 않았더라면 아마 교인들은 끝도 없이 괴롭힘을 당했을 것이다. 그 예배를 인도했던 이는 벌써 경찰서에서 조사를 받았고, 나와 수년간 알고 지낸 한 여자 청년도 출석 요구를 받은 상태인데, 그때 교회에서 한사코 내게 말을 걸려고 했다는 이유에서다.

이와 유사한 일들이 많이 일어난다. 미국인들은 그들이 미국에서 누리는 자유가 얼마나 큰 복인지 잘 모른다. 한국에 돌아온 우리를 환영하기 위해 하루 종일 걸어왔다가 은밀히 인사를 전할 수 있는 기회를 얻지 못해 돌아가는 이들도 있다. 경찰의 눈이 두렵기 때문이다.

나는 섬기는 또 다른 교회를 찾아갔는데, 교회 임원들이 모임을 갖고 있었다. 그 모임에는 여성조력회 임원들도 있었다. 그들은 내가 올 줄 모르고 있었다. 나는 미리 알리고 가면 경찰이 눈치 챌 수도 있으므로 그렇게 예고 없이 간 것이었다. 나는 지금껏 그렇게 뜨거운 환영을 받아본 적이 없다. 어느 노부인께서 "우리는 선교사님을 다시는 못 볼 줄 알았어요."라고 말하며 울기 시작했다. 그러자 모두들 따라 울기 시작했다. 나를 환영하는 인사말 대신 그렇게 눈물이 나오자 그들은 스스로 당황해 했으나 그들로서도 어쩔 수 없는 일이었다. 지난 2년간 그 기독교인들이 겪었을 고난이 내게도

I went to another of my churches and the officers of the church were having a meeting. The meeting included the officers of the Auxiliary too. They hadn't expected me. I knew of course that it would never do for me to notify them ahead for the police might get wind of it. I have never had such a warm welcome. One old lady said "I thought we would never see you again" and started crying. With that the whole group started crying. The men were embarrassed to cry as they greeted me but it couldn't be helped. Somehow I seemed to realize for the first time just what suffering the Christians had been through during the last two years. And still they are holding together and new members are being added even though they all know that becoming a Christian separates one from the rest and singles him out as one to be tormented by the police. Our prayer is that God will not require all this at the hands of the Japanese government.

Today ends the treaty between Japan and the U. S. We all sincerely hope that America will not further be party to the carnage in China nor to the program of "Establishing a New Order in East Asia". If the U. S. cuts off Japan's supply of war matcrials especially gas, it will be very serious out here. Just how Japan will make out is hard to say. The fact that Japan has tried so hard to make up with America is an indication of how serious the situation will be. The usual policy out here is to threaten first and then go and take, but

느껴지는 듯했다. 그들은 여전히 서로를 붙들어주고 있었고, 새신자도 계속 늘고 있었다. 기독교인이 된다는 것은 다른 이들과 구분되어 경찰의 특별 주목 대상이 되어 괴롭힘을 당하게 될 수 있다는 사실을 모두 잘 알고 있음에도 말이다. 우리는 하나님께 일본 정부가 이런 일을 하게 허락하시지 않기를 기도했다.

오늘로 일본과 미국 간의 조약이 종료된다. 우리 모두는 미국이 중국에서 벌어지는 대량 학살과 '동아시아 신질서 확립'(Establishing a New Order in East Asia) 정책을 더 이상 좌시하지 않기를 바라고 촉구한다. 만일 미국이 일본의 전쟁 물자, 특히 가솔린 공급을 차단해 버린다면, 이곳 상황은 매우 심각해질 것이다. 일본이 과연 버틸 수 있을지 의문이다. 일본이 미국과 잘 지내려고 무진장 애쓴다는 사실은 이게 얼마나 중요한 문제인지 말해준다. 보통은, 먼저 위협적인 경고를 준 다음 행동에 들어가는 것이 일반적 절차인데, 현재로서는 그런 식으로 하지 않을 생각인 것 같다. 태평양에서 미 해군의 압박은 분명 유익한 효과를 가져왔다. 세계에서 가장 힘이 중요한 지역이 있다면 바로 이곳이다. 만약 4년 전에 미국이 지금과 같은 식으로 말한다면 모든 선교사가 짐을 꾸려 떠났을 터이지만, 그러나 지금은 상황이 많이 다르다.

이런 상황이 된 데에는 여러 요인이 있어 보인다. 하나는 미 해군이다. 다른 하나는 중국의 기대 이상의 전투력이다. 원래 이 전쟁은 1938년 여름까지는 끝낼 계획이었는데, 1940년이 시작되는 지금 시점에서도 끝이 보이지 않는다. 그간 정부에 하도 속아왔던 터라

that doesn't seem to be the idea now. The pressure of the U. S. Navy in the Pacific has certainly had a salutary effect. Nothing speaks in this part of the world like power. Had the U. S. spoken four years ago like she is speaking now, all missionaries would have to pack up and leave, but now the situation is entirely different.

There seem to be several contributing factors. One is the U. S. Navy. Another is the unexpected fighting quality of the Chinese. This war was scheduled to be finished not later than the summer of '38 and there is no end in sight the beginning of forty. The people have been duped so long by the government that nothing is longer believed. They are told that there is plenty of rice but when everybody knows there was a famine last year, no amount of assuring on the part of the government can allay the fears. Every Oriental says you can't fight on an empty stomach. This discontent and fear on the part of the Japanese people make things very uncertain. There is much dissatisfaction with the government, even this new one, and there is much demand that the war be brought to an end. No one can predict just what another year of war would bring to Japan and another short rice crop this year would be very serious. There is much suffering and many are hungry and cold. It looks very much like God is bringing idolatrous proud Japan to her knees.

이제 사람들은 아무것도 믿지 않는다. 쌀도 풍족할 것이라고 하나, 누구나 알듯이 작년에 기근이 있었기에, 정부 쪽에서 아무리 호언을 해도 두려움이 가라앉지 않는다. 동양인들이 자주 하는 말로, 빈속으로는 싸울 수 없다는 말이 있다. 일본 국민들 사이에 이러한 불만과 두려움이 팽배해 있어 상황은 매우 불확실하다. 새로 들어선 정부에 대해서도 불만이 높고, 전쟁을 어서 종식하라는 요구가 거세다. 만일 전쟁이 1년 더 연장될 경우 일본에 어떤 사태가 벌어질지 누구도 예상하지 못한다. 만일 올해 쌀 수확이 부족하다면 심각한 사태가 벌어질 것이다. 많은 이가 힘겹게 살아가고, 배고픔과 추위로 고통을 받고 있다. 하나님께서 이제 일본의 우상숭배적인 교만을 꺾으시려는 것 같다.

나는 일본 제국이 완전히 망하는 것을 보고 싶지는 않은데, 왜냐하면 그렇게 되면 동양을 다 공산주의자들에게 내주게 될 수 있기 때문이다. 그러나 나는 하나님께서 일본이 제정신을 차리고 '동아시아 신질서' 같은 꿈은 포기하게 만드시기를 바란다. '동아시아 신질서'는 곧 '아시아 신질서'가 될 것이고, 결국 일본은 '세계 신질서'를 내걸고 전 세계 위에 군림하려 들 것이다.

우리 사역은 사방에서 제재를 당하고 있고, 우리는 비록 정중한 대우를 받고 있기는 하지만 사실 거의 죄수나 다름이 없다. 설탕, 석탄, 고기, 철제 등 물자가 많이 부족하다. 가솔린도 정해진 양만큼만 구할 수 있다. 나는 하루에 1갤런 정도는 구할 수 있기를 바란다. 추운 겨울이지만, 따뜻하게 지낼 만큼의 석탄은 충분히 구할 수

I do not want to see a complete break up of the Japanese Empire because that would open the Orient to the Communists but I do hope that God will see fit to make Japan come to her senses and give up this idea of the "New Order in East Asia" which would be changed as soon as possible to the "new Order in Asia" and eventually the "New Order in the World" with Japan ruling the whole world.

Our work is hampered on every side and we are almost prisoners though we are treated with all respect. Many commodities are short, sugar, coal, meats and all iron goods. Gas is rationed out. I am hoping that I will be allowed as much as a gallon a day. It is a very cold winter but we have been able to get enough coal to keep us warm. We are hoping that there are better days right ahead and we are waiting for them, and preparing. We all feel certain that God will not allow His church to suffer more than it can stand and we feel certain that it will come out a better and purer church. Because of this shrine issue, many officials and others have come to a much better understanding of Christianity and of what religion is. Great good has been done and I am certain our present witness will in no wise be lost.

We certainly have appreciated the many cards and letters we have had from Thomasville this Christmas. Many have come from

있다. 우리는 좋은 날이 오기를 소망하고, 그날을 기다리며 준비하고 있다. 우리는 하나님께서는 당신의 교회가 감당할 수 있을 정도 이상의 고난은 허락하시지 않으실 것이라 확신하고, 또 이 모든 일을 통해 결국 교회가 성숙하고 순결해지리라 확신한다. 이 신사참배 이슈로 인해 관료들과 또 많은 이가 기독교에 대해, 또 종교에 대해 보다 더 제대로 이해하게 되었다. 적잖은 유익이 있었고, 나는 현재 우리가 하는 믿음의 증거가 결코 헛되지 않을 것이라고 확신한다.

이번 성탄절 토마스빌에서 많은 카드와 편지가 왔는데, 감사드린다. 와츠 부부와 아이들도 많은 걸 보내주셨는데, 모두에게 감사드린다.

편지가 틀림없이 네게 전달되게 할 수 있는 기회가 왔구나. 곧 안식년을 떠나는 맥커첸(McCutchen) 씨네 편으로 이 편지를 보낸다.

사랑을 담아 행복을 빌며,
윌리엄 A. 린튼

the Watt family both young and old and we appreciate them all.

An opportunity has come to get this letter through to you without fail. I am sending it by the McCutchens who are going on furlough.

With love and best wishes to all,

Most sincerely yours,
(Signed) Wm. A. Linton

결혼 후 신혼 시절의 인돈과 인사례

Dear Friends:

I have some good news to write you! A little over two years ago, as if in direct answer to prayer, I found someone to translate Foster's Story of the Bible into Korean. A little over a year ago I wrote to most of you asking you to help with your gifts and prayers to print this book. I am still receiving gifts for that purpose and I'm sure you have been praying for the publication of the book. A little over a week ago I saw an advance copy of the book in Korean! I can't tell you what a thrill I had when I took it in my hands. It is just about the size of the English edition and has almost all of the same illustrations. The translator did her best to follow the English in every detail and I feel that you have made possible a book that will be a blessing to many, many homes. It has been slow work but if you knew the problems that face our Christian Literature Society these days you would marvel that such a book has been published at all just now. I am sure that that, too, is an answer to prayer. Here and now I want to thank each one of you for your gifts, your prayers, and the encouragement that you gave me to go ahead with this project.

The accounts are not all in so I do not know exactly where we

친애하는 여러분께,

좋은 소식이 있습니다! 2년 전쯤, 저는 포스터의 *The Story of the Bible*을 한국말로 번역해줄 사람을 구할 수 있었는데, 기도 응답이었다고 믿습니다. 1년 전쯤에는 여러분께 이 책이 출판될 수 있도록 후원과 기도를 편지로 부탁드렸습니다. 지금도 후원금을 보내주시는 분들이 계시고, 저는 여러분 모두 이 책의 출판을 위해 지금도 기도해주고 계시다고 확신합니다. 그런데 일주일 전쯤, 저는 드디어 이 책의 한국어판을 미리 받아볼 수 있었습니다! 이 책을 받아들고서 얼마나 황홀했던지 이루 말할 수 없습니다. 영어판과 거의 같은 크기이고 삽화들도 거의 같습니다. 번역자는 원문에 충실한 번역을 위해 최선을 다했고, 여러분은 이 책을 통해 수많은 가정이 유익을 얻는 일을 가능하게 만들어주셨습니다. 일이 성사되기까지 시간이 오래 걸리긴 했지만 요즘 우리 기독교서회(Christian Literature Society)가 직면하고 있는 어려움을 생각하면, 이런 책이 지금이라도 이렇게 출판되었다는 것 자체가 놀라운 일입니다. 저는 이 또한 기도 응답이라고 확신합니다. 여러분의 후원과 기도, 또 이 일을 완수하도록 저를 격려해주신 모든 분께 감사의 인사를 드립니다.

아직 회계가 완료된 것이 아니라서 현재 재정 상황에 대해 정확히는 알지 못하지만, 약정된 후원금만 다 들어온다면 아무런 문제도 없을 것이라고 믿습니다. 재정이 조금이라도 남는다면, 저는 그

stand financially but I believe we will come out all right after what has been promised comes. Any balance there may be, I hope to use to give copies of the book to worthy homes. I have ordered thirty copies on faith to use for that purpose. I am expecting them any day and am looking forward to reading aloud to a neighbor's children the stories we all love.

We have been back from furlough nearly a year and are glad to say we are well and happy though everything is not as we should like it to be. Please pray that we may be faithful in taking advantage of every opportunity to witness for our Lord.

Our oldest boy, Billy, graduated from high school last week and will sail for the United States in August to enter Davidson in September.

I am going to ask those of you who sent me money for the Bible Story Book from Auxiliaries, Sunday School Classes, etc. to please tell those groups that the book is actually ready and thank them again for me for their love and gifts.

With best wishes to each of you in your work, I am
Most gratefully,
Charlotte B. Linton

책 얼마를 필요한 가정들에게 선물로 줄 수 있기를 기대하고 있습니다. 이 목적에 사용하려고 믿음으로 이미 서른 부를 주문해둔 상태입니다. 조만간 책이 도착할 것이라 생각하는데, 우리가 사랑하는 성경 이야기들을 이웃집 아이들에게 소리 내어 읽어줄 날이 고대됩니다.

저희는 안식년에서 돌아온 지 거의 1년이 되었고, 비록 모든 일이 저희 뜻대로 되고 있는 것은 아니지만, 그래도 저희 모두 건강히 잘 지내고 있다는 말씀을 드릴 수 있어서 기쁩니다. 모든 기회를 선용해 신실하게 주님을 증거할 수 있도록 늘 기도해주시기를 부탁드립니다.

저희 맏아들인 빌리는 지난주 고등학교를 졸업했고, 9월에 데이비슨(Davidson) 대학에 입학하기 위해 8월에 배를 타고 미국으로 갈 예정입니다.

이 『이야기 성경』을 위해 그간 여성조력회, 주일학교 등 여러 경로를 통해 돈을 보내주신 모든 분께, 이 책이 드디어 출판되었다는 사실과, 사랑과 후원에 다시 한 번 감사드린다는 말씀을 전해주시기를 부탁드립니다.

하시는 모든 일에 복을 빌며,
샬롯 벨 린튼

BOX 54

Montreat, North Carolina

August 2, 1946

Dear Korea Folks:

Mr. Linton asked me to send you parts of his first letter from Chunju which he though you would be interested in. I suggested to Shannon that I include some extracts from some of Dr. Cumming's recent letters from Mokpo and Kwangju so here goes.

Dr. Cumming, Kwangju, July 15: "We(Dr. Wilson, Dr. Cumming, Mr. Linton) left Seoul Friday morning... It took us from about nine in the morning till seven at night to get to Kongju, about 100 miles. The next day we made it to Chunju in three hours; left Linton and we came on here in three more hours. We had a 3/4 ton truck and heavy trailer. The roads were the worst I ever had to drive over.

July 16: ... "I sent over to see Dr. Choi and Pilley Sunsaing, the latter is principal of the resurrected Speer School - using a part of the old Boys' School building. Since the tactical troops, which have been quartered in the Speer property, are to be moved north of town, Mrs. Choi wants permission to take her school there and really plan for the future of the school. (Dr. Cumming spoke to Mrs, Choi's girls at their separate chapel in the old Japanese Church

한국 동료들에게(역자 주: 한국에 파송되었다가 현재 미국에 있는 선교사들),

린튼 씨가 전주에서 제게 보낸 첫 번째 편지 중 여러분이 관심을 가지실 만한 내용을 추려 여러분께 보내라고 해서 이렇게 편지를 씁니다. 저는 새넌(Shannon)에게 커밍(Cumming) 박사(역자 주: 김아각 선교사)가 최근 목포와 광주에서 보내온 편지들 중 일부 내용도 포함시키자고 제안했고, 그래서 이렇게 같이 전해드리는 바입니다.

커밍 박사, 광주, 7월 15일: "우리(윌슨 박사, 커밍 박사, 린튼 씨)는 금요일 아침에 서울을 떠났습니다. … 아침 9시에 출발해서 저녁 7시에 공주에 도착했는데, 약 100마일 거리였습니다. 다음 날 우리는 세 시간 걸려 전주로 갔습니다. 전주에 린튼 씨를 내려주고 우리는 세 시간을 더 가서 이곳 광주에 도착했습니다. 우리는 3/4톤 트럭과 큰 트레일러를 몰고 왔습니다. 도로는 지금껏 운전해본 중 최악의 상황이었습니다."

7월 16일: … "저는 최 박사(역자 주: 김필례의 남편이자 최흥종 목사의 이복형인 최영욱 박사로서 미군정기에는 전남도지사를 역임)와 필례 선생(역자 주: 김필례 여사)을 만나러 갔는데, 필례 선생은 폐교 후 다시 개교한 수피아여학교(Speer School)의 교장입니다. 그 학교는 현재 옛 남학

at nine o'clock Sunday morning and then preached at Yang Nim church and went to dinner with Mr. Kim Chang Kook.)

Mokpo, July 17: ... "I got up, to our house without anyone recognizing me and found it occupied by the Korean radio plant. No Americans are there, nor have been for some time. The Nisbets, Single Ladies', and Bruce's houses — all occupied by squatters, and in terrible shape. Chang Chipsa's Joshua has been living in the Hoppers' house, and it is in best shaped. The Girls' and Boys' Schools are being run respectively by private schools... I went up to the church in the late afternoon and met some 50 odd people, and talked and talked... They planned a union service... had a big one. Special music, speeches, etc. The church was jammed, and I thought I would never get away. They had to carry me from group to group to salute them and then move me on. After the service began Lee Nam Ku Moksa, pastor at Yun Tong when we left, and now pastor at Yang Dong and Dr. Choi came in. Subby looks fine and was most friendly. He wants to get out of his job as mayor and will soon I am afraid."

Dr. Cumming also writes that he found his books that he had hidden away in their house in Mokpo. His last letter was written from Kwangju on July 21. In it he tells about preaching at a service for the employees of a big cotton plant run by Kim Hyung Nam

교 건물의 일부를 사용하고 있습니다. 학교 부지에 배치된 부대가 도시 북쪽으로 이동할 예정에 있기에, 최 여사(역자 주: 최 박사의 부인 이므로 미국식으로 김필례를 종종 최 여사 또는 최필례라고 부르기도 함)는 학교 건물을 다시 사용할 수 있는 허가를 받아 학교를 정상화할 수 있기 를 바라고 있습니다. 〔커밍 박사는 일요일 아침 9시에 옛 일본 교회 에 있는 별도 채플에서 최 여사 학교 여학생들에게 연설했고, 그런 다음 양림교회(Yang Nim Church)에서 설교했으며, 김창국 씨(역자 주: 광주양림교회 담임목사)를 만나 저녁 식사를 함께 했습니다.〕"

목포, 7월 17일: … "일어나 저희 집에 가보았는데, 저를 알아보 는 사람이 아무도 없었고, 보니 저희 집에는 한국 라디오 방송 장비 가 설치되어 있었습니다. 미국인은 아무도 없었고, 한동안 그랬던 것으로 보입니다. 니스벳(Nisbet) 씨네 집, 독신 여성 하우스, 브루 스(Bruce) 씨네 집들 모두 불법거주자들이 차지하고 있었고, 엉망 진창 상태였습니다. 장 집사네 조슈아는 하퍼 씨네 집에서 살고 있 었는데, 그 집은 그래도 상태가 아주 좋았습니다. 남학교와 여학교 는 각각 사립학교들이 운영하고 있었습니다. … 늦은 오후에 저는 교회에 가서 50여 명 되는 사람을 만났고, 많은 이야기를 나누었습 니다. … 그들은 연합예배를 계획했고 … 대형 집회를 가졌습니다. 특별 음악, 연설 등등이 있었습니다. 어찌나 교회가 사람들로 꽉 찼 는지, 이러다 영영 못 빠져나오는 건 아닌가 하는 생각이 들 정도였 습니다. 저를 이 사람 저 사람과 인사시키기 위해 사람들은 저를 이 리저리 운반하다시피 해야 했습니다. 예배가 시작된 다음, 우리가 떠난 뒤 〔목포〕연동교회에서 목사로 섬겼고 지금은 〔목포〕양동교회

(Herman Kim).

....

Mr. Linton, Chunju, July 16: "It took only a short time for the news of my arrival to spread and I have had hardly a spare moment since. There seems to be little chance for a let-up until all the country churches have had a chance to send in to get news from their closest missionary friends... The welcome I have received from the Koreans has been as warm and whole-hearted as one could ask for. They have forgotten all our mistakes and are ready to forget all our faults. They are all urgent that the missionaries return as soon as possible. They want us to take over the work we had and conduct it pretty much as in the past. I spoke at East Gate Church Sunday morning, and at Central at night. It was a union meeting at night. There must have been 700 inside and it was claimed there were that many outside... It was one more evidence of the welcome that awaits for missionaries when they return. It was fearfully hot inside the church with the windows and doors full of people on a hot night, but their faces radiated the warmth of the welcome they were extending as they fanned and perspired. One of the preachers fanned my back with a large fan all the time I spoke."

"The Korean Church seems stronger than I had expected. The

목사로 있는 이남규 목사와 최 박사가 들어왔습니다. 섭이는 좋아 보였고 아주 친절했습니다. 그는 시장 직무를 그만두고 싶어 하는데, 곧 그렇게 할 것 같아 걱정입니다."

또 커밍 박사가 편지로 전하기를, 목포 집에 숨겨두었던 책들을 찾았다고 합니다. 그의 마지막 편지는 7월 21일자로 광주에서 보내온 것입니다. 그 편지에서 말하기를, 김형남(Herman Kim)이 운영하는 큰 양모 공장의 직원 예배에 가서 말씀을 전했다고 합니다.

....

린튼 씨, 전주, 7월 16일: "제가 왔다는 소식은 금세 퍼졌고, 그 후 저는 한순간도 여유 시간을 가질 수 없었습니다. 모든 시골 교회가 다 저를 초대해 그들과 가깝게 지냈던 선교사들 소식을 듣게 되기 전까지는 저는 조금도 숨을 돌릴 쯤이 없을 것 같습니다. … 저는 정말이지 기대 이상으로 한국인들로부터 따뜻하고 진심어린 환영을 받았습니다. 그들은 그간 우리가 범했던 모든 실수를 잊었고, 우리가 했던 모든 잘못을 기꺼이 잊고자 합니다. 그들은 모든 선교사들이 가능한 한 빨리 돌아오기를 간절히 바라고 있었습니다. 그들은 우리가 전에 했던 일을 재개해 전처럼 운영해주기를 바랍니다. 저는 주일 아침에는 동부교회(East Gate Church)에서, 밤에는 중앙교회(Central Church)에서 설교했습니다. 밤에는 연합모임이 있었습니다. 건물 안에는 700여 명의 사람이 있었는데, 건물 밖에도 많이 모였다고 들었습니다. … 이는 돌아오는 선교사들에게 어떤 환영이

question of Church Union is a dead one at present. The Presbyterian Church south of the 38th parallel has organized a branch General Assembly. They feel the need of some overall organization to carry on until the country is reunited. The organization seems rather loose and most power seems to reside in the Presbyteries which are almost equal to little General Assemblies. Since Kunsan and S. Choong Chun are separate presbyteries there are now twelve. The General Assembly is trying to set up a seminary in Seoul on the college level, but all is not smooth sailing. Seminaries are springing up in several different places. The N. Chulla Presbytery feels that it should have one here and they want us to look forward to opening a college in a few years. Mr. Pai Eun Hi is moderator of G. E., and is one of the most influential men in South Korea, both in Church and politics."

"The Shrine issue is by no means dead. It may even yet cause a split in the Church. I understand that the G. E. at its recent meeting to organize took action repudiating that formerly taken to go to the shrine, and acknowledging abaisance as a sin. It seems that some preachers went so far in their efforts to curry favor with the Japanese that it will be difficult for them to ever regain the respect they once had. In some ways it seems fortunate that these issues are clearly drawn in the Church before the missionaries returned. There seems to be two main divisions. One group holds that the

기다리고 있는지 보여줍니다. 예배당 안은 무더운 밤인데다 창틀과 문지방까지도 다 사람들이 들어차서 숨 막힐 듯 더웠지만, 사람들은 연신 부채질을 하며 땀을 흘리면서도 얼굴은 따뜻한 환영을 표하며 환한 표정이었습니다. 어느 설교자는 제가 말하는 내내 커다란 부채로 저의 등을 부채질해주기도 했습니다.

한국교회는 제가 기대했던 것 이상으로 강건해 보입니다. 교회 연합은 현재로는 난망한 문제입니다. 38선 남쪽 장로교회는 남부총회를 조직했습니다. 나라가 다시 하나가 될 때까지 일을 꾸려갈 포괄적 조직이 필요하다고 여겨서입니다. 조직은 다소 느슨한 것 같고, 대부분의 권한은 작은 총회들과 거의 대등한 권한을 가진 노회들에게 있는 것으로 보입니다. 군산과 충남이 각기 독립된 노회들이 되었기에 이제 노회 수는 총 12개입니다. 총회는 서울에 대학 수준의 신학교를 설립하고 싶어 하는데, 순조롭지는 않습니다. 여러 지역에 신학교들이 세워지고 있습니다. 전북노회도 그들 지역에 신학교가 있어야 한다고 여겨 수년 내에 우리가 대학을 설립해주기를 기대하고 있습니다. 배은희 씨가 총회장이며, 현재 남한에서—교계에서나—정치계에서 가장 영향력 있는 인사들 가운데 한 사람입니다.

신사참배 문제는 아직도 뜨거운 이슈입니다. 어쩌면 이로 인해 교회 분열이 일어날지도 모르겠습니다. 제가 이해하기로, 총회의 조직을 위한 최근 회합에서 과거의 신사참배 결정을 철회하고 참배를 죄로 인정하는 결정을 내렸습니다. 일본의 비위를 맞추려다가

past should be forgotten since the action taken by the Church re-garding the Shrine was not necessarily sinful. The other group holds that it was a great sin that all who took part in shrine worship were sinners in God's sight. They are ready to go along with the other group only if they confess their sin before God and acknow-ledge it before man."

"The Methodist Church suffered rather severely during the war, having lost practically all of their Church buildings and are now divided into two camps, both claiming they are the Methodist Church of Korea."

"The most urgent problem that I face is the cry for reopening the two schools here this fall. I have been presented with a request in the name of the alumni and the Presbytery to the Executive Com-mittee asking that the schools be reopened that I be named found-er and principal of both the Boys' and Girls' schools; that an Advi-sory Committee from the Presbytery be set up; that the same edu-cational purpose be maintained in the schools as was held before they were closed. The two groups agree to finance the schools during the next school year, and want to release to the school any claim they might have on equipment being furnished by them. It would be understood that the schools would be run this next year largely by assistant principals since I would be able to give little

선을 넘은 설교자들이 많은데, 아마 그들은 과거에 받았던 존경을 되찾기 어려울 것으로 보입니다. 어찌 보면, 이 이슈가 선교사들이 돌아오기 전에 교회 안에 크게 붉어져 나온 것은 잘된 일로 보입니다. 크게 두 파로 갈라져 있는 것으로 보입니다. 한 그룹은, 교회가 신사참배 관련해 내렸던 결정은 꼭 죄로만 볼 수 있는 것은 아니며, 그러므로 이제 과거 일은 잊어야 한다고 주장합니다. 다른 그룹은 그 결정은 죄였고, 따라서 신사참배에 참여한 사람은 모두 하나님 보시기에 죄인이라고 주장합니다. 그들은 상대편이 그 죄를 하나님 앞에서 고백하고 사람들 앞에서 인정하기만 한다면 다시 그들과 하나가 될 의향이 있습니다.

감리교회는 전쟁 기간 중에 매우 심한 고초를 겪었습니다. 교회 건물들 거의 전부를 잃었고, 현재 두 파로 분열되었는데, 두 파 모두 자신이 한국감리교회라고 주장하고 있습니다.

"제가 직면한 가장 시급한 사안은 저희 두 학교(역자 주: 신흥학교와 기전여학교)를 올 가을 다시 열어달라는 요구에 응하는 일입니다. 동문회와 노회의 이름으로 실행위원회에 전달된 요청서를 보았는데, 학교들을 다시 열어줄 것과, 저를 그 남학교와 여학교 모두의 창립자이자 교장으로 해달라는 것과, 노회 차원에서 자문위원회가 구성되어야 한다는 것과, 두 학교 모두 폐교되기 전과 동일한 교육 목적을 가진 학교들이 되어야 한다는 내용이었습니다. 두 그룹 모두, 다음 학년도 동안 학교운영비를 댈 것에 동의하고, 학교 시설에 대한 일체의 권리를 양도하겠다고 합니다. 돌아오는 해에는 제가 많은

time to them. Since the army is still occupying the Boys' School buildings, it would probably be necessary to house both schools in the Girls' School buildings until the other buildings become available. This seems to me a further indication of their confidence in us. They seem slow to set up a board until the Church situation becomes clearer."

"Korea is much changed. The people are rather 'freedom happy'. You may be surprised when I say that they seem to be better off financially than I have ever seen them. They seem to have plenty to eat and enough to wear. I have seen fewer beggars than I ever saw. There are no foreign goods except on the black market and little there. There is much complaint about the division of the country, but I am satisfied that few in this section of the country would like to have the Russians come in. The 38th line is strictly drawn, usually. People in Seoul use electric current generated across the line however. Nobody knows when it might be cut off..."

"The mother of the triplets came in and talked about two hours without catching her breath. She is looking forward to the return of all, but especially of the Boggs. The girls are thriving."

"The Military Governor of S. Chulla, Col. Peeke, has offered to repair most of the residences at Kwangju for the use of the military

시간을 쏟을 수 없는 사정이라, 학교 운영의 대부분을 부교장들이 맡게 될 것이라는 점도 양해가 되었습니다. 현재 군대가 여전히 남학교 건물을 점유하고 있어서 다른 건물 사용이 가능해지기 전까지는 일단 여학교 건물에서 남학교와 여학교 모두를 수용해야 하지 않을까 싶습니다. 저는 이 모든 것을 그들이 우리를 얼마나 신뢰하고 있는지 보여주는 또 하나의 지표로 여깁니다. 그들은 교회의 상황이 좀 더 분명해질 때까지 이사회 설립을 미룰 것으로 보입니다.

한국은 많이 변했습니다. 한국인들은 자유를 얻게 되어 행복해합니다. 놀라실 텐데, 그들은 재정적으로 전보다 나아 보입니다. 먹을 것과 입을 것이 풍족해 보입니다. 전보다 거리에 거지들이 덜 보입니다. 외국 상품은 암시장을 제외하고는 찾아볼 수 없고, 거기에도 별로 없습니다. 나라가 두 동강 난 것에 대해서는 불만이 높지만, 저는 이 나라 남쪽 지역 사람들은 러시아인들이 이곳에 오는 걸 반기는 이들이 거의 없다는 사실을 다행스럽게 여깁니다. 38선은 대체로 엄격히 구분되어 있습니다. 하지만 현재로서는 서울 시민들은 38선 너머에서 만들어진 전기를 사용하고 있습니다. 하지만 그것이 언제 끊길지는 아무도 모릅니다. …

세쌍둥이 엄마가 찾아와서는 두 시간을 내리 이야기를 하고는 돌아갔습니다. 그녀는 모든 선교사가 돌아오기를 고대하고, 특히 보그스 씨네를 그리워합니다. 그 집 딸들은 다 잘 크고 있습니다.

"전라남도 군정장관 피크(Peeke) 대령이 광주의 선교사 주거지

and missionary personnel (the army seems to be assuming the responsibility of billets and food for missionaries and their families as they come out) with the understanding that the houses occupied by the military can be held for a period of one year, depending on when the repairs are completed. They will put in bath fixtures, furnaces, sewage, refrigeration, and water. Since the houses are now occupied by refugees and we would have difficulty in getting them out and since there is little chance that we would be able to repair them ourselves, it seemed to Dr. Cumming and me that it was a splendid opportunity to get our houses repaired. The army will house our missionaries as they come out. I wish we had a similar offer for Chunju. I talked the matter over briefly this morning with Col. Egger, the new military Governor, who has just returned from a governors' meeting in Seoul."

Pak Won Pyung seems to have done a fine job looking after the property as far as he could. The residences have been occupied by Japanese, American soldiers and some are now occupied by refugees. The boys' school is in fair shape and full of soldiers. The heating plant was moved to the Gov. Hospital in Kunsan. The hospital still has its heating plant. The Boyer and Linton homes still have their bath fixtures — also many leaks — more in the Linton house. I have not been able to go into all the houses yet. The Single Ladies' house is being put in good condition for a chaplain and his

들을 수리해 군인들과 선교사들이 사용할 수 있게 하면 어떻겠느냐고 제안해왔습니다. 현재 군대가 점유하고 있는 집들은 수리가 마칠 때까지는 한동안 군대가 계속 점유한다는 조건하에서 말입니다 (선교사들과 가족들이 도착하면 군이 숙사와 음식 제공을 책임질 것 같습니다). 욕실 비품, 화덕, 하수시설, 냉장고, 물 등을 군대가 공급해줄 것입니다. 현재 그 집들에는 피난민들이 거주하고 있어서 저희가 그들을 내보내기 어렵고 또 저희가 스스로 그 집들을 수리하는 것도 어려워, 커밍 박사와 저는 이것이 저희 집들을 수리할 아주 좋은 기회라고 생각합니다. 선교사들이 도착하면 군이 숙소를 제공할 것입니다. 저는 전주에서도 이런 제안을 받게 되면 좋겠습니다. 그래서 오늘 아침 저는 서울에서 군정장관 회의를 마치고 막 돌아온 새 군정장관 에거(Egger) 대령과 이 문제로 잠시 대화를 나누었습니다.

박원평 씨는 저희 자산을 최선을 다해 잘 관리해준 것으로 보입니다. 우리 집들은 처음에는 일본군이, 그 다음은 미군이 점유했고, 현재는 피난민들이 몇 군데를 점유하고 있습니다. 남학교는 상태가 꽤 괜찮은데 군인들로 북적입니다. 우리 난방시설은 전에 군산의 정부 병원으로 이전되었는데, 지금도 그 병원에 있습니다. 보이어 씨 집과 저희(린튼) 집은 욕실 설비가 그대로 되어 있습니다. 누수가 많기는 한데, 저희 집이 더 심합니다. 저는 아직 집들 전부에 들어가 보지는 못했습니다. 독신 여성 숙소는 다음 달 도착할 군목과 그의 가족을 위해 잘 정비되고 있습니다. 여학교 건물과 집들은 몇몇 한국인 가족들이 기숙사에 살고 있는 것을 제외하고는 다 비어

family when they arrive next month. The Girls' School buildings and residence are vacant except for a few Korean families living in the dormitory.

"I am billeted upstairs and very comfortably in a hotel just behind the Government buildings. We are fed at the rate of twenty-five cents a meal and given cots with Japanese bedding on them. It is possible that I may get permission to use one of our houses if I can get some officers to billet with me. In that case the army may be willing to put the house in repair and furnish two servants. Since practically all of our servants are still living in the houses they formerly occupied, we would be able to hire some of them. Most of them have done fairly well farming the land leased to them before we left. The army would then give us the food supplies ordinarily allowed per person, and we could set up housekeeping. So far as one can find out at present, similar provision will be made for wives when they are permitted to come out and we are hoping that permits may be issued this fall. It may be necessary for families to double up for a while, but of course we would be willing to do that. All will need to bring sheets, towels, pillows and cases and mosquito nets. (I got an army net in San Francisco.) Soap, tooth paste, razor blades, and most toilet articles can be bought at the PX."

있습니다.

　저는 정부 건물 바로 뒤편에 있는 호텔의 위층 안락한 숙소를 할당받았습니다. 저희는 25센트에 한 끼 식사를 제공받고 있으며, 일본식 침구가 있는 간이침대를 제공받았습니다. 만일 저와 함께 숙소를 쓰겠다는 장교들만 있다면, 저는 우리 집들 중 하나를 숙소로 사용할 수 있도록 허락받게 될 것도 같습니다. 그러면 군은 그 집을 수리해주려 할 것이고, 가정부도 두 사람 두게 해줄 것입니다. 우리 집안일을 도왔던 가정부들이 지금도 거의 모두 전에 살던 집에서 살고 있기에, 아마 우리는 그들 중 몇 분을 다시 고용할 수 있을 것입니다. 그분들 대부분은 우리가 떠나기 전에 대여해준 밭을 경작하며 그런대로 잘 지내왔습니다. 군은 사람 수에 맞추어 할당된 식료품을 제공해줄 것이고, 그러면 살림이 제대로 가능해질 것입니다. 현재까지 파악한 바로는, 허락이 떨어져 선교사의 아내들도 여기 오게 되면 비슷한 수준으로 식료품을 공급받게 될 것 같은데, 이번 가을에는 꼭 허락이 나기를 희망합니다. 얼마간은 가족들이 모두 한 방을 같이 써야 하겠지만, 물론 우리는 얼마든지 그럴 용의가 있습니다. 침대보, 수건, 베개, 상자, 모기장 등은 모두 직접 가져와야 할 것입니다(저는 샌프란시스코에서 군대용 모기장을 하나 얻었습니다). 비누, 치약, 면도기 그리고 화장실 용품들은 대부분 PX에서 구입할 수 있습니다.

　기차로 여행하는 것은 거의 불가능하며, 군용 특수 차량을 이용할 수 있을 때가 있기는 합니다. 그런 차량을 이용할 때에는 저희는

It is almost impossible to travel by train except when special cars are provided for military personnel. We are allowed free transportation where such cars are available and it seems likely that we shall be permitted to use regular army jeeps at times. We are putting in application to be allowed to buy jeeps when they are sold next month.

"You should all know that it is best not to send money to us out here for your Korean friends. When it is exchanged at the rate of 15 yen for a dollar, it amounts to so little. I have decided to send all gifts back to the givers and ask them to send presents through the mail. They would be of more value and there are no restrictions on gifts if they are clearly marked 'gift' on both the inside and outside of the package. I shall be glad to deliver any that are sent to me. The price of rice here is Yen 300 for a small mal and in Seoul it is Yen 400 to 500. It used to sell for Yen 2."

"I hope to make a trip to Kunsan soon. It is reported that the property at Kungmal was sold to a paper company that is now operating under Korean management. The Boys' School building burned. Soldiers are living in other property."

My new address will be:
Rev. Wm. A. Linton

어디든 자유롭게 갈 수 있는데, 조만간 군용 지프차 사용을 허락받게 될 수도 있을 것 같습니다. 저희는 다음 달 지프차가 매매로 나오면 구매를 허락받기 위한 신청서를 제출하려고 합니다.

아시겠지만, 이곳에 있는 여러분의 한국인 친구들을 위해 저희에게 돈을 보내는 것은 좋은 생각이 못 됩니다. 환율이 1달러에 15엔이라서 환전하면 너무 적은 돈이 됩니다. 그래서 저는 돈을 보내오신 분들께 다시 돌려드리면서 대신 물품을 보내달라고 요청하기로 했습니다. 돈보다 물품이 더 가치가 있으며, 포장상자 안과 밖에 '선물'이라고 분명하게 적으시면 아무 제한이 없습니다. 저는 무엇이든 보내주시면 기쁘게 다 전달할 것입니다. 현재 이곳의 쌀값은 한 말에 300엔인데, 서울에서는 400엔에서 500엔 사이라고 합니다. 전에는 쌀값이 2엔이기도 했습니다.

"저는 조만간 군산에 가볼 수 있기를 바라고 있습니다. 궁말에 있는 우리 소유지가 한국인이 경영하는 어느 제지 회사에 매각되었다는 보고가 있습니다. 남학교 건물은 불에 소실되었습니다. 다른 소유지에는 군인들이 살고 있습니다."

저의 새 주소는 다음과 같습니다:
Rev. Wm. A. Linton
96 Military Group
A.P.O. 6-3
Care Postmaster, San Francisco.

96 Military Group

A.P.O. 6-3 (Be sure to put the dash in 6-3)

Care Postmaster, San Francisco.

Hope to see a lot of you at the Foreign Mission Conference here next week.

Most sincerely,

Charlotte B. Linton

다음 주 이곳에 열리는 해외선교 컨퍼런스에서 모두 뵙기를 바라며,

사랑을 담아,
샬롯 벨 린튼

(Note: We are sending you some excerpts from letters we have recently received from Korea, as we think these will be of interest to you since you have been interested in the on-going of the work in that country. We hope to have later news to send out from Rev. W. A. Linton who sailed last week for Korea. Missionary Correspondence Department.)

(Soonchun, Korea)

From letter of Dr. R. M. Wilson: (Medical adviser to Military Government)

"It was simply terrible coming down on the train and while there was coach for the military men, there was no guard and I had to climb thru a window at RiRi to get to a seat as the entrance was blocked with people and STUFF. There must have been 100 men on top of the train and I can't see how they lived thru a tunnel. Many fall off and are killed. It looks as the every Korean is on his way some place and the line-up for tickets is blocks long.

At Kwangju I was well received by the Army and given quarters at the Governor's home, the same old Governor's house. Dr. Choe Yong Ok is Vice-Governor and has provided me with a suite of rooms in his house. There are about twenty-five nurses and Red Cross girls there and it's good to see them about too.

(메모: 현재 한국 상황에 대해 궁금해 하실 것 같아, 한국에서 온 최신 편지들 중 일부를 발췌하여 보내드립니다. 지난주 한국행 배를 탄 린튼 목사가 거기 도착하면 최신 뉴스를 보내오리라 생각합니다. 선교사 서신과/MCD)

(한국 순천)

R. M. Wilson 박사에게서 온 편지: (미군정 의료 고문)

"기차를 타고 내려갔는데 정말이지 끔찍했습니다. 군인들을 위한 객차가 따로 있었지만 승무원이 없어서 저는 이리에서 기어올라 창문으로 들어가 비로소 자리에 앉을 수 있었습니다. 출입구가 사람들과 온갖 물품들로 꽉 막혀 있었기 때문입니다. 기차 위에는 100명이 넘는 사람이 올라타 있었는데, 기차가 터널을 통과할 때 어떻게 살아남았는지 의아합니다. 떨어져서 죽은 이들도 많았습니다. 모든 한국인이 다 나와서 어디로 이동하는 것 같고, 티켓을 사기 위한 줄은 끝도 없이 깁니다.

광주에 도착하자 군에서 마중을 나와 주었고, 저는 도지사의 관사에서 숙소를 제공받았습니다. 지난 번 도지사가 사용했던 같은 관사였습니다. 최영욱 박사가 부도지사였는데, 제게 본인 집의 방들을 사용할 수 있게 해주었습니다. 거기서 일하는 스물다섯 명 정도 되는 간호사와 적십자 여성을 만나게 되어 반가웠습니다.

다음 날 아침 그들은 저를 순천으로 급하게 데려갔기에, 저는 광주 스테이션에는 가보지 못했습니다. 다만 그 집들 상태가 대단히

They rushed me on the next morning to Soonchun so did not get out to the station. However I hear that the houses are in very bad shape... The Girls' School burned Christmas from gasoline explosion... The Army will give us $20,000 for this damage... I spoke this morning at the church and there were about 275 present-mostly women. The flock was pretty well scattered, but both churches here are going now and they plan for Bible Class soon...

The Military Government has men in all sections — about 70,000 — supervising banks, railroads, police quarters and everything. They have a terrible job trying to work thru poor interpreters. Fine lot of men, but all want to get home... The Army will just have to stick to the job here until it is thru for it won't do to leave Korea until this is done for it will be nabbed up... The Koreans have gone wild on grabbing Japanese property. I'm trying to grab two big rice farms for the lepers so we are all grabbing!...

The Koreans look well; have very good clothes; many wearing Jap army clothes, but they have passed thru a great agony... Many of our Christians are taking leading places. Six Christian doctors are Vice-Governors... Kim Pilly is official translator at Kwangju, and has the Speer School going...

About the only way a missionary can live or get about here now

좋지 못하다는 말은 들었습니다. … 크리스마스 날 여학교가 가스 폭발로 인해 불탔다고 하는데… 이에 대해 군이 우리에게 피해보상금으로 2만 달러를 줄 예정이라고 합니다. … 저는 오늘 교회에서 연설했는데, 275여 명이 출석했으며 대부분 여성들이었습니다. 회중은 거의 다 흩어졌지만, 이곳 두 교회는 여전히 건재하고, 곧 사경회도 열 계획이라고 합니다. …

군정부는 모든 구역마다 인력—대략 7만 명 정도—을 배치해 그들로 은행, 철도, 경찰서 등등을 감독하고 있습니다. 그들은 형편없는 통역자들을 데리고 일하느라 고생하고 있습니다. 좋은 이들이지만, 다들 집에 가고 싶어 합니다. … 하지만 군은 지금 하고 있는 임무를 반드시 완수해야 할 것입니다. 그렇지 않고, 임무가 완수되기 전에 떠나버리게 되면 한국은 잡혀 먹고 말 것이기 때문입니다. … 한국인들은 일본인들의 자산을 차지하려고 혈안입니다. 저도 한센병 환자들을 위해 큰 논 두 곳을 차지하려고 애쓰고 있습니다. 지금은 너나 할 것 없이 모두가 그렇게 땅을 차지하려고 몰두하고 있습니다! …

한국인들은 좋아 보입니다. 옷도 잘 입고 있고, 많은 이가 일본군복을 입고 있습니다. 그들은 많은 고난을 겪은 이들입니다. … 많은 기독교인이 지도자 위치에 오르고 있습니다. 부도지사들 중에서 여섯이 기독교인 박사들입니다. … 김필례는 광주에서 정부 통역관으로 있으면서 수피아 학교를 운영하고 있습니다. …

현재로서는 선교사가 이곳에서 살거나 돌아다닐 수 있는 길은

is by being with the Army, but hope things will clear up soon. Travel is almost impossible; goods can't be bought; no food except Korean; can't get materials to repair houses and inflation has made a real mess of everything and little hope of a change any time soon. The soldiers want to get home and missionaries could be of very great help in setting up a government... Missionaries needed more than ever, so all who can better get ready to come. These people want advanced education, industrial and trade schools, farming schools, Bible Schools, and advanced medical training... There are eight medical schools, and places in these can be filled. We need the following drugs — none of which are here: santonin, penicillin, promin, some of the sulfa drugs, quinine, etc...

I got back to Seoul last night and found the truck trip far better than the train. Came from Kwangju in twelve hours and train in twenty, besides the real big mess the entire way. We brought thirty-one Koreans in the truck, people with the Government who had to be up here... It was a long cold day..."

From a Lieutenant in Korea:

"I have seen Christian churches in Mokpo, Kwangju, Imsil, and Namwon, Korea. I have worshipped in the one in Kwangju, which is being used as the 20th Inf. Regt. Chapel and by the civilian Koreans... We had both Koreans and GIs worshipping in the same

군대와 함께하는 것 외에는 없지만, 상황은 곧 나아지리라 기대합니다. 여행은 거의 불가능합니다. 살 수 있는 물품이 없습니다. 음식도 한국 음식 외에는 없습니다. 집을 수리할 자재를 구할 수 없고, 인플레이션 때문에 혼란의 도가니인 상태고, 가까운 시일 내로 사태가 호전될 가능성은 거의 없습니다. 군인들은 집에 가고 싶어 합니다. 아마 선교사들은 이곳에 정부가 조직되는 일에 대단히 큰 도움을 줄 수 있을 것입니다. … 그 어느 때보다 선교사들이 필요한 시점이며, 가능하신 분들은 모두 오실 준비를 하시기 바랍니다. 한국인은 고등교육, 산업학교, 무역학교, 농업학교, 성경학교, 상급 의학 수련 등등을 원하고 있습니다. … 의대가 여덟 개 있는데, 자리들이 다 채워질 것입니다. 의약품은 다음 것들이 필요합니다. 다 여기에는 하나도 없는 것들입니다: 산토닌, 페니실린, 프로민, 술파제 종류, 퀴닌 등등….

지난밤 저는 서울로 돌아왔는데, 기차보다 트럭으로 이동하는 것이 훨씬 낫다는 걸 알게 되었습니다. 광주에서 올라오는 데 열두 시간 걸렸는데, 기차로 내려왔을 때는 스무 시간이 걸리는데다가 오는 내내 모든 게 엉망진창이었습니다. 한국인 서른한 명을 트럭에 함께 태우고 왔는데, 정부 쪽 인사들로서 꼭 서울로 올라와야 할 이들이었습니다. … 춥고 긴 하루였습니다. …"

한국에서 어느 중위(Lieutenant)가 보낸 편지:
"저는 한국 목포, 광주, 임실, 남원 등지에서 여러 교회들을 보았습니다. 광주의 한 교회에서는 예배를 드렸는데, 제20 보병연대 채

service! The old and the new praying together. The white- haired men with a beard, and the teen age soldiers — UNITED IN CHRIST!

The people are very friendly and shout HELLO and OKEY as we pass! (That's about all the English they know!) Inflation is starting and the Army is trying to keep it down!..."

From a Korean to Mr. Linton:

"On January 14, we opened the North Chulla Presbytery Men's Bible Class in Chunju and received a great blessing. The night meetings were attended by over 1,000 people and were a great success. We had planned to go on with a Men's Bible school, but because there was no place to have it on account of the shortage of teachers, it has been put off. We plan to have the Women's Ten Day Class in March...So many people came to these meetings (between 1,600 and 1,700) they pushed in so much from the entrance that the floor gave way... The church cannot be used now so it is hard to hold Sunday services, and it is great problem how to get it repaired.

The Church is growing steadily. North Chulla Presbytery requests that you do all you can to see that new missionaries are sent to Korea. As I wrote you before, we must re-establish the schools. At present the American soldiers are still using the Girls' and Boys'

플로도 사용되고, 한국인 민간들이 운영하는 교회였습니다. … 한국인들과 미군들이 함께 예배를 드렸습니다! 노인과 젊은이들이 함께 기도했습니다. 수염 난 백발의 노인들과 10대 군인들이, 그리스도 안에서 하나 되어!

사람들은 대단히 친절하며, 우리가 지나가면 '헬로우!' '오케이!'라고 외칩니다. (그것이 그들이 아는 영어의 전부입니다!) 인플레이션이 시작되고 있고, 미군 당국은 막으려고 애쓰고 있습니다! …"

어느 한국인이 린튼 씨에게 보낸 편지:
"1월 14일 우리는 전주에 있는 전북노회 남자사경회를 열었고, 큰 은혜를 받았습니다. 저녁 집회에는 1,000명 넘는 사람이 참석했고, 대단히 성공적이었습니다. 연이어 남자 성경공부반을 열 계획을 세웠지만, 교사 부족으로 당분간 연기할 수밖에 없었습니다. 3월에는 열흘간 여자 사경회를 가질 계획입니다. … 정말 많은 사람이(1,600명에서 1,700명 사이) 이와 같은 모임들에 몰려오는 바람에 입구 쪽 바닥이 그만 무너지고 말았습니다. … 그래서 현재 예배당은 사용할 수 없는 상태이고, 주일 예배를 드리기가 어려워졌습니다. 예배당을 어떻게 수리해야 할지 큰 문제입니다.

교회는 꾸준히 성장하고 있습니다. 전북노회는 한국에 새 선교사들을 파송받을 수 있도록 선교사님이 힘써주시기를 요청드리는 바입니다. 전에 편지로 말씀드렸듯이, 학교는 꼭 다시 열려야 합니다. 현재는 여학교와 남학교 모두 미국 군인들이 사용하고 있습니

Schools. The alumni are considering beginning a first year high school class of about 120... Of course all feel certain the school will be reopened. In December of last year at the North Chulla Middle School, when they were going to take in 96 boys, there were 1,200 applicants. When I meet any Christians they always ask when you are coming and when the school will be reopened. Everyone wants his son taught. Since we simply have to have the school, be certain to get permission from the Executive Committee to open the school and come on out..."

From Dr. Wilson:

"... I spoke to 175 at one congregation and about 150 at another and all are much interested in the return of the missionaries... Rioting has ceased and the Koreans are beginning to settle down. Travel on trains is very bad, a lady could hardly make a trip... Missionaries will have to bring their supplies — beds, etc., and start anew as in the old days... I feel fine; am roughing it enough to put me in good shape. A jeep will harden one soon. It's a bit hard on an old back, though... After a week's hard trying, I finally got a weapons carrier as my travel vehicle. It's a Dodge truck and small but large enough for ten people, or much baggage... Plan to set up a large training school of some 400 or more to learn nursing, dressing and medical work. This is where I need some of my boys..."

다. 동문들 생각으로는, 정원 120명 정도로 고등학교 1학년 반을 시작하면 어떨까 합니다. … 학교를 열면 학생들이 올 것이 분명합니다. 작년 12월 전북 중학교(North Chulla Middle School)가 96명의 남학생을 받아들이려 했는데, 1,200명가량의 지원자가 몰려왔다고 합니다. 기독교인을 만나면 다들 제게 선교사님은 언제 오시느냐고, 학교는 언제 다시 여느냐고 물어봅니다. 모두 자기 아들이 교육받기를 바라고 있습니다. 우리에게 반드시 있어야 할 학교이니 꼭 실행위원회에서 허락을 받아 학교를 다시 열어주시기 바랍니다. …"

윌슨 박사에게서 온 편지:

"저는 한 번은 175명 앞에서, 다른 때는 150여 명 앞에서 연설했는데, 다들 선교사들의 귀환에 관심이 많았습니다. … 소요는 그쳤고, 한국인들은 이제 정착을 시작하고 있습니다. 기차로 이동하는 건 대단히 사정이 나쁘고, 여성들은 여행하기가 거의 불가능합니다. … 선교사들은 침대 등 자기 물품을 직접 가져와야 할 것이고, 옛날처럼 다시 바닥부터 시작해야 할 것입니다. … 저는 잘 지내며, 거친 생활을 하느라 살도 빠져 날씬해졌습니다. 지프차는 사람을 단련시키긴 하지만 나이든 사람의 등이 견디기에는 좀 어렵습니다. … 일주일간 애쓴 끝에 마침내 저는 무기수송차를 제 이동용 차로 구할 수 있었습니다. 닷지 트럭인데, 작지만 10명도 태우고 짐도 꽤 실을 수 있을 만큼 널찍합니다. 400여 명의 학생에게 간호 교육, 붕대 교육, 의학 교육을 시킬 큰 수련 학교를 세울 계획을 하고 있습니다. 제 아들들 중 몇의 도움이 필요하다고 여깁니다. …"

From a Korean — to Mr. Linton

"... About a month ago the United South Korean Church held general assembly at Seoul, at that time Pastor Pai Eun Hi led daylight prayer service. He condemned all pastors who played ball with Jap government as guilty of the first Ten Commandments. He had preached as weeping. I had acknowledged tear in his eyes... The pastors and evangelists who live in South Kyung Sang Province gathered at Young Wul Island which is near Pu san and fasted for ten days and prayed for Korean Church's future. What a remarkable contrast it is with the former!...

I have heard rumor that you will come back as an Army counsellor. Is it true or not? I wish you come back just as a missionary not as a counsellor of military government. It will be good for preach God's Gospel..."

From Dr. Wilson

"... Spent last night at Chunju and had good talk with the brethren. Saw the Mission houses and they are in much better shape than Soonchun. The Japanese were much less destructive than down this way. The Boys' School is in fine shape..."

The condition of the houses at Mokpo are good and the same caretakers are in charge of and Nisbet's cow herd about the same

어느 한국인이 린튼 씨에게:

"… 한 달 전쯤 남부총회(the United South Korean Church)는 서울에서 총회를 열었는데, 회기 중에 배은희 목사가 낮 기도회를 인도했습니다. 그는 일본 정부에 협력한 목사들은 모두 십계명의 제1계명을 범한 죄가 있다고 꾸짖었습니다. 그는 울며 설교했습니다. 저는 그의 눈에 눈물이 고여 있는 걸 보았습니다. … 경남 지역 목사들과 전도자들은 부산 근처 영[월]도에 모여서 열흘간 금식하며 한국교회의 미래를 위해 기도했습니다. 전자와는 얼마나 대조되는지요! …

들리는 소문에 의하면 선교사님께서 군정 고문 자격으로 돌아오실 거라던데 사실인가요? 저는 선생님께서 미군정 고문이 아니라 그저 선교사로서 돌아오시면 좋겠습니다. 그편이 하나님의 복음을 전하는 데 더 좋을 것입니다. …"

윌슨 박사에게서 온 편지

"… 어젯밤은 전주에서 보냈고 교우들과 좋은 대화를 나눴습니다. 선교부 건물들을 둘러보았는데, 순천보다는 훨씬 상태가 좋았습니다. 이곳은 아래 지역보다 일본인들의 파괴 행위가 훨씬 덜 했습니다. 남학교 건물도 상태가 괜찮습니다.

목포의 집들 상태는 좋고, 같은 분들이 관리하고 있으며, 니스벳의 소 떼도 전과 같은 규모입니다. 커밍 씨 집에 라디오 방송 장비가 완비되어 있는데, 어쩌면 요청하면 우리가 받아 사용할 수 있을는

size. The complete radio broadcasting outfit is set up in D. J. Cumming's house and this outfit might be had for the asking for use here. There is also a large broadcasting outfit at Chunju and maybe at Kwangju. The army will sell these outfits pretty cheap when they move out and some are moving soon... There should be some missionary in each station just as soon as possible for when the army moves the natives tear down the doors and windows and flooring for fuel...

They have had a women's Class, a men's class and now leaders' class at Soonchun and a little encouragement peps them up wonderfully. It keeps me on the everlasting jump to put things across with all the red-tape so do not have much time to push the church work...

I have a dandy little 9 ton motor tug, 40hp, and make excellent time along this coast. Ten hours from Sorokdo to Mokpo! Yesterday I bought a 90ton freighter and a large landing barge now loaded with shoes and old clothes and supplies which I am pulling along the back. Yesterday, the Captain of the LCS gave me butter, cheese, paper and lot of supplies that can't be bought. The Navy is good about these little things..."

지도 모릅니다. 전주에도 큰 방송 장비가 있고, 아마 광주에도 있을 것입니다. 군부대는 나갈 때 이 장비들을 꽤 싼 값에 내놓을 것입니다. 조만간 떠날 부대도 있습니다. … 스테이션마다 가능한 한 빨리 선교사님들이 몇 분이라도 오시면 좋겠습니다. 왜냐하면 군부대가 나가면 지역민들이 와서 땔감으로 쓰려고 문이며 창문이며 마루 등을 다 뜯어갈 것이기 때문입니다. …

순천에서는 여자 사경회, 남자 사경회가 열렸고, 지도자 사경회까지 가졌습니다. 조금만 격려해주어도 그분들은 놀랍도록 힘을 얻습니다. 행정적인 일들을 처리하느라 이리저리 바쁘게 뛰어다니느라 저는 교회 일을 추진할 시간은 그리 많지 않습니다.

제게 멋진 9톤짜리 보트가 있는데, 40마력이고 여기 해변에서 진가를 발휘하고 있습니다. 소록도에서 목포까지 10시간에 갑니다! 어제 저는 90톤짜리 화물선 한 대와 대형 함재 보트를 사서, 그간 힘들게 지고 다니던 신발들, 헌옷들, 물품들을 실었습니다. 어제는 연안전투함(LCS)의 선장이 제게 버터와 치즈, 종이, 기타 구하기 어려운 물품들을 많이 주었습니다. 해군은 이런 작은 일들에 능숙합니다."

다른 선교부 소속으로서 현재 한국에 있는 일단의 선교사들이 서명해 보내온 편지:
"… 먼저, 선하시고 자비하시며, 우리를 이곳에 불러주셨고, 당신을 섬길 수 있는 더 큰 기회를 약속해주시는 하나님께 감사를 드

From Letter signed by group of missionaries of different Boards who are new in Korea

"... First of all, we would thank God for His goodness and mercy; for the privilege of being here, and for the promise of greater opportunities in His service... We are reporting first of all the facts regarding the attitude of the Military Government re return of missionaries and some conditions on return.

General Hodge early stated his desire to have experienced missionaries return to the country as soon as possible... Most Mission houses are vacant at present and are not likely to be taken over by Army. (Dr. Wilson writes that he has a ten room Japanese house and beautiful yard and gardens and is putting in plenty of seed for vegetables — says, three good empty brick houses adjoining his home on the Island M.C.D.)... Most of these houses can be made habitable, very little furniture is available, but improvisation of boxes for tables and chairs, etc., is possible; living will be under 'camping' conditions at first, but gradual improvements are possible...

It is apparent to all that the Koreans are unanimous in their desire for the early return of the missionaries... Not only Christians, but many prominent non-Christians have voiced the hope that American and other missionaries would continue their 'good work'

립니다. … 우선, 선교사들의 귀환 문제와 귀환 조건에 대한 군정부의 입장에 대해 상세한 사항을 보고 드리는 바입니다.

일찍이 하지(Hodge) 장군은 경험 많은 선교사들이 가능한 한 빨리 이 나라에 귀환하기를 바란다는 마음을 피력한 바 있습니다. … 선교부 집들은 현재 대부분 비어 있는 상태이고, 군이 인수하려들 것 같지는 않습니다. (윌슨 박사님은 편지에 쓰시기를, 방이 열 개고 아름다운 마당과 정원이 딸린 일본 집에 살고 계시며, 채소 씨를 많이 뿌리고 계시다고 합니다—그 섬에는 박사님의 집 바로 옆에 쓸 만한 벽돌집 셋이 있다고 합니다. 선교사 서신과/MCD.) … 이들 집들은 대부분 수리만 조금 하면 들어가 살 수 있는 상태이고, 가구는 거의 없지만, 임시변통으로 박스를 테이블이나 의자 등으로 사용할 수 있을 것입니다. 처음에는 '캠핑' 생활 수준이겠지만, 점차 향상해갈 수 있을 것입니다. …

한국인들은 다들 선교사들이 한시라도 빨리 돌아오기를 바라고 있습니다. … 기독교인들만 그런 것이 아니라, 유력한 비기독교인들도, 미국인들, 선교사들이 여기서 '좋은 일'을 계속해주었으면 좋겠다는 바람을 많이 피력합니다. 그들의 경우는 대개, 한국에 필요한 여러 사회 서비스 영역에서 도움을 받길 원해서 그런 것입니다. 하지만 비기독교인들 중에서도 어떤 이들은, 기독교 학교들이 하는 인성교육에 대해, 그 영적 유익까지는 아니더라도 심리적 유익에 대해 언급하기도 합니다.

here. Such individuals are largely moved by the desire to receive the help so obviously needed by Korea along many lines of social service. However, some of the non-Christians have even spoken of the character building done by Christian Schools and of the psychological, if not spiritual advantages...

In quite a few cases the Koreans are hoping that the Missions will again undertake full responsibility for the re-establishment and operation of the schools which were run by them... There are still more cases where there is hope or expectation for varying degrees of help such as the assignment of Bible and English teachers... We feel that we should go on record and affirm to you our conviction that the many thousands of adolescent boys and girls who will attend the high schools of this non-Christian country are an even greater challenge to Christianity than that offered by the high schools of a Christian country... We feel that no plan of missionary work which does not make adequate provision for presenting Christ to these young people can be successful...

There seems to be a general desire that the Mission hospitals be reopened by the Missions where they have been closed, and that the Missions shall cooperate in those that are new being conducted by Koreans... The building and plant of the Christian Literature Society stands intact, and it seems imperative that the Missions

한국인들은 선교사들이 그들이 운영했던 학교들의 재설립과 운영을 온전히 책임져주기를 바랍니다. … 성경 교사나 영어 교사 공급 같은 다양한 차원의 도움을 희망하거나 기대하는 사례는 더 많습니다. 저희가 느끼고 확신하기에, 기독교 국가에서도 그렇지만 한국과 같은 비기독교 국가에서는 더더욱 고등학교에 다닐 수많은 학생들에 대한 선교는 매우 중대한 과제입니다. … 청소년 세대에게 그리스도를 전할 준비를 제대로 하지 않는 선교는 결코 성공을 거둘 수 없다고 저희는 느낍니다.

　문 닫았던 선교 병원들을 선교회들이 다시 열어주기를 다들 바라고 있고, 한국인들이 운영하는 새로운 병원들도 선교회들의 협력을 바라고 있는 것 같습니다. … 기독교서회 건물은 손상을 받지 않았는데, 선교회들과 또 그간 서회 일에 협력하거나 후원해온 기관들이 한국에서 다양한 기독교 문서선교가 더욱 중요한 역할을 하도록 분명한 계획을 수립하는 것이 절대적으로 필요한 시점이라고 생각됩니다. …

　아시겠지만, 많은 교회가 폐쇄당했고, 교회에 나가거나 교회와 연결되어 있다는 이유로 많은 기독교인들이 핍박을 당했습니다. … 리더십에 큰 구멍이 난 것도 사실입니다. 살해된 이들도 있고, 신망을 잃은 이들도 있으며, 정부 쪽 일을 한 이들도 있습니다. … 하지만, 대부분의 기독교 목회자는 자신들의 양떼를 신실하게 돌보고 있으며, 거의 모든 교회가 주일마다 사람들로 가득 찹니다. 지도자들뿐 아니라 평신도들도 진정한 의미의 영적 부흥의 필요성을 절실

and other organizations cooperating or contributing to the work of this Society plan definitely for greatly increased stress on all forms of Christian literature for Korea...

It is of course true that many churches were closed, and many Christians persecuted for church attendance and for church connections... It is true that there has been a loss of leadership — some killed, some discredited, some in government work... On the other hand the majority of the Christian pastors are faithfully caring for their flocks, and practically all churches are crowded Sunday after Sunday. Leaders and laymen alike realize the need for a spiritual revival in the best and highest sense of the word. They hope for the assistance and cooperation of their missionary friends...

The faith and courage of the Christian body in Korea is something for which we and all Christians must give thanks to God, and which should give us all new courage...”

히 느끼고 있습니다. 그들은 동지인 선교사들의 원조와 협력을 희
망하고 있습니다. …

　한국 기독교인들의 믿음과 용기를 보며 우리와 모든 기독교인은
하나님께 감사드리며 새로운 용기를 얻어야할 것입니다. …"

Dear Chunjuites:

Since so many of you have had a birthday lately, or will have one soon, first of all let me wish each a happy birthday and many more of them. My thoughts go back to lots of happy celebrations we have had here in the past.

I have written some of you individually and am sending along with this a M.C.D. letter in which I have tried to tell about my trip and "first impressions." The purpose of this letter is to try to tell you Chunju folks about your friends and servants that I have seen or asked about. Of course a lot of what I write will already have been heard, but I have tried to find out about the ones I knew you would be especially interested in. Let me say before I go further that all the Koreans ask a lot about you all and I have bean glad to tell them that I have seen most of you comparatively recently. Please excuse my efforts to write the names in English letters.

I am sure Mrs. Junkin would be happy to know that Rev. Ko Sung Mo, pastor of the East Gate Church here, who was also Mr. Linton's language teacher, asked especially about her and all of her

전주인들에게(역자 주: 전주 스테이션 소속 선교사들에게 보내는 글),

많은 분이 최근에 생일이었고, 또 조만간 생일이시기에, 먼저 여러분 모두에게 생일 축하한다는 말씀부터 드립니다. 과거에 우리가 이곳에서 가졌던 많은 즐거웠던 생일 파티들이 생각납니다.

여러분 중 일부에게는 개별적으로 편지를 써드렸지만, 더불어 이 선교 서신과(M.C.D.) 편지를 통해 제 여행과 이곳 '첫인상'에 대해 말씀드리려 합니다. 이 편지의 목적은 전주에 사셨던 여러분께, 제가 직접 보았거나 소식을 듣게 된 여러분의 친구들이나 도우미들에 대한 소식을 알려드리려는 것입니다. 물론 많은 부분 이미 들어 아시는 내용일 수 있으나, 저는 여러분이 특별한 관심을 가지시는 분들 소식을 알아내고자 노력했습니다. 먼저, 여기 한국인들은 다 여러분 모두에 대해 많이 묻고 있다는 말씀을 드리며, 저는 그들에게 비교적 최근 여러분 대부분을 만나봤다고 말해줄 수 있어서 기뻤습니다. 그들 이름을 영어로 적는 점 양해바랍니다.

전킨 부인(Mrs. Junkin)이 기뻐하실 소식인데요, 여기 동부교회 (East Gate Church)의 목사이자 린튼 씨의 언어 교사이기도 한 고성 모(Ko Sung Mo) 목사님이 부인과 부인 자녀들의 안부를 물어왔습니다. 전킨 선교사에게서 세례를 받았다는 고 목사는 전킨 선교사에

children. He said that Mr. Junkin baptised him and he spoke very lovingly of him, as I have often heard other Koreans do. I was sorry I could not give him definite information about each one of that family.

The Reynolds' Oh, who is an elder in the West Gate Church, and his wife, have been very cordial. Mr. Oh came to see me and said as he sat here in this living room, altho it was not the same house, yet it reminded him of the days when Mrs. Reynolds had family prayers and taught him the Bible and prayed with and for him. He wanted to know about each member of the Reynolds Family. Of course others have asked about the Reynolds too. I found out just today that Pobai Uminie was partially paralyzed for a while and then died last year and that Pobai, her daughter had died a year or two before that. Her husband is around here, but according to the Boggs's cook, he and his children don't make any pretense at being Christians.

Lill asked about Kim Chakwung. She seems to be getting along all right — living in the country. Chun Chai Soon, the Bible woman, died a year or so ago. Okchoo's mother lives here in Chunju and I have seen her at church several timees. Chang Pongai, Lena's "woman" is the Bible woman at the East Gate Church. She was one of my first callers, and doesn't look a bit older! Kang Uncha is tra-

대해 말할 때 애정이 묻어나는데, 그런 한국인을 저는 종종 만납니다. 전킨 선교사 가족 한 사람 한 사람에 대한 정확한 정보를 고 목사님에게 주지 못해 미안했습니다.

레이놀즈(Reynolds) 부부의 지인인 서문교회(West Gate Chuch) 오 장로님과 그의 아내는 매우 친절한 분들이었습니다. 오 장로님은 저를 보러 와서는, 여기 거실에 앉아 말하기를, 비록 같은 집은 아니지만 전에 레이놀즈 부인(Mrs. Reynolds)께서 이런 거실에서 가정 기도회를 인도하시고, 자신에게 성경을 가르쳐주셨고, 함께 기도했던 시절이 생각난다고 말했습니다. 그는 레이놀즈 선교사 가족의 근황에 대해 알고 싶어 했습니다. 물론 다른 여러 사람도 레이놀즈 선교사 가족에 대해 물어왔습니다. 보배 어머니(Pobai Uminie)는 한동안 부분 마비 상태에 있다가 작년에 사망했고, 앞서 1~2년 전에 딸 보배가 죽었다는 것을 오늘에서야 알았습니다. 그녀의 남편은 이 근처에 계속 살지만, 보그(Boggs) 선교사의 요리를 담당했던 이에 따르면, 그와 그의 아이들은 전혀 기독교와 거리가 멀었습니다.

릴(Lill)이 Kim Chakwung의 근황을 물으셨는데, 그녀는 시골에서 잘 지내고 있는 것 같습니다. 전도부인(Bible woman)이었던 전재순(Chun Chai Soon)은 1년여 전 세상을 떠났습니다. 옥주(Okchoo)의 어머니는 여기 전주에 사시고 저는 그녀를 교회에서 여러 번 보았습니다. 레나(Lena) 선교사의 '전도부인"인 장봉애(Chang Pongai)는 동부교회(East Gate Church)의 전도부인입니다. 그녀는 가장 처음 저를 방문한 사람들 중 한 사람이었는데, 나이를 하나도 먹지 않은 것

veling Secretary for the Auxiliary, I hear, but I haven't seen her. Pak Tucksoonie married a widower preacher and lives in the country. Chang Kyungsinie, who used to work for Miss Tate, has gone to live with her daughter. "Mr, Bean" was janitor at the church for a while, then got involved in some crooked money deals and has fled these parts. His wife, Soonie, is cook and matron at the Boys' school dormitory. Choi Subang and Unhi still live in the Boyers' servant house. They came to see me first thing and were so eager to hear everything I could tell them about the Boyer Family. Their adopted daughter is married and has a baby — a boy, I think. She lives here. The man came from Namwon originally, I believe. Chang Pyungwha, who came to our from Mr. Boyer's field, is principal of the Boys' school now. The McCutchen's cook died about two years ago. I think Paul is still in Soonchun. Pai subang and his wife still live back here under the hill. Mrs. Chung lives out at Samnie, so I have not seen her. Hong Soonchoo, the Bible woman is in Riri. The couple who worked for the Swicords at the last came to see me the first day or so I was here. They are still in one of the houses on that place. I haven't seen the Swicords' Unhai, but I am told she and her husband still live down town. Sooncha, who worked for Janet Crane, I believe is around here, thou I am not sure. I think she is the one who got someone to ask me to hire her. I just told them I wasn't looking for a woman servant!

같습니다! 강은자(Kang Uncha)는 여성조력회의 여행비서라고 들었는데, 아직 그녀를 보지는 못했습니다. 박득순이(Pak Tucksoonie)는 홀아비 목사와 결혼해 시골에 살고 있습니다. 테이트(Miss Tate/역자 주: 최마태) 선교사를 위해 일했던 장경신이(Chang Kyungsinie)는 딸과 함께 살려고 이곳을 떠났습니다. 'Mr. Bean'은 한동안 교회에서 청소부로 일하다가 재정 비리에 연루되어 이 지역을 떠났습니다. 그의 아내 순이(Soonie)는 남학교 기숙사의 요리사이자 사감으로 있습니다. 최서방(Choi Subang)과 은희(Unhi)는 여전히 보이어 선교사 가정(Boyers) 도우미 사택에 살고 있습니다. 그들은 제일 먼저 저를 보러 달려왔고, 보이어 가족에 대해 제가 아는 전부를 다 듣고 싶어 했습니다. 그들이 입양한 딸은 결혼했고 아기가 있습니다. 아마 남자아이인 것 같습니다. 그 딸은 이곳에 삽니다. 남편은 남원 출신이라고 생각합니다. 보이어 선교사와 일하다가 저희와 함께 일하게 된 장평화(Chang Phungwha)는 현재 남학교의 교장입니다. 맥커첸(McCutchen) 선교사의 요리사는 약 2년 전에 사망했습니다. 폴(역자 주: 구바울 선교사)은 아직 순천에 있는 것 같습니다. 배서방(Pai subang)과 그의 아내는 여전히 여기 그 언덕 아래에서 살고 있습니다. 정씨 부인은 삼례(Samnie)에 나가 살고 있어서 아직 한 번도 본 적이 없습니다. 전도부인 홍순주(Hong Soonchoo)는 이리(Riri)에 있습니다. 스위코드 선교사 부부(Swicords)를 위해 마지막까지 일했던 그 부부가 제가 여기 온 첫날엔가 저를 보러 왔습니다. 그들은 여전히 거기 집들 중 하나에 살고 있습니다. 스위코드 선교사 부부의 은혜(Unhai)는 아직 보지 못했는데 그녀와 남편은 여전히 시내에 산다고 들었습니다. 자넷 크래인(Janet Crane)의 일을 도왔던 순자(Sooncha)

I met Miss Kestler's Choongsubang on the road and he is just as "pretty" as ever! Weekyungie, the head nurse Miss Kestler used to have, lives at Kwanchone with her son who is married. Quibongie and Wonho were among my first callers. They don't look a bit older. Their oldest son was drafted by the Japanese and taken to Shanghai and they didn't hear from him for three years, but he finally got home last spring, and they surely are grateful. Wonho says their friends say they had twins last year because the Lord gave them back their oldest son and a new son about the same time. Quiebong's mother is still living. I wish I knew about more of the hospital people to tell you. The Boggs' cook works for the Minors with whom we are living and they really do appreciate her. She keeps house and cooks too. Feggy will know exactly what I mean. Her youngest daughter got married several months ago to a fine young man according to her. Her oldest daughter has only recently married a deacon whose wife had died and they live very comfortably in a nearby country place. The son is very much better than he used to be and is still at home with his mother. He has been farming the Boggs' garden. Panseigie's mother says she has more peace of mind about her children now than for many years. She has aged a good bit, but it is no wonder for she had a hard time after we left. She spent the night in the jail more than once because they suspected her of having communications with the missionaries. Chang, who used to be the Boggs' outside man, lives back

는, 확실하진 않지만 아마 요 근처에 살고 있는 것 같습니다. 자신을 고용해달라고 누구를 통해 요청해온 사람이 아마 그녀이지 않나 싶습니다. 저는 현재 여성 도우미를 찾고 있지는 않다고 전해주었습니다!

케슬러 선교사(Miss Kestler)가 아시는 중서방(Choongsubang)을 길에서 만났는데 그는 전처럼 '미남'입니다! 케슬러 선교사 밑에서 수간호사로 일한 적 있는 위경이(Weekyungie)는 결혼한 아들과 함께 관촌(Kwanchone)에서 살고 있습니다. 귀봉이(Quibongie)와 원호(Wonho)는 나를 처음 방문한 사람들 그룹에 속하는 이들이기도 합니다. 그들은 나이를 하나도 먹지 않은 것 같습니다. 그들의 큰아들은 일본군에 징집되어 상하이로 끌려갔는데, 3년 동안 아무 소식을 듣지 못했는데 마침내 작년 봄에 집에 돌아왔습니다. 당연히 그들은 매우 감사해했습니다. 원호(Wonho) 말로는, 친구들이 작년에 주님께서 그에게 장남과 새 아들을 동시에 주셨으니 쌍둥이를 낳은 셈이라고 말한다고 합니다. 귀봉(Quiebong)이의 어머니는 아직 살아 계십니다. 병원 사람들에 대해 더 많이 알아서 말씀드리면 좋은데 아쉽습니다. 보그스(Boggs) 씨네 요리사는 현재 저희가 함께 사는 마이너(Minor) 씨네 부부를 위해 일하고 있는데, 그들은 그녀를 정말 고마워합니다. 그녀는 청소도 하고 요리도 합니다. 페기(Feggy)는 이게 무슨 의미인지 잘 알 것입니다. 그녀 말로는 자신의 막내딸이 몇 달 전에 훌륭한 청년과 결혼했다고 합니다. 큰딸은 최근에 아내를 잃은 어느 집사와 결혼하여 가까운 시골에서 아주 편안하게 살고 있습니다. 그녀의 아들은 예전보다 훨씬 나아졌고 여전히 어

here in the village. His mother is living, but his wife has died. I hear that his daughter whom I used to know has married a man who isn't a Christian and they are getting rich. The woman who worked for Miss Colton just before she left has been here all the time, but expects now to move to Riri where her older son is working. I was at her house yesterday. She said to tell Miss Colton she still has the frying pan she gave her. She has been secretary of the West Gate Auxiliary and they are sorry to give her up. Her son has a young son she is proud of. Kang Okjunie, one of Miss Colton's "old girls" is acting as head of the Girls' School, and I think they told me that Kim Sunyea is teaching. Kongjoo's mother said to tell Miss Colton she received her gift. It seems Kongjoo has died and her son who is with her is sick.

They are living now at the church in Koorongnee. They have built a new church there and Chuckdong has united with them. There are about 100 members. I have seen Pak quiedongie several times. She is one of those people who doesn't seem to grow any older. Emily's "Martha" and I finally made connection. I had missed her several time. Her little girl is a big girl now. She told me that Pai Youngshinie and her husband, especially the former, were severely beaten many times. They had to leave the little church where they were working and went to Kyungsangdo for a while. Now they are living at Naju, near Kwangju. It seems that Young-

머니와 함께 집에 있습니다. 그는 보그스 씨의 정원을 돌보는 일을 해왔습니다. 반석이(Panseigie)의 어머니는 말씀하길, 자녀들에 대해 지금은 전에 비해 훨씬 마음이 놓인다고 합니다. 그녀는 꽤 늙어 보이는데, 우리가 떠난 뒤 힘든 시간을 보냈기 때문에 당연한 일입니다. 그녀는 선교사들과 소통하고 있다는 의심을 받았기 때문에 두 번 이상이나 감옥에서 밤을 보내기도 했습니다. 전에 보그스 씨의 바깥일을 돕던 장(Chang) 씨는 현재 마을에 돌아와 살고 있습니다. 그의 어머니는 살아 계시지만 그의 아내는 죽었습니다. 듣자니, 제가 전에 알던 그의 딸은 기독교인이 아닌 남자와 결혼했는데, 부자가 되었다고 합니다. 콜튼 선교사(Miss Colton)가 떠나기 직전 그녀 일을 돕던 그 여성은 지금도 여기에 살지만, 조만간 큰아들이 일하는 이리로 이사할 예정입니다. 저는 어제 그녀 집을 방문했습니다. 그녀가 말하길, 전에 콜튼 선교사가 주었던 프라이팬을 아직 가지고 있다고 합니다. 그녀는 서문교회(West Gate) 여성조력회 서기였는데, 그녀가 떠나면 다들 아쉬워할 것입니다. 그녀의 아들에게 어린 아들이 있는데, 그녀가 자랑스러워합니다. 콜튼 선교사의 '나이든 소녀들' 중 한 명인 강옥전이(Kang Okjunie)는 현재 여학교 교장직을 맡고 있는데 김순애(Kim Sunyea)가 거기서 가르치고 있다는 말을 들은 것 같습니다. 공주(Kongjoo)의 어머니가 콜튼 선교사가 보내준 선물을 잘 받았다고 전해달라고 했습니다. 공주는 사망한 것 같고, 그녀의 아들은 지금 그녀의 어머니가 데리고 사는데, 몸이 아픈 것 같습니다.

그들은 지금 구릉리(Koorongnee)에 있는 교회에 살고 있습니다.

shinie came thru here recently on her way to their former church. Someone had sold the church there after they left and she had managed to get hold of the money from the man who sold it and persuaded the man who bought it to give it back so she was going there to return the money and see that the church was opened up again, but they are going to stay in Naju. Since her husband is named Pak, I think she must be the Mrs. Pak that Mrs. Flow sent the present for, but I will wait till I hear from Emily to do anything about that package. I have already written her that Choi Sooimie died. Kang Nootie has been to see me. She is still in the Wonsan Church.

Now if there are others you want to know about, just write to me and I will do my best to let you know about them. I hope all the above information is correct. You know how hard it is to keep it all straight after being out of things so long. I suppose you know that you can't use our APO address to send gifts for Koreans. If you want to send gifts for Koreans, just send these by ordinary mail to me at the address at top of this letter, marked "gift" and I will try to deliver these for you. Of course duty might be charged, but probably won't on gifts. I didn't mean to write such a long letter, but as the Koreans say, "It just turned out that way." We think of each of you a lot as you might know, and I hope you will write us every now and then.

그들은 그곳에 새로운 교회를 세웠는데, Chuckdong이 그들과 연합했습니다. 성도가 100명쯤 됩니다. 저는 박귀동이(Pak quiedongie)를 여러 번 보았습니다. 그녀도 하나도 늙지 않는 것 같습니다. 에밀리 선교사(Emily)의 '마르다'(Martha)와 마침내 연락이 닿았습니다. 저는 그녀 생각이 자주 났습니다. 그녀의 어린 딸은 이제 숙녀입니다. 그녀가 말해주기를, 배영신이(Pai Youngshinie)와 그녀의 남편이, 특히 배영신이 여러 차례 심한 매질을 당했다고 합니다. 그들은 일하던 작은 교회를 나와 잠시 경상도로 갔습니다. 지금은 그들은 광주에서 가까운 나주에 살고 있습니다. 영신이가 최근 예전 교회에 가던 길에 여기를 들렀던 것 같습니다. 그들이 떠난 뒤 어떤 이가 그곳 교회를 팔아버렸는데, 그녀는 교회를 판 사람에게서 어렵게 돈을 받아냈고, 또 교회를 산 사람을 설득해서 이제 돈을 돌려주고 교회를 다시 열기 위해 가는 길이었습니다. 하지만 그들은 살기는 계속 나주에 살 계획입니다. 그녀의 남편 성이 박(Pak)이기에 저는 Mrs. Flow가 선물을 보낸 박씨 부인(Mrs. Pak)이 아마 그녀를 말하는 것일 거라 생각합니다만, 그 소포를 어떻게 하라는 말을 에밀리에게서 듣기 전까지 기다릴 참입니다. 최수임이(Choi Sooimie)가 사망했다는 소식은 이미 그녀에게 편지로 알렸습니다. Kang Nootie가 저를 보러 다녀갔습니다. 그녀는 아직 원산(Wonsan) 교회에 있습니다.

소식을 또 알고 싶은 사람이 있으면 제게 편지를 보내주십시오. 최선을 다해 알아보겠습니다. 위의 정보가 다 정확한 것이기를 바랍니다. 아시겠지만, 너무 오랫동안 떠나 있던 곳이라 모든 일을 정

Lovingly,

Charlotte B. Linton

Address: Rev. W. A. Linton, Civ. Pres. Mis.

96 Mil. Govt. Group - APO 6-3

Care P.M., San Francisco, Calif. (5 cents)

확하게 파악하기란 쉽지 않습니다. 저희 APO 주소를 사용해 한국인에게 선물을 보내는 것이 불가하다는 걸 아실 것입니다. 한국인에게 선물을 보내고 싶으시다면 이 편지 상단에 '선물'이라고 표시된 주소로 일반 우편으로 보내주시면 전달해드리겠습니다. 물론 관세가 부과될 수 있지만 아마도 선물에 대해서는 부과되지 않을 것입니다. 이렇게 긴 편지를 쓸 생각은 아니었는데 한국인들이 말하듯 '하다 보니 그렇게 되었습니다'. 우리가 여러분 한 사람 한 사람을 얼마나 생각하는지 아시리라 믿습니다. 자주 저희에게 편지를 써 보내주시기 바랍니다.

사랑을 담아,
샬롯 B. 린튼

Dear Friends:

Many of you knew how anxious I was all fall to get passage to Korea. Now here I am in Chonju writing back to you! It seemed as if the ocean trip would never end, but it finally did, and I have been here nearly two weeks.

To go back a little — I left Billy's home in Decatur, Georgia, on December 17, and picked up Hugh just as he was getting out of classes for the holidays. I left Eugene and Dwight in South Carolina, and Hugh and I drove on to the west coast via Montreat and Nashville. We had to drive long hours in order to get to Seattle as soon as possible, but it was a very comfortable and interesting trip. Mrs. Hopper and her son George were also along with us in their jeep station wagon. The four of us had lots of fun staying in tourist cabins and seeing new things together, We got to Seattle in about ten days, and Hugh had to leave at once in order to get back to Erskine College as near the opening date as possible.

The next ten days were really busy ones for we had to try to buy the essentials for setting up housekeeping again out here, get these properly packed and arrange to have them shipped. We could

한국, 전라북도, 전주

1947년 2월 7일

친애하는 여러분께,

제가 한국에 돌아가기를 얼마나 간절히 바랐는지 많이들 알고 계실 것입니다. 지금 저는 여기 전주에 있습니다. 영원히 끝나지 않을 것만 같았던 바다 항해였지만, 마침내 끝이 났고, 이곳에 온 지 이제 거의 2주가 되었습니다.

좀 더 전의 일을 이야기하자면, 저는 12월 17일 조지아 주 디케이터에 있는 빌리(역자 주: 인돈 부부의 첫째 아들)의 집을 떠났고, 막 방학을 맞은 휴(역자 주: 인돈 부부의 셋째 아들)를 픽업했습니다. 유진(역자 주: 인돈 부부의 둘째 아들)과 드와이트(역자 주: 인돈 부부의 막내아들)는 사우스캐롤라이나에 남겨두고 저는 휴와 더불어 몬트리트와 내슈빌을 경유하여 서부 해안선을 따라 차를 몰았습니다. 시애틀에 최대한 빨리 도착하기 위해서는 장시간 운전을 해야 했지만 매우 편안하고 흥미로운 여행이었습니다. 하퍼 부인과 그녀의 아들 조지도 그들의 지프 스테이션 왜건을 타고 저희와 동행했습니다. 우리 넷은 숙박은 관광객을 위한 캐빈에 머물면서 구경도 많이 하며 함께 재미있는 시간을 보냈고, 약 열흘 만에 시애틀에 도착했는데, 휴는 가능한 한 개학 날짜에 맞춰 어스킨 대학(Erskine College)으로 돌아가기 위해 즉시 떠나야 했습니다.

다음 열흘은 정말 바빴습니다. 이곳에 다시 정착하는 데 필요한

bring very little of our baggage and freight on the boat with us and it may be weeks before all of it reaches us. Mrs. Crane joined Mrs. Hopper and me in Seattle. The three of us were the first missionary wives to be given space on an army transport that was bringing "dependents" to Korea, so no one knew quite what to do with us, but most of the time we were classed as "dependents" and we certainly enjoyed all the privileges of "dependents." Our accommodations on the boat were quite comfortable and except for a very rough sea most of the time we had a good trip.

Our husbands were in Chemulpo to meet us. There were also about 100 army officers there to meet their wives, so you can imagine the excitement! The army had a special train waiting to take all of us to our respective destination. It had all the windows in it (which is not true of ordinary trains out here now), was heated, and had a diner and sleeping cars! The weather was very cold and there was snow on the ground and we were prepared for most any inconvenience so you can imagine how much we appreciated such a good train even thou it was slow and we were very late getting to the station where we were to get off to drive to Chonju. There were four other families coming here so the Military Government had sent cars there to drive us in the last eighteen miles instead of our having to wait hours for a local train. We all went to the "mess hall" down town and had coffee for it was 4 a.m.

물품들을 구매하고 잘 포장하고 배송할 준비를 해야 했습니다. 배에는 아주 적은 양의 수하물과 화물만 갖고 탈 수 있었고, 저희가 부친 짐이 저희에게 도착하기까지는 여러 주가 걸릴 것 같습니다. 크레인 부인(Mrs. Crane/역자 주: 구바울 선교사 부인)은 시애틀에서 하퍼 부인(Mrs. Hopper/역자 주: 조요섭 선교사 부인)과 저와 합류했습니다. 우리 셋은 한국으로 '부양가족'을 데려오는 군대 수송선에 탑승한 최초의 선교사 부인들이었고, 그렇기에 아직 명확한 규정이 있지는 않았지만, 대부분의 경우 저희는 '부양가족'으로 분류되었고 '부양가족'으로서 모든 특권을 누렸습니다. 배에서 저희 숙소는 매우 편안했고 풍랑이 심했던 것을 제외하고는 대부분 안락한 여행이었습니다.

저희를 마중하러 남편들이 제물포에 와 있었습니다. 100여 명의 장교도 아내들을 만나기 위해 모였으니, 얼마나 흥분된 분위기였을지 상상이 가실 것입니다! 군 당국은 모두를 각자의 목적지로 데려다줄 특별 기차를 편성해주었습니다. 그 기차는 객실에 창문들이 있었고(여기서는 일반 기차들은 그렇지 않습니다), 난방이 되었고, 식당 칸과 숙소 칸까지 있었습니다! 날씨가 정말 추웠고 땅에 눈이 쌓여 있었는데, 저희는 어떤 불편도 감수할 참이었다가, 느리지만 그렇게 좋은 기차를 타게 되어 얼마나 감사했는지 모릅니다. 저희는 전주로 가기 위해 내려야 할 역에 아주 늦게 도착했습니다. 그런데 전주로 가는 가족들이 넷이나 더 있었기 때문에 미군정 당국이 차를 보내주어 남은 18마일을 태워주었기에, 저희는 몇 시간 동안 간선 기차를 기다리지 않아도 되었습니다. 전주에 도착한 시간이 새벽 4시라, 저희는 시내에 있는 '식당'에 가서 커피를 마셨습니다.

when we got to Chonju. Mr. Linton and I then went home with one of the other couples to wait for daylight. About breakfast time, Mr. Linton got his jeep and we drove out here to our Mission compound to what used to be our "Single Ladies Home." Chaplain and Mrs. Minor are living in it, and had invited us to stay with them until we could get our own house in order. The Boggs's cook works for them and we have delicious meals. We certainly appreciate the hospitality of these good friends.

I hardly know how to begin to tell you about how things are here. Mr. Linton has written about the cordial welcome he received from the Koreans and I can say the same for myself. I have had about fifty callers since I came less than two weeks ago. The first Sunday, when I went to church, I was afraid we were going to break up the service for the women just would get up and come to speak to me. They didn't know just what day I was coming, for Mr, Linton didn't know himself, and so when I appeared at church the first morning I was here, they were very much surprised.

Of course, I haven't had time to have very long talks with many Koreans, but the accounts I have heard of the persecution and hardships which many of these people endured after we left, just breaks your heart. Everywhere are evidences of the scarcity of materials, etc. The Japanese made all the women stop wearing skirts

린튼 씨와 저는 어느 부부의 집에 같이 가서는 날이 밝을 때까지 기다렸습니다. 아침 식사 시간이 되자 린튼 씨가 지프차를 가져와 저희를 태워 저희 선교사촌으로, 전에 '독신 여성 선교사 사택'이었던 곳으로 데려갔습니다. 현재 거기는 군목과 마이너 부인(Mrs. Minor)가 살고 있는데, 저희 집이 정리되기 전까지 함께 지내자고 제안해 주셨습니다. 보그스의 요리사가 그들을 위해 일하고 있었고, 저희는 맛있는 식사를 했습니다. 이 모든 좋은 친구의 환대에 정말 감사드립니다.

이곳 상황에 대해 들려드리자니 이야기를 어디서 시작해야 할지 잘 모르겠습니다. 린튼 씨가 편지에서 쓰기를, 한국인들에게서 따뜻한 환영을 받았다고 했는데, 제 경우도 마찬가지였습니다. 제가 온 지 2주도 되기 전에 벌써 50여 분이 저를 보러오셨습니다. 교회에 간 첫 번째 주일은, 저 때문에 예배가 중단되는 건 아닌가 걱정이 될 정도였는데, 여성도들이 다 일어나 제게 말을 걸어왔기 때문입니다. 그들은 제가 언제 오는지 몰랐습니다. 린튼 씨도 몰라 미리 말해주지 못했던 관계로 제가 그날 아침 갑자기 나타나자 모두 매우 놀란 것입니다.

아직 많은 한국인과 긴 대화를 나누진 못했지만, 저희가 떠나고 이들이 겪은 핍박과 고난에 관해 제가 들은 이야기를 들려드리면 여러분은 마음이 찢어지실 것입니다. 어디나 많은 것이 부족합니다. 한국인들 말로는, 일본인들은 천을 아껴야 한다며 모든 여성에게 치마를 입지 말고 바지를 입도록 했다고 합니다. 그래서 연로한

and wear trousers, they tell me, in order to save cloth. The older women either stayed at home, or wrapped up a skirt and took it along to put on after they got to church or wherever they were going! The Japanese had to go a long way to manage an old Korean woman! I've seen only a few Korean girls in trousers since I came.

Those of you who have lived out here would be amazed, as I am, at the price of things in yen now. The servants here get at least fifty yen a day. The amount of bean sprouts I used to get for our family for three sen costs thirty yen new! Eggs have been ten yen apiece lately. I really appreciate the gift of twenty eggs that I received the other day. Another thing those of you would be interested in, is the fact that a lot of the younger Korean women have "permanents." They tell me there are several beauty shops in Chonju. I haven't visited one yet!

The condition of our Mission houses is one of the distressing things. This is the only one that has been repaired so far, but the army is planning to repair ours for us and some of the others for army people so we understand. We will be glad when the weather will permit work to begin on ours. Of course another distressing thing is the unrest and confusion that exists. It still seems strange to hear the Christians pray audibly for the independence of their country and for their native leaders after all the years they did not

여성들은 아예 집에서 나오지 않거나, 치마를 싸서 교회나 어디로 가지고 다녔다고 합니다! 일본인들이 한국의 할머니들을 감당하려면 아직 멀었습니다! 현재는 저는 바지를 입고 다니는 한국 소녀들은 몇 명밖에 보지 못했습니다.

전에 이곳에 살았던 분들이라면 지금 여기서 엔화 가치가 얼만지 들으시면 저처럼 놀라실 것입니다. 도우미들은 일당으로 최소 50엔(yen)을 받습니다. 전에 3센(sen) 주고 샀던 콩나물이 같은 양인데 현재는 30엔입니다! 계란은 개당 10엔입니다. 얼마 전 선물로 계란 20개 받은 것이 정말 감사합니다. 여러분이 흥미롭게 여기실 이야기를 하나 더 해드리자면, 요즘 많은 한국 젊은 여성들이 '파마'를 합니다. 사람들 말로는 전주에 미용실이 몇 군데 있다고 하는데, 저는 아직 못 가봤습니다!

큰 어려움 중 하나는 우리 선교회 건물들 상태입니다. 지금 저희가 지내는 이곳만 수리가 된 상태인데, 하지만 군은 조만간 저희와 또 군 요원들을 위해 다른 건물들을 수리할 예정이라고 하니 다행입니다. 날씨가 풀려 곧 공사를 시작할 수 있게 되면 좋겠습니다. 여전히 존재하는 불안과 혼란 역시 큰 어려움입니다. 조국의 독립과 민족의 지도자들을 위해 큰 소리로 기도하는 기독교인들의 모습이 생소합니다. 어디 가나 미군들이 보이는 것도 생소합니다. 하지만 전주를 둘러싼 눈 덮인 산들은 여전히 아름답고, 오래 알고 지낸 분들과 함께 있을 때면 그간 저희가 이곳을 오래 떠나 있었다는 사실조차 잊게 되곤 합니다. 아이들이 저를 모르거나, 훌쩍 커서 청년

dare mention such things out loud for fear of the Japanese. It seems strange, too, to meet "GI's" everywhere. But the mountains around Chonju look just as beautiful as ever with snow on them and sometimes when I am with some of the folks we have known a long time, I can almost imagine that we were not away so long. It's the children and young people who do not recognize me, and whom I do not recognize because they have grown so much, that make me realize how long we were away.

Of course I have not had much time to go among the people, but I had the pleasure of trying to teach in a three day class for women this week and I have been visiting one afternoon. I find myself more awkward than ever about getting up and down on a Korean floor, but the people are as friendly, if not more so than ever and I believe there is a big opportunity out here now for those who are willing to rough it more than we had to before, and work with the church here to build up the faith of many who have lost contact with Christianity and give the Gospel to those who have not heard. How long this opportunity will last, we cannot tell, so I hope that many more missionaries can come back soon and that young ones will be able to join our forces before long.

I surely am happy to be here with Mr. Linton and among these people whom we have loved so long, but I feel very inadequate

이 된 이들을 제가 못 알아볼 때면, 제가 그간 오래 여기 없었다는 사실을 실감하게 됩니다.

아직 사람들과 교제할 시간이 많지 않았지만, 이번 주는 여성들을 위한 3일 사경회에서 가르치는 즐거움을 누렸고, 어느 오후는 사람들 집을 방문했습니다. 저는 한국식 마루에 오르내리는 것이 전보다 더 서툴러졌지만, 한국인들은 전에 못지않게 여전히 친절합니다. 지금 이곳은, 전보다 더 불편해진 생활을 견딜 각오만 되어 있다면, 이곳 교회와 협력해 기독교와 접촉을 잃어버린 많은 이의 믿음을 다시 세워주고, 또 아직 복음을 들어보지 못한 이들에게 복음을 전할 기회가 얼마든지 활짝 열려 있습니다. 이 기회가 언제까지 계속될지 장담할 수 없기에, 저는 더 많은 선교사가 속히 돌아오고, 또 젊은 선교사들이 이 일에 동참하게 되기를 바랍니다.

저는 이곳에서 린튼 씨와 함께 있고, 또 사랑하는 오랜 지인들과 만나게 되어 정말 기쁩니다. 하지만 전환기에 있는 한국에서 저희에게 주어진 책임과 기회를 생각할 때 저는 부족함을 많이 느끼며, 따라서 그 어느 때보다도 저희와 저의 사역을 위한 여러분의 지속적인 사랑과 기도가 많이 필요합니다.

모두 복된 새해가 되시기를 빌며,
저의 모든 사랑을 담아,
샬롯 B. 린튼

for the responsibilities and opportunities that are ours during these days of transition here in Korea, so I shall count more than ever on your continued love and prayers for us and the work we are trying to do.

With best wishes for each one of you during this New Year,
I am Most sincerely,
Charlotte B. Linton

Received at Nashville, Tenn., Feb. 21, 1947.
Address: Rev. W. A. Linton, Civilian Presbyterian Missionary
96 Military Government Group, APO 6-3, Care P.M., San Francisco, Calif. (Air mail only 5 ¢)
Address regular mail: Chonju, Cholla Pukdo, Korea - Letters 5 ¢ , post cards 3 ¢

두 번째 안식년(1928~1930), 애틀랜타 칼리 이
모님 댁에서

Rev. Wm. A. Linton

Civilian Presbyterian Missionary

96 Military Government Group, APO 6, Unit 3 Care

Postmaster, San Francisco, California

October 4, 1947

Dear Friends:

The Koreans have just finished celebrating their autumn fes-
tival, the fifteenth day of the eighth lunar month, September 29 this
year. It was a very colorful celebration. The children, especially the
little girls, in their new clothes of many colors made bright the
streets and roads throughout Southern Korea. On the surface was
no restraint to the merry-making. All joined in to make the occa-
sion a happy, care free one. But there is a drabness to the interna-
tional situation as it affects Korea that older, more thoughtful folk
cannot miss. It is about this that I want to write.

Americans, separated as they are from the acute international
problems of those living in the midst of conflicting ideologies, may
find it difficult to understand fully the stern realities that Korea
faces today. The labor skirmishes reported in our daily papers do
not offer an example. Like Germany, Korea is dominated by na-
tions committed to different political ideas, but unlike Germany,

친애하는 여러분께,

이곳 한국은 명절인 추석이 막 지났습니다. 추석은 음력 8월 15일인데 올해는 9월 29일이 그날이었습니다. 매우 화려한 명절이었습니다. 다채로운 색상의 새 옷을 입은 아이들, 특히 어린 소녀들로 거리들이 다 밝아졌습니다. 겉으로 보기에는 마냥 즐거워 보입니다. 모두들 근심을 잊고서 명절을 행복하게 지내려 애썼습니다. 그러나 현재 한국을 둘러싼 국제정세는 절대 밝지 않고, 보다 나이 있고 생각 깊은 이들은 이에 대해 근심하지 않을 수 없습니다. 제가 오늘 편지에서 쓰고 싶은 것은 바로 이것에 관한 것입니다.

첨예한 이념 대립과 국제 문제들로부터 여러 발 떨어져 있는 미국인들로서는, 오늘날 한국이 처한 엄혹한 현실을 제대로 이해하기란 어려울 수 있습니다. 우리나라 일간지에 보도되는 노동쟁의 문제 정도와는 비교가 되지 않습니다. 독일과 마찬가지로 한국도 서로 다른 정치사상을 가진 나라들의 지배를 받고 있습니다. 독일과 달리 한국은 적국이 아니라 해방된 나라에 속하는 나라이지만 말입니다. 여전히 '철의 장막'이 한국을 러시아가 지배하는 북쪽과 미국

she is not classified as an enemy country but as a liberated country. Still the "iron curtain" divides her between the Russian dominated north and the American occupied south. About two-thirds of her population are south of the line.

The only news from the Russian side of the line is brought by a continuous stream of refugees slipping across the border. There are two general types. Some have found life unbearable in the Russian section and hope to better their lot in the south. A much smaller group are well-trained, well- paid communist agitators. In escaping from the north, the first group found it necessary either to slip through the Russian lines in the middle of the night; take a hazardous sea voyage around the lines in a fishing boat; or to cross by way of small mountain paths unsafe for travelers who had not already lost all they possessed. All reach the American side with only the clothes on their backs. Theirs is a story of being hounded by the police; of having Russian soldiers forcibly strip their clothes from their backs; taking their food and their watches from their wrists, and even their daughters; of farmers leaving their crops in the fields because the taxes take so much of the grain that it is not worth harvesting; and thousands of families living on bark strip-ped from trees because the Russians have taken so much Korean food into Siberia. Many Christians come south in this stream of ref-ugees, fleeing Russian persecution.

이 점령한 남쪽으로 갈라놓고 있습니다. 한국 인구의 약 3분의 2가 이 선 남쪽에 살고 있습니다.

러시아가 지배하는 북쪽 소식은 국경 넘어 내려오는 난민들을 통해서만 듣게 됩니다. 난민들은 크게 두 부류입니다. 먼저, 러시아 지배하의 북쪽에서 사는 것이 너무 견디기 힘들어 좀 더 나은 삶을 살고 싶어 남쪽으로 내려오는 이들이 있습니다. 그리고 이들보다 훨씬 소수의 그룹으로, 공산주의 선동가들로 훈련도 받았고 보수도 받는 이들이 있습니다. 첫 번째 그룹은 북쪽을 탈출할 때 밤중을 틈타 러시아 전선을 몰래 넘어와야 합니다. 어선을 타고 위험한 바다 항해를 하거나, 작은 산길을 통해 내려오는 것인데, 그러다가 가진 것 전부를 빼앗기기 일쑤입니다. 미군 쪽에 도착할 때는 겨우 옷만 걸친 상태입니다. 그들은 경찰에 쫓겨 다닌 이야기, 러시아 군인들에게 입고 있던 옷, 음식과 손목시계, 심지어 딸까지 빼앗긴 이야기, 작물에 붙는 세금이 너무 높아 수확할 필요가 없을 지경이라 농부들이 밭에 작물을 그대로 두고 내려왔다는 이야기, 러시아인들이 식량을 너무도 많이 빼앗아 시베리아로 가져가는 바람에 수많은 가정이 나무 가죽을 벗겨 먹고 살고 있다는 이야기 등을 들려줍니다. 많은 기독교인들도 러시아의 핍박을 피해 이 피난민 행렬에 끼여 남으로 내려옵니다.

두 번째 그룹의 경우는 여기 남쪽으로 내려오면 많은 돈이 그들을 기다리고 있는데, 어디든 공작원을 두는 거대한 공산당 조직이 제공해주는 자금입니다. 이들에게는 주변인들을 대접하고, 옷과 음

The second group find plenty of money waiting for them when they reach this side of the line. It is provided by the great communist machine that keeps agents everywhere. These refugees have money to entertain friends, buy clothes and food and live a care free life. They talk of contentment north of the line under a well-organized free government run by the Koreans. They claim that all have plenty of land, good houses, ample food and clothes. They tell of how imperialistic Americans have been found moving Korean rice and rice liquors, for which they have acquired such a taste, back to the United States. This, they claim, is the reason for the rice shortage in Southern Korea. Americans are just stripping Korea to enrich the United States. The grain, flour, machinery, fertilizer, cloth, and other commodities, that come in from America are only what the Americans can't use, just waste, that is being sold to Korea at an exorbitant price. However, their story continues, the Koreans need not worry for the great Red Army, the most powerful in the world, is poised and waiting just north of the line ready to bring the "second liberation" to Korea. To be sure the Americans took advantage of the good intentions of the Russians when the Red Army whipped the Japanese Army and forced it to surrender at the time of the "first liberation" in August 1945, but the Russians will not allow that to happen again. All are urged to prepare for the entry of their allies, the Red Amy, when the American forces will be pushed into the ocean in twenty-four hours. On that day, the

식을 사고, 걱정 없이 살기에 충분한 돈이 있습니다. 그들은 북쪽은 잘 조직된 한국인 자치, 자유 정부 아래 모두가 만족하며 살고 있다고 선전합니다. 북쪽에서는 모두가 넓은 토지, 좋은 집, 충분한 음식과 옷을 갖고 있다고 주장합니다. 그들은 한국의 쌀과 술에 맛 들인 제국주의 미국인들이 그것들을 미국으로 빼돌리고 있다고 말합니다. 남한에 쌀이 부족한 것은 바로 그래서라고 주장합니다. 미국인들은 미국을 부강하게 만들려고 한국을 벗겨 먹고 있는 중이라는 것입니다. 미국에서 들어오는 곡물, 밀가루, 기계, 비료, 천 등은 다 현지에서는 쓰지 않는 쓰레기 같은 것들인데 한국에다가 비싸게 팔아먹고 있다는 것입니다. 또 그들은 말하기를, 그러나 한국인들은 걱정할 필요가 없는데, 왜냐하면 세계에서 가장 강력한 군대인 공산당 군대가 한국에 '두 번째 해방'을 가져오기 위해 북쪽에서 만반의 준비를 하고 있기 때문이라는 것입니다. 1945년 8월에 있었던 '첫 번째 해방' 당시 공산당 군대가 일본 군대를 제압해 항복을 얻어냈는데, 미국은 러시아의 이러한 선의를 악용했지만, 러시아는 다시는 그런 일이 일어나도록 허용하지 않을 것이라고 말합니다. 미군은 24시간 이내로 바다로 밀려날 것이며, 모두들 동지인 공산군을 맞이할 준비를 하고 있으라고 말합니다. 그때는 '충성을 다한 이들'은 충분한 보상을 받게 될 것이고, '민주주의'의 적들은 모두 즉결 처리될 것이라고 말합니다. '아버지 나라'(러시아)의 적들의 이름이 빠짐없이 기록된 리스트가 치밀하게 준비되고 있으며, 목록에 이름이 오른 이들은 모두 숙청될 것이며, 그들의 재산은 몰수되어 '충성을 다한' 이들에게 분배될 것이라고 합니다.

claims continue, the "faithful" will be fully rewarded and all ene-
mies of "democracy" will be summarily dealt with. Full lists of the
enemies of the "father country" (Russia) have been carefully pre-
pared and all on the list will be liquidated and all their property
confiscated and divided among the "faithful."

The poor Korean finds himself in a heart-rending dilemma. His
first inclination is to put his trust in America. He much prefers Ame-
ricans. He thinks that America, with its wealth and inexhaustible
supplies of the things that make people happy, must be very much
like heaven and they would all like to see it. American military
might with its fleet of planes, that almost leveled Japan and with
the famous atomic bomb as its exclusive weapon should be well
able to take care of any situation. To him the use of just a few atom-
ic bombs to make Russia behave would be fully justified. He dis-
trusts Communistic Russia from the bottom of his heart but few
doubt that the Red Amy is waiting just north of the line, whereas
America is separated from Korea by the biggest ocean in the world.
The whole situation is past his understanding. Under the Japanese
regime the newspapers all told the same story but under the Ame-
ricans, papers can all tell different stories about the same political
issue. What is the issue anyway? and what is the answer? He thou-
ght liberation meant independence, a most glorious state of thing,
but it doesn't seem to at all.

딱하게도 한국인들은 고약한 딜레마에 처해 있습니다. 기본적으로는 그들은 미국을 더 신뢰합니다. 그들은 미국인들을 훨씬 더 좋아합니다. 한국인들은 부유하고 오락거리가 넘치는 미국을 천국 같은 곳으로 생각하며, 부러워합니다. 일본을 거의 초토화한 공군력과 원자폭탄이라는 엄청난 무기를 가진 미군을 천하무적으로 여깁니다. 미국은 원자폭탄 몇 대로 러시아를 고분고분하게 만들 수 있고, 그럴 명분이 있다고 여깁니다. 한국인들은 뼛속 깊이 공산주의 러시아를 불신하지만, 그러나 공산군은 바로 북쪽 코앞에 진치고 있는 반면 미국은 세계에서 가장 큰 바다를 사이에 두고 한국과 떨어져 있다는 사실을 염두에 두지 않을 수가 없습니다. 국제정세를 파악하기 어려워합니다. 일본의 지배 아래 있을 때는 신문들이 다 같은 이야기를 했지만, 미국의 통치 아래에서는 같은 정치적 이슈에 대해 신문들마다 다 다른 이야기를 하고 있어서 문제를 파악하기도, 해결책을 찾아내기도 어려워합니다. 한국인들은 해방만 되면 독립이 되고 찬란한 미래가 펼쳐질 줄 알았는데, 막상 다가온 현실은 그와 거리가 멀어 보입니다.

이 복잡한 상황에서 한국인들이 보이는 반응은 대략 세 가지라 할 수 있습니다. 첫째 부류는 러시아의 선전에 현혹된 이들입니다. 그들은 공산주의 아래서는 모든 사람이 잘살 수 있다는 뻔뻔스러운 거짓말을 믿습니다. 그들은 공산주의가 보여주는 엄격하고 긴밀한 조직과 절대적인 권위에 매력을 느낍니다. 하지만 칼 마르크스나 레닌의 책을 실제 읽어본 사람이나, 공산주의 이론과 실천에 대한 지식을 가진 이들은 거의 없습니다. 많이 잡아 남쪽 한국인들의 20%

One finds at least three general reactions in the country to the complicated situation. First are those who fall for the Russian propaganda. They believe the glib promises of prosperity for all under communism. The strict, close organization and absolute authority found in communism appeal to them. Very few have studied the works of Karl Marx or Lenin and so there is little knowledge of the teachings and practices of communism in the group as a whole. Not more than 20 per cent of the Southern Koreans are colored by the red doctrine.

Most of the Koreans take a middle-of-the-road position. Long centuries of experience in being overrun first by one nation and then by another has taught them the wisdom of looking before leaping. Even now Korea may not get her freedom. They may have to trade Japanese masters for Russian. The Americans frankly admit that they do not have in Korea an army of sufficient strength to stop the Russians if they chose to overrun Korea. Whether they like it or not, Koreans feel that it is only being realistic to take into consideration the question of how one might live under the communists. This would not be desirable, but one must face hard facts and not do and say things that would make it impossible for him and his family to survive under a communistic rule.

The third group are willing to take a stand against communism

정도가 공산주의 사상에 물들어 있다고 볼 수 있습니다.

대부분의 한국인은 중도 입장을 취합니다. 오랜 세월 이 나라 저 나라에 휘둘려온 경험으로 인해 그들은 매사에 신중한 자세를 취합니다. 어쩌면 한국은 자유를 얻지 못하게 될 수도 있습니다. 일본 대신 러시아의 지배를 받는 나라가 될 수도 있습니다. 미국도 솔직히 인정하는바, 만약 러시아가 한국을 침공한다면 현재로서는 미국은 그들을 막을 수 있는 충분한 군사력을 한국에 가지고 있지 않습니다. 따라서 좋든 싫든 공산주의 정권 아래서 살아가게 될 수도 있다는 사실을 염두에 두는 것이 한국인들로서는 현실적인 자세입니다. 바라는 일은 아니지만 현실을 냉정히 직시해야지, 공산주의 정권이 들어설 경우 자신과 가족의 생존을 위험에 빠뜨리게 될 수 있는 말과 행동을 해서는 안 됩니다.

세 번째 그룹은 공산주의에 분연히 맞서고 장차 어떤 어려움이 닥치더라도 기꺼이 감수하려고 하는 이들입니다. 이 그룹에 기독교회가 있습니다. 이승만 박사, 김구 선생, 김규식 박사를 비롯해 많은 기독교인들이 한국의 지도자들 중에 있습니다. 한국 전체 인구 중 기독교인의 비율에 비해 훨씬 높은 비율로 그렇습니다.

한국을 위하는 이들은 유엔의 지도 아래 한국에 정부를 수립하려는 새로운 움직임을 환영합니다. 그렇게 수립되는 정부에는 많은 기독교인들이 일하게 될 것입니다. 기독교적 통치 원칙이 확립되고 개인의 권리가 신장될 호기를 맞게 될 것입니다. 낙담과 실망과 비

and face whatever hardships the future may bring. Among this group stands the Christian Church. Men like Dr. Rhee sung Man, Mr. Kim Koo, and Dr. Kim Kui Sic are Christians and there are many more among the leaders of Korea. Their numbers are far out of proportion to the size of the Christian constituency.

All friends of Korea rejoice in the new move to set up a government in Korea under the direction of the United Nations. There would be many Christians in such a government. Christian principles of government and the rights of the individual would have a chance. The Gospel would have a challenging opportunity of bringing its message of peace to a people, disillusioned, disappointed and distressed. It might be a great day for missions.

With every good wish to all,
Most sincerely yours,
William A. Linton

Rec'd at Nashville, Tenn., October, 1947.

탄에 빠진 백성에게 복음을 통해 평화의 메시지를 전할 더없이 좋은 기회를 맞게 될 것입니다. 선교의 위대한 장이 열릴 것입니다.

모든 분들의 안녕을 기원하며,
윌리엄 A. 린튼

Mrs. Wm. A. Linton, Civilian missionary

96 Military Government Group

APO 6 Unit 3, Care Postmaster

San Francisco, California (5￠ postage)

November 14, 1947

Dear Folks;

We have had a perfectly beautiful fall out here this year. The days have been clear and sunny and only recently have we had heavy frosts so even now the maples have not shed all their leaves. The Koreans have not put up their fall pickle yet, so there are lots of patches of turnips that are green. Lots of rice is still stacked in the fields. As the weather gets colder we are very grateful for a nice oil-burning heater, and for the wood and coal that we have to cook with.

After being the only missionaries here for a long time, you can Imagine how glad we are to have Mr. Boyer and Miss Pritchard who came two weeks ago. Then we are looking for the Winns tomorrow. We will all keep house together a while, so we will have a nice big family.

I want to tell you about my first "country trip." Early in October,

친애하는 여러분께,

올해 이곳의 가을은 매우 아름다웠습니다. 맑고 화창한 나날들이었고, 최근에서야 서리가 내리기 시작했는데 단풍나무 잎들도 아직 다 떨어지지 않았습니다. 한국인들은 아직 가을 절임을 하지 않았기 때문에 녹색 순무들이 많이 있습니다. 들판에 아직 볏단들이 많이 쌓여 있습니다. 날씨가 추워지고 있지만, 감사하게도 저희는 좋은 기름 히터도 있고, 또 요리할 수 있을 만큼 장작과 석탄도 있습니다.

한동안 이곳에 선교사는 저희 부부밖에 없었기에, 2주 전 보이어 선교사와 프리차드 선교사가 이곳에 도착했을 때 저희는 얼마나 기뻤는지 모릅니다. 윈(Winn) 남매도 내일 오실 예정입니다. 한동안은 모두 한 집에서 지낼 예정이라, 멋진 대가족이 될 것입니다.

저의 첫 번째 '시골 전도여행'에 대해 말씀드리고 싶습니다. 10월 초, 여기서 약 12마일 떨어진 곳에 사는 오랜 친구의 초대로 저와 그린 선교사(Miss Greene)는 그녀의 마을에서 여성사경회를 열기 위

on the invitation of one of my old friends who lives about twelve miles from here, Miss Greene and I went out to her village to hold a Bible class for the women. They had not had such a class since Miss Colton was there a long time ago and they were so glad to have us they could not do enough to show their appreciation. We had a nice big room and a sweet little old lady was detailed to wait on us, because I had told them we would not take a cook but that I would prepare our meals on a little camp stove. This little old lady wanted to do everything for us, so we were certainly well cared for. The women in that village and from several nearby places came every morning for Bible study and at night we had crowds of young people as well as children and older people who gathered for prayer meeting. So many of the young people had never seen American women or Americans who speak Korean, and I am sure a lot came out of curiosity, but many were hungry to study the Bible. Five young women attended all five days and learned all the memory work assigned, and there were eighteen who attended every day. I think the average attendance was about fifty. In the afternoons we visited in the homes and at every house we had a big crowd who listened to the Gospel story. They all Christian and non-Christian alike, seemed to be so glad to have us that it was a real joy to be among them. When we left they gave us so many chickens, eggs, vegetables etc. that our jeep looked like a Produce Wagon going to markets! I am looking forward to more such expe-

해 찾아갔습니다. 오래전 콜튼 선교사(Miss Colton/역자 주: 공정순 선교
사)가 그곳에 있었던 때 이래로 지금껏 사경회를 갖지 못했던 터라,
그분들은 저희를 보고 얼마나 기뻐하며 고마워하셨는지 모릅니다.
저희는 크고 근사한 방을 받았고, 작은 체구의 한 친절하신 노부인
께서 저희를 도와주러 오셨습니다. 저희는 요리사를 대동하지 않고
작은 캠핑용 스토브를 가져가 요리를 해먹겠다고 했기 때문이었습
니다. 노부인께서는 저희를 위해 어떤 일이든 해주고 싶어 하셨고,
저희는 정말 대접을 잘 받았습니다. 매일 아침 그 마을과 또 인근
각처에서 여성들이 사경회에 참석하러 왔고, 밤에는 기도회를 가졌
는데, 어린이들과 노인들뿐 아니라 젊은이들도 많이 모였습니다.
젊은이들 중에는 여태 미국인 여성이나 한국말을 하는 미국인을 본
적이 없었다는 이들이 많았는데, 아마 그래서 호기심 때문에 온 이
들도 많았겠지만, 성경 공부에 갈급해서 온 이들도 많았습니다. 5
일 내내 참석한 젊은 여인들이 5명 있었는데 성구 암송 숙제를 완벽
히 했습니다. 매일 빠짐없이 참석한 인원이 18명이었고, 평균 참석
인원은 50명 정도였습니다. 오후에는 저희는 가가호호 방문을 했
는데, 어느 집에서든 많은 이가 모여 복음 이야기를 들었습니다. 그
들은 기독교인이든 비기독교인이든 다들 저희가 온 것을 반겼고,
저희도 그들을 만나게 되어 기뻤습니다. 저희가 떠날 때 닭이며 계
란이며 야채 등을 얼마나 많이 주셨던지, 저희 지프차가 마치 시장
에 농산물을 팔러 가는 마차처럼 보일 정도였습니다! 내년 봄날이
따뜻해지면 더 자주 이런 경험을 해보고 싶습니다.

10여 일 후에는 여성들을 위한 한 달 '성경학교'가 열리고, 현재

riences next spring when the weather warms up.

Just now, the local pastors and some of the leading women are preparing for a month's "Bible Institute" for women that will begin in about ten days. During the war years they had to combine the Men's and Women's institutes because of finances, etc. but now they want to have them separately again for they think more women will come. They have asked all of us missionaries to teach. I appreciate the opportunity but it means lots of hard work for me to get up two Bible subjects in Korean. It is a great comfort to know that so many of you are praying for me for I need your prayers. This is a wonderful opportunity. We expect a good attendance of Christian women to come in from all over this section. They will bring their own food and furnish their own fuel and study for four weeks. As you can see this class will last right up until Christmas.

One reason I am anxious to get this letter off now is in order that it may reach you in time to give you our Christmas greetings. Mr. Linton and I both want to take this means of wishing each of you a truly Happy Christmas and a New Year full of joy and blessing in the Master's service.

Thank you for your letters and for your love and prayers.
Sincerely,
Charlotte B. Linton

지역 목회자들과 몇몇 여성 리더가 이를 위한 준비에 힘을 쏟고 있습니다. 전쟁 기간 중에는 재정 등의 문제로 남성반과 여성반을 통합해야 했지만, 지금은 더 많은 여성이 올 것으로 기대되기에 다시 반을 나눌 계획입니다. 저희 선교사들 모두 교사로 참여해달라는 요청을 받았습니다. 기회를 얻는 것은 감사하나, 두 성경 주제에 대한 한국어 강의를 준비하는 일은 저로서는 힘이 드는 일이긴 합니다. 정말 여러분의 기도가 필요하며, 저를 위해 기도해주시는 분들이 많다는 사실에서 큰 힘을 얻습니다. 정말 좋은 기회인 것은 사실입니다. 각처에서 많은 기독 여성이 참석할 것으로 기대됩니다. 그들은 각자 음식을 싸 오고, 연료도 스스로 마련해서 오는 것이며, 이곳에서 4주 동안 공부하게 될 것입니다. 네, 이 사경회는 크리스마스까지 이어집니다.

꼭 이 시간에 편지를 쓰고 싶었던 이유 중의 하나는, 크리스마스에 맞춰 여러분께 인사를 전하고 싶어서였습니다. 린튼 씨와 저는 여러분 모두 행복한 크리스마스 되시고, 새해에도 주님 섬기시며 기쁨과 축복 가득한 한 해 되시기를 기도드립니다.

보내주시는 편지와, 사랑과 기도에 감사드리며,

사랑을 담아,
샬롯 B. 린튼

Mrs. Wm. A. Linton

Civilian Presbyterian Missionary

96 Military Government Group

APO 6, Unit 3, Care Postmaster

San Francisco, California

March 7, 1948

Dear Friends:

I am taking this way of thanking a special group of our friends for the cards and letters they sent us for Christmas and our Birthdays, I have kept all of these, thinking the time would come when I could sit down and write each one of you a personal letter, but I am sure you will understand when I tell you the time seems not to be coming soon.

We really appreciate your thinking of us and our work out here. It is a source of great comfort to know how many folk are thinking of us and praying for us. These are difficult times all over the world, and this little country seems to have more than her share of problems. There are many things to discourage, but there are also many opportunities to help in the Korean Church, and out among those who have never heard. For a month before Christmas, we had an earnest group of women in a Bible class. They studied se-

친애하는 여러분께,

크리스마스와 저희 생일에 카드나 편지를 보내주신 모든 분께 이 편지로 감사의 말씀을 드립니다. 차분히 앉아 여러분 한 사람 한 사람에게 개인적 편지를 쓸 수 있는 시간이 오리라 생각하며 답장을 미뤄왔는데, 아무래도 그런 시간이 근시일 내로는 오지 않을 것 같아 이 편지로 갈음하는 점 여러분 모두 이해해주시라 믿습니다.

저희와 저희 사역에 늘 관심을 가져주시는 여러분 모두에게 진심으로 감사드립니다. 많은 분이 저희를 생각해주시며 저희를 위해 기도해주고 계시다는 사실을 기억하며 저희는 큰 위안을 얻습니다. 전 세계적으로 어려운 시기이지만, 이 작은 나라는 자기 몫 이상의 고통을 겪고 있습니다. 난관이 많습니다만, 그러나 한국교회에는, 특히 아직 복음을 듣지 못한 이들을 위해 저희가 도울 수 있는 기회들도 많습니다. 크리스마스 전까지 한 달 동안 저희는 열심 있는 여성들과 사경회를 가졌습니다. 매일 여러 시간을 공부했고, 시골에서 올라온 분들은 다소 불편한 숙소에서 생활해야 했지만, 누구도

veral hours a day and those who came from the country had to live in rather uncomfortable quarters, but we did not hear any complaints. Everywhere the Korean Christians are eager to study the Word. Since Christmas, I was asked to teach the group of new Christians in a week's Bible Class in one of the local churches. Next week, Miss Winn and I will go to a small country church for a week's class. After we get back, there will be Bible classes here lasting thru June. For me, this means getting up new subjects and then getting these into Korean. It is a hard job, but is a worthwhile one, when the women are willing to listen to my inadequate teaching. I feel so thankful for the opportunity.

For the last few weeks, we have been cleaning up and repairing one of our missionary residences, and expect to get settled in it this week. It has been occupied by Japanese, American soldiers, and then Korean refugees in turn, so you can understand why it needed repairing. Some paint and Kemtone can really transform a house. Up till now we have been living in a former Bible School building.

Please forgive my writing you this joint letter. I hope each one will take it as a personal note of thanks for the Christmas or Birthday Card you sent. I shall be so glad to hear from you all any time you have the time to write, and shall try to answer in a more per-

불평하지 않았습니다. 어디든 한국 기독교인들은 말씀 공부에 열심입니다. 크리스마스를 보내고 저는 어느 지역교회 일주일 사경회에서 새 신자 그룹을 가르쳐달라는 요청을 받았습니다. 다음 주에는 윈 선교사(Miss Winn/역자 주: 위애미 선교사)와 어느 작은 시골 교회에 가서 한 주간 동안 성경을 가르치게 될 것입니다. 거기서 돌아온 다음에는 6월까지 계속되는 성경공부반에서 가르쳐야 합니다. 이를 위해 저는 새로운 주제에 대한 수업을 준비하고 그 내용을 한국어로 옮기는 작업을 해야 하는데, 저로서는 쉽지 않은 일이지만 보람도 큽니다. 그 여성들은 저의 부족한 강의를 정말 귀 기울여 경청해주기 때문입니다. 이 기회에 대해 저는 정말 감사한 마음입니다.

지난 몇 주간 저희는 이곳 선교회 주택들 중 한 곳을 수리하고 청소했고, 이번 주에 거기로 이사할 예정입니다. 그곳은 그간 일본군, 미군 그리고 한국 피난민들이 차례로 사용했던 집이라, 보수가 필요한 이유를 이해하실 것입니다. 페인트와 켐톤(Kem Tone) 페인트 칠을 조금 해주면 집이 완전히 달라지는 것을 보았습니다. 지금까지 저희는 전에 성경학교 건물로 쓰던 곳에서 지냈습니다.

이렇게 공동 편지를 쓰는 것을 이해해주십시오. 이 편지를, 보내주신 크리스마스카드와 생일 카드에 대한 저의 개인적 감사 편지로 여겨주시기 바랍니다. 시간 되실 때 언제든 편지를 써주신다면 저는 정말 기쁠 것이고, 다음에는 보다 개인적인 방식으로 답장을 드리도록 노력하겠습니다.

sonal way next time.

We pray for you, too, that God's richest blessing may rest upon you and your church and your family as you serve Him.

With best wishes to each one of you, and hoping that you will write again,

I am
Most sincerely,
Charlotte B. Linton

Received at Nashville, Tennessee, March 23, 1948.
(See address above - postage via air only 5 ¢)

여러분과 여러분의 교회와 여러분의 가정 모두 주님을 섬기시며 하나님의 풍성한 축복을 누리시기를 기도합니다.

　모두 안녕히 지내시며, 또 편지 써주시기를 바라며,

　사랑을 담아,
　샬롯 B. 린튼

Dear Friends:

Some of you may be surprised to hear that we made a very un-expected trip to the States July, because William had to have an operation. I am thankful to be able to report that he had recovered very satisfactorily, and we are now on our way back to Korea.

William was operated on in Richmond, Virginia, so we were with Eugene, Anne, little Gene and Dwight there. Later, we visited Bill and Bette and the children, also Hugh and Betty in Decatur. Needless to say, it has meant a great deal to us to see our children as well as other relatives, and so many good friends. We just wish we could have seen all of you. However, we did hate to have to leave Korea, when there are so few to carry on.

We had an interesting time in San Francisco and Oakland, California, before we sailed. We enjoyed the hospitality and good fellowship at the "Home of Peace" in Oakland, and were glad to see a little of a good many Korea folks who live in the "Bay Area."

We were most fortunate in securing passage on the U.S. trans-

일본, 요코하마

1948년 11월 7일

친애하는 여러분께,

놀라실 분들도 계시겠지만, 저희는 지난 7월 갑작스럽게 미국으로 돌아와야 했습니다. 윌리엄(William/역자 주: 인돈 선교사)이 수술을 받아야 했기 때문인데, 그러나 윌리엄은 대단히 잘 회복되어 지금 저희는 한국에 돌아가는 중이라는 소식을 이렇게 전할 수 있게 되어 감사합니다.

윌리엄은 버지니아 주 리치몬드에서 수술을 받았고, 그래서 저희는 거기서 유진, 앤, 꼬마 진, 드와이트와 함께 지냈습니다. 이후 저희는 빌과 베트와 아이들을 보러 갔고, 또 디케이터에 있는 휴와 베티 집도 방문했습니다. 자녀들, 친척들, 또 많은 친구와 재회한, 두말할 것 없이 뜻깊은 시간이었습니다. 여러분 모두를 뵙지는 못해 아쉽습니다. 하지만 저희는 일할 사람이 별로 없는데 한국을 떠나와야 했던 것이 마음이 좋지 못했습니다.

배에 오르기 전 저희는 캘리포니아 샌프란시스코와 오클랜드에서 멋진 시간을 보냈습니다. 오클랜드에 있는 '평화의 집'에서 베풀어주신 환대와 좋은 교제를 누렸고, '베이 지역'(역자 주: 샌프란시스코와 인근 지역)에 사는 많은 한국인을 만나서 기뻤습니다.

port, "General Buckner." We have a very comfortable cabin, with private bath, all for the minimum fare. The meals have been good, and we have not missed a one! We've had very little rough weather. Most of the passengers were army dependents who got off here in Yokohama. The ship seems quite deserted with only a dozen or so children after having over 200! They left to go to Okinawa.

Thru the courtesy of our army, we have had two nice bus rides here to Tokyo and nearby places of interest. Even now, there are evidences of the terrible bombing this area suffered during the war, but the Japanese have made progress in clearing up the rubbish.

We are due to leave here tomorrow and we hope to be home in Chunju by the end of the week.

A great deal has happened since we left, a little less than four months ago and we do not know what the future holds for Korea, but we are glad to be getting back. We shall count on your continuing to pray that God will use us for His glory there. We are always so glad to get your letters, whenever you feel like writing, even thou we may not be able to answer each one personally.

William joins me in wishing for each one of you a Christmas

돌아올 때는 미국 수송선 '제네럴 버크너호'(General Buckner)를 타게 되었는데, 큰 행운이었습니다. 전용 욕실이 딸린 대단히 안락한 선실을 최저 비용으로 얻을 수 있었습니다. 음식도 훌륭해서 저희는 한 끼도 거르지 않았습니다! 풍랑도 거의 없었습니다. 승객 대부분은 군인들의 부양가족들이었고, 이곳 요코하마에서 내렸습니다. 아이들이 200명도 넘게 있었는데 이제 십여 명 정도만 남으니 배가 황량하게 느껴질 정도입니다! 배에서 내린 이들은 오키나와로 떠났습니다.

미군의 호의로 저희는 두 번이나 버스를 타고 근사한 관광을 할 수 있었습니다. 한 번은 도쿄로, 또 한 번은 근처 명소에 다녀왔습니다. 현재도 이 지역에는 전쟁 중에 겪은 참혹한 폭격의 흔적이 남아 있지만, 잔해는 상당히 치워져 있습니다.

저희는 내일 이곳을 떠날 예정이고, 이번 주말에는 전주에 도착하기를 바라고 있습니다.

저희가 떠난 지 4개월이 채 되지 않았지만 한국에는 많은 일이 있었습니다. 한국의 미래가 어떻게 흘러갈지 저희는 모르지만 저희는 돌아갈 수 있게 되어 기쁩니다. 그곳에서 저희가 하나님의 영광을 위해 쓰임 받을 수 있도록 계속 기도해주시기를 부탁합니다. 생각나실 때마다 편지를 써주십시오. 개인적 답장을 드리지 못할 때가 있지만 여러분의 편지는 언제나 저희에게 기쁨입니다.

Season of real joy and blessing.

Most sincerely,

Charlotte B. Linton

Received in Nashville, Tennessee, November 10, 1948.

Address: Rev. and Mrs. Wm. A. Linton, North Chulla Province, Chunju, Korea, Asia

Postage: Letters five cents, post cards three cents (regular mail)

Air mail: Letters 25 ¢ per each one-half ounce. Air mail folders may be purchased at the post office for 10 ¢

윌리엄도 저와 더불어 여러분 모두 기쁘고 복된 크리스마스 시즌 보내시기를 기원드립니다.

사랑을 담아,
샬롯 B. 린튼

Mrs. William A. Linton

DIARY

June 25 - July 14, 1950

June 25. Sun. - Got news of attack by the northern troops - after Eng. service - made plans to evacuate that night if necessary.

June 26. Mon. - Got all vehicles in shape - met for devotional only in morning - attended Girls School musical program in afternoon. Had memorial service for Dr.Nisbet at night. Decided for women, children & most men to leave Tuesday.

June 27. Tues. - Most of Mission left for Pusan via Soonchun, some via Kwangju to Soonchun.

June 28. Wed. - News of U.N.'s all out assistance - America sending aid, etc. - atmosphere optimistic.

June 29. Thu. - Hear of Seoul being taken - outlook not so good until evening when we heard com. tanks, etc. surrounded in Seoul McArthur arrived in Suwon & probably U.S. Marines landed in Inchon. We get news thru Herbert (Codington) over telephone that all left Pusan except Paul & Ovid. He is in Mokpo & the follow-

윌리엄 A. 린튼 부인

일지(역자 주: 6.25 전쟁 시기 인사례의 일지)

1950년 6월 25일 - 7월 14일

6월 25일 일요일 - 북쪽 군대가 쳐들어왔다는 소식을 들음 - 영어 예배 후에 - 필요하다면 오늘 밤 피난할 계획을 세움.

6월 26일 월요일 - 모든 차를 준비시킴 - 아침에만 경건회 모임을 가짐 - 오후에는 여학교 뮤지컬 프로그램에 참석하고, 밤에는 니스벳 선교사(역자 주: 유서백 선교사) 추모 예배를 드림. 여성, 어린이, 또 남자들 대부분도 화요일에 떠나기로 결정함.

6월 27일 화요일 - 선교회 사람 대부분은 순천을 경유해 부산으로 떠남. 광주를 경유해 순천으로 간 이들도 있음.

6월 28일 수요일 - UN군이 원군을 보낸다는 뉴스를 접함 - 미국인들도 원조를 보낸다는 등 - 희망적 분위기.

6월 29일 목요일 - 서울이 점령당하고 있다는 소식을 들음 - 앞날이 암울해 보였으나, 저녁 때, 탱크 부대를 비롯해 공산군이 서울에서 포위되었고, 맥아더가 수원에 도착했으며, 미 해병대도 인천에 상륙했을지 모른다는 소식을 듣게 됨. 코딩턴 선교사(역자 주: 고허번 선교사)과의 전화통화를 통해 폴과 오비드를 제외한 모든 사람

ing in Kwangju - Mitchells, Dr. Cumming and Miss Root. We think Mr. Boyer probably in Soonchun.

June 30. Fri. - News that Seoul has fallen - fighting on south bank of Hahn river. Two Catholic priests stop by en route to Kwangju. At suppertime we got message for Mariella & Gene to go to Pusan to "help".

July 1. Sat. - Rained hard all morning - cleared in P.M. Mariella & Gene left for Taijun in jeep at 3 P.M. - Met Paul & Ovid returning so all got back about four. Paul & Ovid report Taijun in much confusion, Suwon in hands of communists. They say Mr. Boyer & Dr. C. left. All Northern Presbyterians gone but a few men.

July 2. Sun. - Weather clear & cool. We hear over radio that Suwon still in hands of South. Paul heard down town that U.S. troops are being landed in Kunsan. At noon Soongil says no broadcast coming from Taijun. Later it was resumed.

July 3. Mon. - A sergeant came to get jeeps - en route to Kwangju to get some there - says U.S. troops are moving up thru Taijun. "Pak" came to see us. Her son swam Hahn river.

July 4. Tues. - No special news. Chung Kiu came to see us.

이 부산을 떠났다는 소식을 듣게 됨. 그는 지금 목포에 있고, 미첼 선교사 부부, 커밍 선교사(역자 주: 김아각 선교사), 루트 선교사(역자 주: 유화례 선교사)는 광주에 있음. 아마 보이어 선교사(역자 주: 보이열 선교사)는 순천에 있을 것이라 생각됨.

6월 30일 금요일 - 서울이 점령되었다는 소식 - 한강 남쪽 둑에서 전투가 있다고 함. 가톨릭 신부 두 사람이 광주로 가는 길에 들름. 저녁 때, Mariella & Gene이 '도움'을 주러 부산에 간다는 소식을 들음.

7월 1일 토요일 - 오전 내내 비가 많이 내림 - 오후는 맑음. Mariella & Gene이 오후 3시에 지프차를 타고 대전으로 떠남 - 돌아오는 길에 Paul & Ovid를 만나 다들 4시쯤 돌아옴. 폴과 오비드가 말하길, 대전은 큰 혼란 상황이고, 수원은 공산당 손에 들어갔다고 함. 보이어 선교사와 커밍 선교사는 떠났다고 함. 북장로교인들은 몇 사람을 제외하고 모두 떠남.

7월 2일 일요일 - 맑고 시원한 날씨. 라디오에서 수원은 여전히 남한 수중에 있다는 소식을 들음. 폴이 시내에서 미군이 군산에 상륙하고 있다는 소식을 들음. 정오에 승일(Soongil)이 말하기를 대전발 방송이 전혀 없다고 했으나, 이후 다시 방송이 재개됨.

7월 3일 월요일 - 어떤 부사관(sergeant)이 지프차를 구하러 옴 - 지프차들을 구하러 광주로 가는 길에 들른 것임 - 미군이 대전을

July 5. Wed. - Capt. Self was here for lunch. He turned over army furniture, etc. Ovid hauled it all afternoon. We hear that U.S. soldiers have started fighting. There was an air raid alarm from 2:00-3:00 A.M. Rained a good deal.

July 6. Thu. - Windy. We hear that a lot of bombers left Calif, yesterday. Suwon in hands of communists. Paul got back from Mokpo safely. All O. K. in Kwangju & Mokpo. We had prayer meeting and station meeting.

July 7. Fri. - Very sticky weather. I went to school in A.M. At noon Paul came over with news that reds were as far south as Ch'unAn & were by-passing Taijun so it looked as if we might have to leave. I spent afternoon packing foot lockers to take - gave out a few things to Koreans. After supper Wm. went to see police & they seemed to think they were being held above Ch'unAn. Mr. Pai had come by just before supper - he had come from Taijun & he also though they had not taken Ch'unAn.

July 8. Sat. - A.M. - 10 o'clock news said fighting had stopped last night below PyungTack - U.S. troops far outnumbered, etc. I came to school as usual. On the whole we feel a little more encouraged than last night - feel as if the next day or so will make a lot of difference. We've sent a letter to Kwangju by Mr. Pai saying we

통과해 북진하고 있다고 함. Pak이 우리를 보러 옴. 그녀의 아들은 한강을 헤엄쳐 건넜다고 함.

7월 4일 화요일 - 특별한 소식은 없음. Chung Kiu가 우리를 보러 옴.

7월 5일 수요일 - 셀프(Self) 대위가 와서 점심식사를 같이 함. 그가 군용 가구 등을 넘겨줌. 오비드는 오후 내내 그것들을 운반함. 미군이 전투를 시작했다는 소식을 들음. 새벽 2시부터 3시까지 공습경보가 울림. 비가 많이 옴.

7월 6일 목요일 - 바람이 많이 붐. 어제 많은 폭격기가 캘리포니아에서 출항했다고 함. 수원은 공산당 손에 들어갔다고 함. 폴은 목포에서 무사히 돌아옴. 광주와 목포에 사는 분들 모두 잘 있다고 함. 기도회와 회의를 가짐.

7월 7일 금요일 - 매우 습한 날씨. 오전에 학교에 가봄. 정오에 폴이 공산군이 천안까지 내려왔고 대전을 지나쳐 가고 있다는 소식을 전해줌. 우리도 떠나야 할 때라고 생각됨. 가져갈 군용 사물 트렁크를 오후에 쌈 - 몇몇 물건은 한국인들에게 나눠줌. 저녁 식사 후에 윌리엄이 경찰서에 갔다 왔는데, 그들은 북한군이 천안 위쪽에서 저지되고 있는 것으로 생각하는 것 같았다고 함. Mr. Pai가 저녁 식사 직전에 옴 - 그는 대전에서 왔으며 그 역시 공산군이 아직 천안까지 점령한 것은 아닌 것 같다고 생각함.

plan to leave if Taijun falls.

Sat. noon - news very encouraging - reported that our forces are pushing reds back - that large U.S. tanks are being used, etc.

At suppertime Major Everett & a corporal with two priests arrived from Kwangju - Spent night left Sun. A.M. for Taijun - took letters to Bill & Hugh to mail - 3rd time we've sent letters to Taijun. Had very heavy rain, thunder & lightening afternoon & night.

July 9. Sun. - Beautiful clear day all day - good breeze. I went to Whasan Church. We had service at 6:30. Our electricity off since storm Sat. night so not much news. Koreans report southern troops landed at Chinampo & U.S. paratroopers landed on 38th line - also claim they'll re-enter Seoul July 12th. Told children to write & U.S. Army, A.P.O. 404, San. Fr.

July 10. Mon. - Cloudy but cool - Koreans still very optimistic. Catholic priests came back from Taijun. Say fighting 23 miles from Taijun. Not certain Taijun can be held. We got a lot of slow mail - Hugh's commencement invitation, etc.

July 11 - Clear, warm - nothing special happened - decided to close school Friday -Korean boys are drafted.

7월 8일 토요일 - 오전 10시 뉴스에 따르면 지난 밤 평택 아래에서 전투가 멈췄다고 함 - 미군이 훨씬 수적으로 우세하다고. 평소처럼 학교에 다녀옴. 전반적으로 어제 밤보다 조금 더 희망적 느낌 - 마치 내일이면 큰 변화가 있을 것도 같은 기분이 듦. Mr. Pai 편에 광주에 편지를 보내 우리는 만일 대전이 점령된다면 떠날 계획이라고 말함.

토요일 정오 - 매우 고무적인 뉴스들 - 우리 군대가 공산군을 위로 몰아내고 있다는 보도 - 거대한 미국 탱크들이 사용되고 있다는 소식 등.

저녁 때 에버렛(Everett) 대령과 한 상병이 사제 두 명과 함께 광주에서 도착함 - 저녁을 함께 보내고 일요일 오전에 대전으로 떠남 - 빌과 휴에게 보내는 편지를 붙여주겠다고 가져감 - 대전으로 세 번째 보내는 편지임. 오후와 밤에는 천둥과 번개까지 동반하며 비가 아주 많이 옴.

7월 9일 일요일 - 하루 종일 맑고 화창한 날 - 선선한 바람이 붐. 나는 화산(Whasan) 교회에 다녀옴. 6시 30분에 예배를 드림. 토요일 밤의 폭풍 때문에 전기가 나가서 뉴스를 많이 듣지 못함. 한국인들 말로는 남쪽 군대가 진남포에 상륙했고, 미군 낙하산 부대가 38선에 상륙했다고 하고 - 7월 12일에는 서울을 탈환하게 될 것이라고 함. 아이들에게 U.S. Army, A.P.O. 404, San. Fr. 주소로 편지를 쓰라고 말함.

July 12 - Still clear - Iri was bombed on Tues. afternoon - 200 people killed - it's rumored that an Australian plane mistook Iri for YoungdungPo. Greenie & I left to go to "camp". In afternoon got notice to close schools.

July 13. Thu. - Weather still clear - We hear that Suh Kui Soo was killed at Iri - funeral late in afternoon. Bible woman & I visited Myung Deung-ri – had warm reception - counted 26 carts of household goods leaving town.

July 14. Fri. - Cloudy & warm. Enemy still hasn't crossed Gold river. We hear that our troops are preparing to hold them at this river - have prepared big guns, etc.

Nothing special has happened around here.

7월 10일 월요일 - 날은 흐렸지만 시원함 - 한국인들은 여전히 매우 낙관적임. 천주교 사제들이 대전에서 돌아옴. 대전에서 23마일 떨어진 곳에서 전투가 벌어졌다고 함. 대전이 과연 버틸 수 있는지 불확실함. 늦게 도착한 우편물을 많이 받음. 휴의 졸업식 초대장 등.

7월 11일 - 맑고 따뜻한 날씨 - 특별한 일은 없었음 - 금요일 학교를 닫기로 결정 - 한국인 소년들이 징집됨.

7월 11일 - 여전히 맑은 날씨 - 화요일 오후에 이리가 폭격을 당함 - 200여 명이 죽음 - 한 오스트레일리아 비행기가 이리를 영등포로 착각했었다는 소문. Greenie와 나는 '캠프'로 떠남. 오후에 학교를 닫았다는 공지를 받음.

7월 13일 목요일 - 날씨는 여전히 맑음 - Suh Kui Soo가 이리에서 사망했다는 소식을 들음 - 오후 늦게 장례식. 전도부인 여인들과 나는 명동리(Myung Deung-ri)를 방문했는데 따뜻한 환영을 받음 - 살림살이들을 실은 수레 26대가 도시를 떠나는 것을 봄.

7월 14일 금요일 - 구름이 끼고 따뜻함. 적군은 여전히 금강을 건너지 못함. 듣기로 우리 군대는 이 강에서 그들을 저지할 준비를 하고 있다고 함 - 큰 대포 등을 준비했다고 함. 이곳 주변은 특별한 일이 없었음.

Chunju,

July 15, 1950

Dearest Children,

This is the third time I have written to some of you since the war began. This time I am making four copies for I have more hopes of this getting to you than the other times. We understand that we have A.P.O. privileges for this emergency and we hope you all have written, but if you haven't please address us as Presbyterian Missionary, c/o U.S. Army, A.P.O. 404 c/o P.M., San Francisco, Cal.

There isn't much we can tell you all about how things are here in Korea for you get all the news we do except for all the rumors that we hear from the Koreans and which don't give us real information. The weather has been fine for several days and as I have said before we have everything to make us comfortable. It is hot, of course, but not as hot as last summer yet. Our two boys, Oonyongie and Iljoonie had to go into training so we have a substitute to do the outside work. I surely do miss those two boys! Soongil is on the job and gets mighty good meals for us.

Last night about nine-thirty a message came that there were some American women down at the hotel so Father and Paul dro-

전주,

1950년 7월 15일

사랑하는 자녀들에게,

전쟁이 발발하고서 너희에게 쓰는 세 번째 편지구나. 이번에는 복사본을 4개 만들려고 하는데, 이번만큼은 너희에게 전달될 가능성이 더 높다고 생각하기 때문이다. 비상상황인 만큼 우리에게 A.P.O를 사용할 수 있는 특권을 받았는데, 너희 모두 이미 우리에게 편지를 보냈을 것 같긴 하지만, 아직 아니라면, 아래 주소로 보내기 바란다: Presbyterian Missionary, c/o U.S. Army, A.P.O. 404 c/o P.M., San Francisco, Cal.

우리가 한국인들에게서 듣는, 정확하지 않은 소문들을 제외하고는 너희도 다 뉴스를 통해 듣고 있겠기에 한국 상황에 대해서는 말할 것이 많지 않구나. 며칠 동안 날씨가 좋았고, 전에 말했듯이, 우리는 큰 불편 없이 잘 지내고 있다. 물론 날이 덥긴 하지만 아직은 작년 여름만큼은 덥지 않다. 우리 집 일 거드는 운용이(Oonyongie)와 일준이(Iljoonie)는 훈련소에 들어가야 해서, 우리는 바깥일을 해 줄 다른 사람을 구했다. 그 두 소년이 그리울 것 같구나! 승일(Soongil)은 직장을 구했고 우리를 위해 정말 좋은 음식을 구해온다.

어젯밤 9시 30분경 시내 호텔에 미국인 여성 몇 명을 보았다는 말을 듣고는 아버지와 폴이 무슨 일인지 알아보기 위해 차를 몰고

ve down to see what it was all about and it turned out that there were some U.S. soldiers — five intelligence officers who were sent down this way to look the situation over. They didn't know there were any Americans here nor did they know we had been told that they were here so they were quite surprised to see Father and Paul. We are having them to dinner today. I have fried chicken, corn on the cob, tomatoes, peach ice cream, etc. I expect to send these letters to Taijun by them. They told Father they thought they had seen some mail in Taijun for some of us so we are hoping to get it brought down if there is.

The American and Southern Koreans are drawn up all along the south bank of the Kum river. That's the river that runs out by Kunsan. We feel sure they can keep the enemy from getting across the river until more men and equipment gets here. As long as they hold them there we feel that we are all right here. If we have to leave here we don't know what will happen to all the property we have here. But, of course we will leave if it seems best.

I must get dressed and help Soongil set the table. We surely think about you all a lot and hope that soon we will get some letters from you. If you haven't already done so please let Uncle Hemy, Aunt Eva, and Grandpa Linton know that you have heard from us and that we are all right. My school closed three days ago

시내로 갔는데, 알고 보니 그들은 미군들이었다. 상황을 살피러 이곳에 파견된 정보부 요원 다섯 사람이었다. 그들은 여기에 미국인이 있을 줄 몰랐고, 또 자기들이 여기 있다는 말을 우리가 들었다는 것도 몰랐기 때문에 아버지와 폴을 보고는 많이 놀랐다. 우리는 오늘 그들과 저녁 식사를 같이 할 예정이다. 집에 프라이드치킨, 개암나무 열매에 옥수수, 토마토, 복숭아 아이스크림 등이 있다. 나는 이 편지들을 그들 편에 대전으로 보낼 생각이다. 그들이 아버지에게 말하기를, 우리 중 누구에게 온 우편들을 대전에서 본 것 같다고 해서, 그게 사실이라면 우리는 그것들을 조만간 받게 되기를 바라고 있다.

미군과 한국군은 금강 남안을 따라 진을 치고 있다. 금강은 군산 옆을 흐르는 강이다. 우리는 더 많은 병력과 장비가 이곳에 도착할 때까지 그들이 적군이 강을 건너지 못하게 막아낼 것이라고 확신한다. 그들이 적군을 거기서 저지하고 있는 한은, 우리는 여기 있어도 괜찮을 것 같다. 만약 이곳을 떠나야 한다면 여기 우리 재산이 다 어떻게 될지 모르겠구나. 그러나, 물론 우리는 떠나는 것이 최선이라고 생각되면 떠날 것이다.

이제 나는 옷을 갈아입고 승일(Soogil)이 식탁 차리는 것을 도와야 한다. 우리는 정말 너희 생각을 많이 하고 곧 너희에게서 온 편지들을 받아볼 수 있기를 바란다. 아직 하지 않았다면, Hery 삼촌, Eva 이모, 린튼 할아버지께 우리 소식을 들었고 우리는 무사하다고 전해드려라. 여기 학교가 3일 전에 문을 닫았기 때문에 나는 이제 집

so I am enjoying having more time at home.

Heaps and heaps of love for each one,

Devotedly,

Mother

에서 더 많은 시간을 보내고 있단다.

너희 모두에 대한 사랑을
가득 담아,
엄마가

c/o American consulate

A.P.O. 59

c/o P.M. San Francisco, Cal.

July 23, 1950, Pusan

Dear Hugh and Betty,

This is a beautiful Sunday afternoon. We drove down here in our jeep from Chunju last Sunday and are keeping house in a Japanese house that the Chisholms and Malsbarrys have been occupying. They went to Japan when hostilities first broke out. We decided that the communists were getting too near. I am sorry to say that they have evidently occupied Chunju in the last few days so I guess we stayed long enough. Our consul here thinks it is all right for us to stay on here for a while. We hope, of course that our troops will soon be able to drive the "reds" back up north and that we can go on back to Chunju altho I don't suppose there is much left of our things there. I gave away all I had time to and that people were willing to take off. You see the Koreans were getting out into the country themselves and they weren't interested in things any more than we were. We brought three footlockers and several suit-cases with us. If things get worse and it seems advisable we can go on over to Japan or even to America. We are well and very comfortable here. The Mitchells are with us. They are a young couple who came out last fall and have been in Kwangju. It is nice to have

사랑하는 휴와 베티에게,

화창한 일요일 오후다. 우리는 지난 일요일 전주에서 우리 지프
차를 타고 여기로 내려왔고, 치솜 부부(Chisholms)와 맬즈베리 부부
(Malsbarrys)가 살던 일본식 집에 기거하고 있다(역자 주: 의료선교사 치
솜과 교육선교사 맬즈베리는 북장로회 선교사로 내한했다가 북장로회를 떠나 보수
적인 정통장로교에 가입했고 해방 이후 부산에서 독립선교사로 활동하면서 고려신
학교와 협력했다). 그들은 전쟁이 발발하자 일본으로 건너갔다. 우리
는 공산군이 아주 가까이 왔다고 판단했다. 그들이 며칠 전 전주를
점령한 것이 분명해 보여 유감스럽지만 이제 떠날 때가 되었다고
생각한 것이다. 이곳 미국 영사는 이 집에 우리가 한동안 머물러도
좋다고 여긴다. 물론 우리는 우리 군대가 곧 '빨갱이들'(reds)을 북
쪽으로 다시 몰아내 우리가 전주로 돌아갈 수 있기를 바란다. 거기
우리 물건이 많이 남아 있을 것 같지는 않구나. 나는 나눠줄 수 있는
것은 다 나눠주려 했으나, 사람들은 가져가지 않으려 했다. 한국인
들도 멀리 피난 가는 마당에 우리와 마찬가지로 물건에 관심이 없
었던 것이란다. 우리는 군용 트렁크 3개와 여행가방 몇 개를 가져왔
다. 상황이 더 나빠지면 일본이나, 어쩌면 미국으로까지 건너가야
할지도 모르겠다. 현재 우리는 여기서 아주 편안히 잘 지내고 있다.
미첼(Mitchell)도 우리와 함께 있다. 그들은 지난가을에 와서 광주에

them for company. Soongil came with us for he wanted to get away too so we are well taken care of. We can get all the food we need on the local market.

The last news we had from you all was Hugh's letter written about June 15th. We are so anxious to hear more about the new baby. We didn't get to tell the Winns you had put Winn in his name because the letter came after they left, but I know they will be pleased and we think you have given him a nice name. The Winns have gone on to America so you will probably hear from them. If Dwight gives out of money for the emergency fund he is to get some from Mr. Hearn. We told Uncle Teddy to tell you all that. Now that we are allowed to use the A.P.O. address at the top of this letter I can put in a check for little Stephen, but if you need money you must get it from the fund. I wrote to Eugene a few days ago and asked him to send the letter on to the rest of you. We don't have carbon paper which is inconvenient.

I hope that you all are well and enjoying your new surroundings. Write when you can. Heaps and heaps of love from both of us.

Devotedly,
Mother

자리 잡은 젊은 부부다. 그들과 함께 지내서 좋다. 승일(Soongil)도 멀리 피난가길 원했기 때문에 우리와 함께 왔는데, 덕분에 우리는 잘 돌봄을 받고 있다. 필요한 음식을 다 현지 시장에서 얻을 수 있다.

휴로부터 온 6월 15일자 편지가 우리가 너희에게 받은 마지막 소식이란다. 새로 태어난 아기에 대해 더 많이 듣고 싶구나. 윈 선교사 남매(역자 주: 위인사, 위애미 선교사로서 조지아 주 애틀랜타 출신으로 전주에서 인돈 가정과 각별하게 지냈다)가 떠난 후에 그 편지가 왔기 때문에 우리는 너희가 아기 이름에 윈을 넣었다는 사실을 그들에게 말해줄 수 없었지만, 분명 그분들은 기뻐하실 것이다. 좋은 이름이라고 생각한다. 윈 남매는 미국으로 돌아갔으니 아마 너희에게 연락하실 것이다. 드와이트는 비상금이 떨어질 경우 Mr. Hearn에게서 얼마 얻을 수 있을 것이다. 테디 삼촌에게 너희에게 이 이야기해주라고 말해두었다. 우리는 이 편지 상단에 있는 A.P.O 주소 사용권을 받았기에 나는 어린 Stephen에게 수표를 보내주는 것도 가능하지만, 일단 너희가 돈이 필요하면 그 비상금에서 써야 한다. 나는 며칠 전 유진에게 편지를 써 그 편지를 다른 이들에게도 보내달라고 부탁했다. 지금 우리에게는 복사지가 없어서 불편하구나.

너희 모두 잘 지내고 새로운 환경을 즐기길 바라고, 할 수 있을 때 편지를 써주길 바란다. 우리 두 사람 모두 너희를 사랑하고, 또 사랑한다.

엄마가

Pusan,

July 26, 1950

To Miss Emily Winn and her brother:

We wonder how near you all are to America. We had a letter
from Mariella saying that you all, the Knoxes, Misses McQueen and
Dodson had gone by boat and that the Millers and Smiths had
flown. I hope you are having a good trip.

We got your letters and the money you sent back from Pusan
and tried to carry out your requests about payments. We have it
all down so some day we can settle. The Bible woman from Chun-
chaddy, Pai Young Sin came in and was so distressed to find you
gone as were many others, of course. I gave her 15,000 won. I
hope that was all right. After you all left I went over to your house
several times. I had the servants move everything upstairs and I
put the things that were on Sis' bed — covers and sheets — in a
trunk in the attic — shut the attic windows and had wire screening
put over the opening for the attic fan to make things more secure,
etc. I gave the servants the rice that was in the pantry and took the
oatmeal and cake mix to our house. I had the oil stove moved into
the kitchen. They brought the record player over to our house as
you had told them and I got the records. I took your little radio

부산,

1950년 7월 26일

에밀리 윈(Emily Winn) 선교사와 오빠에게(역자 주: 위애미 선교사와 그녀의 오빠 위인사 선교사),

미국 도착이 얼마나 남았는지 궁금합니다. 마리엘라(Mariella)에게 편지가 왔는데, 녹스 선교사 부부(the Knoxes)와 맥퀸(McQueen) 선교사와 도슨(Dodson) 선교사(역자 주: 독신여성 선교사 구애라 선교사와 도마리아 선교사)는 배를 탔고, 밀러 선교사 부부(Millers)와 스미스 선교사 부부(Smiths)는 비행기를 탔다고 들었습니다. 부디 좋은 여행 되시기 바랍니다(역자 주: 한국전쟁 발발로 내한 선교사 일부가 미국으로 철수함).

부산에서 다시 보내주신 편지와 돈 잘 받았고 지불 관련하여 부탁하신 대로 처리하려고 애썼습니다. 필요한 전부를 다 가지고 있으니 조만간 해결할 수 있을 것이라 생각합니다. Chunchaddy 출신 전도부인인 배영신(Pai Young Sin)이 찾아왔는데, 다른 이들도 다들 그렇듯 여러분이 떠났다는 사실을 알고는 슬퍼했습니다. 그녀에게 15,000원을 주었는데, 잘한 일이었기를 바랍니다. 여러분이 떠나신 다음 여러분의 집에 여러 차례 가보았습니다. 도우미들에게 물건들을 위층으로 옮기게 했고 시스(Sis)의 침대에 있던 것들—이불들과 시트들—은 다락방에 있는 트렁크에 넣었고, 다락방 창문을 닫았고, 보다 안전을 기하기 위해 다락 선풍기 개구부에 철망을 씌우게 했습니다. 식료품 저장실에 있던 쌀은 도우미들에게 주고 오

over to our house because there seemed to be a difference opinion about what you wanted one with it. The morning we left I gave it to your woman. She had also given me your table ware so I gave that back to her and asked her to take care of it. I mean your knives and forks.

Needless to say, I am constantly thinking of how I could have managed better as we were leaving and brought more things out for other people and ourselves, too, but at times like that it's just hard to think clearly. To go back a while — you all left Tuesday morning and the last folks left on the train that afternoon. I spent that afternoon getting the Smiths' things in some sort of shape to lock up and checked on your house. Of course school was still going on so I spent the mornings over there. Unfortunately William and I both had right severe "tummy upsets" that weekend so we didn't got back to attending to things till the middle of the next week. Paul and Ovid got back on Saturday. Nearly every day we had someone come in from the outside — army officers en route from K'ju to Taijun, two catholic priests from north of Seoul going to K'ju, etc. One day we would pack up and in a day or so we would unpack some! On the whole we were optimistic that we could stay on and that those of you who had gone to Japan might get back at the end of the summer. The army officers in C'ju gave us what was left of their furniture after thieves had gotten into their

트밀과 케이크 믹스는 저희 집으로 가져왔습니다. 기름 스토브는 부엌으로 옮겼습니다. 여러분이 시키신 대로 사람들이 레코드플레이어를 저희 집으로 옮겨다 주어서 현재 제가 가지고 있습니다. 여러분의 작은 라디오도 일단 제가 저희 집으로 가져왔는데, 여러분이 어떻게 하라고 했는지에 대해 말들이 엇갈리는 것 같아서입니다. 저희도 떠나온 아침에는 여러분의 여성 도우미에게 그것을 주었습니다. 그녀에게서 전달받았던 여러분의 식기를 다시 돌려주었고 잘 보관해달라고 부탁했습니다. 여러분의 나이프와 포크 말입니다.

당연한 이야기이지만, 떠날 때 좀 더 일처리를 잘 하고 물건도 더 많이 가져왔더라면 좋았을 텐데 하는 생각이 계속 들지만, 사실 그런 상황에서는 맑은 정신으로 생각하기가 쉽지 않습니다. 잠시 되돌아가보자면, 여러분 모두는 화요일 아침에 떠나셨고, 마지막 분들은 그날 오후에 기차를 타고 떠났습니다. 저는 그날 오후에 스미스의 물건들을 좀 정리하고 여러분의 집을 점검했습니다. 물론 학교가 아직 열리는 중이었기에 저는 학교에서 아침 시간을 보냈습니다. 불행하게도 윌리엄과 저는 그 주말에 심한 '배탈'이 나서, 그 다음 주 중반까지 일들을 챙기지 못했습니다. 폴과 오비드는 토요일에 돌아왔습니다. 거의 매일같이 손님들이 있었습니다. 광주(K'ju)에서 대전으로 가는 육군 장교, 서울 북부에서 광주로 가는 천주교 사제 2명 등. 저희는 하루는 짐을 쌌다가, 또 하루는 짐을 풀기를 반복했습니다! 전반적으로는 저희는 계속 남아 있을 수 있으리라 낙관했고, 일본으로 가신 여러분도 여름이 끝날 때쯤이면 돌아올

houses so Ovid spent an afternoon hauling that. He put a kerosene refrigerator just like ours on your back porch and another on our back porch so we were running two refrigerators. We were using the Hoppers' milk and anything out of anybody else's garden that we didn't have in our own. We had all the cold cokes we wanted and they surely helped those hot, hectic days. After the reds got to Taijun Paul and Ovid and Mariolla and Gene began to pack hospital supplies to bring out if we could and they succeeded in bringing a lot which they sold to E.C.A. here. As is so often the case after a long period of indecision, we left hurriedly when we did leave. On Friday night July 14 we heard that there were some American "ladies" at the Chunju Hotel.

Well, the ladies turned out to be four intelligence men who had come from Taijun and didn't know any Americans were in Chunju. We invited them to lunch Saturday and gave them as good a meal as we could for they had been living on K rations. We had peach icecream and some brownies made out of your chocolate cake mix! They left about two thirty to go back to Taijun. After they left I took a good nap and William was at the boys' school. After my nap — about four o'clock someone came to see me and we were sitting on the front porch when Paul came in rather excitedly saying the "reds" had crossed the river below Kongju and were about to Nonsan. He went on to find William who had already heard the

수 있을 것으로 낙관했습니다. 전주(Cju)에 있는 장교들이 도둑들에게 집이 털리고 남은 가구들을 저희에게 주어서 오비드는 오후 내내 그것들을 실어 날랐습니다. 그는 저희 집에 있는 것 같은 등유 냉장고를 여러분의 뒤 베란다에, 다른 하나는 저희 집 뒤 베란다에 두어 이제 우리 집에는 냉장고가 두 대나 있게 되었습니다. 저희는 하퍼 선교사 부부(Hoppers)의 우유를 사용하고 있고, 또 저희 집 정원에 없는 것이면 무엇이든 다른 사람의 정원에서 가져다 쓰고 있습니다. 저희는 원했던 차가운 콜라를 얻을 수 있었고, 덥고 바쁜 날에 분명 도움이 되었습니다. 공산군이 대전에 들어오자 폴과 오비드, 마리엘라와 진(Gene)은 가져갈 병원 용품들을 최대한 포장하기 시작했고, 상당히 많이 가져오는 데에 성공해 그것들을 이곳에 있는 미국 경제협조처(E.C.A)에 팔 수 있었습니다. 오랜 시간 망설였지만, 흔히 그렇듯 저희는 떠날 때는 서둘러 떠났습니다. 7월 14일 금요일 밤, 저희는 전주 호텔에 미국인 '여성들'이 있다는 소식을 들었습니다.

그런데 가보니 그 여성들은 대전에서 온 네 명의 미국인 정보국 요원들이었고, 그들은 전주에 미국인이 있는 줄 몰랐던 상태였습니다. 저희는 그들을 토요일 점심 식사에 초대했는데, 그들은 미군식량배급(K-ration)으로 살고 있었기 때문에 저희는 할 수 있는 한 최대한 좋은 식사를 제공해주었습니다. 저희는 복숭아 아이스크림과, 여러분의 초콜릿 케이크 믹스로 만든 브라우니를 먹었습니다! 그들은 대전으로 돌아가기 위해 2시 30분쯤 떠났습니다. 그들이 떠난 뒤 저는 한숨 낮잠을 잤고, 윌리엄은 남학교에 가 있었습니다. 낮잠

news and gone down to check with the police. By the time they got back Mr. McDonald had come to warn us it was time to leave and also the four men who had had lunch with us had returned saying the roads were cut between us and Konju. They had with them five "G. I.'s" they had picked up who had gotten separated from their outfit at Kongju when the "reds" had slipped across the river and ambushed our troops. Well, I don't need to tell you that our house was confusion worse confounded. By that time all our Korean friends and all of the servants from all of your houses were there and we had to try to arrange for the school people to draw the money we had in the bank, etc. We wanted to be sure that the Mitchells and Miss Root and Herb knew that we were leaving so it was decided that the four young folks would take the truck and a jeep with a trailer and go on to Kwangju that night and that we would meet them in Soonchun at nine thirty the next morning.

The nine "G.I.'s" were going to stay with us. By the time the four others got off it was nearly dark and you know we were not supposed to have electric lights on. Our servants were so upset they could not get anything done and every time we started to do one thing we were interrupted by someone asking us to do something else. No one wanted our things because they were all planning to leave themselves. For days people had been moving out of Chunju.

뒤 4시쯤 저는 저를 찾아온 누구와 현관에 앉아 있었는데 폴이 흥분한 모습으로 들어와서는 '빨갱이들'이 공주 아래 강을 건넜고 이제 논산에 들어올 참이라고 전했습니다. 그는 윌리엄을 찾으러 갔는데, 윌리엄은 이미 소식을 듣고 경찰서에 확인하러 내려간 차였습니다. 그들이 돌아왔을 때 맥도널드(McDonald) 씨가 와서는 저희더러 이제 떠날 시간이라고 경고해주었고, 저희와 함께 점심을 먹었던 4명의 남자도 돌아와서는 전주와 공주 사이 길이 끊어졌다고 알려주었습니다. 그들은 길에서 만나 픽업한 5명의 미군('G.I.')과 같이 왔는데, 그들은 '빨갱이들'이 강을 건너 우리 군대를 기습했을 때 공주에 나가 있어서 자기 부대와 분리된 이들이었습니다. 저희 집이 얼마나 혼란의 도가니였을지 말할 필요는 없을 것입니다. 저희 모든 한국인 친구와 여러분의 집들 도우미들이 다 찾아왔고, 저희는 학교 사람들이 우리 은행 계좌에서 돈을 인출할 수 있도록 일처리를 해야 했습니다. 저희는 미첼 선교사 부부(Mitchells)와 루트(Root) 선교사와 코딩턴(Herb) 선교사에게 저희가 떠난다는 것을 확실히 알리고 싶었고, 그래서 네 명의 젊은이가 트럭과 트레일러가 달린 지프차를 몰고 그날 밤 광주로 가기로 했고, 다음 날 아침 9시 30분에 순천에서 만나기로 했습니다. 9명의 미군 병사('G.I.')는 저희와 함께 움직일 계획이었습니다. 그 네 명이 출발할 때쯤 거의 날이 저물었는데, 당연히 저희는 밤에 전깃불을 켜면 안 되었습니다. 저희 도우미들은 너무 마음이 혼란스러워 아무 일도 하지 못하는 상태였고, 저희는 어떤 일을 시작할 때면 누군가가 무언가를 부탁해와 매번 일이 중단되곤 했습니다. 아무도 저희 물건을 가져가길 원하지 않았는데, 그들도 모두 피난 갈 계획이었기 때문입니다. 며칠간 많은

The Koreans had felt all along that when we decided it was time to leave that was the time for them to go, too, and that proved to be right. Curfew was nine o'clock so by that time everyone had left except our wash woman who lived in our yard and her daughter and her husband who decided to spend the night. At nine we hadn't had supper so we persuaded the G.I.'s to come in and we all ate something and then put them to bed all over the house and on the living room floor. We worked on till nearly midnight and then got up at three thirty. Our washwoman and I got breakfast for the thirteen of (there were two Koreans with the G.I.'s) us. Your good old oatmeal surely came in handy! We wanted to leave at five in order to meet the others in Soonchun at nine. Soongil had asked us the last thing the night before if he could come with us. He had made arrangements for his family with his wife's people. We were bringing the chauffeur and the others had the assistant chauffeur with them.

July 16, 1950

So, at five fifteen we left — two jeeps and trailers with G.I.'s and two Koreans they had agreed to let ride with them. One was the principal of the Boys' school and the other was our cook's younger brother. We had the chauffeur and soongil and entirely too much baggage in our jeep. We didn't make it to soonchun till after ten so

사람이 전주를 빠져나갔습니다. 한국인들은, 저희가 떠날 시간이라고 결정하자 그들도 떠날 때가 되었다고 생각했는데, 옳은 판단이었습니다. 9시부터는 통금이라 모두 서둘러 돌아갔고, 저희 집 마당에 사는 저희 집 빨래도우미와 그녀의 딸과 남편은 저희 집에서 밤을 함께 보냈습니다. 9시지만 아직 저녁을 먹지 않은 상태였기에 저희는 미군들도 들어오게 해서 같이 요기를 했고, 그들을 집안 이곳저곳과 거실 바닥에 누워 자게 했습니다. 저희는 거의 자정까지 일하다가 3시 30분에 일어났습니다. 저와 저희 집 빨래도우미는 13명(미군들 말고 한국인 두 명이 더 있었습니다)을 위해 아침을 준비했습니다. 여러분이 남겨두신 좋은 오트밀이 큰 도움이 되었습니다! 저희는 순천에서 9시에 다른 이들과 만나기 위해 5시에는 출발하길 원했습니다. 승일(Soongil)이 전날 밤 가까스로 와서는 저희와 함께 갈 수 있는지 물었습니다. 그는 자기 가족은 처가 사람들과 같이 피난 가도록 준비해둔 상태였습니다. 저희는 운전사를 데려갈 계획이었고, 다른 이들도 보조 운전사가 있었습니다.

1950년 7월 16일

그래서 저희는 5시 15분에 떠났습니다. 지프차 두 대와 트레일러들에 미군들도 같이 태우고 갔는데, 그들은 한국인 두 명이랑 동승하는 것에 동의해주었습니다. 그 한국인들은 한 명은 남학교 교장이었고, 다른 한 명은 저희 요리사의 남동생이었습니다. 저희 지프차에는 운전사와 승일이 탔고, 짐이 가득 실렸습니다. 저희는 10시가 넘도록 순천에 도착하지 못했고, 그래서 다른 이들은 따로 출

the others had gone on, but we made it to Pusan by nine thirty that night — 251 miles — without even a puncture though a spring was broken and one tire looked as if it would blow any time. The two jeeps with soldiers had left us at Namwon to go to Taiku. We got a place to sleep at the U.S.I.S. that night and the next day we started house hunting, because the consulate people seemed glad for us to stay on here us as we wanted to do. We all (including our four Chunju young folks and the Mitchells) slept here in the Chisholm house that night and the four Chunju folks left for Japan the next day. Since then the Mitchells and we have gotten pretty well settled here in this Japanese house. Yesterday Herb Codington joined us and we are relieved to have him here. We have done every thing we could to get Miss Root to come, too, but she insists on staying there so we can't help it. She was planning to go out into the country somewhere. From the news we get we think perhaps the reds have not gone into Chunju and Kwangju in any great numbers and one report is that Chunju is in the hands of the police again, but we can't be sure. We also hear that they are not molesting the average citizen yet, but that is just rumor, too.

We are so comfortable here that we feel we are almost too comfortable. The consul arranged for William to talk to Dr. Chisholm on the telephone and he was very cordial in granting permission for us to use this house and insisted that we use the

발했고, 저희는 그날 밤 9시 30분에 부산에 도착했습니다. 251마일을 달려온 것인데, 스프링이 하나 부러지고 타이어 하나가 당장이라도 터질 것 같은 상태이긴 했으나 펑크가 나거나 하진 않았습니다. 군인들이 탄 지프 두 대는 남원에서 저희와 작별하고 대구로 갔습니다. 저희는 그 날 밤은 미대사관 공보부(U.S.I.S.)에서 숙소를 얻었고, 다음 날부터는 여기서 지낼 집을 구하기 시작했습니다. 저희만 원한다면 여기에 머무는 것을 영사관 사람들도 반기는 것으로 보였기 때문입니다. 저희 모두는 (네 명의 전주 젊은이와 미첼 선교사 부부를 포함하여) 그날 밤 치솜 선교사(Chisholm) 집에서 잠을 잤고, 전주 친구들은 다음 날 일본으로 떠났습니다. 그 뒤로 저와 미첼 선교사 부부는 이 일본 집에 꽤 잘 정착해 지내고 있습니다. 어제는 허버트 코딩턴 선교사도 저희와 합류했는데, 그도 여기서 저희와 함께 지내게 되어 안심이 됩니다. 저희는 루트 선교사도 데려오려고 최선을 다했지만, 그녀가 계속 거기 머물겠다고 고집하니 어쩔 수 없었습니다. 그녀는 시골 어딘가로 피난 갈 계획이었습니다. 저희가 입수한 뉴스에 따르면 공산군은 전주와 광주에는 그리 많은 수가 들어간 것 같지 않고, 한 보도에 따르면, 전주는 다시 경찰 관할에 들어갔다고 하는데, 확실하진 않습니다. 공산군은 아직 일반 시민들을 괴롭히고 있지는 않다고 하는데, 이것도 소문일 뿐입니다.

저희는 여기서 과하다 싶을 정도로 정말 편안하게 지내고 있습니다. 영사는 윌리엄이 치솜 선교사와 전화통화할 수 있게 조치해주었고, 친절하게도 저희가 이 집을 사용할 수 있도록 허락해주었으며, 식료품 저장실에 있는 식품들을 사용하게 해주었습니다. 이

supplies in their pantry which we have proceeded to do. We have three bed rooms and a living room upstairs. — rooms with screened porches all around two sides so we get a good breeze and a dining room and kitchen downstairs. Soongil assisted by his tall younger brother presides in the kitchen and the two chauffeurs do do all sorts of things. These four occupy a room down stairs as do four Koreans who were in the house when we came (all men). Now, two more men who came with Herb are with us so there are ten Koreans downstairs. All fifteen of us share the bathing facilities. The downstairs is also the meeting place for a Church and there is a good deal of coming and going in connection with that so we enjoy the privacy of upstairs. We have the women who worked for the Chisholms to do our washing and clearing. There is an ice refrigerator and an ice cream freezer and we can buy ice. The market have plenty of fresh fruit and some vegetables and any kind of American canned foods we can't find in the pantry here. So you see we are comfortable physically. We had Mr. Kinsler and Mr. Henderson to supper last night. Mr. Kinsler is working with Church World Service relief goods and staying with Mr. Henderson at present. It is noon now and we have just heard that there has been an insurrection in Ha Dong that's between Soonchun and Chinju, you know. This may not be true but I am telling you just to show how things are. Mary Belle and I went to our army evacuation hospital yesterday and offered our services to the Red Cross workers

집은 위층에 세 개의 침실과 거실이 있는데, 두 면에 망이 쳐진 베란다를 가진 방들이라서 바람이 시원하게 들어오고, 아래층에는 식당과 부엌이 있습니다. 승일이 키 큰 남동생의 도움을 받아가며 주방일을 지휘하고 있고, 두 명의 운전기사가 온갖 일을 하고 있습니다. 이 네 사람은 저희가 오기 전부터 있던 네 한국인(모두 남자)과 함께 계단 아랫방을 사용하고 있습니다. 코딩턴 선교사와 함께 온 두 사람도 저희와 함께 지내게 되어서, 현재는 아래층에 총 열 명의 한국인이 지냅니다. 저희 15명은 모두 욕실을 공유합니다. 아래층은 어떤 교회의 모임 장소로도 사용되고 있어서 그와 관련하여 많은 사람이 들락거려 저희는 주로 위층에서 사생활을 누리고 있습니다. 치솜 선교사 부부를 위해 일했던 여성분들이 저희 세탁과 청소를 해주고 있습니다. 얼음 냉장고와 아이스크림 냉동고도 있고, 얼음도 살 수 있습니다. 시장에는 신선한 과일과 야채들 그리고 여기 식료품 저장실에서 찾을 수 없는 온갖 종류의 미국 통조림 식품들도 있습니다. 이렇게 지금 저희는 육체적으로는 편안히 잘 지내고 있습니다. 어젯밤에는 저희는 킨슬러 선교사(Mr. Kinsler/역자 주: 북장로회 소속으로 부산에서 구호활동을 하던 권세열 선교사)와 헨더슨 선교사(Mr. Henderson/역자 주: 북장로회 현거선 선교사)와 저녁 식사를 같이 했습니다. 킨슬러 선교사는 세계기독교봉사회(Church World Service)의 구호품을 취급하는 일을 하는데 현재 헨더슨 선교사와 같이 지내고 있습니다. 지금은 정오 시간인데 순천과 진주 사이에 있는 하동에서 폭동이 일어났다는 소식을 들었습니다. 사실이 아닐 수도 있지만 여기 상황이 어떤지 알려드리려 말씀드립니다. 메리 벨(Mary Belle/역자 주: 미첼 선교사 부인)과 저는 어제 미군 후송 병원에 가서 적십자

there, but she says that so far they aren't set up to use volunteer workers. Personally, I believe she is a little wary of missionaries for I feel sure we could at least write letters for some of the boys without getting in the way! They do send them on to Japan from here, as soon as possible, of course.

After you all left we got air mail once and had letters from Hugh and Dwight. We wrote several times when there was passing to Taijun but of course we are not at all sure that those letters went through. But we imagine that you all probably got word through to our boys from Japan, and they will get our letters from here in a few days now.

It is after lunch now. Pete has taken the Kwangju truck to help Mr. Kinsler move some relief goods that he is trying to hold on to against the day when the Korean refugees who are swarming into here are worse off than they are now. William has gone to help Herb get some message through the police to the people he left in Chinju with the leper colony truck and station wagon. It may be he will have to drive out past the big bridge outside of here to get them because they are stopping everyone there. Mr. Kinsler just came by to say that he would like to accept our invitation to stay with us so Mary Belle and I are going to go out marketing and also to the Bible School to see if we can get the use of one or two of

사 직원들에게 자원봉사할 일이 없느냐고 물었지만, 아직까지는 자원봉사자 관련 규정이 마련되지 않았다는 대답을 들었습니다. 개인적 생각이지만 그 여성 직원은 선교사들을 조금 경계하는 것 같습니다. 저희는 그들 일에 방해되지 않고, 가령 장병들을 위해 편지를 써주는 일 정도는 할 수 있을 텐데 말입니다! 그 편지들은 물론 최대한 빨리 여기서 일본으로 보내집니다.

여러분이 모두 떠난 뒤 저희는 항공 우편을 한 번 받았고, 휴와 드와이트에게서 온 편지들을 받았습니다. 저희는 대전에 가는 이들이 있을 때마다 여러 번 편지를 써서 보냈지만 그 편지들이 잘 전달되었는지는 확신할 수 없습니다. 하지만 아마 여러분 모두가 일본에서 저희 아들들에게 소식을 보내주셨을 것이라 생각하고, 그들도 저희가 여기서 보낸 편지들을 며칠 안에 받게 되리라 생각합니다.

지금은 점심식사 후입니다. 피트(Pete/역자 주: 미첼 선교사)는 광주로 트럭을 몰고 가서 킨슬러 선교사가 구호품들을 옮기는 일을 돕고 있습니다. 킨슬러 선교사는 여기로 몰려드는 한국 난민들이 지금보다 더 열악한 상황에 처하게 될 날을 대비해 구호품들을 챙겨 놓는 것입니다. 윌리엄(역자 주: 인돈 선교사)은 나병환자촌 트럭과 스테이션 왜건을 가지고 가서는 코딩턴 선교사가 진주에 남겨둔 사람들에게 경찰을 통해 메시지를 전달하는 일을 돕고 있습니다. 전주는 지금 통행이 통제되고 있어서, 거기 가려면 아마 윌리엄은 이곳 외곽 큰 다리를 건너야 할 것입니다. 조금 전 킨슬러 선교사가 찾아와서는 저희와 함께 지내자는 저희 초대를 수락하고 싶다는 뜻을

the Hunts' beds for Herb and Mr. K. If things get hotter in Taiku the other Northern presbyterian men may be coming down here. However, by that time we may all be moving out.

It never occurred to me that I would write you all such a volume, but there seem to be a lot of things I thought you would be interested in. After you finish with this if you think any of our other folks would be interested or if you think the Nashville office might like to use extracts, just pass it on.

I think I failed to say above that as we were leaving I gave your cook 10,000 and told her to give your washwoman 3,000 of it. We didn't have time to count money — we just had to hand it out in packs! I am sorry I didn't give out more than I did. When we left Chunju we felt so sure that we could just stay here untill the reds are driven back up North, but at this point we aren't feeling quite so optimistic. However, we may feel very differently tomorrow, and I surely hope we will. I also forgot to tell you that they drafted most of the students and young people we were interested in. "Greenie" and "Ig" had to leave us. As the Koreans said, even the governor's son went! The schools had all closed the twelfth or thirteenth. Some of the school buildings down town were full of wounded soldiers. The older school boy who stayed in your yard was drafted and the younger one had taken his little sister

전했습니다. 그래서 메리 벨(Mary Belle)과 저는 시장을 보러갈 참이고, 헌트 선교사(Hunt/역자 주: 북장로회 선교사로 내한하였으나 이후 보수적인 정통장로교회에 가입한 후 해방 후 한국에서 독립선교사로서 고려신학교와 협력하고 있었던 한부선 선교사)네 침대들 중 한 두 개를 가져와 코팅턴 선교사와 킨슬러 선교사가 쓰게 할 수 있을지 보러 성경학교에 가 볼 참입니다. 대구 상황도 더 악화되면 다른 북장로회 사람들도 이리로 올 것입니다. 하지만 그런 상황이면 아마 저희 모두 다른 곳으로 이동해야 할 수도 있을 것입니다.

이렇게 긴 편지를 쓰게 될 줄 몰랐는데, 여러분이 듣고 싶어 하실 이야기가 많을 것 같아서였습니다. 읽으신 뒤에는 관심 있어 할만한 다른 이들에게 전달해주시거나, 혹 내슈빌 사무실(역자 주: 미국 남장로회 선교본부)에서 내용을 발췌해 사용하고 싶어 할 것 같다고 생각되시면 그리로 보내주시기 바랍니다.

참, 저희가 떠날 때 여러분의 요리사에게 10,000원을 주었고 그더러 그중 3,000원을 빨래도우미에게 주라고 말했다는 걸 빠뜨렸네요. 저희는 돈을 셀 시간이 없어서 그저 다발 채로 건네주어야 했습니다! 그들에게 더 많이 주지 못해 미안합니다. 전주를 떠날 당시는 저희는 공산군이 북으로 밀려날 때까지 잠시만 여기 머물게 될 것이라 확신했지만, 현재는 그다지 낙관적이지 않습니다. 하지만 내일은 또 다른 기분이 들 수 있고, 또 진정 그렇게 되기를 바랍니다. 참, 여러분이 안부를 궁금해 하실 학생들과 청년들 대부분이 징집되었다는 것도 말씀드리는 것을 깜빡했네요. 그린이('Greenie')와

and gone home.

Love,

(Signed) Charlotte

익('Ig')도 저희를 떠나야 했습니다. 한국인들 말로, 고관들의 아들들도 다 징집되었다고 합니다! 학교들은 다 12일이 아니면 13일에 문을 닫았습니다. 시내 학교 건물들 중 일부는 현재 부상당한 군인들로 가득 한 상황입니다. 여러분의 마당에서 살던 그 남학생 형제들 중 형은 징집되었고, 동생은 여동생을 데리고 고향으로 갔습니다.

사랑을 담아,
샬롯

Sunday Afternoon

Aug. 6, 1950

Dearest Children,

We got a letter from Bill yesterday! That made it a real "red letter day" for us. He hadn't gotten our letter written from here, but he had gotten a letter we wrote from Chunju after we started and had, of course, heard from Dr. Fulton that we had come out of Chunju, so I suppose you all had the same information. We are hoping now to get more news soon and I hope you all will keep on writing because getting letters from you will mean a lot to us.

We are still here in the Chisholms' house in Pusan and getting along all right. We got here three weeks ago but it seems much longer in some ways. It is hard to explain where our times goes. Mr. Kinsler of the Northern Presbyterian mission who is handling some Church World Service relief goods that fortunately got held up here on its way to Seoul, is here with us and Herbe Codington, too so I have our regular sized family to keep house for. We use some of the supplies the folks left in this house and buy other things on the market. There is all sorts of American canned goods for sale but prices are right high. Father has a lot of company and a lot of different kinds of requests — mainly for assistance in getting jobs! Seems like everybody we know has come to Pusan.

일요일 오후

1950년 8월 6일

사랑하는 자녀들에게,

드디어 어제 빌에게서 온 편지를 받았단다! 정말 '특별한 날'이
아닐 수 없다. 빌은 우리가 여기서 보낸 편지는 받지 못했고, 우리가
전주를 떠날 준비를 시작할 때 쓴 편지는 받았으며, 우리가 전주에
서 나왔다는 소식은 풀턴 박사님(Dr. Fulton/역자 주: 미국 남장로회 해외
선교부 총무)에게 들었다는구나. 너희도 다 같은 소식을 들었으리라
생각한다. 너희에게 곧 더 많은 소식을 듣게 될 것 같구나. 계속 편지
써주기 바란다. 너희 편지는 정말 우리에게 큰 의미이기 때문이다.

우리는 여전히 부산 치솜(Chisholm) 선교사 집에서 잘 지내고 있
다. 3주 전 이곳에 도착했는데, 벌써 아주 오래전 일처럼 느껴지는
구나. 시간이라는 건 참 묘한 것 같다. 북장로교 선교회의 킨슬러
(Kinsler) 선교사도 이 집에서 우리와 함께 지내고 있는데, 그는 서울
로 운반되다가 다행히 여기서 발이 묶인 기독교세계봉사회(Church
World Service) 구호품을 취급하는 일을 하고 있다. 코딩턴 선교사도
우리와 함께 지내고 있어서, 현재 우리 집은 살림 규모가 예년 수준
이다. 우리는 이 집 분들이 남기고 간 생필품을 얼마간 사용하고 있
고 시장에서도 이것저것 구매하고 있다. 다양한 미국산 통조림을
팔고는 있는데 가격이 비싸다. 아버지는 찾아오는 손님들이 많고,
여러 다양한 요청을 받으시는데, 주로 취업에 도움을 달라는 부탁
들이다! 우리가 아는 사람들 전부가 다 부산에 모인 것 같구나.

Fortunately we brought a radio with us for we would be lost without it. I guess we get about the same news you do. A lot of troops have come in in the last few days so we are hopeful that there are enough to hold the line until more come and they can really start pushing North. What happens in the Security Council will be as important or perhaps more important than what is happening on the battle front in the next few days. It is terrible to think that all the world nearly is rearming. We have just heard over the radio about all the preparations that are being made in the U.S.

Of course we were mighty sorry to hear that Bill has not been at all well all summer, but we trust that he will be able to slow down some and make out till he gets that operation over with. We hope and pray that that will be the means of restoring him to really good health. The next few months will be hard, but I am sure that better days lie ahead. I am going to leave space for Father to add some. Don't worry about us. Just take care of yourselves and let us hear from you.

Heaps of Love,
Mother

....

다행히 우리는 라디오를 가져왔는데, 라디오가 없었더라면 큰일 날 뻔했다. 아마 우리도 너희랑 같은 뉴스를 듣고 있을 거다. 얼마 전 병력이 많이 증강되었다고 하니, 더 많은 병력이 도착해 북쪽 진군을 시작하기 전까지 전선을 방어하기에 충분하지 않겠나 하는 희망을 가져본다. 안전보장이사회 회의 결과가 앞으로 며칠 전선에서 일어날 일만큼이나 중요하거나, 아마도 더 중요할 것이다. 전 세계가 다시 재무장을 하고 있다는 생각을 하니 끔찍하다. 조금 전 라디오를 통해 미국에서 진행 중인 모든 준비에 대한 뉴스를 들었다.

빌이 여름 내내 몸이 좋지 않았다는 소식을 듣고 정말 안타까웠지만, 일을 좀 내려놓고 쉬다가 수술도 잘 받게 되리라 믿는다. 이 일을 계기로 오히려 건강이 더 좋아지기를 바라고 기도한다. 앞으로 몇 달간 힘들겠지만 앞으로 더 좋은 날이 올 것이라고 확신한다. 아버지가 추가하실 수 있게 여백을 남겨둔다. 우리에 대해서는 염려마라. 몸조심하고 소식을 전해다오.

사랑을 담아,
엄마가

....

Mother and I feel that we are very fortunate in having a place to live as comfortable as this. The city of Pusan is terribly crowded and, of course, will continue so until the commies are pushed back.

One of our ex school boys, Mr. Kim Hong Chun, who lived across the hill from us in Chunju to the west has just left for a meeting in Geneva and will likely go or come thru the U.S. He is going by air with his expanses paid by the church organization. He is hoping to stop off both in Richmond and Decatur. If he gets to Decatur be certain to take him to see Dr. Bradley and Dr. Richards. I would like for this young man to get into Columbia for a year or so. Be certain to be on the look out for him and be certain to be nice to him. He is a very choice spirit.

The American forces seem to be in a position to stop the red drive on Pusan but the international situation is certainly no better but on the surface seems to be deteriorating all the time. It is very difficult to tell what the next day may bring forth.

With loads of love to all of you,
Father

엄마와 나는 이렇게 편안한 곳에서 지낼 수 있게 되어 정말 행운이라고 여긴다. 부산은 엄청나게 붐비는데, 물론 공산군이 내몰아질 때까지는 계속 그럴 것이다.

우리 남학교 졸업생 중 한 명으로서 전주 우리 집 서쪽 언덕 건너편에 살았던 김홍전(Kim Hong Chun/역자 주: 남장로회의 지원으로 미국 버지니아 유니온신학교에서 유학을 마치고 남장로회가 대전에 설립한 대전대학 교수로 봉직했음)이 제네바 회의 참석차 막 떠났는데, 갈 때나 올 때 아마 미국을 경유할 것 같다. 교회 기관이 경비를 대주어 그는 비행기로 갈 예정이다. 그는 리치몬드와 디케이터 두 곳에 다 들르고 싶어 한다. 그가 디케이터에 오면 꼭 그를 브래들리(Bradley) 박사와 리처즈(Richards) 박사(역자 주: 디케이터에 위치한 컬럼비아신학교 교수진)에게 데려가 만나게 해주길 바란다. 나는 이 젊은이가 1년 정도 컬럼비아에 입학해 공부할 수 있기를 바란다. 그를 잘 챙기고 잘 대해주기를 바란다. 그는 대단히 정신이 올곧은 젊은이다.

아마 미군은 공산군으로부터 부산을 지켜낼 것 같지만, 국제정세는 전혀 나아질 기미가 없고 오히려 시시각각 더 악화되고 있는 것 같다. 당장 내일 무슨 일이 벌어질지 아무도 모르는 상황이다.

너희들 모두에 대한 사랑을 담아서,
아버지가

Sunday Morning

August 13, 1950

Dearest Children,

I am going to start on this early this morning for as the day wears on I get awfully lazy and just don't write! We were mighty glad to get Eugene's letter of July 31st. with all the news about selling the house. After six weeks of not hearing from any of you each letter is a real event to us. No one of us has had U.S. mail since the day that letter came so it looks like we can expect mail from the states only about once a week. We are mighty thankful for that, though. I don't know whether I wrote you that we can send package by A.P.O., too, so after we got here we mailed a foot lockers and some other packages to Mr. Hearn to hold for us. They contained our pictures, my nicer table linen and odds and ends of things we couldn't replace and which I had brought along. I also send just a few things for the Winns and Miss Pritchard that I had put in. I only wish I had had the foresight to bring out more things that we could be using now and take back if and when we go back to Chunju. We brought only some clothes and some sheets, blankets and towels, but we have been fortunate in being able to borrow dishes and cooking utensils from the things left by these folks here. It is hard to predict how much will be left when we get back to Chunju. Some of the Koreans who left Chunju several days after we did say

사랑하는 자녀들에게

갈수록 게을러져 편지를 안 쓰고 있어서, 오늘 아침은 이렇게 일찍부터 편지를 쓴다! 7월 31일자 유진의 편지를 받고 정말 기뻤고, 집을 판다는 소식도 잘 들었다. 6주 동안 너희에게서 아무런 소식을 듣지 못하다가 받는 편지들이기에 편지 하나하나가 다 우리에게 너무도 소중하다. 그 편지가 온 이후로는 아직 누구도 미국 우편을 받은 적이 없는 것으로 보아 아마 우리는 일주일에 한 번 정도만 우편을 받아볼 수 있는 것 같구나. 하지만 이만큼도 정말이지 감사한 일이다. 지난 번 편지에서 말했는지 모르겠지만, 우리는 A.P.O.로도 소포를 보낼 수 있단다. 그래서 여기에 도착하고서 우리는 군용트렁크들과 꾸러미 몇 개를 Mr. Hearn에게 보내어 보관을 부탁드렸다. 우리 사진들, 나의 멋진 식탁포 그리고 내가 늘 가지고 다니는 소중한 잡동사니들이 들어 있다. 윈(Winn) 선교사 남매와 프리처드 선교사(Miss Pritchard/역자 주: 변마지 선교사)를 위해 챙긴 몇 가지 것들도 같이 보냈다. 내게 선견지명이 있었더라면 더 많은 물건을 가져와서 지금 사용하고 또 전주로 다시 가져갈 수 있었을 텐데 싶다. 우리는 그저 옷, 이불, 담요, 수건을 약간 가져왔을 뿐인데, 여기 살던 분들이 남기고 간 것들에서 접시나 조리기구 등을 빌릴 수 있어서 참 다행이다. 다시 전주로 돌아가면 얼마나 남아 있을지 장담하기 어렵다. 우리가 떠나고 며칠 뒤 전주를 떠난 한국인들 말로는 벌써 도둑이 병원과 우리 집을 털어갔다고 하는구나.

that thieves were already going into the hospital and our houses.

We are all well and getting along nicely here. It is hot, of course. but probably not as hot as it would be in Chunju and the upstairs here is this Japanese house that opens up on two sides is as good a place for summer as we could find. We certainly have a lot to be thankful for and we are still glad we stayed. We feel that though the fighting continues hard and our forces don't make any spectacular gains, that it won't be long before they will be really driving the enemy back. We had never thought that the communists could send in so many troops and so much equipment. We understand that there are three tank battalions here getting ready to go into battle. Father has gone this morning to hold a service for the men in that group and he is interested to find out something about them. Father is taking two services and Mr. Kinsler one, today to help the chaplain out. The chaplain is very short handed and he will have four or five services himself. There are so many different groups of man and, of course they can't all come to the base chapel that is right in the middle of town. We like the chaplain a lot. He is a southern baptist. We plan to have him out for a meal. We had two of the evacuation hospital nurses whom we had met at the chapel the other night and they really enjoyed cold water and ice cream. I don't think there is ice cream to be had anywhere else just now! We had just found out that Joe Wilson was here when Eugene's

우리는 여기서 다 잘 지내고 있다. 물론 날씨가 무덥지만, 아마도 전주보다는 덜 더운 것 같다. 그리고 이 일본 집은 위층이 양면으로 트여 있어서 여름을 나기에 좋다. 정말 우리는 감사할 것들이 많고, 여기서 지내게 되어 기쁘다. 맹렬한 전투가 계속되고 있고 우리 군대가 아직 눈부신 성과를 거두고 있는 건 아니지만, 머지않아 적을 몰아낼 것이라고 생각한다. 우리는 공산당이 그렇게 많은 군대와 장비를 갖고 있을 줄 꿈에도 생각하지 못했다. 우리가 알기로 여기 3개의 탱크 대대가 전투에 나갈 준비를 하고 있다. 오늘 아침 아버지는 그 부대 군인들의 예배를 인도하러 가셨는데 뭔가 알아내고 싶어 하신다. 오늘 하루 아버지는 군목을 도와 예배 인도를 두 번 하시고 킨슬러(Kinsler) 선교사도 한 번 하신다. 군목은 너무 일이 많아 늘 손이 모자란데, 예배도 네다섯 번 인도한다. 정말 많은 다양한 그룹들이 있고, 또 그들이 다 도시 중심에 있는 중앙 채플에 올 수는 없다. 그 군목은 남침례교 목사인데, 우리는 그를 많이 좋아한다. 우리는 언젠가 그와 외식을 함께 할 생각이다. 얼마 전 밤에 채플에서 만난 후송 병원 간호사 두 사람을 초대했는데, 그들은 우리가 준 냉수와 아이스크림을 정말 좋아했다. 현재로서는 다른 어디서도 아이스크림을 구할 수 없을 테니 말이다! 우리는 유진의 편지를 받았을 때쯤에야 조 윌슨(Joe Wilson/역자 주: 우월손 선교사의 아들)이 여기 있다는 걸 알게 되었다. 그는 오사카에 있었는데, 진 린들러(Gene Lindler)가 거기서 그의 아내를 만났다고 우리에게 편지로 알려왔다. 그래서 아버지는 그를 만나러 갔고 그도 우리를 한 번 찾아왔다. 토요일 밤에는 아이스크림을 먹는다고 말해주었기에 그가 어젯밤에 오기를 기대했지만, 진주 탈환 전투가 시작된 이래 다들 너무 바쁘

letter came. He had been in Osaka and Gene Lindler had seen his wife over there and wrote us so Father went to see him and he has been to see us once. We had hoped he would come last night because we told him we would have ice cream on Saturday nights, but they have been very busy since the push around Chinju began and the doctors and nurses just can't tell when they can get off. It was mighty nice to see him and it gives me a good feeling to know he is here where we could call on him in an emergency. Eugene, I wish you would phone Mrs. Wilson and tell her that we have seen Joe and that he seems to be fine. He surely is like his father. I will write to Miss Boss some of these days.

The war has been going on seven weeks today. It seems as if it has been much longer than that, but it is strange how our time seems to be taken up with little things that make the days go by pretty fast. Father has lots of company. Some come just to see if we have some later news than they have- which, of course we don't. Most of them want help in finding jobs. A surprising number have gotten jobs. It is comparatively easy for chauffeurs and those who know some English to get jobs. Naturally they need lots of interpreters to go along with the different groups of soldiers. It is a marvel to me that the U.S. soldiers get along as well as they do when nothing about the country and can't speak Korean. In another week or two the weather should get a little cooler and I am going

고, 의사와 간호사들도 자신들이 언제 쉴 수 있는지 알지 못하는 상황이다. 그를 보게 되어 매우 반가웠고 비상시에는 그에게 연락할 수 있다는 것에 마음이 많이 놓인다. 유진, 윌슨(Wilson) 선교사 부인에게 전화해서 우리가 조(Joe)를 보았고 그는 잘 지내고 있는 것으로 보인다고 말씀드리면 좋겠다. 그는 정말 자기 아버지를 닮았다. 나는 베스 씨(Miss Bess/역자 주: 우월손 선교사 부인)에게도 조만간 편지를 쓸 참이다.

오늘부로 전쟁이 7주째 이어지고 있는데, 그보다 훨씬 더 오래전에 시작된 것처럼 느껴지는구나. 그런데 우리의 일상은 자잘한 일들을 처리하는 일로 하루하루가 빨리 지나가고 있는 것이 참 이상하다. 아버지는 찾아오는 손님들이 많다. 자신이 모르는 최신 뉴스를 들을까 하여 오는 이들도 있는데, 우리가 그들보다 더 아는 건 없다. 대부분은 일자리를 찾는 데 도움을 얻고자 해서 오는 이들이다. 놀라울 정도로 많은 이가 일자리를 얻었다. 운전기사와 영어를 어느 정도 할 줄 아는 이들은 비교적 쉽게 일자리를 얻는다. 당연한 것이, 다양한 그룹의 병사들을 도울 통역사들이 많이 필요하기 때문이다. 이 나라에 대해 아무것도 모르고 또 한국어도 못하는 미군들이 한국인들과 잘 지내는 모습을 보면 참 놀랍다. 앞으로 1~2주 후에는 날씨가 조금 더 쌀쌀해질 텐데, 만약 그때까지 우리가 여기 있게 된다면 뭔가 도움을 줄 수 있는 일을 찾아볼 생각이다. 지금은 정말이지 잘 쉬고 있다.

어린 스티븐(Stephen)이 수술을 받아야 했다니 정말 안됐구나.

to try to find something useful to do if we are still here by that time. I certainly am having a good rest now.

We were mighty sorry to know that little Stephen had had to have the operations, but I am glad that is all over with. We are +++ (역자 주: 원문이 가려져 있어서 판독 불가) this week. Please keep on writing till you hear we've left Korea. We don't expect to leave(역자 주: 필기체로 편지에 덧붙여져 있으나 판독하기 어려움).

하지만 잘 끝났다니 기쁘다. 우리는 이번 주에 +++(역자 주: 원문이
가려져 있어서 판독 불가)한다. 우리가 한국을 떠났다는 이야기를 들을
때까지 편지를 계속 보내주렴. 우리가 떠날 것이라고 생각지는 않
는다. (역자 주: 이후 필기체로 서신에 덧붙인 부분은 판독이 어려움.)

Sunday Afternoon

August 20, 1950

Dearest Children,

Another week has rolled around and there isn't much news to write about ourselves. The weather is still pretty hot, but most of the time there is a breeze and we can expect the nights to get cooler anytime now. We are all well and still have many things to make us comfortable. Every day or so something different happens. Thursday night after supper we decided to drive down to the water front to see what boats were in and get permission to go on board the hospital ship "Consolation". They are here as a sort of addition to the hospital, but they hadn't gotten any patients then. It was a real "sightsee". It's all air conditioned and fitted out with everything that could be needed for surgery, etc. Also there seemed to be every provision for the boys' comfort and entertainment. The nurses were mighty nice looking women, too. They all seemed very glad to show us around.

Father has just come in from preaching to a group of G.I.'s. There are so many of them in all sorts of different locations that the chaplain just can't get around to them so Father and Mr. Kinsler are helping.

일요일 오후

1950년 8월 20일

사랑하는 자녀들에게,

또 한 주가 지났는데 우리 근황 관련해 특별한 소식은 없다. 날씨는 여전히 꽤 덥지만 바람이 내내 부는 것으로 보아 아마도 조만간 밤은 선선해질 것 같구나. 우리는 모두 건강하고 여전히 편안히 지내고 있다. 거의 매일 여러 일이 일어난다. 목요일 밤에는 저녁 식사 후에 우리는 어떤 배들이 있는지 알아보러 해안으로 차를 몰고 가보았는데, '위안'(Consolation)이라는 이름의 병원선에 승선을 허락받아 들어가 보았다. 병원에 딸린 배였는데, 아직까지 환자들을 받고 있진 않았다. 정말 '볼 만한 구경거리'였다. 에어컨이 완비되어 있었고, 수술 등에 필요한 모든 것이 갖춰져 있었다. 또 아이들의 편의와 오락을 위한 것들도 다 갖추고 있는 듯 보였다. 간호사들도 모두 아주 좋은 분들 같았다. 그들은 우리에게 배 구경을 시켜주는 걸 즐기는 것 같았다.

아버지는 어느 미군(G.I.) 그룹에게 설교를 마치고 방금 들어오셨다. 여러 다양한 장소에 많은 군인이 분산되어 있어서 군목이 모두 갈 수 없기에 아버지와 킨슬러(Kinsler) 선교사가 돕고 있는 것이란다.

우리는 조금 고무적인 전쟁 소식을 듣긴 했지만, 아직 큰 변화는 없다. 어젯밤 우리가 디저트로 초콜릿 아이스크림을 먹을 참이었을

We feel a little encouraged about the war news, but there isn't much change from day to day. Joe Wilson got in last night just as we were ready for chocolate ice cream for dessert. He says they have not been nearly as busy the last two or three days after having been terribly rushed with patients. He was looking fine and we were mighty glad to see him.

We haven't had any mail this last week except a letter from Uncle Teddie. I am beginning to think that perhaps we have given you all the insufficient address. After this try putting in c/o American Consulate General after Presbyterian Missionary. I am afraid that the P.M. in San Francisco may question our right to use an A. P. O. number. The address I have been using was what Father understood the Captain who gave us the permission to use the A.P.O., to say was the correct one. The Mitchells have gotten a good deal of mail and all of theirs had c/o the consulate on it.

Monday morning - This is another sunny day and still hot but after all it's nearing the end of August so it won't stay hot long now. Father says to tell you all that we feel sure the Americans are not going to get pushed out of Korea so we expect to stay on. Therefore you all must continue to write to us. What I am afraid has happened is that some of your letters may have been returned to you and you are wondering if we have left here. I can imagine that

때 조 윌슨(Joe Wilson)이 찾아왔다. 환자들이 어찌나 몰려드는지 지난 2~3일만큼 그렇게 바빴던 적은 없었던 것 같다고 하더구나. 그는 좋아보였고, 우리는 그를 만나서 정말 기뻤다.

이번 주는 테디(Teddie) 삼촌이 보낸 편지 외에는 아무 우편도 받지 못했구나. 어쩌면 우리가 너희에게 부정확한 주소를 주었던 것은 아닐까 하는 생각이 드는구나. 다음부터는, 'Presbyterian Missionary' 뒤에 'c/o American Consulate General'라고 적어서 보내 보거라. 샌프란시스코 우체국(P.M.)이 우리에게 군사우체국(A.P.O.) 번호를 사용할 권리가 있는지 의문을 제기할까 걱정이구나. 내가 사용하고 있는 주소는, 아버지가 이해하기로, 우리에게 A.P.O. 사용 권한을 준 그 대위(Captain)가 맞는다고 확인해준 것이다. 미첼 선교사 부부는 상당량의 우편물을 받았는데, 그 우편물에는 다 주소란에 'c/o the consulate'라고 적혀 있다.

월요일 아침 - 오늘도 화창한 날이고 여전히 덥지만 이제 8월의 끝자락에 가까워지므로 머지않아 더위가 가실 것이다. 아버지는 너희에게 우리는 미군이 한국에서 쫓겨나지 않을 것이라 확신하게 되어 계속 이곳에 남게 될 것 같다고 말해주라는구나. 그러니 계속 우리에게 편지를 써다오. 너희 편지 중 일부가 너희에게 반송되어가는 바람에 너희가 우리가 이곳을 떠났을지 모른다고 생각할까봐 걱정이구나. 지난 2주 동안의 뉴스만 보자면 우리가 떠나는 것이 맞는다고 너희가 생각했을 것 같다만, 지금은 전세가 역전된 것처럼 보인다. 이제 전쟁이 쉬워질 것이라는 말은 아니나, 공산군은 대구 공

the news in the last two weeks might lead you to think we would have to leave. It looks to us now as if the tide has turned- not that the fighting is going to be easy from here on out, but that since the communists failed in their drive on Taiku they have lost their opportunity. Of course we can't be sure. They have moved the Korean government and therefore the American embassy down here from Taiku, but it seems that that was planned a long time ago and was not on account of the big drive on Taiku.

Eugene, please tell Bill Bell about this addition to our address. He may want to answer a letter I wrote him last week. I would like for you to check on whether he got it or not, too, because I put a check in it.

Marjorie, we surely did enjoy your letter and hope you will write often. I hope you and Dwight are going to get some time off before you start in on your winter's work. It would be nice if you could go to Montreat for a while.

I must wind this up and let Father mail it.
With a heart full of love to each one from both of us
Devotedly,
Mother

략에 실패했기 때문에 이제 기세를 잃었다고 할 수 있다. 물론 확신할 수는 없다. 한국 정부도, 따라서 미대사관도 대구에서 이리로 내려왔지만, 이건 오래전부터 계획된 것이었지 대구 전투 때문인 것은 아닌 것 같다.

유진아, 빌 벨(Bill Bell)에게 우리 주소에 추가할 사항에 대해 알려주길 바란다. 내가 지난주에 보낸 편지에 그가 답장을 하고 싶어 할지 모르니 말이다. 그 편지에 내가 수표를 넣었으니 그가 그 편지를 받았는지 여부를 꼭 확인해주길 바란다.

Majories(역자 주: 인돈의 막내 드와이트의 아내). 네가 보내준 편지에 정말 기뻤고, 자주 편지 써주기를 바란다. 겨울 학기 공부를 시작하기 전에 드와이트랑 같이 좀 쉬면 좋겠구나. 몬트리트에 잠시 다녀오면 좋을 것 같다.

이만 줄이고 아버지가 편지를 붙이게 해야겠구나.

너희 모두에게 우리 두 사람의 충만한 사람의 마음을 담아,
엄마가

Sunday, August 27, 1950

Dearest Children,

Father has just left to hold a service for a marine group near us. He will get back just in time to preach for the group that meets in this house-Koreans. Then, after lunch he will go out to preach at the P.O.W. camp. He has been out there once or twice, but this will be the first service for them. There are over a thousand prisoners now and they are enlarging the place to take care of fifty thousand. More and more are surrendering these days. Father has talked to a good many and they seem to be just uneducated, country boys who don t know much about anything and probably nothing about communism. A good many are from Christian families. Americans run the camp and the P.O.W.'s get a lot better treatment than the Korean soldiers. The poor treatment that the Korean soldiers get when they are wounded really distresses us. Herb has been trying hard to see that something is done to improve conditions in the main hospital here, but it is uphill business.

In the last few days we have had letters from Dwight, Aunt Sis and Uncle Teddy and we certainly enjoyed each letter. Aunt Sis said Eugene thought Bill would be operated on the 28th. which is tomorrow. I hope someone will write to us right away and every day or so after that. I guess this is about one of the hardest times

1950년 8월 27일, 일요일

사랑하는 자녀들에게,

아버지는 조금 전 근처 해병대 예배를 인도하러 가셨다. 그리고 시간 맞춰 돌아오셔서는 이 집에 모이는 한국인들 예배 모임에서 설교하실 것이다. 점심 식사 후에는 전쟁포로(P.O.W) 수용소에 설교하러 가실 거다. 아버지는 한두 번 거기에 가본 적은 있지만, 그들을 위해 예배를 인도하러 가는 건 이번이 처음이다. 현재 1천 명이 넘는 죄수가 있고, 앞으로 5만 명을 수용할 수 있도록 장소를 확장하고 있는 중이다. 요즘 점점 더 많은 이가 항복해오고 있다. 아버지는 많은 이와 이야기를 나눠보았는데, 대개 그들은 공산주의에 대해 거의 아무것도 모르고 교육도 받지 못한 시골 출신 소년들이다. 또 많은 이가 기독교 가정 출신이다. 미군이 캠프를 운영하고 있는데, 이 포로들이 한국 군인들보다 훨씬 나은 대우를 받고 있다. 한국 군인들의 경우는 부상자들도 열악한 대우를 받고 있어 정말 보기에 안쓰럽다. 이곳 주요 병원의 상태를 개선하기 위해 코딩턴 선교사가 무던히 애를 쓰긴 했으나, 쉽지 않은 일이다.

지난 며칠간 우리는 드와이트, 시스 이모, 그리고 테디 삼촌에게서 편지를 받았는데, 그때마다 정말 기뻤다. 시스 이모 말로는, 유진이가 알기에는 빌의 수술 날짜가 28일, 즉 내일이라는구나. 너희 중 누가 지금 당장, 또 매일, 혹은 수술 후에 우리에게 편지를 써주기를 바란다. 서로 멀리 떨어져 있는 우리에게 지금이 가장 힘든 시기 중 하나인 것 같구나. 아무 소식도 듣지 못하면 견디기가 훨씬

for us to be so far away and no news makes it so much harder to stand. All the time we couldn't hear from Eugene in 1945 I kept reading Psalm 34 and again I don't find any more comforting passage. That verse that says... and He delivered me from all my fears. is really true. He certainly does give us peace of mind even in hard times like these.

There has been so little news from the front lately we wonder what it means. More U.S. troops have come in recently and we hear there are a great many more to arrive right away. We continue to hope that we might be moving back to Chunju about Oct. first, but of course we may be too optimistic. We have been here over a month but it seems like a year. We are going to begin to stock up on some supplies to take back with us for we probably have nothing left, maybe not even a house! I brought out enough clothes for us to go through the winter on and enough covers and linen. I have Miss Pritchard's plated silver and some kitchen spoons of our own. That's about all we have. I do have my sewing machine with the hand attachment and we have a radio and this typewriter of Miss Pritchard's that we are using. I think I shall order a few kitchen utensils from San Francisco since we have A.P.O. privileges and don't have to pay postage on things mailed in San Francisco. I believe that even after we get back to Chunju, we will be able to get mail from here. This will continue to be the army

더 어렵다. 1945년에 유진의 소식을 듣지 못했던 기간에 나는 계속해서 시편 34편을 읽었는데 이보다 더 위로가 되는 말씀은 없었다. "… 모든 두려움에서 나를 건지셨도다" 하는 구절은 정말 사실이다. 지금과 같은 어려운 시기에도 주님께서는 분명 우리에게 마음의 평화를 주신다.

전선 소식을 최근 거의 듣지 못하고 있는데, 이게 뭘 뜻하는지는 모르겠구나. 근래 많은 미군이 들어왔고, 또 더 많이 올 것이라는 이야기는 듣고 있다. 우리는 10월 1일경에는 다시 전주로 돌아갈 수 있으리라는 희망을 계속 붙들고 있는데, 물론 우리가 너무 낙관하는 것일 수도 있다. 여기에 온 지 한 달 정도 되었는데 마치 1년이 지난 것처럼 느껴지는구나. 지금부터 우리는 가져갈 물품들을 비축하기 시작해야 하는데, 전주에 가보면 아무것도 남아 있지 않고, 집도 사라지고 없을 수도 있기 때문이다! 나는 겨울을 나기에 충분한 양의 옷가지들과 충분한 이불들을 가져오긴 했다. 프리처드 선교사의 도금된 은식기와 우리 소유의 부엌 숟가락들도 가지고 왔다. 이게 우리가 가진 거의 전부다. 또, 손잡이가 달린 재봉틀이 있고, 라디오도 있고, 프리처드 선교사의 타자기가 있어서 사용하고 있다. 샌프란시스코에 주방용품 몇 개를 주문해야 할 것 같구나. 우리는 A.P.O.가 있어서 샌프란시스코에서 우편으로 발송되는 물품에 대해서는 우송료를 지불할 필요가 없단다. 전주로 돌아간 뒤에도 아마 여기 주소로 우편물을 받을 수 있으리라 믿는다. 분명 이곳은 한동안 군대 기지로 계속 이용될 테니 말이다.

base for some time I am sure.

I think it is mighty nice that Dwight and Marjorie are going to get an apartment — at least I hope they have found one. That will be much nicer than living in the seminary. I hope that we will hear from Hugh and Betty this week that Stephen is all over his operations. Dwight wrote about Hugh's selling Fuller brushes. I know they have both kept busy. Aunt Sis wrote about some of the things little Gene said. It is hard for us to picture him as big enough to be talking so wisely! Aunt Sis says he is a smart child, but we all know how prejudiced she is when it comes to Linton boys. However, I am sure we would agree with her if we could just hear him.

I had a nice letter from Mrs. Bariles who has had our Montreat house. She said Eugene and Anne had been to see her. She seems to have enjoyed the house. I was afraid she would be disappointed in the beds. I guess Eugene's letter telling about his trip to Montreat early in the summer was lost. I wonder if he put in a new water heater. I suppose someone had the place cleaned up. I feel now like I won't want to leave there next fall if we ever get there.

Anne, some time ago I asked you to look out for some shirts and underwear for Father. If you haven't mailed them I believe you had better send them on to this A.P.O. address. Father's underwear is

드와이트와 마조리가 아파트를 구할 생각이라니 참 잘 했다. 이미 구했기를 바란다. 그편이 신학교에 사는 것보다 훨씬 나을 것이다. 이번 주에 휴와 베티로부터 스티븐이 수술을 잘 마쳤다는 소식을 들을 수 있게 되기를 바란다. 휴가 풀러 회사의 청소용품(Fuller brushes)을 팔 계획이라고 드와이트가 알려주었다. 둘 다 여전히 바쁘게 사는 줄로 안다. 시스 이모가 어린 진이 했다는 말 몇 가지에 대해 써주셨다. 그 아이가 벌써 그런 똑똑한 말을 할 수 있을 만큼 자랐다니 상상하기 어렵구나! 시스 이모는 그 아이가 정말 똑똑하다는데, 우리가 알듯이 린튼 가문 아이들에 대해서 그녀는 눈에 뭐가 씌어 있으셔서 그녀 말을 곧이곧대로 다 받아들일 수는 없겠다. 하지만 그 아이가 하는 말을 직접 듣게 된다면 우리도 분명 그녀의 말에 동의하게 될 거라 확신한다.

우리 몬트리트 집에서 지낸 Mrs. Bariles에게서 반가운 편지를 받았다. 유진과 앤이 그녀를 보러 왔다고 하더구나. 그녀는 그 집 생활을 좋아하셨던 것 같다. 나는 그녀가 침대들을 불편해했을까 봐 걱정이 되었다. 여름 초에 몬트리트에 다녀온 이야기를 적어 보냈다는 유진의 편지는 중간에 분실된 것 같구나. 유진이 새 온수기를 설치했는지 궁금하구나. 집 청소도 누가 챙겼으리라 생각한다. 내년 가을 그 집에 가게 된다면 아마 떠나고 싶지 않게 될 것 같구나.

Anne, 얼마 전 네게 아버지가 입을 셔츠와 속옷을 좀 구해달라고 부탁했었다. 아직 우편으로 보내지 않았다면 이 A.P.O. 주소로 보

beginning to wear out and we couldn't bring all his shirts so he may need them sooner than I had figured. I don't remember whether or not I asked you to send him a black leather belt or not. He needs one-size 36. Also I think a new tie or two would help his morale!

Heaps of heaps of love,
Mother

내주면 더 좋을 것이다. 아버지 속옷이 해지기 시작했고, 집에서 아버지 셔츠들을 다 가져올 수 없었기 때문에 내 예상보다 아버지한 테 새 셔츠가 더 빨리 필요해질 것도 같구나. 검은 가죽 벨트도 보내 달라고 네게 요청했는지 기억이 나지 않구나. 아버지는 1사이즈 36 인치짜리가 필요하다. 또 새 넥타이도 한두 개 보내줄 수 있다면 아버지가 더 기운이 나실 것 같구나!

많은 사랑을 담아서,
엄마가

<u>**Pusan,**</u>

<u>**Monday, Sept. 4th. 1950**</u>

Dearest Children,

Here it is another month. Surely our forces will push the reds back post Chunju this month. The nights are nice and cool now and the days are not really hot. It's the sort of weather I liked best, but the poor Koreans who left their homes without anything but summer clothes are beginning to worry about being cold. I think I wrote you all that our school boy whom we call "Greenie" was drafted. Well, we told him goodbye about two weeks before we left Chunju and hadn't heard from him until he walked in Saturday afternoon. He had been working as a first aid man until things were getting too hot for his outfits so they gave him a gun and sent him to the front. He was wounded — a bullet went thru his shoulder and he had been in a hospital here in Pusan but didn't know we were here until he met up with someone from Chunju Saturday. He has put in his application to take some kind of course in medical aid and hopes to be around here a while. I think he is really glad to find us and we are so thankful he wasn't killed.

This afternoon I took two Korean ladies and went to do personal work in one of the large refugee camps. There are 3000 people housed in large temporary buildings. Each family has a space about

부산,

1950년 9월 4일 월요일

사랑하는 자녀들에게,

또 여기서 달을 넘겼구나. 분명 이번 달에는 우리 군대가 적군을 전주 위로 몰아낼 것 같다. 요즘 밤은 선선하고 시원하고, 낮도 그다지 덥지 않다. 내가 제일 좋아하는 날씨이긴 하지만, 여름옷만 입고 집을 나온 가난한 한국인들은 이제 추운 겨울을 날 걱정을 하기 시작한다. 우리가 그린이('Greenie')라고 부르는 우리 학교 그 소년 아이가 징집되었다고 너희에게 썼던 것으로 기억한다. 전주를 떠나기 약 2주 전에 그와 작별 인사를 나눴고 그 후 그에게서 아무 소식을 듣지 못하고 있었는데, 그가 토요일 오후에 우리를 찾아왔다. 그는 아직 나이가 어려서 응급처치 요원으로 일하고 있었는데 상황이 급박해지자 총을 지급받고 전방에 보내졌다. 그는 총탄에 어깨가 뚫리는 부상을 입었다. 이곳 부산에 있는 병원에 입원해 있었다는데, 토요일에 전주에서 온 사람을 만나기 전까지 우리는 그가 여기 있다는 걸 몰랐다. 현재 그는 의료지원 훈련 과정을 수강하기 위해 지원서를 제출한 상태라고 하고, 한동안 여기 머물기를 바라고 있다. 우리와 재회하게 되어 그는 정말 기뻐하는 것 같고, 우리도 그가 죽지 않은 것이 정말 감사하다.

오늘 오후 나는 한국 여성 두 명과 함께 대형 난민 수용소 중 한 곳에 개인적인 일이 있어 다녀왔다. 3,000명이 대규모 임시 건물에 거주하고 있는데, 가로세로 약 10피트 정도 되는 공간에서 한 가족

ten feet square. Of course there is absolutely no privacy. There are sick children and new babies and people dying every day, but on the whole they are remarkably patient and do mighty well with what they have, I think. It is hard to see all their discomfort and be able to do so little about it. It's a wonderful opportunity to preach to them because they are so willing to listen. I have gotten a lot of copies of John's gospel to give out. Father went to the P.O.W. camp again yesterday and found a good many Christians. He gave out gospels there too. He found two men who had gone to his school some years back. Of course they said that they had been forced to fight with the northern army which may be true.

We have had letters from Eugene, Hugh Betty and Dwight since I wrote last and we certainly enjoyed them. We hope to hear soon now about Bill's operation. Cousin Curtis Crane wrote about seeing D.&M. in Decatur. I am so glad they have gotten an apartment. I know they will enjoy it. Hugh and Betty seem to like Princeton fine.

I started this this morning and have had several interruptions. Now, Father has come in and it's time for supper. He brought a letter from Mrs. Wilson. We see Joe only occasionally — he keep pretty busy.

이 산다. 당연히 사생활 보호는 없다. 아픈 아이들, 갓난아기들도 있고 그리고 매일 같이 사람들이 죽어나가지만, 전반적으로 그들은 놀라울 정도로 잘 인내하며 현재 주어진 여건에서 훌륭하게 대처하고 있다. 그들이 처한 어려움을 보면서도 내가 해줄 수 있는 일이 없다는 것이 괴롭다. 그러나 그들에게 복음을 전할 좋은 기회이기도 한데, 그들은 기꺼이 듣고자 하기 때문이다. 나는 그들에게 나눠줄 요한복음 사본들을 많이 구했다. 아버지는 어제 다시 전쟁포로 수용소에 가셨는데, 상당히 많은 기독교인 포로를 만나셨다. 아버지도 거기서 복음서들을 나눠주셨다. 아버지는 수년 전에 아버지 학교에 다녔던 이들 두 사람을 만났다. 그들 말로는 자신들은 강제로 북한군 편에서 싸울 수밖에 없었다고 하는데, 아마 사실일 것이다.

지난번 편지를 보낸 이래로 우리는 유진, 휴, 베티, 드와이트에게서 편지를 받았고, 정말 기뻤다. 이제 곧 빌의 수술에 관한 소식을 들을 수 있기를 바란다. 사촌 커티스 크레인(Curtis Crane)이 디케이터에서 D.&M.(역자 주: 드와이트와 마조리)을 보았다고 편지에 썼더구나. 그들이 아파트를 구했다니 기쁘다. 그들은 그곳을 좋아하게 될 게다. 휴와 베티는 프린스턴 생활을 좋아하는 것 같다(역자 주: 인돈의 삼남 인휴는 1950~1953년까지 프린스턴 신학교의 신학석사 과정에서 공부했다).

오늘 아침에 이 편지 쓰기를 시작했는데 여러 번 중단되었다. 지금은 아버지가 오셨고 저녁을 준비할 시간이다. 아버지가 월슨 선교사 부인에게서 온 편지를 가져오셨다. 조(Joe)는 가끔씩만 볼 수 있다. 그는 꽤 바쁘게 지낸다.

Our radio has been in the shop about ten days and we surely do miss getting the news promptly. Father has the last Stars and Stripes and the news sounds better. Surely this is the turning point!

I will wind this up and get it off tomorrow.

Worlds of love from us both.

Mother

10일 전쯤부터 우리 라디오를 가게에 두어서 뉴스를 즉각 듣지 못하는 것이 많이 아쉽다. 아버지에게 지난 호 〈스타스앤드스트라이프스〉(역자 주: 군사전문일간지)가 있는데, 전보다 더 희망적인 뉴스들이다. 분명 전환점인 것 같구나!

여기서 줄이고, 내일 편지를 붙이마.
우리 두 사람의 사랑을 가득 담아서,
엄마가

From - Rev. and Mrs. Wm. A. Linton

Presbyterian Missionaries

Care U.S. Consulate

APO #59, Care Postmaster

San Francisco, California

September 10, 1950

Dear Folks:

All of you probably know by now that we are here in Pusan, hoping each week that "this week the tide will turn" and before long we can load up our jeep and start back to Chunju. We feel so fortunate to have been able to borrow this Japanese style house from some missionaries who were evacuated to Japan when it was uncertain whether or not even Pusan would be held. It was pretty hot the first month we were here, but there was usually a good breeze and the nights have been comfortable. Our cook asked to come with us and we got a wash woman here, so you see we have many physical comforts. Mr. Kinsler, of the Northern Presbyterian Mission joined our household so there are six of us and we have good times together. Mary Belle Mitchell and I take turns keeping house. We surely miss the good vegetables we had in our gardens when we left, but we have been able to get tomatoes and fresh fruit of different kinds all summer, so we have nothing to complain of along that line.

친애하는 여러분께,

모두 아시듯, 저희는 지금 이곳 부산에서 지내고 있습니다. 매주 '이번 주에는 상황이 바뀌고', 조만간 지프차에 짐을 싣고 다시 전주로 돌아갈 수 있기를 바라면서 말입니다. 다행스럽게도 저희는 부산을 지킬 수 있을지 여부가 불확실했던 상황에서 일본으로 피난한 선교사들에게서 이 일본식 주택을 빌려 사용해왔습니다. 저희가 여기에 온 첫 달은 꽤 더웠지만 보통 바람은 선선했고 밤은 편안했습니다. 저희 요리사가 저희와 함께 가겠다고 해서 같이 왔고, 또 이곳에서 빨래도우미 여성도 구할 수 있었기에 저희는 육체적으로는 매우 편안하게 지내고 있습니다. 북장로회 선교부(Northern Presbyterian Mission)의 킨슬러(Kinsler) 선교사도 저희 집에서 지내게 되어, 여섯 명이 함께 즐거운 시간을 보내고 있습니다. Mary Belle Mitchell과 제가 교대로 집안일을 맡고 있습니다. 떠날 때 저희 집 정원에서 두고 온 좋은 야채들이 정말 그립지만, 여름 내내 토마토와 다양한 종류의 신선한 과일을 얻을 수 있었기에 그 점에서 저희는 불평할 것이 아무것도 없었습니다.

It would be hard to tell you just how we spend our time, but every day is full. So many people we know from other sections of Korea have fled to Pusan and for a while we had callers by the dozen and Mr. Linton was able to help a lot of them get jobs, either with the U.S. Army or other organizations. Chauffers and any who know English are much in demand. Mr. Kinsler has helped in the distribution of some Church World Service relief goods that happened to be here in Pusan, and we have all helped some with that. Now the weather is cooler and the young folks have started regular language study for at least three hours a day. Mr. Linton and I are doing what we can to help in that. Dr. Codington has put in a lot of time trying to get the Korean army hospitals to use blood transfusions more in treating the wounded. Since there is a great deal of prejudice against giving blood, he has a hard time securing donors, but more and more are offering blood, and already lives have been saved that might not have been, without his efforts. Mr. Linton preaches in the "P.O.W." camp every Sunday.

I wish I had the ability to describe the bustle and confusion of Pusan. Every school building, department store, or other large building is being used as a hospital, barracks, or refugee camp. Many temporary buildings have been erected to house more refugees and all the churches are full of them. I have been visiting and doing personal work in one of the largest camps where 3,000 live

하루 시간을 어떻게 보내는지 세세히 말씀드리기는 어렵지만 매일 매일이 꽉 차 있습니다. 저희 지인들 중 많은 이가 한국의 여러 지역에서 부산으로 피난 왔는데, 한동안은 수십 명이 저희를 찾아왔고, 린튼 씨는 그들 중 많은 이가 미군이나 다른 기관에서 일자리를 얻도록 도와주었습니다. 운전기사와 영어를 할 줄 아는 사람이 많이 필요합니다. 킨슬러 선교사는 어떻게 하다 여기 부산으로 오게 된 기독교세계봉사회(Church World Service) 구호품의 배포를 돕는 일을 했고, 저희 모두 거들었습니다. 이제 날씨가 더 시원해졌고, 젊은이들은 하루에 최소 3시간 이상 정규 어학 공부를 시작했습니다. 린튼 씨와 저는 이 일도 최선을 다해 돕고 있습니다. 코딩턴 박사는 한국 육군 병원이 부상자 치료에 필요한 혈액을 더 많이 확보하도록 돕는 일에 전심전력했습니다. 한국인들은 아직 헌혈에 대한 선입견이 있어서 헌혈자 확보에 어려움을 겪고 있지만, 헌혈하는 사람이 늘고 있으며 박사님의 노력 덕분에 많은 이가 목숨을 구했습니다. 린튼 씨는 매주 일요일 'P.O.W.'(전쟁포로) 수용소에서 설교합니다.

부산이 현재 얼마나 혼잡하고 혼란스러운지 제 재주로는 제대로 표현할 길이 없을 정도입니다. 모든 학교 건물, 백화점, 기타 대형 건물들은 다 병원, 막사 또는 난민 캠프로 사용되고 있습니다. 더 많은 난민을 수용하기 위해 많은 임시 건물이 세워졌고, 교회마다 난민으로 가득 차 있습니다. 저는 가장 큰 캠프들 중의 하나인 곳을 방문하면서 개인적인 사역을 하고 있는데, 그곳은 전에 공장 부지였던 곳인데 5개의 대형 임시 구조물에 3,000명이 살고 있습니다.

in five large temporary structures inside the grounds of a former factory of some sort. Lots of these people are from Seoul — having come all this way just ahead of the communists. There are many Christians among them. A pastor from Seoul, who escaped out of his back gate when the communist soldiers were already inside his house, having come to arrest him, is acting as temporary pastor of this particular refugee group. He has found among the refugees an elder and several deacons, Sunday School teachers, etc., so they are beginning to feel like a real church. I went to the morning service today, and to my amazement they took up a collection! These people left their homes two months or more ago, many of them very suddenly, with only the thin summer clothes they were wearing and often without any money at all. Now, the government gives them a very meagre allowance of food and a small amount of money, so it Is a real sacrifice for them to put money in the collection plate. I go out during the week and visit among them, trying to comfort those who are sick or have sent their men to the front, or whose children got separated from them on the way here. There is a new baby born nearly every day and several children have died. It is heart-breaking to see how patient they are in such surroundings. E.C.A, is helping with medicines and powdered milk, and U.N. agencies will help more I am sure, but I am afraid the weather will get cold before enough help comes.

많은 난민이 서울에서 온 사람들입니다. 공산군이 들이닥치기 직전에 피난해 여기까지 내려온 것입니다. 그들 중에는 기독교인들도 많습니다. 서울의 한 목사는 자신을 체포하러 온 공산군이 집까지 들이닥쳤을 때 뒷문을 통해 가까스로 도망쳤다고 하는데, 이 특정 난민 집단의 임시 목사로 활동하고 있습니다. 그는 피난민들 중에서 장로 한 사람과 집사 몇 사람, 또 주일학교 교사들 등도 만나게 되어, 진짜 교회 같은 모임을 꾸려가고 있습니다. 오늘 아침 저는 예배에 나갔는데, 놀랍게도 예배 중에 헌금 시간이 있었습니다! 두 달 전에 집을 떠나온 이 사람들은 갑작스럽게 떠난 것이라서 대개 얇은 여름옷만 입고 집을 나섰고, 수중에 돈이 전혀 없는 경우도 흔합니다. 정부로부터 아주 소량의 식량과 소액의 생활비를 받아 생활하는 중인데, 그런 그들이 헌금함에 돈을 넣는 것은 정말이지 진짜 희생입니다. 저는 주중에는 나가서 그들을 방문하며 환자들이나 자식을 군대에 보낸 이들이나 여기로 내려오는 길에 자녀를 잃어버린 이들을 위로하려고 합니다. 거의 매일같이 아기가 태어나고 있으며, 몇 명은 죽었습니다. 이런 상황에서도 그들은 얼마나 잘 참고 인내하는지, 그 모습을 보는 것만으로도 마음이 너무 아픕니다. 미국 경제협조처(E.C.A)가 약과 분유를 배포하며 돕고 있는데, UN 기관들의 도움도 더 많아질 것이라고는 확신하지만, 충분한 도움이 오기 전에 날씨가 빨리 추워질까 봐 저는 그 점이 염려됩니다.

3일 후 ─ 그간 몇 차례 난민 가정들을 찾아갔습니다. 어제는 많이 아픈 사람을 보게 되었는데, 그에게 줄 약이 없었습니다. 그래서 저는 코딩턴 박사에게 약을 좀 구해달라고 했고, 오늘 아침 받아올

Three days later — I have been back to see my refugee family several times. Yesterday I found a very ill man, but there was no medicine there for him, so I got Dr. Codington to get some for me, and I took it over this morning. I found a new little baby girl and gave her a blanket from the relief goods. The mother had only a straw bag for cover, so I hope to got something for her. I could go on and on about the needs in this one camp and there are dozens of others. More than that, as winter comes on there will be even more suffering here if these refugees can't get back to their homes and I hate to think of the number all over South Korea, who have been made homeless by the actual fighting that has left their villages bombed or burned.

We will enjoy hearing from any of you who have time to write. Please forgive us if your letters have not been answered. We feel that a good deal of mail did not reach us at the beginning of the war. Until further notice just use the address at the top of this letter.

There may be boys from your families serving out here whom we would like so much to look up if we knew about them. If so, write us and give their full addresses. The streets are full of "our boys" and we keep feeling like we will mee up with someone we know. Mary Belle Mitchell and I are the only civilian women here so we are rather conspicuous. As Mr, Linton and I drove by a

수 있었습니다. 새로 온 어린 소녀를 보게 되었고, 그녀에게 구호품에서 담요를 가져다주었습니다. 소녀의 엄마도 몸을 덮을 것이 밀짚 가방밖에 없기에, 모친을 위해서도 뭔가 얻을 수 있기를 바라고 있습니다. 이 캠프 한 군데에만 해도 필요한 것들이 얼마나 많은지 이루 다 말할 수 없는데, 이런 캠프가 여러 군데입니다. 더군다나 겨울이 오고 그때도 이 난민들이 집으로 돌아가지 못한다면 이곳은 더 큰 고통을 겪게 될 것입니다. 한국 도처에 전투로 인해 마을이 폭격을 맞거나 불타버린 바람에 집을 잃어버린 수많은 사람의 처지에 대해서는 생각하기조차 힘들 정도입니다.

편지를 쓰실 여유가 있으시다면, 여러분 모두에게서 편지를 받아보고 싶습니다. 여러분의 편지에 저희가 일일이 답장을 하지 못하더라도 이해해주십시오. 전쟁이 막 시작되었을 때 저희에게 보내주신 우편물들은 도중에 많이 분실된 것 같습니다. 추후 공지가 있기 전까지는 이 편지 상단에 있는 주소를 사용해주십시오.

여러분이나 친지의 아들 중에 지금 이곳에서 복무하는 이들이 있을 수도 있을 텐데, 알려주시면 저희가 할 수 있는 한 그들에 대해 알아보겠습니다. 저희에게 편지를 보내 그들의 주소를 정확히 알려주십시오. 거리마다 '우리 아들들'로 가득하고, 저희는 아는 청년을 만날 것 같다는 느낌이 계속 듭니다. Mary Belle Mitchell과 저는 이곳에 있는 유일한 민간인 여성이라서 다소 눈에 잘 띕니다. 한 번은 린튼 씨와 제가 차를 몰고 한 흑인 헌병(MP) 장교를 지나가는데, 그가 이렇게 말하더군요. "선생님, 이곳에서 짝꿍이랑 같이 있는 유

colored M.P. traffic officer the other day, he said, "Boss, you'se 'de onliest man what's got his mate." Then he laughed like he thought it was a big joke! I'm so glad I managed to stay on with Mr. Linton.

With love and best wishes to each and every one, from both of us.

Most sincerely,

Charlotte B. Linton

Received at Nashville, Tennessee, September 23, 1950

Address: Mrs Wm A. Linton, Presbyterian Missionary, Care U.S. Consulate APO 59, Care Postmaster, San Francisco, California

Postage: Letters 6 ¢ per ounce

일한 남자군요." 그러고는 본인이 생각하기에도 정말 재미있는 농
담이란 듯이 크게 웃었습니다! 저는 린튼 씨와 이곳에서 함께 지낼
수 있어서 정말 기쁩니다.

여러분 모두에게 우리 두 사람의 사랑과 더불어 안부를 전합니다.
사랑을 담아,
샬롯 B. 린튼

September 13, 1950

Wednesday, Afternoon

Dearest Children,

When I got up Sunday morning I was sure that I would get your letter written that very day, but I went to my refugee camp to Church in in the morning, then out to the P.O.W. camp with Father in the afternoon and to the army chaplain's service that night and that about filled the day! We have had a good deal of company this week various chaplains have dropped in, etc. and I have gone to the refugee camp more than usual, trying to see that they get some medicine that they need so much. It's my week to plan the meals so I have been to market and that takes time.

We have had letters from several of you since I wrote last as well as one from Uncle Teddle and it has been nice to sorter catch up on the news. We had hoped that by now Bill's operation would be over and we would be getting ready to go back to Chun Ju, but neither event has taken place yet. I know Bill and Bette were disappointed that the operation had to be postponed, but I hope Bill got a good rest and that it is being done this week. I can imagine what a job Bette has without Bill, but she is such a good manager I know she will get along someway. We surely appreciate Aunt Sis's and Uncle Teddie's helping out so much. We would certainly

1950년 9월 13일

수요일 오후

사랑하는 자녀들에게,

일요일 아침 일어났을 때는 그날 너희에게 편지를 쓸 수 있겠거니 했는데, 아침에 난민 캠프에 갔다가, 교회에 갔다가, 오후에는 아버지랑 전쟁포로 수용소에 갔다가, 그날 밤에는 군목이 인도하는 예배에 다녀오고 보니, 하루가 다 지났구나! 이번 주는 여러 군목이 방문하는 등 방문객이 많았고, 나는 난민들에게 절실히 필요한 약들이 잘 공급되고 있는지 확인하느라 평소보다 더 자주 난민 캠프에 다녔다. 식단을 짜는 것도 내 일이라 시장에 다녀왔는데, 그러다 시간이 걸렸구나.

지난 편지 이래로 너희 중 몇과 Teddle 삼촌에게서 편지를 받아서 어느 정도 소식을 따라잡게 되어 기쁘구나. 지금쯤은 빌의 수술도 끝나고 우리도 전주로 돌아갈 수 있게 되기를 바랐건만, 아직 두 일 모두 성사되지는 못했다. 수술이 연기되어 빌과 Bette가 실망했으리라 생각되지만, 빌이 잘 쉬고 이번 주에는 수술을 받게 되기를 바란다. 빌 없이 Bette가 참 힘들겠다 생각 되지만, Bette는 여하튼 잘 해낼 것이라고 믿는다. Sis 이모와 Teddie 삼촌의 도움에 대해 정말 감사한 마음이다. 정말이지, Charlene이 우산을 들고 새 우비를 입고 학교에 가는 모습을 보고 싶다나. 비오는 날을 너무 오래 기다리게 되지 않기를 바란다.

like to see Charlene going to school in her new raincoat with an umbrella. I hope she didn't have to wait too long for a rainy day.

There isn't much change in the news since the last scare about Taiku falling. That seems to have blown over. We are expecting some good news anytime now. Boat loads of Marines have left here since Sunday and we are eagerly awaiting news of their landing somewhere. You can imagine how much fun Father has deciding where they are probably going ashore. We are mighty anxious to be getting back. It seems so important for the South Koreans to be able to get back and harvest their rice. It is evidently a fine crop again this year. Prices are going up so here in Pusan. I just don't see what the poor people are going to do. And of course food will soon get scarce, too. We are paying 150 won apiece for eggs which at the present rate of exchange, makes them $1 a dozen. Fortunately I found, cans of powdered eggs in the market at a very reasonable price because the Koreans don't know how to use them. I find they can be used in cooking a good deal. I guess I have written you that we have permission to buy food from the "ration breakdown". We make out a list of what we want, and take it out ahead of time and then go for the things on Friday. A sergeant who gets up our (order??) has been mighty nice to us. Mary Belle heard him say he was hungry for bisquits so she and Pete took him some this afternoon.

지난번에 대구가 넘어가는 줄 알고 두려워했던 일 말고는 그 후 별다른 뉴스는 없다. 그 일은 이제 잠잠해진 것 같다. 아마 조만간 좋은 소식이 들려오지 않을까 기대하고 있다. 일요일부터 많은 해병대가 이곳을 떠났는데 우리는 그들이 어딘가에 상륙했다는 소식을 듣기를 간절히 기다리고 있다. 그들이 어디 해안으로 갔을 것인지 추측하는 걸 아버지가 얼마나 즐겼을지 상상이 갈 것이다. 우리는 돌아가기를 간절히 바라고 있다. 한국인들은 돌아가서 쌀을 추수하는 게 정말로 중요한 일일 거다. 올해도 풍년일 것 같다. 여기 부산 물가는 계속 오르고 있다. 가난한 이들은 정말 어떻게 지내고 있는지 모르겠구나. 물론 음식도 곧 부족해질 거다. 우리는 계란 하나에 150원을 지불하고 있는데, 현재 환율로 하면 1다스에 1달러인 셈이다. 다행히 계란 가루 통조림은 시장에서 합리적인 가격에 판매되고 있는데 아마 한국인들은 그걸로 요리하는 법을 모르기 때문인 것 같다. 나는 그걸로 여러 요리에 사용하고 있다. 우리는 '배급 명세서'로 식료품을 구입할 수 있는 권한이 있다고 지난번 편지에 썼던 것으로 기억한다. 우리는 원하는 물품들 목록을 작성해서 미리 제출한 다음 금요일에 물품을 수령하러 간다. 우리 주문을 받아주는 그 상사는 우리에게 매우 친절하다. 그가 비스킷이 너무 먹고 싶다고 말하는 것을 Mary Bell이 들었다고 해서 그녀와 Pete가 오늘 오후에 그에게 좀 갖다 주었다.

유진, 휴, 드와이트 모두 이제 곧 학기가 다시 시작되겠구나. 여기 날씨가 선선해지고 있는 것처럼 거기도 그러리라고 생각한다. 나는 가을을 참 좋아하지만, 감기로 고생하는 주변 분들이 너무 많

I guess Eugene and Hugh and Dwight will soon be starting back in their respective schools. The weather is getting cool here and I suppose it is there, too. I like fall so much but I can't enjoy it much this year with so many people around us suffering with the cold. Take care of yourselves and write to us often,

Worlds of love,
Mother

아, 올해는 충분히 만끽할 수가 없구나. 모두 몸조심하시고 자주 편지 보내주길 바란다.

가득한 사랑으로,
엄마가

Pusan

Sunday Morning

September 17, 1950.

Dearest Children,

These are exciting days for us since the "big push" has really started. The news over the radio is always a little behind what we hear through the Koreans so we are always afraid to believe all we hear locally until it comes in a regular news broadcast. They were saying yesterday that the marines had put the U.N. and Korean Republic flags up on the Capital building in Seoul and also that a landing had been made in Kunsan. We are so thankful that it looks as if the end of this war may be in sight. Of course we are "raring to go" back to Chunju and it is going to be hard to be patient till we can get started. We are stocking up on canned goods. I go to the Korea market every day or so and buy some things that aren't too expensive. Fortunately for us, the rich-Koreans don't like some of the canned meats that we do so we get them cheaper than we can at the ration breakdown. Most of the canned goods is entirely too high.

Joe Wilson was here a while last night. He has been terribly busy. They have had to take care of the wounded P.O.W.'s as well as the G.I.'s, but they are getting equipment to take care of the

사랑하는 자녀들에게,

'대 반격'(big push)이 정말 시작되었고, 매일이 흥분되는 날들이다. 라디오 뉴스는 항상 우리가 한국인들을 통해 듣는 것보다 조금씩 늦어서, 우리는 정규 뉴스 방송에서 들을 때까지는 현지에서 듣는 이야기들에 대해 늘 신중한 태도를 취한다. 어제는 해병대가 서울 시청에 유엔기와 대한민국 국기를 게양했고 군산에도 착륙했다고 하는구나. 드디어 이 전쟁의 끝이 보이는 것 같아 매우 감사하다. 물론 우리는 전주로 돌아가고 싶어 '죽을 지경'이며, 정말 출발할 수 있을 때를 참고 기다리기 힘들다. 우리는 통조림들을 비축하고 있다. 나는 매일 한국 시장에 가서는 그리 비싸지 않은 것들을 사서 모은다. 우리가 좋아하는 통조림 고기들 중에서 다행히도 부유한 한국인들은 좋아하지 않는 것들이 있어서, 우리는 배급 명세서로 살 때보다 더 싸게 구입할 수 있다. 대부분의 통조림 제품은 가격이 너무 높다.

어젯밤 조 윌슨(Joe Wilson/역자 주: 우월손 선교사의 아들)이 여기 다녀갔다. 그는 정말 바쁘게 지낸다. 지금까지는 후송 병원에서 전쟁 포로 부상자들과 미군 부상자들을 다 돌봐야 했지만, 이제 수용소에 전쟁포로들을 돌볼 수 있는 설비들이 갖춰지고 있어서 피난 병원의 일이 줄어들게 될 것 같다. 조는 정말 훌륭한 친구다. 그가 선

P.O.W.'s out at their camp now so that will reduce the work at the Evacuation Hospital. Joe is a mighty fine fellow. Wish he would decide to come into the mission. We surely do need doctors.

We had a nice letter from Aunt Sis written the day Charlene started to school. Wish we had a picture of her taken that day to put beside the one of her daddy the day he started. To us, it doesn't seem long ago in some ways, but a lot of things have happened in this old world even in those twenty one years. I know the other children will miss her. They are probably very proud of her, too. We are mighty sorry to hear about Uncle Teddy's trouble with his arm. Hope it is entirely all right by now. I want to write to them right away. I don't know why I haven't thought to suggest to them that they use our house at Montreat anytime they want to until they get settled. Of course they will want to visit a while and Uncle Teddy wrote about several requests he had had so I guess I just wasn't thinking of their wanting to go there, but they should know that we would be so glad for them to use the house. Maybe some of you have suggested it.

Dr. Dan Poling, whom you all may have heard of, is here today and will speak at the base chapel at eleven this morning. We are all planning to go to hear him. I will go out to the first part of the service at my refugee camp first. We invited the chaplain we have

교사가 되기로 결정하면 좋겠다. 의료 선교사가 정말 필요하니까. Charlene이 학교에 처음 등교한 날 시스 이모에게서 반가운 편지를 받았다. 그날 찍은 그 아이 사진을 아이 아빠가 첫 등교한 날 찍은 사진 옆에 나란히 붙여두면 좋겠구나. 우리에게는 그리 오랜 세월처럼 느껴지지 않는데, 이 21년 동안에도 이 오래된 세상에는 참 많은 일이 일어났다. 다른 아이들도 그 아이를 많이 그리워할게다. 그들은 그 아이를 매우 자랑스러워도 할 거다. Teddy 삼촌이 팔에 문제가 생겼다니 맘이 좋지 않구나. 지금쯤이면 완전히 괜찮아졌기를 바란다. 그분들께 당장 편지를 써야겠구나. 왜 그분들께, 원하신다면 정착할 때까지 몬트리트에 있는 우리 집을 사용해도 좋다고 제안할 생각을 못했는지 모르겠구나. 물론 그들은 잠시라도 방문하고 싶어 할 것이고, Teddy 삼촌은 요청할 것이 있으면 여러 번 요청을 했던 분이라, 아마 그래서 나는 그들이 거기 가고 싶어 할지도 모른다는 생각을 하지 못했던 것 같긴 한데, 아무튼 그 집을 원해 사용하신다면 우리는 당연히 기쁠 것이라고 전해다오. 아마 너희 중 누가 이미 제안을 했을 수도 있겠지만.

너희도 이름을 들어보았을 Dr. Dan Poling이 오늘 이곳에 와서 아침 11시에 지하 채플에서 연설할 예정이다. 우리는 모두 그의 연설을 들으러 갈 계획이다. 나는 먼저 가서 난민캠프 1부 예배에 참석할 것이다. 우리는 이곳에서 자주 뵙던 그 군목과 Dr. Poling을 저녁 식사에 초대했는데, 그분들이 오실 수 있을지 미지수다.

어제 우리는 치솜(Chisholm) 박사와 어쩌면 치솜 부인(Mrs. C.)도

seen a good bit of here and Dr. Poling to dinner, but it is very doubtful that they will get to come.

We heard yesterday that Dr. Chisholm and perhaps Mrs. C. have permission to come back. We are so spread out over this house that it will mean some rearranging. He is getting back on the strength of being a doctor. Paul Crane is planning to come just as soon as he can. Their baby is due about now so, of course he won't be able to come for a while. He took his instruments with him and also brought out a lot of supplies from our hospital so when he comes back with all of that we ought to be able to reopen the hospital if the building isn't too damaged. We have no way of knowing what has happened in Chunju, but it may be that some reliable information will get thru to us now. Some of the Koreans are telling Father that he should be one of the very first to go back into Chulla do. I tell Father he is trying to work up a scheme to go back ahead of me, but I am not planning to let him!

Later - We have had dinner now and Father has gone to the P.O.W. camp and the others are resting. We all went to hear Dr. Poling this morning. He made a good address — I wouldn't call it a sermon. Howard Moffett was there and we brought him home to dinner. He is the son of Dr. Moffett who was in Pyeng Yang so long. He has been in Taiku as a mission doctor, but is now serving

한국에 돌아와도 좋다는 허락을 받았다는 소식을 들었다. 현재 우리는 이 집을 넓게 쓰고 있어서 얼마간 재배치가 필요할 것이다. 그는 의사라는 강점 때문에 그렇게 돌아올 수 있는 것이다. Paul Crane은 최대한 빨리 돌아올 계획이다. 물론 그들은 아기 출산이 가까워서 한동안은 오지 못할 것이다. 그가 자기 도구를 가져갔고, 또 우리 병원에서 많은 비품을 챙겨갔기 때문에, 그가 그것들을 다 갖고 다시 돌아와야 병원을 다시 열 수 있을 것이다. 병원 건물이 너무 손상된 상태만 아니라면 말이다. 전주가 지금 어떤 상태인지 알 길은 없지만, 머잖아 믿을 만한 정보가 전해질 것이라 생각한다. 한국인들은 전라도에 가장 먼저 돌아가는 사람들 중에 아버지도 있어야 한다고 말하기도 한다. 나는 아버지에게 나보다 먼저 돌아갈 계획인 것 같으나 결코 내가 그렇게 되도록 놔두지 않을 것이라고 말하고 있다!

몇 시간 뒤 - 우리는 지금 저녁 식사를 마쳤고 아버지는 전쟁포로 수용소에 가셨고, 다른 이들은 쉬고 있다. 우리는 다 오늘 아침 Dr. Polling의 연설을 들으러 갔다 왔다. 설교는 아니었고, 훌륭한 연설이었다. Howard Moffett도 그 자리에 왔기에 우리는 그를 우리 집에 초대해 저녁 식사를 같이 했다. 그는 오랫동안 평양에 있었던 마펫 박사(Dr. Moffett/역자 주: 북장로회 선교사 마포삼열)의 아들이다. 그는 의료 선교사로 대구에 있었는데, 지금은 공군 어느 부서에서 일하고 있다. 한국에 계속 머물기 위해서 일시적으로 하고 있는 일이다.

in some capacity in the Air Force. This is just temporary so that he can stay here in Korea.

Somebody sent the Mitchells a picture of Father and Pete and a G.I. they met out here that had come out in the papers at home. I think it was in the Atlanta Constitution so you all may have seen it. One of the News photographers happened around the first time they visited the P.O.W. camp and took this picture.

Heaps and heaps of love,
Mother

누가 미첼 선교사 부부에게 아버지와 Pete와 여기서 어느 미군과 함께 찍힌 사진이 자기 집에 오는 신문에 나왔다며 보내왔다고 하는구나. 아마 〈애틀랜타 컨스티튜션〉(Atlanta Constitution)일 것 같은데, 그렇다면 너희도 모두 보았을 것 같구나. 그 신문 사진 기자가 여기 전쟁포로 수용소를 처음 방문했을 때 우연히 찍힌 사진이라는구나.

가득한 사랑으로,
엄마가

Pusan, October 1, 1950

Sunday Afternoon

Dear Absent Loved Ones,

I hope this will be the last letter that I will write to you all from Pusan — at least for a while. You must not be surprised if you don't hear again very soon after this one, too, because we are counting on going back to Chunju this week and we do not know just how we will got letters out until things get a little better reorganized. Just take no news as good news.

I know you have all been following the news and will not be surprised to hear that we are planning to start back. We won't try to get off before Wednesday. There Is still some repair work to be done on our vehicles and some other preparations to make.

I went to Church with the refugees this morning and Father went to the P.O.W. camp this afternoon. Lots of the refugees have left, that is those from around Taiku and Taijun. Those from the Chulla provinces will probably go by boat. We have had numerous requests from people who would like to go with us, but Father is going to try to help them get a boat to take them to Kunsan. There are hundreds of P.O.W.'s coming in every day and very few who are wounded. There are very few wounded Americans, too. Joe

부산, 1950년 10월 1일

일요일 오후

그립고 사랑하는 자녀들에게,

이 편지가 부산에서 너희에게 보내는 마지막 편지가 되기를 바란다. 적어도 한동안은 말이다. 이 편지 이후 자주 우리 소식을 듣게 되지 못하더라도 놀라지 말기 바란다. 왜냐하면 우리는 이번 주 전주로 돌아갈 예정이고 상황이 좀 더 정리될 때까지는 편지를 보내기 어려울 것이기 때문이다. 무소식을 희소식으로 여겨라.

너희 모두 최신 뉴스를 듣고 있을 테니 우리가 전주로 돌아간다는 말에 놀라지는 않았을 것이다. 우리는 수요일 전에는 출발하지 않을 참이다. 아직 우리 차들 수리 작업도 필요하고 준비해야 할 몇 가지 다른 것들이 있어서다.

오늘 아침 나는 난민들과 교회에 갔다 왔고, 아버지는 오후에 전쟁포로 수용소에 다녀오셨다. 많은 피난민이 떠났는데, 대구와 대전 근방에서 온 이들이다. 전라 지방에서 온 사람들은 아마 배를 타고 가게 될 것 같다. 함께 가자고 하는 사람들이 많았지만 아버지는 그들이 군산으로 가는 배를 구하는 일을 도와주고 계시다. 매일 수백 명의 포로가 오는데, 부상자들은 거의 없다. 미군 부상자들도 거의 없다. 어젯밤에는 어젯밤에는 Joe Wilson이 와서 함께 저녁식사를 했다. 그는 이제는 그렇게 바쁘지 않다. 그는 며칠 전에 majority(소령)으로 승진했다. 분명 그는 그럴 자격이 있다.

Wilson came around to supper last night. He isn't nearly so busy now. He got his majority just a few days ago. I am sure he deserves it.

Another guest we had for supper last night was Sgt, Roller, Betty's Uncle! He was sent here from Okinawa and came around to call the other afternoon. It certainly was nice of him to look us up and we are glad to get to know him. We have urged him to try to come to see us in Chunju so that he can see something of Korea besides this dirty, crowded city. Joe Wilson hopes to come to see us, too. He and Father would like to hunt together, of course.

We don't know yet just what route we will take going home. Father will consult the authorities and then decide. There is a possibility we can get in an army convoy. We still plan to make two days to it. The whole atmosphere of this place has changed in the last two weeks! It really is wonderful that the people can get home to harvest the grain and before really cold weather. Even so there will be many problems awaiting them. So many homes have been destroyed in some sections.

We got Dwight's letter today that he finished on September 21st. It's mighty nice to know that Bill had continued to get along so well since his operation. We surely have a lot to be thankful for

어젯밤 저녁 식사에 참석한 또 다른 손님은 Roller 상사인데 다름 아니라 Betty의 삼촌이다! 그는 오키나와에서 여기로 파견되었는데, 요전날 오후에 우리를 찾아왔다. 그가 우리를 보러 와서 정말 기뻤고, 그를 알게 되어 기쁘다. 우리는 그에게 이 지저분하고 붐비는 도시 말고 한국을 정말 보기 위해서라도 나중에 꼭 전주에 우리를 방문하라고 강권했다. Joe Wilson도 우리를 보러 오기를 바란다. 그와 아버지는 분명 함께 사냥하고 싶어 할 거다.

우리는 아직 어떤 경로로 집으로 돌아갈지 정하지 못했다. 아버지는 당국과 상의한 다음에 결정하실 것이다. 군대의 보호를 받으며 돌아갈 가능성도 있다. 이틀 정도 시간을 들여 돌아갈 계획이다. 지난 2주 동안 이곳의 전체적 분위기는 분명 달라졌다! 날씨가 정말 추워지기 전에 사람들이 집으로 돌아가 곡식도 수확할 수 있게 된 건 정말 아주 잘된 일이다. 하지만 많은 문제가 그들을 기다리고 있을 것이다. 어떤 지역에서는 너무 많은 집이 파괴되었다.

오늘 드와이트에게서 9월 21일에 공부를 마쳤다는 편지를 받았다. 빌이 수술 후 많이 호전되고 있다는 것도 아주 기쁘다. 우리는 요즘 정말 감사할 일들이 많구나. 우리부터가 이렇게 무사하니 말이다. 우리 두 사람은 치과 치료가 필요해서 지금 항구에 정박해 있는 병원선 '리포즈'(Repose)의 치과의사에게 요청을 했는데, 승낙을 얻어 어제 그리로 갔다. 그는 내 치아는 두 개를 때웠고, 아버지는 이를 하나 뽑았다. 아버지는 턱이 상당히 부어올라서 조금 힘들어하긴 했지만, 오늘은 호전되었다. 이 일이 해결되어 참 기쁘다. 내

these days. We ourselves have kept so well. We both needed some dental work done so we asked about getting the dentist on the hospital ship "Repose" which is in the harbor now to do it for us and they agreed so we went down day before yesterday. He put in two fillings for me and pulled a tooth for Father. Father's jaw has been quite swollen and he has been sorter uncomfortable but it is better today, and we are mighty glad to get that job done. Those were the first fillings I have had put in for about eight years!

I hope I will have some interesting news to write from Chunju next Sunday.

Heaps of love to each one,
Mother

경우는 약 8여 년 만에 처음으로 이를 때운 것이다!

다음 주 일요일에는 흥미로운 뉴스를 담아 전주에서 편지를 보낼 수 있기를 바란다.

모두에게 사랑을 가득 담아,
엄마가

Sunday Afternoon, 15th,

At Home in Chunju

Dearest Children,

I scribbled you a note yesterday morning to send by the army unit that was pulling out because I didn't know when I would have another chance to get something mailed. In that letter I told you that we left Pusan Saturday, a week ago yesterday and got here last Sunday about noon, having spent the night at Ennui where the 2nd. division had a group camping in a school yard. We had five vehicles so it was convenient to be able to just park them there and pitch our cots outside beside them. That's on a high plateau so it got plenty cold by morning, but we got along all right. We had a good hot supper and breakfast in the officers' mess. It was a beautiful trip all the way.

When we got here we found all the houses and other mission buildings in fairly good shape except light fixtures, door locks, some window glass, etc, were gone, All bath fixtures are here which is something — also kitchen stoves that were attached to water pipes. There was no furniture or anything else in our house except some desks and chairs that the communists had moved in from schools and offices down town. They had stored the furniture from all of the houses that was left by the local thieves in base-

1950년 10월 15일 일요일 오후

전주 집에서

사랑하는 자녀들에게,

어제 아침 너희에게 급하게 메모를 써, 철군 중인 부대 편으로 보냈다. 우편을 보낼 기회가 또 언제 올지 몰라서였다. 그 편지에서 나는 우리가 어제로부터 일주일 전 토요일 부산을 떠났고, 여기에 지난 일요일 정오 쯤 도착했고, 안위(Ennui)에서 밤을 보냈는데, 그 곳에는 2사단이 어느 학교 마당에서 야영을 하고 있었노라고 적었다. 우리는 차량이 5대였는데 거기 편하게 주차를 하고 간이침대도 설치할 수 있었다. 그곳은 높은 고원지대여서 아침까지는 꽤 추웠지만 우리는 잘 지냈다. 우리는 장교들과 같이 따뜻한 저녁과 아침을 잘 먹었다. 가는 내내 아름다운 경치를 만끽한 여행이었다.

여기 도착해서 보니, 우리 집들과 기타 선교회 건물들은 전등, 자물쇠, 일부 창문 유리 등을 제외하고는 꽤 양호한 상태다. 다행히 욕실 기구들도 그대로고, 수도 파이프에 부착된 키친 스토브도 그대로다. 공산군이 시내 학교와 사무실에서 옮겨온 책상들과 의자들을 제외하고는 집에 가구 같은 것들은 전혀 없다. 그들은 동네 도둑들이 가져가고 남은 가구들은 모조리 지하실이나 다른 집들에 보관했다. 한두 개 안락의자를 제외하고는 모든 것에서 덮개 천들을 벗겨갔는데, 심지어 박스스프링도 그렇다. 쿠션들도 모두 사라졌다. 하지만 남아 있는 것들도 많고, 이곳에 남았던 도우미들이 대야 몇 개와 조리기구 등을 잘 보관해두어서, 우리는 점차 다시 집을 복구

ments, etc. of some of the houses. All upholstering had been rip-ped from everything, even box springs except one or two lounges and even then the cushions are all gone. However we have found a lot of things and the servants that were here had saved a few wash tubs, cooking utensils, etc. so we are gradually getting set up to keep house again. We have spent a great deal of the time since we have been here just collecting missionary furniture in one or two of the houses, bringing ours back as we come across it and getting all the desks and chairs that were brought from town into a central place for the owners to claim. Of course all in between times we have visitors.

The loss of our personal belongings seems so trivial beside the terrible persecution so many of our friends have been through. We are glad to find that fewer of them lost their lives than we had feared, but so many were arrested and beaten mercilessly and hounded for weeks until they had to sleep out in the fields and mountains and sometimes in caves dug under their houses. The Church leaders and any who had had any special association with missionaries were the main objects of their wrath. Some had al-most miraculous escapes. I know you all will be distressed to know that Choon Songie was killed. They were not able to find his body, but it seems pretty certain that he was killed. We have been told that he had some sort of radio that got him into trouble.

하고 있다. 여기 돌아와서 많은 시간을, 선교사들 집 가구들을 한두 집에 모으고, 우리 가구를 발견하는 대로 다시 가져오고, 시내에서 가져온 책걸상들을 본래 주인에게 돌려주기 위해 한 곳에 모아두는 일 등을 하며 보냈다. 물론 사이사이에 우리를 찾아오는 이들이 있었다.

우리 친구들 중 많은 이가 겪은 끔찍한 박해에 비하면 우리가 개인 물품 얼마 잃어버린 일은 너무도 사소한 일이다. 목숨을 잃은 사람이 우리가 염려했던 것보다는 적다는 사실에서 위안을 받았지만, 하지만 너무 많은 사람이 체포되어 무자비한 구타를 당했고, 몇 주 동안을 들판이나 산에서, 때로는 집 아래 파놓은 동굴에서 잠을 자야 했다. 교회 지도자들이나 선교사들과 특별한 관계라고 여겨진 이들이 분노의 주요 대상이었다. 어떤 이들은 거의 기적에 가까운 탈출을 하기도 했다. 너희 모두 비통해할 소식인데, 춘성이(Choon Songie)가 죽임을 당했다. 아직 시신을 찾지는 못했지만, 살해당한 것은 거의 분명해 보인다. 우리가 듣기로 그는 라디오 같은 것을 가지고 있다가 곤란에 처했다고 한다. 승일(Soongil)의 아내는 평소 내 재봉틀을 가지고 있었다는 이유로 고발을 당해 끔찍한 시간을 보냈다고 한다. 내가 부산에 가지고 갔던 그 재봉틀 말이다. 공산군이 이곳에 있던 마지막 날 내 한국어 교사 중 한 사람이 총에 맞아 죽었다. 공산군은 유엔군이 곧 온다는 소식을 듣고는 지난 이틀(9월 26-27일)간 서둘러 많은 이를 죽였던 것 같다. 거의 모든 사람이 우리에게 하는 말이 유엔군이 이틀만 더 늦게 왔더라면 기독교인들은 전부 다 죽임을 당했을 것이라는 것이다. 정말 참담한 것은 많은 이가

Soongil's wife had a terrible time because they accused her of having my sewing machine which I had taken with me to Pusan. One of my teachers was shot the last day that the communists were here. Evidently they got word that the U.N. troops would be here soon so they got busy and killed a lot of people during the last two days(Sept. 26th. - 27th.). Nearly everyone we have talked to says that if the U.N. troops had been delayed two more days every Christian would have been killed. The distressing part is that so many that were killed were not shot but beaten in the face with hoes, picks, shovels, etc.

The communists used our houses for their headquarters and various offices. They used the hospital as a hospital. They left so hurriedly when they did leave that they didn't get to take much with them and a good deal of the small equipment at the hospital is still here.

We were very much relieved when we heard from Miss Root that she is safe in Kwangju after being out in the country somewhere all this time. I hope she will have a way to come up here soon. Pete can't go down there yet because there is communist activity between here and there. Miss Root may be able to come in an army convoy. So the Mitchells and Herb are still with us.

총에 맞고 죽은 것이 아니라, 괭이나 곡괭이, 삽 등으로 두들겨 맞아 죽었다는 것이다.

공산군은 우리 집을 그들 본부와 다양한 사무실로 사용했다. 그들은 우리 병원은 병원으로 사용했다. 그들은 떠날 때 너무 급하게 떠났기 때문에 많은 것을 가져갈 수 없었고, 그래서 병원에는 작은 비품들은 여전히 상당히 많이 남아 있다.

그동안 어디 시골에 가 있었던 루트 선교사(Miss Root)가 무사하고 광주에 있다는 말을 듣고 참 안심이 되었다. 그녀가 곧 여기로 올 수 있게 되기를 바란다. Pete(역자 주: 미첼 선교사)가 그리로 가기는 아직 어려운데, 아직 이곳저곳에서 공산군이 활약하고 있기 때문이다. 어쩌면 루트 선교사는 군대의 보호를 받으며 올 수도 있을 것이다. 미첼 선교사 부부(Mitchells)와 허버트(Herb/역자 주: 코딩턴 선교사)는 여전히 우리와 함께 있다.

일전에 말했듯이, 이곳은 매일매일이 다르다. 어제는 오후 5시경 우리가 뒷마당에 있을 때인데 한 헬리콥터가 도시를 한 바퀴 돌다가는 시내 어느 학교 운동장에 착륙하는 일이 있었다. 거기에 탔던 이들은 곧 우리 집으로 인도되어왔다. 그들은 전선 북쪽으로 넘어간 조종사를 구출하기 위해 파견된 이들이었는데, 자신들이 길을 잃었다는 것을 알게 되자 북쪽으로 너무 멀리 가게 될까 봐 남쪽으로 향했다가 가스가 부족해져서 여기에 착륙한 것이다. 그들은 여기가 어딘지 몰랐고, 또 당연히 우리에 대해서도 알지 못했다. 그들

We have written before about how each day brings something different. Yesterday afternoon about five o'clock we happened to all be out in the back yard when a helicopter circled around over the city and then came down on a school yard down town. Pretty soon here came the men that were in it. They had been sent to rescue a pilot that had gone down behind the lines up North. After they found lost their way. For fear they would come down too far north they headed South and when they got low in gas they came down here, not knowing where they were, or that we were here, of course. They spent the night with us and Father got the police to try to get word through to Taijun to have gas sent them, but the radio telephone system the police have doesn't always work so we have just now gotten word that the message went through to Taijun to the 25th. Div. M.P.'s. In the meantime another fellow arrived with a truck and motorcycle and they are about out of gas so we lent the two outfits a jeep to go to Taijun to get gas for both the truck and helicopter! They may get back tonight, but I am not sure they will. To add to the excitement another truck drove in just now looking for the unit that pulled out of here yesterday and they are low on gas! We ourselves have very little gas and don't know where we can get more so we can't begin to supply these army vehicles. I will be relieved when we see our Jeep get back safely.

Of course we saw these helicopters all summer as they flew,

은 우리와 함께 밤을 보냈고, 아버지는 경찰을 통해 대전에 연락해 그들이 필요한 가스를 얻을 수 있게 해주려 했지만 경찰의 무선 통화 시스템이 잘 작동하지 않았는데, 메시지가 대전을 거쳐 25사단 헌병대(25th. Div. MP's)에 전달되었다는 소식을 이제야 받았다. 그 사이 또 다른 동료가 트럭과 오토바이를 가지고 도착했는데, 그들도 기름이 거의 다 떨어진 상태여서 우리는 두 군인에게 지프차를 빌려주어 트럭과 헬리콥터에 넣을 기름을 사러 대전으로 가게 해주었다! 그들은 오늘 밤에 돌아올 수도 있고, 그렇지 못할 수도 있다. 소동은 이게 전부가 아니어서, 한 트럭이 방금 도착해서는 어제 여기서 철수한 부대를 찾는데 그들도 기름이 부족한 상태다! 우리도 기름이 거의 없고 어디서 구해야 할지 모르는 상황이라서 이들 군용차들에 제공해줄 것이 없다. 그나저나 우리 지프차가 안전하게 돌아온다면 마음이 놓일 것 같구나.

물론 우리는 여름 내내 이런 헬리콥터들이 전선에서 부상자들을 우리 근처 후송 병원으로 데려오는 것을 보았지만, 이런 헬리콥터가 전주에 온 것은 처음이라 주민들 전체의 큰 관심의 대상이 되었다. 승무원으로는 조종사인 중위가 있었고 기장이 있었는데, 그는 미국에서 구조 임무를 위한 특별 훈련을 받은 8명 중의 한 사람이라고 하는구나. 그는 리틀록 출신의 좋은 친구였고, 그의 경험과 훈련 이야기를 들으며 우리는 재밌는 시간을 보냈다.

부산을 떠나기 전 약 일주일 동안도 받은 우편물이 없었으니 우리가 너희에게서 소식을 들은 지 적어도 2주가 되었구나. 편지를

over bringing wounded men from the battle line to the evacuation hospital near us, but this is the first time one has ever come to Chunju and the populace is really interested. The crew consists of a first Lieutenant who is the pilot and a captain who is one of eight men in the U.S. who have been especially trained to do rescue work. He is a nice fellow from Little Rock and we enjoyed hearing about his experiences and his training.

It has been two weeks at least since we have heard from any of you for we had not had any mail for about a week before we left Pusan. It surely will be nice to get mail again. All we could do was to ask for it to be held in Pusan until we can send for it. Pete and Herb may go to Pusan this week. We are all anxious for mail and expecting packages with things we need that we ordered. Father is going to have to make a trip to Taijun and Seoul both soon. He wants to start operations to get permission for some of our folks to come on back from Japan.

Father has just come in from a country Church. He already has more invitations to preach than he can fill. The folks here act like they are really glad to have us back. I hope to get this house in shape a little more this week and then get busy on the school. It was also used by the communists — as a sort of prison and is right badly "beat up".

받게 된다면 정말 좋겠다. 편지가 오면 사람을 보내기 전까지 대신 맡아 보관해달라는 부탁만 해놓고 온 상태다. Pete와 Herb가 이번 주에 부산에 갈 것 같다. 우리는 편지를 고대하고 있고, 우리가 주문한 물품들이 소포로 오기를 기다리고 있다. 아버지는 곧 대전과 서울에 다녀오실 예정이다. 아버지는 우리 선교사들이 일본에서 돌아올 수 있도록 허가받는 작업을 시작하고 싶어 하신다.

아버지는 한 시골 교회에 갔다가 지금 막 돌아오셨다. 아버지는 이미 감당할 수 있는 정도 이상의 설교 초대를 받고 있다. 이곳 사람들은 우리가 돌아온 것을 정말 기뻐하는 것 같구나. 나는 이번 주에 집을 조금 더 수리한 다음에는 학교 일에 매진할 수 있기를 바란다. 학교도 공산군이 사용했는데, 일종의 감옥으로 사용되었던 터라 심하게 '망가졌다'.

드와이트, 이 편지 사본을 Sis 이모와 Teddy 삼촌에게 보내주면 좋겠구나. 그분들은 전주 소식을 듣고 싶어 할 것이고, 자리가 잡힐 때까지는 나는 편지를 많이 쓰지 못할 것 같아서 그렇다. 두 분 도우미들은 다 잘 지내고 있고, 성경학교 사람들도 그렇다. 물론 그들은 두 분이 돌아오지 않을 것이라는 소식에 침통해한다. 두 분 집 뒤쪽 언덕에 사는 가족이 도둑들에게서 도로 뺏어왔다며 두 분의 그릇을 많이 가져왔고, 두 분의 요리사는 두 분 것이라며 은을 가져왔다. 두 분 집 가구들에 대해서는 나중에 편지를 써 보낼 참이다. 지금까지는 나는 스토브, 안락의자, 의자(쿠션 제외), 침대 받침대, 냉장

I wish Dwight would mail his copy of this letter to Aunt Sis and Uncle Teddy because I know they are anxious to hear from Chunju and I just can't get many letters written till we get settled. Their servants are all right and also the folks at the Bible school. Of course they are all distressed that they won't be coming back. The family that lives on the hill behind their house brought a lot of their dishes they claim to have taken from someone who was stealing them and their cook has brought their silver that she had. I will write them later about their furniture. So far I have found their stoves, lounge and chair to match (without cushions), bed steads, refrigerator, nice rocking chair, porch chairs, etc. Other things may turn up. There is lots of the army furniture, but it was so mixed up that there is no way to tell to whom it belonged. All window shades are gone except three in Aunt Sis' room which I am "borrowing". My problem is to decide where we need those most! I have found no curtains or rugs. We have no electricity so we were glad to find our washwoman had a lamp and lantern belonging to us and I borrowed flat irons from the couple who used to work for the Boyers.

Eugene might pass his copy on to Miss Pritchard. Her nurses school was rifled too, all upholstery ripped off, curtains, dishes, cooking stove and big pots gone, but the glass is almost all there. I haven't been able to find her personal things much. Her lounge was completely pulled apart and I haven't seen anything that looks

고, 흔들의자, 베란다 의자 등을 찾았다. 다른 것들도 더 찾게 될 것이다. 군용 가구들도 많이 있고 다 뒤섞여 있어서 뭐가 누구의 것인지 알아내기 어렵다. 시스 이모의 방은 세 개를 제외하고는 모든 창문 가리개가 사라졌는데, 그 남은 것들은 내가 빌려 쓸 참이다. 그것들이 어디 가장 필요한지 결정하는 것이 어렵구나! 나는 커튼이나 바닥깔개는 찾지 못했다. 아직 전기가 들어오지 않고 있는데, 세탁부 여성이 우리 소유인 램프와 랜턴을 가지고 있다는 걸 알게 되어 기뻤다. 보이어 선교사 부부 집에서 일했던 부부에게서는 다리미를 빌렸다.

유진은 이 편지 사본을 프리처드 선교사(Miss Pritchard/역자 주: 변마지 선교사)에게 전달하면 좋겠다. 그녀의 간호학교도 약탈당했고, 실내 장식들이 다 찢어졌고, 커튼, 접시, 요리용 스토브, 큰 냄비들이 사라졌지만 유리는 거의 다 온전하다. 그녀의 개인 물건은 많이 찾지 못했다. 그녀의 거실은 완전히 망가졌고, 그녀의 침대, 책상 등도 아직 어디 있는지 모르겠다. 우리가 부산으로 가져가 썼던 그녀의 타자기가 여기로 갖고 돌아오는 중에 지프차에서 떨어져 손상되어 너무 죄송하다. 얼마나 망가졌는지 살펴볼 시간도 없었다. 기타 등등에 대해 이후 그녀에게 상세히 써서 보낼 참이다. 나는 그녀의 간호사들은 많이 보았고, 그녀가 아끼는 이들은 많이 고초는 겪었지만 누구도 살해된 사람은 없는 것 같다.

저녁거리를 생각할 시간이라 이만 줄인다.

like her bed, desk, etc. I am sorry to say her typewriter that we had in Pusan fell out of a jeep and got damaged on our way back. We haven't had time to see just how much it was injured. I will be writing her about things more in detail. I have seen a lot of her nurses and I don't believe any of her special friends were killed the many of them had a hard time.

It's time for me to be thinking about supper so I will wind this up.

Heaps of love to each one from both of us.
Mother

너희 모두에 대한 우리 두 사람의 가득한 사랑으로,

엄마가

Sunday, Nov. 5, 1950

Dearest Children,

I believe it has been two weeks since I have written to you all. Since then Pete has made a trip to Pusan for the mail and we got letters from all of you and it was a real treat. Maybe I wrote after that but I am just not sure. We got about thirty letters all together. Now, Pete is planning to go to Seoul tomorrow to see if there is more mail. When Father was in Seoul a little over a week ago he got our A.P.O. changed to 8 instead of 59. It is still c/o U.S. Consulate, but will go to Seoul instead of Pusan and we hope it can be sent down with the mail for the military advisors in this section. Pete will try to arrange for this.

We were so interested in all the family news — Bill's good recovery, Hugh's and Betty's visit to Richmond, Atlanta, etc. and Patty's and Billy's visit to Richmond. I can just see how lonesome little Johnny has been, but I am sure it has been a good rest for Bette and a wonderful experience for Patty and Billy as well as Gene. I think it is a mighty nice thing to Anne to do. Just wish we were near enough to help out. We surely are looking forward to being there next summer. Father likes to tease me by suggesting that we can't leave then, but I won't be persuaded of anything like that. I know we will both need a furlough by then and I think we

사랑하는 자녀들에게,

너희에게 편지 쓴 지 2주가 된 것 같구나. 그간 Pete(역자 주: 미철 선교사)가 부산에 가서 우편물을 받아왔는데, 너희 모두에게서 온 편지들을 다 잘 받았고 정말 기뻤다. 너희 편지들을 받고 답장을 썼던 것도 같고, 잘 모르겠구나. 우리는 다 합쳐 30여 개의 편지를 받았다. Pete는 내일은 서울로 가서 우편물이 더 있는지 확인할 계획이다. 일주일 정도 전에 아버지가 서울에 다녀오셨는데 이제 우리 A.P.O.가 59에서 8로 바뀌었다. 계속 'c/o U.S. Consulate' 주소이긴 하지만, 이제 우편물은 부산 대신 서울로 오게 될 것인데, 이 지역 군사 고문들에게 오는 우편들과 함께 이리로 전달되기를 바라고 있다. Pete가 그렇게 되도록 조치를 할 것이다.

빌이 잘 회복되고 있다는 소식, 휴와 Betty가 리치몬드, 아틀란타 등등을 방문했다는 소식, Patty와 Billy가 리치몬드를 방문했다는 소식 등 모든 가족 소식들을 들려주어 반가웠다. 어린 Johnny가 참 외로웠을 테지만, Bette에게는 좋은 휴식이 되었을 것이고 Gene은 물론 Patty와 Billy에게도 멋진 경험이 되었을 것이라 믿는다. Anne이 정말 좋은 일을 한 것이라 생각한다. 우리가 가까이 있어 도움을 줄 수 있었으면 좋았을 텐데 그러지 못해 아쉽다. 우리는 분명 내년 여름에는 거기로 가게 되기를 고대하고 있다. 아버지는 아마 왠지 우리는 그 때 떠나지 못할 것 같다며 내게 장난을 치지만, 나는 결코 받아들이지 않을 작정이다. 내년 되면 우리는 둘 다 정말

should take it. Father has had a very strenuous term this time and these times now are not easy. There is a distinct "let down" feeling now. I believe it is due to the fact that the Koreans — especially the Christians were on such a terrible strain all summer that this is a natural reaction. Then, too, the country all around us except toward Kunsan is full of communist activity.

Every day or so there are battles with guerrilla bands and we often can hear the gun fire so that the town is full of refugees from the country and there is a lot of unrest and concern. Then there is the necessity of examining local officials, teachers, etc. to decide whether they are loyal citizens. So many felt forced to do the bidding of the communists when they were in power. Of course those who were really communists at heart left with them, but a lot just went thru the form of buckling under. Naturally this latter group are not on the best terms with those who left communist held territory or who refused to have anything to do with the communist regime. I certainly would hate to have to judge these folks. I am sure I can't say just what I would have done if I had been in their places, tho I can't help but know what I would have liked to do. All these factors together with the physical destruction of property that is evident on all sides and the rise in prices of necessities and the seeming hopelessness of prompt rehabilitation of railroads, postal service, telephones, etc. are bound to have their effect on

안식년이 필요할 것이라 생각하고, 그렇게 하는 것이 옳다고 믿는다. 아버지는 힘겨운 기간을 보냈고, 지금도 쉽지 않다. 여기 사람들은 다들 심적 '침체'를 겪고 있다. 한국인들, 특히 기독교인들이 이 여름 동안 그렇게 끔찍한 시련을 겪었다는 사실 때문에 그런 것이다. 지금도 군산 쪽을 제외하고는 이 지역 주변 전체에 공산군들이 여전히 활약하고 있다.

연일 게릴라 부대와 전투가 벌어지고, 종종 총소리도 들려오며, 시내는 시골에서 올라온 피난민들로 들끓고 큰 불안 상태다. 지역 공무원들이나 교사 같은 이들에 대해 그들이 정말 남한 정부에 충성하는 이들인지 판단해야 하는 문제가 있다. 공산군이 이 지역을 점령했을 때 그들의 명령에 어쩔 수 없이 따라야 했던 이들이 많이 있다. 물론 정말 공산주의 신념을 지닌 사람들은 공산군이 떠날 때 같이 떠났지만, 많은 이가 그저 복종하는 시늉을 했던 것일 뿐이다. 후자에 속하는 이들은 공산군 점령 지역을 아예 떠났거나, 공산 정권에 어떤 협조도 하지 않았던 이들과 당연히 관계가 좋지 못하다. 나는 그런 이들에 대해 그저 판단을 보류하고 싶다. 만약 그들과 같은 처지였다면 나는 어떻게 했을지 나도 잘 모르겠다. 내 신념은 내가 알지만 말이다. 이런 요인들과 더불어, 사방에 펼쳐진 폐허, 생필품 가격의 상승, 언제 복구될지 기약할 수 없는 철도, 우편 서비스, 통신 시스템 등은 사람들의 사기에 영향을 끼칠 수밖에 없다. 나는 매일 아침 잠시 학교에 다녀온다. 여학생 몇 명이 나오고 세 시간 수업을 하긴 하지만 학생의 절반 정도는 시골에 사는 아이들이라 현재로서는 학교에 올 수가 없다. 그들은 이미 결석수가 너무

people's spirits. I go over to school for a while every morning and we have a few girls and teach three periods, but about half the student body live in the country and can't come in now. They have lost so much time already I am hoping that the government will decide to close the schools until spring. I am afraid they won't tho but just go through the form of school and go on and promote these students tho they will not have learned a thing. The governor and other officials have been at conferences all week in Seoul about all such matters so I hope in a day or so we will have some definite instructions.

Father was told that permission has been given for our medical folks and some of the men to come back from Japan so we are hoping that they will show up most any time now. I don't know whether or not I wrote you that Paul and Sophie have a little girl, Virginia, who is a month old now. Of course Raul and Ovid will have to leave their families in Japan a while.

We had hoped that Joe Wilson would get to come to see us before now, but he would have to come around by Taijun if he drove for the direct way that we came isn't safe now.

Did I write you about Sgt. Roller(I think that is the way he spells it) who is Betty's Uncle by marriage who was so nice to us in Pusan. He came to call one afternoon and then was there several

많아 나는 정부가 봄까지 학교 폐쇄를 결정해주기를 바라고 있는데, 정부가 그저 현행을 밀어붙여 아무것도 배운 것도 없는 학생들을 그저 진급만 시킬까 봐 걱정이구나. 장관과 관료들이 이러한 문제들을 놓고 일주일간 서울에서 회의를 했다고 하니 조만간 명확한 지침이 내려오리라 기대한다.

아버지가 우리 의료진과 몇몇 분에게 일본에서 돌아와도 좋다는 허락이 났다는 소식을 들으셨다는구나. 그래서 이제 조만간 우리는 그분들을 보게 될 것 같다. Paul과 Sophie에게 이제 한 달 된 여자아기가 있고 아기 이름이 Virginia라고 전에 썼는지 모르겠구나. Paul과 Ovid는 물론 당분간은 일본에 가족을 남겨두고 와야 할 게다.

우리는 Joe Wilson이 우리를 보러 올 수 있기를 바랐지만, 그는 차를 운전해 오자면 대전을 거쳐 돌아서 와야 한다. 우리가 왔던 직행길은 현재 안전하지 않은 상태이기 때문이다.

내가 Betty의 외삼촌인 Sgt. Roller(아마 이 스펠링이 맞을 거다)에 대해 말해주었던가? 그는 부산에서 우리에게 참 잘해주었다. 어느 날 오후 그가 우리를 찾아왔는데, 그 후로도 여러 번 찾아왔고, 우리가 떠날 때 양초 한 상자 등 정말 유용한 물품들을 많이 주었다. 그는 아버지에게도 '작업복'을 몇 개 얻어다 주었는데, 아버지가 매우 좋아하셨다. 그도 언젠가 우리를 보러 올 수 있기를 바란다. Betty, 우리에게 그의 주소를 보내주면 그에게 편지를 써보겠다.

times after that and before we left he gave us a lot of supplies that have surely been useful — a whole case of candles for one thing. He got Father some "fatigues" that he is mighty glad to have, too. We hope that he will get to come to see us, too. Betty, if you would send us his address, I would like to try to write to him. Foolishly I didn't get his unit, etc. I felt so sure that he would be able to get off and drive over here. The chances are that he has been moved to Seoul or somewhere to construction work, but we still hope he can come down here before he goes back. There is just never any telling what these men out here can get to do. We had such a nice group of "C.I.C." men living here. They were in the former Japanese hotel down town and we had lent them a stove and gotten them a cook and they were enjoying some "home" cooking and all of a sudden about ten o'clock one night they got word to be in Taijun at ten the next morning! So Father went down early and helped them wind up everything and get off.

He has several jobs to attend to for them-things to send on to them, etc. Needless to say, the cook was terribly disappointed, too. Pete went to Kwangju last week and brought Miss Root back with him. He had an army escort going and coming. He went to Mokpo while he was there and found the houses there in worse condition than those here. The Hoppers' house was burned by the communists as they were leaving and there seems to be very little furniture

멍청하게도 나는 그가 어디 부대 소속인지 등을 물어보지 못했구나. 나는 그가 휴가를 받아 이리로 운전해올 수 있으리라고 생각한다. 어쩌면 그가 서울이나 다른 곳의 공사 일로 전출되었을 수도 있지만, 그가 돌아가기 전에 여기에 한번 내려올 수 있기를 기대한다. 여기서 임무 수행 중인 이들은 정말 못 하는 일이 없다. 'C.I.C.'(역자주: 미군 첩보부대) 소속 요원들 몇 명이 이 지역에 있었다. 그들은 시내에 과거 일본 호텔이었던 곳에서 지냈었다. 우리는 그들에게 스토브도 빌려주고 요리사도 구해주고 '고향 음식'도 해주어 그들이 맛있게 먹곤 했는데, 어느 날 밤 10시쯤 갑자기 그들은 다음 날 10시까지 대전으로 가라는 명령을 받았다! 그래서 아버지는 일찍 그리로 가 그들이 모든 것을 정리하고 떠날 수 있도록 도와주었다.

그들 물건도 보내주어야 하는 등 아버지가 하실 일이 몇 가지 있다. 그 요리사도 몹시 실망한 것은 말할 것도 없다. Pete는 지난 주에 광주에 갔다가 루트 선교사(Miss Root)와 같이 돌아왔다. 오가는 길에 군대의 보호를 받았다. 거기 있는 동안 Peter는 목포에 가보았다는 데, 거기는 이곳보다 집들 상태가 더 안 좋다고 하는구나. 하퍼 선교사 집은 공산군이 떠날 때 불태워버려서, 그 선교사님들을 위한 가구는 거의 남아 있지 않은 것 같다. 광주의 경우는 여기보다 더 적게 가구들이 남아있는 것 같고, 하지만 집들은 많이 부서지지 않은 것 같다. 어느 한국인이 순천 상황에 대해 알려주었는데, 그곳도 여기 상황과 대략 비슷한 것 같다. 기차는 여전히 불규칙해서 가끔은 이곳에서 광주나 부산까지 일주일이나 걸린다. 그러나 점차 개선되고 있기는 하다. 루트 선교사는 Pete가 서울에서 돌아오면

left for the missionaries. I believe there is less left in Kwangju than there is here but the houses are not any more damaged. A Korean has reported on Soonchun and the situation there seems to be about like it is here. Trains are still irregular and sometimes it takes a week to go from here to Kwangju or Pusan. However it is gradually improving. Miss Root plans to try to go back to Kwangju on the train after Pete gets back from Seoul. The Mitchells are going to stay on here till spring rather than try to repair their house now. They may go to housekeeping in the Hopper house here — not that we aren't glad to have them but Mariella and Gene will be coming and they naturally would like to have a place of their own — I mean the Mitchells. I expect Paul and Ovid will have some of their meals with us, too, till their wives come.

Every now and then we get something else back. We got one of our rugs the other day and that helps the looks of our living room. We have heard where our organ may be so I hope we can get that before many days. I found some Kem Tone and paint around that I have had put on our house so we are feeling clean at least. We are so thankful to have all that we have. We have a good deal of fuel and that is something these days.

Father has gone to the country, as usual. He has gone to the Church where Mr. Kay's home is. You probably have not heard

기차를 타고 광주로 돌아갈 계획이다. Mitchell네는 지금 집을 수리하기보다는 봄까지는 여기서 지낼 계획이다. 그들은 아마 이곳 하퍼 선교사 집에서 지낼 계획인데, 우리가 우리 집에 그들을 반기지 않아서가 아니라, 곧 Mariella와 Gene이 올 것이고 당연히 그들은 그들만의 장소를 갖고 싶어 하기 때문이다. 미첼 선교사의 집을 갖고 싶어한다는 말이다. 나는 Paul과 Ovid도 아내가 올 때까지는 우리 집에서 식사를 같이 하기를 기대한다.

이따금 우리는 우리 물건을 되찾는다. 요전날은 거실바닥 깔개를 찾았는데, 그래서 우리 거실은 한결 더 나아 보인다. 우리 오르간이 어디 있는지도 듣게 되어서 머지않아 그것도 찾아올 수 있으리라 생각한다. 켐톤(Kem Tone) 페인트와 일반 페인트들도 찾아서 집 이곳저곳을 칠했더니 이제는 집이 좀 더 깨끗해진 기분이다. 연료는 우리가 충분히 갖고 있는데, 요즘 같은 때에 정말 감사할 일이다.

아버지는 평상시처럼 시골에 가셨다. 그는 계 목사(Mr. Kay) 가정이 다니는 교회에 가셨다. 너희는 아직 몰랐을 텐데, 공산군이 계 목사 부인을 죽였단다. 공산군은 그녀에게 남편이 미국에 있으니 대신 그녀를 죽이는 것이라고 했던 것 같다. 어느 목사가 아버지에게 편지로 이를 알려왔고, 아버지는 이 사실을 계 목사에게 편지로 알렸다. 정말이지 그분이 가련하다. 그가 곧 돌아올 수 있기를 바란다. 부산을 떠나기 직전에 그에게서 편지를 받았다. 아버지는 지난주에 서울에서 안 선생(Mr. Ahn)을 만났다. 공산군이 그를 체포하러 그의 집을 수색했는데, 그는 집 안 어느 침대에 몸을 숨기고 있었고

that the communists killed Mrs. Kay. It seems they told her that since he was in America they would just kill her in his place. One of the pastors has written him a letter and Father mailed it to him. I certainly do feel sorry for him. Hope he can soon come on back. We had a letter from him just before we left Pusan. Father saw Mr. Ahn in Seoul last week. When the communists searched his house for him he was covered up in a bed he had and a altho they looked all around that very room-under the floor and up in the ceiling they never did find him. That is just one of many stories we have heard of escapes they were just miraculous. Many Christians believe that the Lord just hid them from their enemies. As far as we know, Mr. Chung Young Chang's family are all right.

I guess I had better be getting off to Church. I hope Father will get a note in this. Heaps of love to each one ─ from Father and me both.

Devotedly,
Mother

공산군은 그 방도 샅샅이, 바닥 밑과 천장 위까지도 뒤졌는데도 그를 찾지 못했다고 한다. 이것 말고도 우리가 들은 많은 기적적인 탈출 이야기가 있다. 많은 기독교인은 주님께서 그들을 적들에게서 숨겨주셨다고 믿는다. 우리가 아는 한, 정용창(Chung Young Chang) 선생 가족은 무사하다.

교회에 가야 하니 이만 줄여야 할 것 같다. 아버지가 추가로 메모를 남기시기를 바란다. 아버지도 나도 너희 한 사람 한 사람을 사랑하고 사랑한다.

엄마가

Presbyterian Missionary,

c/o Am. Consul, A.P.O. 8,

c/o P.M. San Francisco, Cal.

Nov. 25, 1950.

Dearest children:

It has been some time since I took my pen in hand to write to you but of course I knew that Mother was giving you all of the news in such excellent style that nothing further was really necessary. However, this time, there seem to be two or three little matters that is she might find difficult to cover in proper style and it is really these that have precipitated this effusion.

A matter of prime importance is a Christmas present that has already reached me from Joe Wilson. It is a 16 gage Winchester pump with a Poly-choke. It is about the sweetest little gun you ever saw and I am itching to get out after some ducks and geese. Paul and Ovid also brought me some shells from Japan so I am really loaded up for the game. I8ll have enough shells for several years.

There seem to be more pheasants this year tho we have had little time to go after them yet. And the Commies occupy practically all of the pig and deer country. As a matter of fact they are within sight of Chunju practically all the time. They keep the road to

사랑하는 자녀들에게,

오랜만에 너희에게 펜을 들어 편지를 쓰는구나. 물론 그간 엄마
가 모든 소식을 너무도 훌륭히 잘 전해주어서 내가 더 보탤 것이 없
었다. 그런데 이번에는 엄마가 빠뜨린 두세 가지 작은 것이 있는데
내게는 큰 것들이라 이렇게 기쁨을 담아 적는다.

가장 중요한 소식으로, 조 윌슨이 내게 보낸 크리스마스 선물이
도착했단다. 폴리 초크가 장착된 16게이지 윈체스터 펌프식 연발총
이다. 이건 너희가 지금까지 본 적 없었을 세상에서 가장 귀여운 총
이다. 오리와 거위 사냥을 나가고 싶어 몸이 근질근질하구나. 폴과
오비드도 일본에서 올 때 산탄을 많이 가져다주어서 나는 정말 사
냥을 위해 충분히 장전되어 있다. I8ll(역자 주: 윈체스터 산탄총 모델명이
라고 사료됨)은 여러 해 쓸 산탄이 충분하다.

올해는 꿩이 더 많은 것 같구나. 사냥 나갈 시간은 거의 없지만
말이다. 게다가 돼지와 사슴이 많은 지역들은 거의 다 공산군이 차
지하고 있다. 사실 그들은 전주에서도 보이는 곳들에 은신해 있다.
그들 때문에 남원으로 가는 길은 거의 언제나 위험하다. 밤에는 절
대 안전하지 않다.

Namwon in danger most of the time. It is never safe at night.

We shall be thinking about Dwight on Dec. 4 and wishing him many happy returns of the day. It is hard to realize at times that he is a married man too now but doubtless we'll get used to it just like we did when the others got married.

We are hoping to get letters from all of you in the mail that Ovid will be bringing back from Seoul. We have had no news now in quite a while. A letter came from Eugene from Pusan the other day, last Saturday, but none has come from the others in more than two weeks.

It will be Christmas now before long and we'll be wishing we could see all of you at that time and we shall then be able to look forward to being with you the next Christmas.

It will be Christmas now before long and we'll be wishing we could see all of you at that time and we shall then be able to look forward to being with you the next Christmas.

With loads of love to all,
Father

12월 4일 날 우리는 드와이트를 생각하며 행복한 생일을 보내기를 바라겠다. 드와이트가 지금은 유부남이라는 사실이 가끔은 적응하기 어렵지만, 분명 다른 이들이 결혼했을 때처럼 결국 익숙해질 것이다.

오비드가 서울에서 가져올 우편물들에 너희의 편지도 있으면 좋겠다. 꽤 오랫동안 소식을 듣지 못했구나. 요전날, 지난 토요일에 부산에서 가져온 편지들에 유진의 편지가 있었지만 다른 이들에게서는 2주가 넘도록 한 통도 오지 않았구나.

머지않아 크리스마스인데 이번 크리스마스 때는 너희를 보고 싶어 하기만 할 수 있겠지만, 다음 크리스마스 때에는 너희와 함께하게 될 수도 있을 것 같다.

모두에게 사랑을 가득 담아,
아빠가

Address: Mrs. Wm. A. Linton, Presbyterian Missionary

Care U.S. Consulate, APO #8, Care Postmaster

San Francisco, California

(6 ¢ postage)

Not for publication

November 26, 1950

Dear Friends:

The last time I wrote to you was in September, before the Inchon Invasion. Soon after I wrote, we began to get ready to come back to Chunju, and it was a thrilling experience to drive in here after our absence of nearly three months. We were thankful to find that fewer people we knew had been Killed or tortured by the communists than we had dared to hope, but our hearts have been saddened many times by the accounts of what some went through. Again and again, we have been told that if the U.N. troops had been even a day later getting here, hundreds would have been killed for they began to slaughter the Christians when they saw their cause was lost. It would take a whole book to relate the experiences of God's protection and deliverance many testify to. So many say there is no way to explain their being alive today, but that the Lord blinded the eyes of those who were hunting for them to kill.

공개하지 마시오.

1950년 11월 26일

친애하는 여러분께

지난번 여러분께 편지를 썼을 때는 9월이었는데, 인천상륙작전 이전이었습니다. 편지를 보낸 지 얼마 되지 않아 저희는 전주로 돌아갈 준비를 하기 시작했고, 3개월 가까이 떠나 있다가 다시 차를 몰고 돌아가는 일은 짜릿한 경험이었습니다. 저희는 염려했던 것보다는 적은 수의 지인들이 공산군에 살해되거나 고문을 당했다는 사실에 감사했지만, 어떤 이들이 겪은 일에 관한 이야기를 들을 때면 마음이 무너져 내렸습니다. 유엔군이 하루만 더 늦게 도착했더라면 수백 명이 죽임을 당했을 것이라는 말을 거듭거듭 듣습니다. 공산군은 자신들이 졌다는 것을 깨닫고는 기독교인들을 마구 학살하기 시작했기 때문입니다. 하나님의 보호와 구출을 경험한 많은 이의 증언을 다 담자면 한 권의 책이 필요할 것입니다. 많은 이가, 그들을 잡아 죽이려고 수색하던 자들의 눈을 주님께서 멀게 하셨다는 것 외에는 그들이 지금 이렇게 생존해 있다는 사실을 설명할 다른 길이 없다고 말합니다.

We are thankful that our Mission property here was not damaged by bombing tho it was abused by the communists who occupied it. We have recovered some household goods, so, with what we brought in with us, we are very comfortably fixed up. Our two doctors have returned from Japan, also Mariella Talmage, the nurse, and Gene Lindler, who works in the laboratory, so they are getting the hospital going again. I am trying to get our Girls' School started up.

There is a lot to do, and so few of us to do it. We will be so thankful when the authorities will allow the missionaries who are in Japan to return. They would like so much to be here. Mr. Linton has been trying to get around to the small country churches, especially to those who suffered most at the hands of the communists. Many country villages are still being raided by guerrilla bands in the mountains and many of the Christians have to stay away from home most of the time. Many are living here in Chunju temporarily. It seems to mean a great deal to these little groups to have us visit them. Today, Mr. Linton has gone to a church where, when the communists first came in last July, they called the preacher in and shot him for no other reason than that he was a Christian minister. His family which consists of a wife and seven children hid out the rest of the summer and are now here. Mrs. Kim told me that part of the time they lived under a bridge. Some hid in caves dug

우리 선교회 건물은 점령한 공산군이 마구 사용했기는 하지만 폭격을 받지는 않아서 감사합니다. 저희는 일부 생활용품은 되찾을 수 있었고 또 저희가 부산에서 가져온 것들도 있어서 현재 저희는 편안하게 생활하고 있습니다. 의사 두 분이 일본에서 돌아왔고, 또 간호사인 Mariella Talmage와 실험실에서 일하는 Gene Lindler도 돌아와서 다시 병원을 운영하고 있습니다. 저는 여학교를 다시 열려고 노력하고 있습니다.

할 일은 많은데 일 할 사람이 거의 없습니다. 당국이 일본에 있는 선교사들의 귀국을 허락해주면 정말 좋겠습니다. 선교사들은 여기로 돌아오기를 간절히 바라고 있습니다. 린튼 씨는 작은 시골 교회들, 특히 공산주의자들의 손에 가장 큰 고통을 받은 교회들을 방문하는 일에 힘써왔습니다. 지금도 시골 마을들은 산속 게릴라 부대의 습격을 당할 때가 많고, 기독교인들도 집에 돌아가지 못하는 경우가 많습니다. 많은 이가 이곳 전주에 임시로 살고 있습니다. 이런 분들은 저희가 방문해주는 것을 매우 고마워하는 것 같습니다. 오늘도 린튼 씨는 어느 교회를 찾아갔는데, 지난 7월 거기 들이닥친 공산군은 목사를 찾아서는 목사라는 이유만으로 총살했습니다. 가족으로 아내와 7명의 자녀가 있었는데, 그들은 여름 내내 숨어 지내다가 지금은 여기에 있습니다. 그 목사의 사모인 김 여사가 제게 말하기를 그들은 다리 아래에서 살았던 적도 있었다고 합니다. 어떤 이들은 자기 집 아래 굴을 파서 들어가 숨어 지내기도 했고, 어떤 이들은 여름 내내 집 서까래 아래 작은 공간에서 지냈다고 합니다.

under their houses, and some lived all summer in small spaces up under the rafters of their house.

We have had a beautiful fall and no cold weather to speak of until now, so we realize that Christmas will be here soon. We hope and pray that the report that the war will soon be over is right and that many of the American boys who have fought so long, will be home for Christmas.

Dr. Bush is going to Seoul tomorrow to get hospital supplies and will take our letters to mail and get what has come for us since we got the last mail two weeks ago. I want to get this ready to send by him, so it will get there to wish each one of you a Christmas Season full of real joy and blessing and a New Year rich in good things. Many of you have written to us and we would like to answer each letter personally, but if we haven't, please accept this as a personal answer.

We surely enjoy getting letters from you. If Mr. Linton were here, he would join me in greetings to all of you.

Most sincerely,
Rec'd at Nashville, Tenn., Dec. 1950

Charlotte Linton

이곳 가을은 아름다웠고 아직까지는 아주 추운 날은 없었습니다. 크리스마스가 가까웠다는 것을 깨닫게 됩니다. 우리는 전쟁이 곧 끝날 것이라는 보도가 사실이기를, 또 오랫동안 전장에 나와 있는 미국 젊은이들이 크리스마스에는 집으로 돌아갈 수 있기를 소망하고 기도합니다.

부시 박사(Dr. Bush/역자 주: Ovid Bush 선교사)는 병원 용품을 구하러 내일 서울에 가는데, 저희 편지들을 가져가 붙여주실 것이고, 2주 전 받은 우편물 이후 저희 앞으로 온 우편물을 받아오실 것입니다. 이 편지도 그분을 통해 이렇게 보내드리면서 여러분께 참된 기쁨과 축복 가득한 크리스마스 시즌과 복된 새해를 맞기를 바란다는 인사를 드리는 바입니다. 많은 분이 저희에게 편지를 보내주셨고 저희는 각 편지에 개인적으로 답장을 드리고 싶지만, 저희가 그렇게 하지 못하는 경우 부디 이 편지를 개인적인 답장으로 여겨주시길 바랍니다.

여러분의 편지는 저희에게 정말 큰 기쁨이 됩니다. 만약 린튼 씨가 지금 저와 함께 있다면 저와 더불어 여러분 모두에게 인사를 건넸을 것입니다.

샬롯 B. 린튼

Chunju

December 3, 1950

Dear Children,

Pete is going to Seoul tomorrow so we are trying to get some letters ready for him to mail. The time has gotten by and it is almost time for supper but I will start anyway. The only light I have is a lantern and it doesn't shine on the typewriter very well.

This has been a beautiful day - a good deal warmer than it was all last week. We had a pretty good snow the first of the week and the temperature went down to 22 degrees several mornings. Father has had a cold and has stayed in most of the week but he is better now. I think the rest was good for him. I have been going to school every morning as usual, but we don't have many students and the morale is sorter low! I am trying to got them all interested in getting up some kind of a Christmas entertainment to pop things up a little. There isn't much time left so I hope they will get busy on it tomorrow. The girls from the country can't come in yet which cuts down our crowd a lot.

Later — Supper is over now and I will finish this up. There is so little to write of any interest. We were disappointed when Ovid got back from Seoul last week that he didn't have a single letter from

전주

1950년 12월 3일

사랑하는 자녀들에게,

Pete가 내일 서울에 갈 예정이라서 그를 통해 붙일 편지를 쓰려고 한다. 벌써 거의 저녁 시간이 되었지만, 어쨌든 시작하려 한다. 사용할 수 있는 조명이 랜턴이 전부인데 이 타자기를 제대로 비춰 주지는 못하는구나.

오늘도 화창한 날이었다. 지난주보다 훨씬 따뜻했다. 주 초에는 눈이 꽤 많이 왔고 며칠 아침은 기온이 영하 22도로까지 떨어졌다. 아버지는 감기에 걸리셔서 거의 일주일 내내 집에 계셨는데, 지금은 많이 나아지셨다. 감기 덕분에 아버지가 잘 쉬셨다고 나는 생각한다. 나는 평소처럼 매일 아침 학교에 갔지만 학생들이 많지 않고 분위기가 많이 가라앉아 있다! 분위기도 좀 전환할 겸 이번 크리스마스에 즐거운 행사를 해보지 않겠느냐고 그들을 부추기고 있는 중이다. 시간이 별로 많이 남아 있지 않아서 내일부터는 학생들이 서둘러 준비를 시작하면 좋겠구나. 시골에 사는 소녀들은 아직 학교에 오지 못하고 있어서 학생 수가 많이 적다.

저녁 식사 후 이어 적는다 — 이제 편지를 마무리하려 한다. 너희가 관심을 가질 만한 새로운 소식은 거의 없구나. 지난주에 Ovid가 서울에서 돌아왔는데 너희 편지가 한 통도 없어서 실망했다. 우리는 한 달 전 소식까지만 들은 상태인데, 유진이 보내준 편지를 보

any of you for us. The last news we had is over a month old now, but Eugene wrote then that Bill seemed to be lots better so we feel sure he is continuing to improve. Of course we are anxious to hear about the new baby. We surely will hear when Pete brings the mail this time. Tomorrow is Dwight's birthday and we will be thinking of him especially.

You all can keep up with the news better than we can so by the time this letter gets there what is happening now will be an old story. This is one of those tense times when anything might happen and we might have to pull out of here again. It is discouraging when we have just gotten settled for the winter, but most of all it is so distressing for the Koreans, especially the Christians. We dread to think what it will mean if things get so we have to leave again. Pete will get advice from the consul tomorrow. Father and I might go to Tailku or back to Pusan for another spell. As far as we know there aren't so many guerrilla forces around that section. We get the news once or twice a day by using the hospital generator. So we expect to keep in touch with developments and do what seems best just like we did last summer. I am sure the Lord directed us then and He will now.

You will all be getting ready for Christmas when this gets there and the children will all be enjoying the excitement. Eugene, I am

니 빌이 이제는 많이 호전된 것 같아서 앞으로 계속 잘 회복되리라 믿어 의심치 않는다. 물론 우리는 새 아기 소식이 너무 궁금하다. 이번에 Pete가 올 때는 그 소식을 듣게 되리라 믿는다. 내일은 드와이트의 생일이라 생각이 많이 날 것 같구나.

너희는 우리보다 더 최신 뉴스를 접하고 있으니 이 편지가 도착할 때쯤에는 지금 여기서 일어나는 일은 지난 뉴스가 되어 있을 게다. 무슨 일이 일어날지 아무도 모르는 시기이고, 어쩌면 또 우리가 이곳을 떠나야 하는 상황이 될 수도 있다. 그렇게 되면 이제 막 겨울에 적응하고 있는 우리로서도 낙담되는 일이지만, 무엇보다도 한국인들, 특히 기독교인들에게 정말 고통스런 일이 될 게다. 다시 떠나야 하는 상황이 된다는 것이 무슨 의미인지 생각하기조차 두렵다. Pete는 내일 영사에게 가서 조언을 들을 생각이다. 아버지와 나는 한동안 대구로 가 있거나 부산으로 돌아갈 수도 있다. 그 지역에는 게릴라가 많지 않은 것으로 안다. 우리는 병원 발전기를 이용해 하루에 한두 번 뉴스를 듣고 있다. 그러니 우리는 사태의 추이를 파악할 수 있을 것이고, 지난여름에 그랬던 것처럼 최선으로 보이는 결정을 할 것이다. 그때 우리를 인도해주셨던 주님께서 지금도 인도해주실 줄 확신한다.

이 편지가 도착할 때쯤이면 너희는 모두 한창 크리스마스 준비 중이겠고, 아이들은 모두 신나해 하고 있겠구나. 유진, 아버지에게 보내준 셔츠와 다른 소포들이 지난주에 도착했는데 내가 말한다는 걸 깜빡할 뻔했구나. 고맙다. Anne, Miss Pritchard에게 전화해 엄

about to forget to tell you that the package of shirts and other things for Father came last week. Thanks so much for everything. Anne, please call Miss Pritchard and tell her I am mailing her silver because I would rather not keep it out here. If we have to leave and there is as much confusion as there was last time I might forget it! I am also mailing the Winns a foot looker with some things of theirs that "Marida" was keeping so that it will be safe.

Heaps of love to each one from both of us,
Devotedly,
Mother

마가 여사님 은을 우편으로 붙일 예정이라고 말해주렴. 그 은을 여기 보관하고 싶지 않아서 그렇단다. 만약 우리가 또 여길 떠나야 한다면 지난번처럼 큰 혼란이 있을 것이고 그러다 보면 잊어버리게 될 수도 있기 때문이다! 또 윈 선교사 남매에게도 그간 'Marida'가 보관하고 있던 그 집 물건들을 군용 트렁크에 넣어서 소포로 보내드릴 생각이다. 그것이 안전할 것이다.

    너희를 향한 우리 두 사람의 가득한 사랑으로,
    엄마가

Mrs. William A. Linton

Chunju, Korea
Dec. 11, 1950

Dear Betty & Hugh,

We had a nice letter from you all about a week ago. Hugh had gotten his first grade and its sounded all right. I suppose you all will be getting ready to go South in a few days now. My school will be out in ten more days. I've gotten the teachers and girls started on working up a play on Esther. I'm afraid they haven't time to get it up well this year but I'm anxious to make a start thinking they can improve on it another year.

I've written individual letters this time during the past week and will send all four letters by an officer who is going to Taijun tomorrow and will mail them. All last week we felt quite uneasy about the who(le) international situation and, of course, it is still very serious. We have plans made in case we get word to evacuate, but somehow things look a little better yesterday and today. We hope so much that our forces wont have to retreat below the 38th parallel. If we should have to leave here, Father and I will try to stick around somewhere in Korea so don't stop writing to our A.P.O. address till you hear from us to write to some other address.

윌리엄 A. 린튼 부인

전주, 한국
1950년 12월 11일

베티와 휴에게,

일주일 전쯤 너희에게서 온 반가운 편지 잘 받았다. 휴가 1등급을 받았다니 멋지구나. 아마 며칠 내로 남쪽으로 갈 준비를 하겠구나. 이곳 우리 학교는 10일 후에 방학이다. 교사들과 여학생들로 하여금 에스더에 대한 연극 공연 준비를 시작하게 했다. 올해는 시간이 부족해 잘 해낼 수 있을지 모르겠지만, 일단은 시작해서 해마다 나아질 수 있게 해주고 싶구나.

지난주에는 개개인들에게 보내는 편지들을 썼고, 편지 총 네 통을 내일 대전에 가는 장교 통해 보내려고 한다. 지난주 동안은 계속 우리는 국제정세에 대해 상당히 불안해했다. 물론 여전히 매우 심각한 상황이긴 하다. 대피령이 내려질 경우에 대비해 계획을 세워두었는데, 어제와 오늘은 또 상황이 조금 나아진 것 같구나. 우리 군대가 38선 아래로 후퇴하지 않기를 간절히 바란다. 만일 우리가 이곳을 떠나야 한다면 아버지와 나는 한국 어딘가에 한 곳에 머물러 있을 참이니, 우리가 다른 주소를 알려주시기 전까지는 계속 같은 A.P.O. 주소로 편지를 보내거라.

어린 Gerhard(?) 소식은 잘 들었다. Mr. Jacobson 이름을 따서

We got word about little Gerhard(?). I think is nice that they've named one for Mr. Jacobson. Bill seems to have made a good recovery but I'm sure it will take time yet for him to be real strong. We can't help but wonder if you will have to go into "the service" again. I surely hope you can finish this year's work.

I'm so glad the children had kept so well when you wrote. David will really enjoy seeing Christmas trees and all the excitement. We surely would love to see all sixteen of you on Xmas. But it wont be long till we'll be heading homeward. Time seems to pass even when things are so stirred up. The poor Koreans around us are so worried. It was bad enough last summer but this time they know from experience what the communist regime is like and they are terrified. Everyday some one comes to ask if we can take him or some member of his family with us when we go if we have to evacuate. We hope to take some of the "Marked" people if we do have to go — if we go to Pusan, for instance, but we might be told to get on a boat in Kunsan or to fly out from Taijun. So we don't dare let anyone think there's a possibility of going with us. We just hope and pray that the communists wont get control again.

Yesterday, a group of people under the U.N. arrived here to help in civil administration — one Britisher and eleven Americans, including 6 enlisted men. The Lt.Col. with them seems to be very

이름을 지어준 것 근사하다고 생각한다. 빌은 회복이 잘 된 것 같이 보이는구나. 물론 완전히 건강해지기까지는 시간이 걸리겠지만 말이다. 그 '서비스'라는 걸 너희가 왜 또 해야 하는지 궁금하지 않을 수 없구나. 올해 할 일을 마무리 지을 수 있기를 바란다.

너희가 편지 쓸 동안 아이들이 그렇게 얌전히 있었다니 기쁘구나. 크리스마스트리 등 데이비드가 정말 신나 할 것들이 많겠구나. 크리스마스에 너희 16명 모두를 보고 싶은 마음이 굴뚝같다. 하지만 아마 그리 오래지 않아 우리는 집으로 가게 될 것 같다. 난리 중에도 시간은 변함없이 흘러가는 것 같구나. 주변 가련한 한국인들이 정말 걱정된다. 지난여름도 너무 끔찍했지만, 공산 정권이 어떤 것인지 경험을 통해 확실히 알게 되었으니 지금 사람들은 겁에 질려 있는 상태다. 매일같이 사람들이 찾아와서는 대피할 때 자신이나 자기 가족 누구를 데려가줄 수 있겠느냐고 묻는다. 우리는, 가령 부산 같은 곳으로 가게 된다면〔공산당에〕'찍힌' 이들을 얼마 데려갈 생각이긴 하지만, 이번에는 군산에 가서 배를 타라거나, 대전에서 비행기를 타라는 명령을 받게 될 수도 있다. 그래서 누구에게도 꼭 데려가겠다는 확언은 해주지 않고 있다. 우리는 다만 공산군이 다시 득세하는 일이 없기만을 바라고 기도할 뿐이다.

어제는 UN에서 일하는 사람들 몇이 시정을 돕기 위해 여기 왔는데, 영국인 1명과 사병 6명을 포함한 미국인 11명이었다. 그들과 함께 온 중위가 있는데, 사람이 참 좋았다. 장로교인이라고 하더라. 집을 구하고 있기에 그들에게 윈(Winn)네 집을 빌려주었다. 우리는

nice — says he's a Presbyterian. They needed a house so we lent them the Winn house. We helped them sweep out the trash the communists had left and they moved in late in the afternoon. When we saw strange officers at the door we were afraid they'd come to tell us to evacuate! Their arrival really helped our morale! They didn't knew that any Americans lived here so they were very much surprised to see women and find a home — and delighted to get the use of a house. There's a furnace in that house, too, tho I don't know hew well it works. Uncle T. & Aunt Sis didn't use it much. Of course, this bunch may be told to move on short notice.

We'll be thinking of you all and wishing you the best Xmas ever. Please tell Mr. Roller that Sgt. Roller was mighty good to us and we wish he could come to see us.

Heaps and heaps of love,
Mother

그들이 공산군이 남긴 쓰레기들을 치우는 걸 도와주었고, 그들은 오후 늦게 이사해 들어왔다. 낯선 장교들이 우리 집 문 앞에 와 있는 걸 봤을 때는, 우리에게 대피를 명령하러 온 줄 알고 겁이 덜컥 났다! 그런데 그들 덕분에 우리 사기가 많이 올라갔다! 그들은 이곳에 미국인이 살고 있는 줄 몰랐고 여자들까지 있는 걸 보고는 많이 놀랐으며, 집을 빌려 사용할 수 있게 되어 기뻐했다. 그 집에도 난로가 있는데, 그것이 잘 작동하는지는 잘 모르겠다. 테디 삼촌과 시스 이모는 그것을 많이 사용하지는 않았다. 물론 이 사람들은 언제든 갑자기 다른 곳으로 이동 명령을 받게 될 수도 있다.

우린 늘 너희 생각을 할 거다. 멋진 크리스마스를 보내기를 바란다. Mr. Roller에게 Sgt. Roller가 우리에게 정말 잘해주었다고 우리는 그가 우리를 보러 오기를 기다린다는 말을 전해주기 바란다.

사랑을 가득 담아,
엄마가

Chunju

Sunday Afternoon, Dec. 17th. 1950

Dearest Children,

We are still here in Chunju and have no immediate prospect of having to leave. It looks as if things might just drag along for a while, thou, of course you never can tell what the reds will do. I wish you could all see Chunju this afternoon. A lot of snow fell last night and more is coming down now and it is simply beautiful. The communists in the mountains will have to stay put a day like this. I believe we have had more snow already this year than we had all of last winter. Father went to Iri this morning to preach. It was clean and pretty cold when he left. We are planning an evening service in English tonight so he will have to preach twice. Last Sunday afternoon we were sitting around in the living room when a jeep drove up and several strange men in uniform got out so we immediately decided that they had been sent to tell us to evacuated! Instead they turned out to be part of a group of specialists in various lines, sent here by the U.N. to help various departments of the local provincial government. They were looking for a place to live. There are twelve of them in all, several army officers and several civilians and some enlisted men. We offered them the use of the Winns' house and the single ladies' house and so they are living in those houses. They have a generator and are letting us

전주

1950년 12월 17일 일요일 오후

사랑하는 자녀들에게,

우리는 아직 여기 전주에 있고 현재로서는 떠나야 할 상황은 아니다. 상황이 한동안 교착 국면일 것 같기는 하지만, 물론 공산군이 언제 무슨 일을 벌일지 아무도 알 수 없다. 너희 모두 오늘 오후의 이 전주 풍경을 볼 수 있었어야 하는데! 밤사이 많은 눈이 내렸고 지금은 더 많이 내리고 있는데, 정말이지 아름다운 풍경이다. 산속 공산군은 이런 날에는 꼼짝없이 있어야할 게다. 올해 지금까지 내린 눈이 작년 겨울 내내 내린 눈보다 더 많은 것 같다. 아버지는 오늘 아침 설교하러 이리로 가셨는데, 출발하실 때 날이 화창하고 꽤 추웠다. 우리는 오늘 저녁 영어 저녁예배를 드릴 예정이어서 아버지는 설교를 두 번 하셔야 한다. 지난 일요일 오후에 우리가 거실에 앉아 있는데 지프차 한 대가 오더니 제복을 입은 이상한 남자 몇 명이 내렸는데 우리는 우리에게 대피령을 전달하러 왔나 보다 생각했다! 그런데 알고 보니 그들은 지방 정부의 여러 부서를 돕기 위해 유엔에서 파견된 다양한 분야의 전문가 그룹이었다. 그들은 지낼 곳을 찾고 있었다. 총 12명이었는데, 장교 몇 명과 민간인 몇 명 그리고 사병들이었다. 우리는 그들에게 윈(Winn)네 집과 독신여성 하우스에서 지내라고 제안했고, 그래서 그들은 그 집들에서 지내고 있다. 그들이 가지고 온 발전기로 만든 전기를 우리가 사용할 수 있게 해주어, 지금 우리는 매일 밤 6시에서 10시까지 등도 켜고 있고, 두 달 전 부산을 떠나온 이래 처음으로 라디오도 사용할 수 있게 되었

have electricity so we have lights from six to ten every night and can use our radio for the first time since we left Pusan two months ago. They are also repairing the central water system that we had just about completed last summer and which the communists or thieves sorter dismantled. There are two big cement trunks up on the hill above the cemetery and the plan is to pump water from the city main on the boys' school campus up into them to run into all of our houses and the hospital. Their being here in is one reason we are having English service. Father has been away all day most Sundays and we have been just having prayer meeting once a week in English.

Paul and Pete are going to Seoul tomorrow so we will send our letters and hope to get some when Peter gets back Tuesday or Wednesday. Paul has a plane ticket to fly over to Japan for Xmas. but we have heard that the commercial planes are not flying now so he may have to hitch-hike a ride on an army plane. Ovid plans to go for any visit after Xmas.

We have thought several times of asking you all what you thought about the advisability of one of you getting us a washing machine for our Montreat house before they get scarce. That is, if you think they will get scarce when a lot of factories have to convert to making war materials. We don't know whether nor not

다. 또 그들은 우리가 지난여름 거의 완성했지만 공산군이나 도둑들이 망가뜨린 중앙 수도 시스템을 수리해주고 있다. 공동묘지 위쪽 언덕에 두 개의 큰 시멘트 트렁크가 있는데, 계획은 남학교 캠퍼스에 있는 수도 본관에서 물을 그 트렁크들로 급수하여 여기 우리 집들과 병원 전체로까지 물이 흘러들어오게 만드는 것이다. 우리가 오늘 영어 예배를 드리는 것은 그들 때문이기도 하다. 아버지는 일요일에는 대부분 하루 종일 자리를 비우셨고 우리는 일주일에 한 번은 영어로 기도회를 가졌다.

Paul과 Pet가 내일 서울에 갈 예정이라 그들 편에 우리 편지를 보낼 참이고, 화요일이나 수요일 Peter가 돌아올 때 편지 얼마를 갖고 돌아오면 좋겠구나. Paul은 크리스마스를 위해 일본 행 비행기 티켓을 끊었는데, 듣자니, 현재 상업용 비행기가 운행되고 있지 않아 그는 아마 히치하이킹으로 군용 비행기를 타야 할 것 같다고 한다. Ovid는 크리스마스 지나고 갈 계획이라고 한다.

세탁기를 구하기 어려워지기 전에 너희 중 누가 우리 몬트리트 하우스에 둘 세탁기를 미리 사두게 하는 것이 좋은 생각일지 너희에게 물어볼 생각을 여러 번 했다. 많은 공장이 군수용품 생산 공장으로 전환되면 세탁기를 구하기가 어려워질 테니 말이다. 휴와 베티에게 좋은 세탁기가 있는지, 또 그들이 우리를 위해 세탁기를 사두고 우리가 거기에 갈 때까지 사용하는 것이 그들에게 실용적일지 모르겠구나. 몬트리트까지 배송하는 것이 너무 비쌀 수도 있겠구나. 아무튼 우리는 너희 중 누가 지금부터 여름 사이에 그 세탁기를

Hugh and Betty have a good washing machine or if it would be practical for them to get one for us and use it till we get there. Would shipping it to Montreat be too expensive. The thing is we would like for any of you that don't have one to be getting the use of it between now and summer. If Hugh and Betty have one and if Dwight and Marjorie do not the latter might like to get it. I thought maybe Hugh and Betty would be using the Montreat house when they get thru at Princeton if they were coming out here next fall, but, of course what they will get to do by that time is much one person's guess as another is now with the world in the state it's in. Anyway, if you all think it's a good idea I will trust your judgement as to whether it's best to go ahead and get a washing maching and as to what kind is best to get. You know I don't know much about them, but I think I would want one whenever we are in America from now on so I guess we should get a fairly good one. Hugh, you and Dwight can get together on the question, since Bill and Eugene both have them.

It is really snowing. We don't often have deeper snow than this. I am afraid Father will have trouble with his windshield wiper. It's a wet, soft snow.

This letter should get to you all just about at Christmas. Hugh and Betty won't get their copy till they get back to Princeton. Hope

사용하면 어떨까 생각한다. 만약 휴와 베티에게는 있지만 드와이트와 Marjorie에게는 없다면 그들이 사용할 수 있을 것이다. 나는 휴와 베티가 프린스턴을 졸업하고 내년 가을 여기로 올 계획이라면, 그 사이에 몬트리트 집을 사용하면 어떨까 생각하지만, 물론 이건 내 추측일 뿐이고 세상일이라는 것이 막상 그때 어떤 상황일지는 예측할 수 없는 일이긴 하다. 아무튼, 좋은 생각이라고 여겨지면 추진해서 세탁기를 구입할지 여부, 또 어떤 제품을 사는 것이 최선일지 등에 대해서는 너희 판단에 맡기겠다. 너희도 알다시피 우리는 세탁기에 대해 잘 모르지만 우리가 앞으로 미국을 가게 되면 우리에게 필요할 것 같으니 사게 되면 좋은 것으로 사기를 바란다. 휴, 빌과 유진은 둘 다 세탁기가 있으니, 너와 드와이트가 이것에 대해서로 이야기를 나눠 보거라.

정말 눈이 많이 내리는구나. 이렇게 함박눈이 오는 건 드문 일이다. 아버지 차 앞 유리 와이퍼가 괜찮을지 모르겠구나. 진눈깨비나 가루눈 정도 용도라서 말이다.

이 편지는 크리스마스 어간에 너희에게 도착하리라 본다. 휴와 베티는 프린스턴으로 돌아가야 사본을 받겠구나. 눈보라를 만나는 일이 다시없기를! 미국 동부 해안을 운전하기에 나쁜 시기다. 드와이트, Marjorie랑 휴가 기간에 올랜도에 가게 되면 Marshall 이모를 위해 그 호텔 방 잡는 거 잊지 말거라. '올림픽' 호텔이었던 것으로 기억한다. Arch 삼촌과 Calie 이모도 거기에 오실지 모르는데, 그들 모두 너희를 보게 되면 정말 기뻐하실 것이다. Marshall 이모

they don't get into any blizzards going back! That's a sort of bad time to be driving up the Eastern coast of America. Dwight, if you and Marjorie go to Orlando during the holidays, be sure to check in the hotel there for Aunt Marshall. I believe it is the Olympic. Uncle Arch and Aunt Carlie might be there too and they would appreciate so much seeing you all. They say Aunt Marshall is terribly nervous. I surely do feel sorry for anyone with nothing to do! Have a happy Xmas.

Worlds of love,
Mother

가 신경과민증이 심하다고 하는구나. 어찌 할 수 없는 질병이 있는
분들은 정말이지 안 됐다. 행복한 크리스마스 되기를 바란다.

　가득한 사랑으로,
　엄마가

Rev. & Mrs. William A. Linton

Chunju, Korea

Presbyterian Missionary

& AM. Consul A.P.O. 8

& P.M. SanFrancisco, Cal.

Dec. 24, 1950

Dearest Children,

When we looked out on this Christmas Eve morning, the world really looked white, clean and beautiful. There was about three inches of snow and little of it has melted during the day since it has continued cold. It is indeed hard to realize that such fighting is in progress less than two hundred miles north of us and that the whole world this Christmas season is in uncertainty, turmoil, strife. We are still here in Chunju but the developments of the next few days may make it necessary for us to leave for America or some other place, maybe Pusan again or Japan.

However, we are getting ready to celebrate Christmas here just the same. There are about sixteen other Americans here in Chunju, connected with the U.N. Civil Affairs team one police advisor and three Korean Army advisers, and we all expect to eat together. They are furnishing the turkey and some of the other food and

사랑하는 자녀들에게,

크리스마스이브 날인 오늘 아침, 창밖으로 보이는 세상은 정말 새하얗고 깨끗하고 아름답게 보인다. 눈이 3인치 정도 쌓였고, 추운 날씨가 계속된 탓에 낮에도 거의 녹지 않았다. 우리가 있는 이곳에서 북쪽으로 200마일도 떨어지지 않은 곳에서 아직 전투가 계속되고 있고, 이 크리스마스 시즌에 전 세계가 불확실성과 혼란과 분쟁 가운데 있다는 사실이 실감이 나지 않는다. 우리는 아직 여기 전주에 있지만, 앞으로 며칠간 전개될 상황에 따라 우리는 미국이나 다른 곳으로, 어쩌면 다시 부산으로 가게 되거나, 일본으로 떠나야 하게 될 수도 있다.

그러나 이곳에서도 우리는 예년처럼 크리스마스를 축하하려고 한다. 여기 전주에는 유엔 민사팀과 관련된 약 16명의 미국인이 있는데, 그들과 경찰 고문 1명, 한국 육군 고문 3명이랑 함께 식사를 할 예정이다. 그들은 칠면조와 기타 음식을 가져올 참이고, 엄마는 노하우와 음식 얼마를 제공할 참이다. 우리는 그분들이 크리스마스

Mother is furnishing the know how and some of the food. We'll try to make them all realize that it has been Christmas day. We have a few pheasants too to add to the dinner.

Reports on the war are very confusing. Some reports indicate a complete withdrawal of U.N. forces from Korea if the Chinese cross the 38th; others, indicate full ability to stop the reds where they are now and a determination to do so. Doubtless the issues of the next few days will be settled in the highest U.N. circles. No doubt our own army does not want to be caught with most of our fighting men bottled up in Korea if the Russians should begin the third world war in Europe. It seems quite certain that there is much under cover training in small less important nations. No one can tell where Korea will be in the end.

We hope you are all having a real nice Christmas, full of joy and of the assurance of God's love. Mother will add to this so I am closing with just heaps of love and best wishes for all of you and especially the grand children.

Father

Dec. 29 — I've been thinking especially of you all and hoping that you will have had a safe trip back to Princeton by the time this

를 잊지 않고 지키게 해주고 싶다. 우리는 꿩도 몇 마리 저녁 식단에 추가하려고 한다.

전쟁에 관한 보도는 매우 혼란스럽다. 중국군이 38선을 넘으면 미군은 완전히 철수할 거라는 보도도 있고, 미군은 공산군을 현 위치에서 저지할 확고한 능력과 결의를 가졌다는 보도도 있다. 분명한 건, 향후 며칠간 UN 최고위원회에서 이 문제가 결정될 것이라는 거다. 당연한 말이지만, 만약 러시아 군이 유럽에서 제3차 세계대전을 시작한다면 우리 군대는 대부분의 병력이 한국에 갇힌 채 여기서 발목 잡히기를 원치 않을 것이다. 덜 중요한 작은 나라들에 많은 첩보활동 훈련이 있는 건 확실해 보인다. 누구도 한국의 운명이 어떻게 될지 장담할 수 없는 상황이다.

너희 모두 기쁨과 하나님의 사랑을 충만히 누리는 멋진 크리스마스를 보내기 바란다. 엄마가 이후 글을 덧붙일 것이기에, 나는 이만 너희 모두에게, 특별히 손주들에게 사랑과 축복을 전하며 글을 마치려 한다.

아버지가

12월 29일 — 너희 모두가 보고 싶었고, 이 편지가 도착할 때쯤이면 너희가 프린스턴으로 안전히 돌아갔기를 바란다. 너희가 남부로 가서 모두를 만났다니 기쁘구나. 우리도 바쁜 크리스마스 시즌을 보냈단다. 21명이나 되는 사람이 우리 집에서 같이 뷔페 저녁을 먹

reaches you. I'm so glad you could go South and see everybody.
We have had a busy Xmas season. 21 of us ate a buffet dinner here
at our house — 1 Britisher, ten officers and four out of six enlisted
men and six of us. We had a 20 lb. turkey which was issued to the
U.N. group and four pheasant which Father and Dr. Bush had shot.
I believe the boys enjoyed the ice cream as much as anything. I will
try to send them some now and then.

Pete and Mary Belle Mitchell are in Japan on their way home.
We surely miss them but she is "expecting" and it seemed best for
her not to stay on. About every two weeks we get to feeling we
may have to leave and then things settle down again. Just now we
are feeling optimistic about our troops stopping the communists at
the 38th. It's a relief to know that all of us who are here are able
to stand a long jeep trip if necessary. But we keep hoping we can
stay on till our furlo time next summer.

Little David will be having his 2nd birthday Monday. We would
love to help him celebrate!

Heaps of love to each one,
Mother

었단다. 영국인 1명, 장교 10명, 사병 6명 중 4명 그리고 우리 6명이서. 우리는 UN 요원들에게 지급된 20파운드 나가는 칠면조와, 아버지와 부시 박사가 사냥해서 잡아온 꿩 네 마리를 먹었단다. 젊은 친구들은 무엇보다도 아이스크림을 가장 맛있게 먹었던 것 같구나. 이따금 그들에게 또 갖다 줄 생각이다.

Pete와 Mary Belle Mitchell은 고향으로 가는 길에 지금은 일본에 있다. 물론 우리는 그들이 그립겠지만, Mary는 출산이 임박해 여기에 머물지 않는 것이 최선이다. 여기는 대략 2주마다 피난이 필요해 보였다가 다시금 상황이 안정되는 일이 반복되고 있다.지금으로서는 우리 군대가 38선에서 공산군을 저지하고 있다니 낙관적인 기분이 든다. 여기 있는 우리 모두, 필요하다면 장시간 지프차 승차를 견딜 수 있을 만큼 건강한 상태니 그 점은 안도가 된다. 그러나 우리는 내년 여름 안식년 때까지 계속 이곳에 머물 수 있기를 바란다.

우리 아가 David는 월요일에 두 번째 생일을 맞겠구나. 우리도 가서 축하해줄 수 있었으면!

너희 각각에게 사랑을 가득 담아,
엄마가

Thursday, January, 4, 1951

Dear Children,

++++++

As you all well know, the new isn't good, but at eleven last night we heard that a tank unit had "stopped the communists cold" eight miles north of Seoul so Father and I are encouraged to think—our side may be planning to make an effort to hold Seoul. A message came over the radio several times yesterday that the Consul in Seoul had moved his office to Pusan and that had been agreed on as a sort of signal that it was time for us to get ready to leave so Ovid and Gene and Mariella are closing the hospital today and plan to take off for Pusan tomorrow. Paul is due back from Japan this weekend but they think he won't try to come. Father and I are not ready to leave yet. There are thirteen in the U.N. group here on the compound with us and several K. Mags down town and this group out here expects to help Korean officials and us, too, to evacuate when it is necessary so we don't expect to have to go real soon. Don't worry about us, because we will leave in time if it is necessary. Since I started this Father has told me that the communists have occupied Seoul, but that it was understood that our

전주

1951년 1월 4일 목요일

사랑하는 자녀들에게,

++++++ (역자 주: 서신 일부가 손상되어 판독 불가)

너희도 알겠지만, 지금 이곳 상황은 좋지 못하다. 하지만 지난 밤 11시에 우리는 서울 북쪽 8마일 지점에서 우리 탱크 부대가 '공산군을 확실히 저지'했다는 소식을 들었는데, 아버지와 나는 이를 우리 군대가 서울을 사수할 계획임을 보여주는 것으로 이해하고 위안을 얻었다. 어제는 여러 차례 라디오 뉴스에서 서울 미 영사관이 부산으로 옮겨갔다고 전했다. 그렇다면 우리도 떠날 준비를 해야 할 시점이라고 의견을 모았고, 그래서 오비드(Ovid)와 진(Gene)과 마리엘라(Mariella)는 오늘 병원을 닫고 내일 부산으로 출발할 계획이다. 폴은 이번 주말 일본에서 돌아올 예정이었지만, 오지 말라고 할 생각이다. 아버지와 나는 아직 떠날 준비를 하고 있지 않다. 지금 이곳 선교회 건물에는 UN 요원이 13명이 있고, 시내에는 주한 미군사고문단(K. Mags)이 있는데, 아마 이들은 필요해지면 한국 공무원들과 우리의 피난을 도울 것으로 생각하여, 우리는 꼭 지금 당장 출발하지는 않아도 될 것 같다. 우리에 대해 너무 염려하지 마라. 필요해지면 우리는 제때 떠날 것이다. 이 편지 시작하고서 아버지가 해준 말인데, 공산군이 서울을 점령했다고는 하는데 아마 우리 군대가 서울 한강 아래 강남까지 후퇴했다는 의미인 것 같다. 그들

forces would drop back to the Hahn river this side of Seoul so it remains to be seen how long they will hold that—indefinitely, we hope.

We surely are glad to have the snapshots that +++ enclosed of the three children. They are growing mighty fast. We are so glad to have this many pictures and would love to have some of the rest.

It is going to be strange for Father and me to be alone again. We have had several people with us for so long. The servants will have time on their hands. Keep on writing to us until you hear we have left Korea. These folks here will be going for their mail and we can get ours with theirs.

I have a good many things to do to help these young folks get off so I won't try to write more. I just wanted to let you know that we are all right and will continue to take care of ourselves. The hardest thing for us is to see the distress of our Korean friends. We know we can leave but for most of them there is no place to go. Pusan and Cheju are already overcrowded and the cost of living there is prohibitive.

A heart full of love for each one of the sixteen of you,
Devotedly,

이 그곳에서 얼마나 버틸지는 두고 볼 일이다. 물론, 우리는 계속 버텨주기를 희망하지만.

+++(역자 주: 문서에서 판독불가)가 사진들을 보내주어 기쁘다 아이들은 정말 빨리 자라는구나. 사진들을 많이 보내주어서 기쁘고 나중에 다른 사진들도 보고 싶구나.

이곳에 또 아버지와 나만 남게 되면 묘할 것 같다. 몇몇 분하고는 정말 오랫동안 알고 지내왔다. 도우미들도 일을 쉴 것이다. 우리가 한국을 떠났다는 소식을 들을 때까지는 계속 편지해다오. 여기 있는 분들이 본인들 우편을 찾으러 올 것이고, 우리에게 온 우편도 받아오실 것이다.

이곳의 젊은 동료들의 피난 준비를 도와줄 일이 많아서 이만 줄여야겠다. 나는 다만 우리가 잘 지내고 있고 우리 안전을 스스로 잘 챙길 테니 걱정하지 말라고 말하고 싶었다. 우리에게 가장 힘든 것은 한국 친구들이 괴로워하는 모습을 보는 것이다. 우리야 언제든 떠날 수 있지만 그들은 대부분 갈 곳이 없다. 부산과 제주는 이미 사람이 너무 많고, 생활비가 너무 많이 들기 때문이다.

너희 열여섯 명 모두를 가슴 깊이 사랑하는,
엄마가

이번에 우리가 떠나야 한다면 집으로 갈 것이다.

Mother

If we have to leave this time we'll go on home(역자 주: 이 부분은 추신 형태로 수기로 기록되어 있음).

결혼 전 인돈과 인사례

Presby. Miss.

o/o U.S. Consul,

A.P.O. 59, 0/0 P.M.

San Francisco, Cal.

January 10, 1951

Dearest Children,

Here I am in Pusan again! Last Friday the "K MAG " officers in Chunju came up and said that the State Department had sent then a message to see that Father and I leave for Pusan. I think I had written you that Ovid and Mariella and Gene left too that morning. Well, to make a long story short, we talked it all over and they agreed that Father could stay on as long as they and the United Nations Civil Assistance Team that I have written you about was there, but that I would "proceed to Pusan". I got ready and Father came as far as Taijun with me Sunday. We brought our truck full of women and children, including Soongil's wife and six children. I just did get permission to bring "refugees" on from Taijun since there are too many here already. Father went back to Chunju in our Jeep Sunday afternoon and I spent the night in Taijun in the home of a Korean pastor. We got to Taiku Monday night and I spent the night with the missionary men who are left there. We got here yesterday afternoon (Tuesday). Mr. Boyer is here. He came thru here on his way back to Soonchun after spending Xmas with us and

사랑하는 자녀들에게,

지금 나는 다시 부산에 와 있단다! 지난주 금요일 전주 주한미군 사고문단(KMAG) 장교들이 찾아와서는 국무부에서 아버지와 나더러 부산으로 떠나라고 한다고 전해주었다. 오비드와 마리엘라, 진도 그날 아침 떠났다고 지난 편지에 쓴 것 같구나. 결론만 이야기하자면, 아버지는, 일전에 내가 말했던 유엔민간기구협력단체(UN Civil Assistance) 팀이 있는 동안은 계속 전주에 머무르고 나는 '부산으로 이동하기로' 그들과 합의를 보았단다. 나는 여장을 꾸렸고, 아버지는 일요일에 대전까지는 나와 동행했다. 우리는 우리 트럭에 여자들과 아이들을 가득 태웠는데, 승일의 아내와 여섯 자녀들도 같이 태웠다. 나는 '피난민들'을 대전 아래로 데려와도 좋다는 허락을 받았다. 대전에는 이미 피난민들이 너무 많았기 때문이다. 아버지는 일요일 오후에 우리 지프차를 타고 전주로 돌아갔고, 나는 대전 어느 한국인 목사님의 집에서 하룻밤을 묵었다. 월요일 밤 우리는 대구에 도착했고, 그날 밤은 거기 남아 있던 남자 선교사님들과 같이 지냈다. 우리는 어제(화요일) 오후에 여기 부산에 도착했다. 보이어 씨가 여기 와 있다. 그는 우리랑 크리스마스를 보낸 뒤에 순천으로 돌아가는 길에 여기에 왔다가 떠나지 못하고 있는 상태다. 그는

hasn't left. I think he will stay around here a while and probably go on back to Japan. He is a big help to me. It is nice to have some-one to call on when the men here are so busy. The Chisolms are very hospitable and cordial to me and are letting my fifteen refu-gees stay in a room downstairs temporarily, but they can't stay too long of course.

I got some mail when I stopped at the consulate yesterday but not a word from any of you. My letters will get to you promptly from here so be sure to keep on writing and use A.P.O. 59 now as you did last summer. I have no plan except to stay here till Father comes and then I think we will head for America. If the commu-nists should be held at a safe distance from Chunju and the other Americans don't leave he will stay on and I will stay here. The Koreans are so pathetic and there is mighty little we can do but we want to do that little. I would have like to stay as long as Father does, but naturally the men there didn't want the responsibility of getting a woman out, and it made leaving just a little less hard since Father was staying. (I don't know why this typewriter is doing this way—I borrowed it from Mrs. Chisholm)

+++ We think that Miss Root will be coming on now here soon.

Eugene, please call Miss Pritchard and the Hoppers and Bill Bell

내게 큰 도움이 되었단다. 이곳은 다들 너무 바빠서, 도움을 요청할 사람이 있다는 것이 정말 다행이다. 치솜(Chisolm) 씨 가정이 내게 친절히 정성을 다해 잘 해주고 있고, 내가 데려온 열다섯 명의 피난민도 본인 집 아래층 방에 임시로 머물 수 있게 해주고 있다. 물론 그들은 너무 오래 거기 머물 수는 없다.

어제 영사관에 들러서 우편을 얼마 받았는데, 너희에게서 온 건 하나도 없었다. 내 편지는 여기서 너희에게 신속히 전해질 것이니, 꼭 계속 편지를 쓰고, 지난여름에 했던 것처럼 이번에도 A.P.O. 59를 사용해라. 나는 별일 없으면 아버지가 오실 때까지는 여기 머물다가 아마 미국으로 가게 될 것 같다. 공산주의자들이 전주에서 안전거리만큼 멀리 저지되고 다른 미국인들이 떠나지 않는다면, 아마 아버지는 계속 여기 머물려 할 테고, 나도 그럴 것이다. 한국인들의 처지가 너무도 가엽고 우리가 해줄 수 있는 건 거의 없지만, 그래도 우리는 할 수 있는 작은 일이라도 하고 싶구나. 나는 너희 아버지가 여기 머무는 동안은 같이 있고 싶지만, 그곳에 있는 사람들은 여성이 밖으로 나다니는 데에 책임을 지려고 하지 않았던 것은 너무나 당연하다. 아버지가 머무시기 때문에 내가 혼자 떠나는 것이 좀 힘들었어(치솜 부인에게서 빌린 이 타자기가 왜 이런지 모르겠구나). (역자 주: 원문에 글자가 불분명하게 찍혀 있어서, 아마도 타자기에 문제가 있었던 것으로 보인다.)

루트 여사도 이곳에 곧 여기 곧 올 것이라고 생각한다(역자 주: 광주에 머물던 루트는 부산으로 함께 피난을 권유하는 동료 선교사들의 권유를 끝까

to let them know I am all right. Bill can get in touch with the Prestons and Winns. I expect to have time now to catch up on answering letters so I will try to write to them all soon. Dwight, please drop Grandma a card and tell her I will write soon.

Heaps and heaps of love to each one. We may be seeing you sooner than we had expected, but it is hard to be excited about that when it will be because things are bad here.

Devotedly,
Mother

지 거부하고 선교지에 남아 있었다).

유진, 프리차드(Pritchard) 씨(역자 주: 변마지 선교사)와 하퍼 씨 부부와 빌 벨(Bill Bell)에게 전화해서 내가 잘 지내고 있다고 알려드려라. 빌이 프레스턴(Preston) 부부와 윈(Winn) 부부에게 연락할 수 있을 것이다. 나는 이제 그간 밀린 답장을 쓸 시간이 날 것 같아서 곧 그들 모두에게 편지를 쓰려고 한다. 드와이트, 할머니에게 카드를 보내드리고, 내가 곧 편지 보내드릴 것이라고 말씀드려라.

너희 모두를 사랑하고 사랑한다. 어쩌면 기대했던 것보다 너희를 더 일찍 보게 될지도 모르겠구나. 하지만 신나 할 일은 못 되는 것이 이곳 상황이 너무 안 좋으니 말이다.

사랑을 담아,
엄마가

Presbyterian Missionary,

c/o Am Consul A.P.O. 8,

c/o P.M. San Francisco, Cal.

Jan. 14, 1951

(Written from Chunju)

Dearest Children:

Mother left me a week ago today on the continued insistence of the Embassy Officials, and I suppose she is in Pusan. A message reached me from Taigu that she had arrived safely there and the plan was for her to spend one night there and reach Pusan the next night, Tuesday. No word has come from there.

It is very difficult to describe the situation here in Korea. The many contributing factors that go in to make up the total picture are so confusing and so tied up with the peculiar circumstances of this little country that one feels at a loss to tell what the thing is like. There is the U.N. army made up of soldiers from many parts of the world and many of the soldiers wonder why they came here, what to know whether Korea is really worth saving anyway, whether it is worth a man's life. There is that great mass of the population who suffered under the Commies last summer and feel that they just can't stand it again. Many lost their sons, parents, wives, homes everything. Many feel they would rather die than face it again. It

1951년 1월 14일

(전주에서 씀)

사랑하는 자녀들에게,

대사관 직원들의 끈질긴 요구에 결국 엄마는 일주일 전 여기를 떠났는데, 아마 지금은 부산에 있을 것이라 생각한다. 대구에서 메시지가 왔는데, 거기 엄마가 안전히 잘 도착했고, 거기서 하룻밤을 보내고 다음 날인 화요일 밤 부산에 도착할 계획이라고 하는구나. 아직 거기서 온 소식은 듣지 못한 상태다.

이곳 한국 상황은 정확히 묘사하기 참 어렵다. 전체 그림을 구성하는 많은 부분 요소가 너무도 혼란스럽고 이 작은 나라의 고유한 상황들과 긴밀히 맞물려 있어서, 뭐가 어떻게 돌아가고 있는 것인지 파악하기 어렵다. 세계 곳곳에서 온 군인들로 구성된 UN 연합군이 와 있지만, 그런데 많은 군인은 그들이 여기 왜 온 것인지, 한국이 정말 구할 가치가 있는 나라인지, 자신의 생명을 바칠 가치가 있는 것인지 등에 대해 묻고 있단다. 지난여름 공산군에게 고통을 당한 이들이 허다히 많은데, 그들은 그 일에 치를 떤다. 많은 이가 아들과 부모와 아내와 집 등 모든 것을 잃었다. 그들은 다시 그런 일을 겪으니 차라리 죽는 게 낫다고 여긴다. 어떤 가정들은 가족 전체가 먹기 충분한 양의 독약을 구입해 집 안에 숨겨놓고는 상황이 다시

is reported that some families have bought enough poison for the whole family and have hidden it in the house when it will be convenient when the thing gets so bad again. There are the great masses of refugees that trudge southward thru the ice and snow, many with small babies on their back, all have with them all they have left in the world. There is a surprising number of these who have come from far north of the 38th. They have lived under the commies for more than five years and have given up home and all to find freedom south of the U.N. lines. Many local people have already sold what they had and have begun seeking places of safety on the islands or just anywhere to get away from what they went thru last summer. I was in Kunsan yesterday and found a group of about two hundred who have started out. They had hoped to find boat transportation to some place of safety to set up a Christian community for the duration. Then there is the general international situation that, after all, is the reason for all the trouble. Korea is but a small pawn in ths game of world politics. When it is over will there be anything left of this poor little nation? What will happen to these refugees if the U.N. forces find it necessary to withdraw from Korea entirely? The Koreans think the commies would kill them by the millions and maybe they would. No one knows. Killing people seems to be a regular habit with them.

There are some U.N. Civil Assistance Team members living in two of our houses now and the Korean Military Advisor Group li-

나빠지면 꺼내 먹을 계획이라고 한다. 얼음과 눈을 헤쳐 가며 남쪽으로 걸어 내려온 수많은 피난민이 있다. 어린 아기를 등에 업고 내려온 이들도 많은데, 모두 전 재산을 가지고 내려온 것이다. 38선 위 먼 북쪽에서 내려온 사람들도 놀라울 정도로 많다. 그들은 5년 넘게 공산당 치하에서 살았고 유엔 전선 남쪽에서 자유를 찾기 위해 집과 모든 것을 포기하고 그렇게 내려온 것이다. 많은 지역민들은 소유를 다 팔아서 섬이든 어디든, 하여간 지난여름에 겪었던 일에서 벗어날 수 있는 곳이면 어디든 안전한 장소를 찾아 나서기 시작했다. 나는 어제 군산에 있었는데 200명 정도 되는 사람이 그렇게 도시를 떠나는 모습을 보기도 했다. 그들은 배를 타고 어떤 안전한 장소로 가서는 전쟁 기간 동안 거기서 기독공동체를 이루어 살고 싶어 한다. 사실, 이 모든 문제의 원인은 국제 상황이다. 한국은 세계정치라는 게임에서 힘없는 작은 졸(卒)에 불과하다. 이 게임이 끝나면 과연 이 가련한 작은 나라에 무엇이 남게 될 것인가? 혹 유엔군이 한국에서 완전히 철수해야 하는 상황이 벌어지면 이 피난민들은 어떻게 될까? 한국인들은 그러면 공산당이 수백만을 학살할 것이라 생각하는데, 아마 그들은 그럴 것이다. 아무도 모른다. 공산당은 사람을 죽이는 일을 대수롭지 않게 여기는 것 같다.

현재 우리 선교회 집들 두 곳에는 유엔민간기구협력단체(UN Civil Assistance) 직원들이 살고 있고, 다른 집에는 주한미군사고문단(the Korean Military Advisor Group)이 살고 있다. 오늘부터는 엔지니어 몇 사람이 우리 남학교 건물을 사용한다. 이렇게 지금 나는 온통 군대에 둘러싸여 있다. 정말이지, 이 땅에 다시 평화와 고요함이 돌아오

ving in another. Some engineers took over our Boys' school building today. So I am rather surrounded by the Army right now. However it would really be nice for peace and quiet to return to this land. The last few years since the war has been continually unsettled. I feel like I would like to get to some quiet place and have a good long rest. Maybe things will be better in the next few days, however, and life will not seem so strenuous. If some success attends this effort of the U.S. Political Committee to get a real cease fire order, then maybe some solution may be worked out but it looks rather hopeless right now. It looks very much like the U.S. is not ready at present to face the Russians and are willing to make almost any sort of temporary settlement with the hope that the Russians will not start a world war before we can get better prepared.

With love and best wishes to all of you,

Father

I'm sending all the copies to Billy and hope he will send the other copies around upon receiving the receipt of the letter. Haven't had any word from any of you in ages. Hope you are all well.

면 좋겠구나. 전쟁 발발 후 지난 몇 년은 늘 불안한 상태였다. 어디 한적한 곳에 가서 오래 쉬고 싶은 맘이다. 어쩌면 수일 내로 상황이 호전되고 고생이 누그러질 수도 있을 것이다. 정전(停戰)을 위한 유엔정치위원회(U.N. Political Committee)의 노력이 조금이라도 성공을 거둔다면, 그때는 아마 어떤 해결책이 나올 수도 있을 것이다. 하지만 현재로서는 전망이 밝아 보이지 않는다. 현재로서는 미국은 러시아와 맞설 준비가 되어 있지 않아 보이고, 제대로 대응 준비를 갖추기 전에 러시아가 세계대전을 일으키는 일을 막을 수만 있다면 거의 어떤 조건이든 수용하려 할 것 같다.

모두에게 사랑과 축복을 담아,

아버지가

나는 이 편지 사본들을 다 빌리에게 보낼 참인데, 그러면 빌리가 편지를 받는 대로 다른 이들에게 전달해주리라 믿는다. 너무 오랫동안 너희에게서 아무 편지를 받지 못했구나. 모두 잘 지내고 있기를 바란다.

Chunju

Feb. 26, 1951

Dearest Children,

Our opportunities to send mail come so irregularly and some-
times so unexpectedly that it is hard for me to keep up with when
I have written. I know we have not had any letters from you all
since I wrote last, but the Colonel is going to Pusan tomorrow so
I want to get a letter written for him to mail.

As usual, there isn't much news to write. A group of E.C.A. and
Other officials came to inspect various things in the province and
we had three Americans to spend one night with us last week.
When they left Paul went alone to Pusan so as to try to obtain some
medicines and other hospital supplies. We are expecting him back
about Wednesday. It may be that Ovid Bush flew over from Japan
yesterday and they may come together. I hope Paul will bring us
some mail. He has a friend who is on the Navy communications
ship that has been in Pusan and if he was still there Paul was plan-
ning to get him to see if he could locate Hugh for us. We keep hop-
ing to hear that Hugh is in Inchon. Betty, from now on I will send
Hugh a copy of my letters when I write on the typewriter so you
needn't send your copy to him.

전주

1951년 2월 26일

사랑하는 자녀들에게,

편지를 붙일 수 있는 기회가 너무 불규칙적이고 예기치 않게 오는 바람에 언제 너희에게 편지를 써서 보냈는지도 기억하기 어렵구나. 지난번 편지를 보낸 이래로 아직 너희 누구에게서도 편지를 받지 못했지만, 대령님이 내일 부산에 가신다고 하니 그편에 편지를 붙이려고 이렇게 편지를 쓴다.

늘 그렇듯이 이번에도 뉴스가 많지 않다. 미국 경제협조처(ECA) 사람들 몇과 다른 요원들이 이 지역의 여러 상황을 점검하러 왔고, 지난주에는 3명의 미국인이 찾아와 우리와 하룻밤을 같이 보냈다. 그들이 떠나자 폴(역자 주: 전주예수병원장 구바울 선교사)은 약과 기타 의료 용품을 구하러 혼자 부산으로 내려갔다. 우리는 그가 수요일쯤 돌아올 것으로 기대하고 있다. 아마 어제 오비드 부시(Ovid Bush)가 비행기 편으로 일본에서 들어왔을 것 같은데, 그들은 만나서 함께 올 것 같다. 폴이 돌아올 때 우리에게 온 편지들도 가져올 수 있기를 바라고 있다. 그의 친구 중에 부산에서 해군 통신선에서 일했던 이가 있는데, 만일 그 친구가 지금도 거기에 있다면 폴은 그를 통해 휴(역자 주: 인돈 선교사의 셋째 아들 휴 린튼Hugh Linton으로 한국전쟁 당시 해군 장교로 참전)가 있는 곳을 알아낼 수 있는지 타진해보려 한다. 우리는 휴가 지금도 계속 인천에 있다는 소식을 듣게 되면 정말 좋겠구나. 베티(역자 주: 휴의 아내로서 린튼의 며느리), 이제부터는 타자 친 편지

The graduates of the school over in Kunsan are getting up a celebration for Father's birthday, too, so we are to go over to Kunsan Wednesday, the 28th. From rumors we hear this may not be the last of the celebrations, either!

We are helping the local Koreans run a month's Bible class which is to begin tomorrow so we will be extra busy for the month of March at least. There are so many new Christians as well as a lot of older Christians who have had very little opportunity to study the Bible and I believe we will have a good number to study.

Father and I have been feasting on American oranges, apples and some steak that the U. N. group here gave us. They also gave us cabbage and celery. We didn't get to raise anything that we could eat raw this winter so we are really enjoying some "raw food", too.

The ground has thawed out pretty we are beginning to plant some garden. It's still cold, of course, but there is a different "feel" in the air.

Father needs to write some letters and I need to get busy on my lesson in Luke tomorrow so I won't write more tonight. Just wanted to let you know we are all right.

Heaps of love from both of us to each of you.

Devotedly,

Mother

사본을 휴에게도 보내려 하니, 네가 받은 사본을 그에게 보낼 필요가 없다.

군산에 사는 학교 졸업생들도 아버지 생신 축하연을 연다고 해서, 우리는 수요일인 28일에 군산에 갈 예정이다. 듣자니 해마다 그렇게 축하연을 열 계획이라고 한다!(역자 주: 인돈 선교사는 선교 초기 군산에 부임하여 군산영명학교장을 역임했다.)

우리는 내일부터 시작되는, 여기 지역민들이 여는 한 달 사경회 일을 돕고 있어서, 적어도 3월 한 달 동안은 더 바빠질 것 같다. 새로운 기독교인들뿐 아니라, 기존 기독교인들 중에도 성경을 공부할 기회가 거의 없었던 이들이 아주 많아서, 많은 분이 공부하러 올 것으로 기대한다.

여기 유엔 분들이 미국산 오렌지, 사과, 스테이크를 주셔서 아버지와 나는 잘 먹고 있다. 그들은 양배추와 셀러리도 주셨다. 이번 겨울에는 생으로 먹을 수 있는 걸 전혀 키우지 못했던 터라 우리는 '생식'을 정말 즐기고 있다.

땅이 꽤 녹았고, 그래서 우리는 텃밭에 뭘 좀 심기 시작하고 있다. 물론 여전히 춥긴 하지만, 공기 '느낌'이 달라졌다.

아버지는 쓰셔야 할 편지들이 있고, 나도 내일 누가복음 수업 준비로 바빠서 오늘 밤에는 여기서 줄여야겠다. 그저 우리가 잘 지내고 있다는 사실을 알리고 싶었다.

사랑을 담아,
엄마가

Chunju

March 7, 1951

Dearest Children,

One of the Colonels here is being moved to Pusan and plans to leave tomorrow so we hope to send some letters by him. It is almost supper time but Father hasn't come from the meeting of Presbytery and Paul and Ovid aren't here yet, so I may have time to get this written to you all.

Father and I are busier than usual because we are teaching in the month's Bible Institute that is going on. For my part, it really keeps me humping to prepare for my class and sometimes I wonder if I ought to try to teach Bible. There is so much of the language I need that I don't know. I have a class of about thirty studying Luke. It is my first experience of teaching men and women and I rather wish I had just women. Most of the men are young so that helps some.

Last week we went over to Kunsan for the celebration of Father's birthday that the graduates of that school over there had. There were many speeches with many references to how young Father was when he first took over that school and how well he could play baseball, etc. Also more gifts.

전주

1951년 3월 7일

사랑하는 자녀들에게,

여기 대령 중 한 분이 부산으로 전출을 가게 되었는데 내일 떠날 예정이라고 해서, 그분 편에 편지 얼마를 보내고자 한다. 저녁 식사 시간이 거의 되었지만, 아직 아버지도 노회에서 돌아오지 않았고 폴(역자 주: 전주예수병원장 폴 크레인Paul Crane 선교사)과 오비드(역자 주: 전주예수병원 의사 오비드 부시Ovid Bush 선교사)도 돌아오지 않아, 이렇게 너희에게 편지를 쓸 시간을 얻게 되었구나.

아버지와 나는 이번 달 진행 중인 사경회에서 교사로 가르치고 있어서 평소보다 더 바쁘단다. 나는, 수업 준비가 너무 힘들어 가끔은 내가 정말 성경을 가르치는 것이 맞나 하는 생각도 든다. 꼭 알아야 하는데도 아직 모르는 한국말이 참 많다. 내가 가르치는 반은 약 서른 명인데 누가복음을 공부한다. 남녀혼성반을 가르치는 것은 이번이 처음인데, 여성들만 있는 반이었으면 더 좋았겠다 싶다. 그래도 남자들 대부분은 어린 친구들이라 다행으로 여긴다.

지난 주 우리는 군산에 사는 졸업생들이 아버지 생신 축하연을 열고 싶다고 해서 다녀왔다. 많은 축사가 있었는데, 아버지가 처음 학교에 책임자로 왔을 때 얼마나 젊으셨는지, 야구를 얼마나 잘하셨는지 등에 대한 이야기가 많았다. 그리고 선물도 많이 받았다.

So far March has been very cold and it has snowed some about every day. Today was sunny most of the day but a few flakes fell this afternoon. We are ready for some warmer weather now. We have to be so economical with fuel at school that we don't have fire in the class rooms much and I feel so sorry for the girls. It's bad enough to go in and teach in a cold room when you can come back to a warm office but they have to stay in there most of the day.

The Army military advisors who have been living in Ovid's house since he went to Japan in January have been moved so Ovid and Paul are moving back over there and will only have suppers with us from now on. I surely hope their wives can come back before long.

I wrote Hugh a note the other day and sent this new address, but I haven't given it to the rest of you. It seems it is the address we should have been using for some time since it is the one the folks who are here use.

This is it:

c/o U.N.C.A.C. Korea
(Cholla Pukdo Team)
8201st. Army Unit

3월이지만 오늘까지도 많이 추웠고 거의 매일 눈이 내렸다. 오늘은 하루 종일 맑았지만 오후에는 서리가 약간 내렸다. 아마 이제 날씨가 따뜻해지려는 것 같다. 학교 연료비를 절약해야 하기 때문에 교실에 불을 많이 피우지 않아서 여학생들에게 많이 미안하다. 추운 교실에 들어가서 가르치다가 따뜻한 교무실로 돌아올 때면 맘이 좋지 못하다. 그 학생들은 여러 시간을 그 추운 교실에 있어야 하니 말이다.

지난 1월 오비드가 일본에 가자 그의 집을 숙소로 썼던 군사고문단이 다른 곳으로 전출가게 되었고, 그래서 오비드와 폴이 다시 그리로 이사할 예정이라, 앞으로는 저녁 식사만 우리랑 같이 하게 되었다. 머지않아 그들의 아내들도 돌아올 수 있기를 바란다.

휴에게는 일전에 이 새 주소를 간단한 메모로 보냈지만, 나머지 너희에게는 보내지 못했구나. 이곳 사람들이 사용하는 주소인 것으로 보아 아마 이것이 우리가 한동안 사용하게 될 주소인 것 같다.

주소는 이렇다.

c/o U.N.C.A.C. Korea
(Cholla Pukdo Team)
8201st. Army Unit
A.P.O. 59, c/o P.M.
San Francisco, Cal.

A.P.O. 59, c/o P.M.

San Francisco, Cal.

We haven't heard from Hugh for some time, but we heard the port of Inchon had been opened up so we wonder if he has been sent there. It is about time for us to get another batch of mail. If you all use this new address I hope your mail will come direct to TaiJun and if it does we should get it much more promptly.

We are wondering if Bill is finishing at Emory this month as some one mentioned some time ago. I got a letter from Aunt Sis the other day with a Christmas greeting that Charlene had written me and some pictures Patty and Charlene drew for me and I surely am pleased to have them. I will have to write them "thank you" letters. Tell Charlene when I get to America I will get out her Daddy's first writing and show it to her.

Dwight, you wrote that Dr. Richardson said we could have the apt. at Columbia from Sept. first. I wonder if we could ask them to hold it from then or just from about November on because I doubt if we will want to leave Montreat before the end of October. I think by the winter term we will want to study some and go to lectures, etc. but I am looking forward to spending most of the fall at Montreat. Father says he hasn't any plans! Eugene writes that he

한동안 휴에게서 소식을 듣지 못했는데, 인천항이 개항했다는 소식으로 보아 아마 거기로 전출되어간 것이 아닌가 싶다. 한 묶음의 편지들이 또 도착할 시기이다. 이 새 주소를 사용하면 아마 너희가 보내는 우편물은 일단 대전으로 직접 올 것 같고, 그렇다면 지금보다 훨씬 더 빨리 우리가 받아볼 수 있게 될 것이다.

얼마 전 누가 그러던데 빌이 이번 달 에모리에서 학업을 마치는 것이 맞는지 궁금하구나. 엊그제 시스(Sis) 이모에게, 샤를린(Charlene)이 내게 써준 크리스마스 인사말과 패티(Patty)와 샤를린이 나를 위해 그려준 그림 몇 장이 담긴 편지를 받았는데, 너무도 기뻤다. 그들에게 '감사' 편지를 써야겠구나. 샤를린에게 내가 미국에 가게 되면 네 아빠가 처음 쓴 글을 꺼내 보여주겠다고 전해주렴.

드와이트, 네가 편지에서 쓰기를, 리차드슨(Richardson) 박사께서 우리가 컬럼비아신학교 아파트를 9월 1일부터 사용할 수 있을 것 같다고 하셨다고 했지. 그런데 그 아파트를 우리가 그때부터, 혹은 11월 즈음부터 쭉 확보해두는 것도 가능한지 궁금하구나. 왜냐하면 내 생각에 아마 우리는 10월 말이 되기 전까지는 몬트리트를 떠나고 싶어 하지 않게 될 것 같아서 그렇단다. 겨울 학기가 되면 공부도 하고 강의도 듣고 싶겠지만, 가을의 대부분은 몬트리트에서 보내고 싶단다. 아버지는 아무 계획이 없다고 하시네! 유진은 자신은 6월 일정을 싹 비워두었다고 썼던데, 우리는 6월의 일부라도 같이 보내고 싶기는 하지만, 아무래도 아마 7월 전에는 거기 도착하기 어려울 것 같다. 일본에 있는 분들에게 편지를 써서 우리를 위해 좀

will have June off and I wish we could get there in time for them to spend some of June with us, but I doubt if we can get there before July. I am going to write the folks over in Japan to look up clearer schedules for us. That makes it seem like we really are going home this year. I know it is going to be hard to drop things and go, but I believe it is best for us to do that.

Heaps and heaps of love,
Mother

더 분명한 일정을 잡아달라고 부탁할 참이다. 올해는 정말 집에 갈 것 같기는 하다. 여기 일을 내려놓고 간다는 것이 쉽지 않을 건 알지만, 그렇게 하는 것이 우리에게 최선이라고 생각한다.

풍성한 사랑을 담아,
엄마가

Dear Betty,

I really have thought of you and wished you could be here with us yesterday and today. Hugh phoned from Taijun Friday night so I met him about thirty miles up the road yesterday morning and brought him home. He surely looks good to me and it's just wonderful having him here. I took him to Korean church this morning and they most ate him up! The one "fly in the ointment" next to not having you and the boys is that Father isn't here. He went to Pusan Wednesday and didn't get back last night like he's hoped to. He'll be so disappointed and I feel so selfish having all this pleasure by myself.

Hugh has the pictures of you and the children and I think they are lovely. It's hard to believe David is such a big boy.

Just as I wrote this I decided to go on and open your package which came Friday — and now we have our own pictures of David and Stevie! And the candy looks delicious. Thank you just ever so much for both. I know we'll enjoy the candy as well as the pictures. I believe pictures of yourselves are the nicest gifts of all.

사랑하는 베티에게,

어제와 오늘 네 생각이 간절했고 너도 여기서 우리와 함께할 수 있었다면 얼마나 좋았을까 생각했단다. 금요일 밤 대전에서 휴에게 전화가 왔고, 그래서 어제 아침 나는 30마일 정도를 달려가 그를 만나 집으로 데려왔단다. 휴는 매우 좋아 보인다. 드디어 이렇게 보게 되다니 정말 기쁘다. 오늘 아침 휴를 한국교회에 데려갔는데 교인들은 거의 그를 잡아먹을 태세였다! 너와 아이들이 여기 없는 것 다음으로 '옥의 티'는 지금 아버지가 여기 계시지 않다는 것이다. 아버지는 수요일에 부산에 가셨는데, 어젯밤에 돌아오고 싶어 했지만 그러지 못하셨다. 아버지는 실망이 크실 텐데, 이 모든 즐거움을 나 혼자 누리자니 죄책감마저 드는구나.

휴에게 너와 아이들 사진이 있던데, 사랑스럽더구나. 데이비드가 벌써 그렇게 큰 소년이 되었다니 믿기지 않는구나.

이 편지를 쓰다가 나는 자리에서 일어나, 금요일에 네게서 온 소포를 뜯어보기로 했다. 아, 이제 우리는 데이비드와 스티비 사진도 갖게 되었구나! 사탕도 맛있어 보이는구나. 두 선물 모두 정말 고맙다. 우리는 사진뿐 아니라 사탕도 즐길 것 같구나. 그래도 내게는 너희 사진이 최고의 선물이다.

I'm so glad you have been visiting around.

Hugh looks well and, as usual, seems to be making the best of his surroundings and taking advantage of every opportunity to learn Korean and work for the Lord. I think it's fine he remembers as much Korean as he seems to and I know he'll learn it fast. I just wish he could stay till Father comes but he has to go tomorrow morning.

"Choongie" came to see him after dinner and he's gone home with Him now. Your letter of Mar. 10th has come, too. We finally got a big mail Thursday. Please remember me to your folks and hug the boys for me.

Heaps of love,
Mother

여러 곳을 방문하고 다녔다니 기쁘구나.

휴는 아주 좋아 보이고, 평소처럼, 주어진 환경과 기회를 최대한 활용해 한국어도 익히고 주님을 위해 일하고 싶어 하는 것 같다. 휴가 한국어를 꽤 많이 기억하고 있는 것 같아 기쁘다. 또 그는 빨리 익힐 것이다. 휴가 아버지가 오실 때까지 머물 수 있기를 바랐지만 내일 아침 가야 한다는구나.

충기(Choongie)가 저녁 식사 후에 휴를 보러 왔고, 지금은 둘 다 그의 집에 가 있다. 네가 보낸 3월 10일자 편지도 왔다. 드디어 화요일에 많은 우편물을 받았다. 너희의 아이들에게 나를 기억하게 해 주고 나를 위해 아이들을 안아주렴.

사랑을 가득 담아,
엄마가

Sunday Morning

June 17th, 1951

Dearest Children,

This is a beautiful morning — just warm enough to make it comfortable with the windows open and not too hot even thou we have so few shades and the sun is streaming in. Mission meeting began Friday afternoon. Mr. Boyer and John are with Ovid and Miss Root here with us. They all eat suppers with us and will have dinner and supper both here today so we have a family of eight. Yesterday afternoon we "took off" from meetings and went out to the Tuckjin lake neighborhood for a picnic supper. It had been my idea to get the bigger boat they have out there and go out on the lake to eat as a bunch of us did the night before war broke out last June. But when we got out there yesterday we found the water was muddy and the lotus are not in bloom yet and they asked an outrageous price for the boat which was terribly dirty, besides, so we drove on around the lake and went up into some pretty pine woods and ate supper. After supper we walked over to where those royal tombs are and took pictures, etc. Some of the crowd hadn't been over there so we all had a nice outing. Ovid is taking a bunch of kodachrome pictures for us with his 35mm kodak so that we will have slides to show when we get home. We have our movie camera, too so we should get some good pictures.

일요일 아침

1951년 6월 17일

사라하는 자녀들에게,

아름다운 아침이다. 창문을 열어놓아도 좋을 만큼 따뜻한 날이다. 그늘이 거의 없고 햇빛이 쏟아져 들어오는 곳에 있어도 그리 덥지 않다. 선교회 연례회의가 금요일 오후에 시작되었다. 보이어 씨와 존(역자 주: 존 반 네스트 탈마지John Van Neste Talmage, 타마자 선교사로 추정)은 오비드와 함께 있고, 루트 양은 우리랑 같이 있다. 그들 모두 우리와 간단한 식사를 같이 하고 오늘 저녁 식사도 함께할 참이라 우리는 8인 가족인 셈이다. 어제 오후에는 회의 출석을 잠시 '거르고' 덕진 호수 근방으로 피크닉을 갔다. 본래는 지난해 6월 전쟁이 발발하기 전날 밤 우리 몇 명이 그랬던 것처럼 호수에 가서 큰 배를 빌려 식사하자는 것이 내 제안이었다. 그런데 어제 거기에 가보니 물은 진창이고 연꽃도 아직 피지 않은 데다 배도 아주 더러운 상태인데 터무니없는 가격을 부르는 것이었다. 그래서 우리는 그냥 호수 주변을 드라이브해서는 어느 근사한 소나무 숲에 들어가서 저녁을 먹었다. 저녁 식사 후에는 왕릉이 있는 곳으로 걸어가서 사진을 찍었다. 사람들이 많지 않아서 나들이를 즐길 수 있었다. 오비드가 자신의 35mm 코닥으로 코다크롬 사진을 많이 찍고 있는데, 집에 가면 슬라이드 쇼를 보게 될 것이다. 우리 무비 카메라로도 사진을 찍고 있으니, 좋은 사진들 얼마를 건질 수 있을 것이다.

화요일에 도널드 와츠(Donald Watt)가 불쑥 찾아와서 우리는 얼

We had a pleasant surprise on Tuesday when Donald Watt walked in. We knew he was a jet pilot, and I had written to him last winter and told him to come if he ever got a chance. He has finished his missions now and may be leaving soon so got a short leave and flew to Kunsan and got a ride over here. It certainly was nice to have him. He stayed till Thursday morning. Wednesday afternoon we took him and John Belk from Charlotte, N.C. who is here with the U.N.C.A.C. team and whom Donald had known before, out to the Kumsan temple where the standing Budhas are. The mountains around there have been full of guerillas so we found the temple area almost deserted. One or two priests wandered in and answered our questions. I wonder if you boys remember a picnic out there many years ego. I guess Hugh and Dwight were too little — the chances are we didn't even take Dwight! Donald took some pictures out there which I hope will be good. He and John both seemed to enjoy the trip. We would have liked to have had a picnic supper out there but didn't feel that it would be wise to stay around there too long. As we went out, we had checked with the local police and were told that only that morning a large group of policemen had gone up into the mountain's back of the temple and were driving the guerillas over the ridge beyond so that they thought it was safe for us to go as far as the temple. I am real glad we had the trip.

마나 놀라고 반가웠는지 모른다. 그는 제트기 조종사인데, 지난겨울 나는 기회가 되면 한번 찾아오라고 그에게 편지를 썼었다. 그는 이제 임무를 마치고 곧 떠날 예정이라 잠시 휴가를 내어 군산으로 날아와 여기까지 차를 얻어 타고 온 것이다. 그를 보게 되어 무척 기뻤다. 그는 목요일 아침까지 머물렀다. 수요일 오후에 우리는 그와 그의 지인인 존 벨크(John Belk)를 입상(立像) 불상이 있는 금산사로 데리고 갔는데, 존 벨크는 노스캐롤라이나 주 샬럿 출신으로 유엔 민사지원사령부(U.N.C.A.C.) 팀과 같이 여기서 지내고 있다. 금산사 주변 산들은 게릴라들이 잔뜩 있는 곳이라 사원 지역이 거의 폐허 상태였다. 오가는 승려 한두 분을 만날 수 있었는데, 우리 질문에 답해주었다. 오래전 너희를 데리고 거기로 피크닉을 간 적이 있는데 너희가 기억할지 모르겠구나. 휴와 드와이트가 아주 어렸을 때였던 것 같은데, 어쩌면 드와이트는 태어나지도 않았던 때일 수도 있다! 도널드가 거기서 사진을 몇 장 찍었는데, 잘 나오리라 기대한다. 그도 존도 둘 다 이 여행이 즐거웠던 것 같다. 우리는 야외에서 피크닉 저녁 식사를 하고 싶었으나 그곳에 너무 오래 머무는 것은 현명하지 않다고 판단했다. 우리는 거기 갈 때 먼저 현지 경찰에 확인했는데, 마침 그날 아침 경찰들이 대거 사원 뒷산에 올라가 게릴라들을 산 너머로 몰아냈고, 그래서 그 사찰까지 가도 안전하리라 본다는 말을 들었다. 이렇게 여행을 하게 되어 참 기뻤다.

물론 우리는 휴가 또 들르기를, 특히 금요일이나 토요일에 그럴 수 있기를 계속 바라고 있다. 어제 오후 그가 와서 같이 피크닉을 갈 수 있기를 바랐지만, 그는 오지 못했는데, 분명 그럴 만한 사정이

Of course we keep on looking for Hugh to drop in, especially on Fridays and Saturdays. Yesterday afternoon I hoped he'd got here for the picnic, but I am sure there is some good reason why he can't get off. I just hope he doesn't have to leave Inchon, unless it's to come to Kunsan!

It was nice to hear from B.&B. the other day and to know that they are getting settled in their new home. I imagine it is very different there from Decatur. I can just see how happy Patty is to go to kindergarten. We are lending a room in the Bible School just below us for a kindergarten and every morning as I go to school I meet the children who attend and they all give me a real bow! Two of Soongil's are in the group.

We are mighty anxious for further news from Eugene. Anne has been mighty good about writing but we get mail very irregularly. I think it is time for some today or tomorrow. I hope he got to go home when Miss Pritchard thought he would.

I'll add some to this later—it's time to go to Church.

Lots of Love,
Mother

있었을 것이다. 나는 휴가, 군산으로 오는 것이 아니라면 계속 인천에서 복무하기를 바랄 뿐이다!

요전날 B.&B.(역자 주: 인돈 선교사의 첫째 아들 내외)에게서 소식이 왔는데 그들이 새 집에 정착할 것이라고 듣게 되어 기쁘다. 아마 거기는 디케이터와 많이 다를 것이다. 유치원에 가게 되어 행복해 할 패티의 모습이 눈에 선하다. 우리는 성경학교 우리 사무실 바로 아래 방을 유치원에 대여해주고 있다. 매일 아침 학교 가는 길에 유치원 아이들을 만나게 되는데, 다들 얼마나 인사를 잘 하는지! 승일이네 아이들 둘도 그 유치원에 다닌다.

우리는 유진에게서 추가적인 소식이 더 오기를 간절히 기다리고 있다. 정말 고맙게도 앤은 자주 편지를 보내주지만, 여기서 우리는 우편물을 대단히 불규칙적으로 받아보게 된다. 아마 오늘이나 내일이면 우편물 얼마를 받게 되지 않을까 한다. 나는 프리차드(Prichard)양이 예상하는 그때에 그가 집으로 돌아갈 수 있기를 바란다.

나중에 몇 자 더 보낼 생각이다. 지금은 교회에 갈 시간이구나.

사랑을 가득 담아,
엄마가

c/o U.N.C.A.C.K. (Cholla Pukdo Team)

8201st Army Unit, A.P.O. 59,

c/o P.M. San Francisco, Cal.

Aug. 9, 1951

Dearest children and grand children:

Some time has elapsed since you had a letter directly from this side of household, the lesser, but without doubt you have had all the family news from a better and more accurate source.

Our plans remain unsettled and still dependent on the state of attitude of our State Department people towards the return of some of our missionaries to Korea. Recently word has reached us to the effect that all ladies, even nurses are now being held up but that seem unlikely. We now hope that some will be reaching here by the middle of Sept and that we shall be able to take off soon after that.

It may be that the present negotiations for a cease fire may issue in a stalemate and that would stop the return of missionaries. On yesterday a chaplain from the air port in Kunsan was over to see us and he expressed the very frequent pessimistic attitude of the army when he said that the air force thinks there may be an all out attack by Russian bomber on the cities of Korea if the present talks

사랑하는 자녀들과 손주들에게,

우리에게서 직접 편지를 받은 지는 시간이 좀 지났지만, 보다 정확한 출처로부터 가족 소식 전부를 너희가 들었으리라 확신한다.

우리 계획은 여전히 미확정 상태고, 선교사들의 한국 귀환에 대해 국무부가 어떤 입장인지에 달려 있다. 최근 들은 바로는, 현재 여성은 모두, 심지어 간호사들도 보류 상태라는데, 아마 그렇지는 않을 것 같다. 우리는 일부라도 선교사들이 9월 중순까지는 이곳에 돌아올 수 있게 되어, 우리가 그 후 출발할 수 있게 되기를 바란다.

현재 진행 중인 정전 협상이 교착 상태에 빠지고, 그래서 선교사들의 귀환이 중단될 가능성이 있다. 어제 군산 공항에서 온 군목이 우리를 찾아왔는데 그의 말로는 공군은 현 회담이 난항에 빠지면 러시아 폭격기들이 한국의 도시들에 전면적인 폭격을 가할 것이라 본다는데, 군은 그렇게 사태를 비관적으로 볼 때가 많다. 내 생각에는 그럴 가능성이 낮아 보이지만, 하지만 모르는 일이다.

지금 여기는 여름 중 가장 뜨거운 시기이다. 어제는 지금까지 우리가 겪어본 가장 무더운 날이었고, 오늘도 거의 같다. 그러나 열흘

bogg down. That seems rather unlikely to me but who can tell.

We are right in the midst of the hottest part of the summer season. Yesterday was the hottest day we have had and today seems about the same. However, in another ten days the real hot weather will be about over and we can look for some relief any time then. It was 94 in our dining room yesterday and it is about 90 right now.

We still await word from Hugh to find out whether his resignation from the Navy was accepted. I had planned to let him have our run down deep when we leave but if he is leaving too, we'll likely sell in the hope of buying another one whom we got ready to return to Korea. It now seems almost impossible to get along without one out here where the roads are so bad. The old Dodge was found to have some burned out bearings and badly in need of having the cylinders bored so it is out of commission at the moment. We hope to get it to running again before too long. The jeep is not running either today but it'll likely begin limping again before too long. It usually does.

Miss Beulah Bourns of the Canadian Mission, a nurse, is here now and helping out with the big refugee problem. Her mission is unable to carry on any work at present. Herb Codington came back

만 더 있으면 이 무더위는 끝날 것이고, 그때는 한숨 돌릴 수 있을 것이다. 어제 우리 식당 온도는 94도(역자 주: 섭씨 34.5도)였고 지금은 약 90도(역자 주: 섭씨 32도)이다.

아직 우리는 휴의 해군 사임의 수락 여부에 관해 소식을 듣지 못한 상태다. 우리는 떠날 때 휴에게 낡은 지프차를 주고 갈 계획이었지만, 만일 그도 떠날 예정이라면 우리는 그걸 팔고 나중 한국에 다시 돌아올 때 다른 차를 살 생각이다. 여기 도로는 너무 열악한 상태라 이곳에서는 지프차 없이 지내는 것은 거의 불가능하다. 낡은 닷지 차는 베어링도 얼마간 타버렸고 실린더 보링도 꼭 해야 하는 상태라, 현재로서는 작동이 불가하다. 조만간 다시 작동하게 만들 수 있기를 바라고 있다. 지프차도 오늘 작동을 하지 않는데, 좀 있으면 또 털털거리며 작동할 것이다. 보통 그렇게 된다.

뷸라 번스(Beulah Bourns) 여사는 캐나다 선교부 소속인 간호사인데, 현재 이곳에서 산적한 난민 문제를 돕고 있다. 그녀의 선교부는 현재 어떤 일도 하지 못하고 있는 상황이었다. 얼마 전 허버트 코딩턴(Herbert Codington/역자 주: 광주기독병원장 고허번 선교사)이 일본에서 돌아왔고, 그래서 이제야 일이 조금씩 돌아가기 시작하고 있다. 허버트는 광주에 결핵 환자들을 위한 병원을 열 계획이라 그리로 갔다.

너희들 모두에게 사랑과 최선의 지혜가 함께하기를 바라며,

아버지가

from Japan the other day too and so things are beginning to look up a little. Herb plans to open a hospital for T. B. patients at Kwangju and has gone there.

With love and best wishes to all of you,
Father

청년시절의 인돈 선교사

Postage: Letters by regular mail 5¢

Postal Cards 3 cents - Air mall 25¢ per 1/2 oz

Air mail folders are 10¢ at P.O.

On Board SS "Contest"

(nearing Korea)(See address below)

September 28, 1952

Dear Folks:

We have come all the way across the Pacific and are now in the Japan Sea. We have been in sight of land all day, as we came thru the straits between Hokkaido and the main Island of Japan. This is the first time we have come this route and it has been most interesting. We are due in Pusan the morning of the 30th. Needless to say, we are eager to get there. We hope to be able to drive to Chunju in the nice new jeep that we have on board.

On our way to the West Coast, we had a day at Grand Canyon and a long weekend with Hugh and his family at San Diego. We spent two weeks at the "Home of Peace" in Oakland, California, where Mr. Berry and his Staff of fine Christian workers do so much to help missionaries with all the preparation it takes to get freight and baggage ready to take on board ship. Aside from the assistance they give us, we always enjoy the fine Christian fellowship

1952년 9월 28일

친애하는 여러분께,

저희는 태평양을 건너 현재 동해(역자 주: 원문에는 the Japan Sea라고 되어 있음)에 있습니다. 홋카이도와 일본 본토 사이 해협을 통과했는데, 하루 종일 육지가 눈에 들어왔습니다. 이 루트로 온 것은 이번이 처음인데, 매우 흥미로웠습니다. 저희는 30일 아침 부산에 도착할 예정입니다. 두말할 필요 없이, 우리는 어서 빨리 한국에 도착하고 싶습니다. 배에 싣고 온 멋진 지프차를 타고 전주로 운전해가고 싶습니다.

서부 해안으로 가는 길에 저희는 그랜드캐년에서 하루를 보냈고, 샌디에이고에서 휴와 그의 가족과 더불어 주말을 보냈습니다. 저희는 캘리포니아 오클랜드에 있는 '평화의 집'(Home of Peace)에서 2주를 보냈는데, 그곳에서 베리 씨와 그의 훌륭한 동역자들은 선교사들이 배에 화물과 수하물을 싣는 일을 돕는 일을 하고 있었습니다. 저희는 그들에게서 도움을 받았을 뿐 아니라, 그들과 즐거운 성도의 교제를 누렸습니다. 오클랜드에서의 마지막 이틀은 휴와

there. Our last two days in Oakland were especially happy because Hugh and Betty and the boys came to see us off. It was the first time we have had any of our family on the dock to tell us goodbye.

Since we took a shorter furlo this time, we did not get to see as many of you as we had hoped to, but we feel that we were fortunate in having so many happy times with family and friends. We shall look forward to seeing all of you on our "next furlo". "Thank you" again for all you did to make our furlo pleasant and for all the things you have given us to take back for the Koreans. It is going to be a real joy as well as a big responsibility to distribute the clothing wisely. You may be sure that many people will be more comfortable this winter because you took the trouble to send clothing for them. After this, if there are others of you who want to send us used clothing for the Koreans, you can send these in packages weighing not over 22 lbs, by international parcel post to the address given below. I'm sure you know that such packages have to be wrapped very securely — preferably in strong cloth and tied with twine.

Since we sailed a day earlier than we had expected, we may have missed some mail sent to us in Oakland, but we left a forwarding address. When we got home last winter, we were sorry to

베티와 아이들이 저희를 배웅하러 와줘서 특히 행복했습니다. 부두에서 가족의 작별 인사를 받고 떠나온 것은 이번이 처음이었습니다.

이번에는 짧게 안식년을 가졌기에, 바랐던 만큼 많은 분을 뵙지는 못했지만, 가족과 친구들과 행복한 시간을 많이 보낼 수 있어서 감사했습니다. '다음 안식년' 때는 여러분 모두를 만날 수 있기를 고대합니다. 즐거운 안식년이 되도록 저희에게 베풀어주신 모든 것과, 한국인들에게 나눠주라고 주신 모든 것에 대해 다시 한 번 '감사의 말씀'을 드립니다. 주신 옷들을 현명하게 분배해야 할 일이 남아 있는데, 큰 기쁨이자 큰 책임이 아닐 수 없습니다. 수고를 아끼지 않고 보내주신 옷들 덕분에 분명 많은 이가 이번 겨울을 따뜻하게 보내게 될 것입니다. 이후에, 또 한국인들을 위해 헌 옷들을 보내주실 분들은, 아래 주소로, 국제소포로, 22파운드 넘지 않는 소포로 보내실 수 있습니다. 아시겠지만, 그 소포들을 매우 단단히 묶어야 합니다. 가급적 질긴 천으로 싸고 꼰 실로 묶는 것이 좋습니다.

원래 일정보다 저희가 하루 일찍 출발하는 바람에, 저희 오클랜드 주소로 보내신 우편물들을 저희가 놓쳤을 수도 있지만 회송 주소를 남겨두었습니다. 지난겨울 미국 집에 가보니, 한국 전쟁이 시작되고서 저희가 썼던 편지들 중 일부는 아예 배달되지 않았다는 것을 알게 되었습니다. 그러니 편지에 대한 답장을 받지 못하셨더라도 저희는 모든 편지나 카드에 감사하며 개인적인 답장을 드리려고 노력한다는 사실을 알아주시기 바랍니다. 실망하지 마시고 다시 편지를 써주면 아마 이번에는 꼭 저희 답장을 받아보시게 될 것입

find that some of the letters we had written after the Korean war started didn't reach their destination, so if you did not get a reply to a letter to us, please be assured that we do appreciate every letter or card and try to answer each one personally. Don't be discouraged — write again and probably our answer will reach you this time! It means a lot to hear from you.

Altho we have had a stormy voyage, we have had comfortable quarters and good meals and feel quite rested and ready to go to work as soon as we can get to Chunju. We are grateful that we can return to Korea together. Please continue to pray that we may serve more faithfully, and that peace may soon come to Korea.

With all best wishes for each of you,

Most sincerely,

Charlotte B. Linton, Wm. A. Linton

P.S. October 30, 9a.m.: We are in sight of Korea — expect to dock at Pusan about noon! It's really nice to be getting back. It's a beautiful day. C. B. L.

Rec'd at Nashville, Tennessee, October 8, 1952
Address: Rev. and Mrs. Wm. A. Linton, Chulla Pukdo, Chunju, Korea

니다! 여러분의 편지는 정말 저희에게 큰 힘이 됩니다.

폭풍우도 만난 항해였지만, 저희는 편안한 숙소와 맛있는 식사를 누리며 잘 쉬었고 이제 곧 전주에 도착하는 대로 사역을 시작할 준비가 되어 있습니다. 이렇게 함께 한국에 돌아갈 수 있게 되어 감사합니다. 저희가 더욱 신실하게 섬길 수 있도록, 그리고 곧 한국에 평화가 찾아오도록 계속해서 기도해주시기 바랍니다.

여러분 모두에게 간절한 기원을 담아,
사랑하는,
샬롯 B. 린튼, 윌리엄 A. 린튼 드림

추신: 10월 30일 오전 9시. 드디어 한국 땅이 보입니다. 정오 쯤에는 부산항에 도착할 것 같습니다! 다시 돌아오다니 정말 기쁩니다. 아름다운 날입니다. C. B. L.(역자 주: 샬롯 벨 린튼)

Dear Friends:

Time has passed so rapidly since our arrival in Chunju on October 8, that a letter giving first impressions must also be made to do service as a Christmas letter.

The welcome that waited us upon our arrival was overwhelming. People from distant churches who hear the news late are still coming to welcome us back. It has made us feel that we really belong to this country. Many have said, "You should stay on out here now and be buried in Korean soil." Such an expression may seem strange to us but not to them.

As soon as our ship docked in Pusan, we realized that we were in the midst of war. Only Army trucks were allowed on the wharf. A gate, well-guarded by MP's, kept all out except those who had special passes. The streets of Pusan were filled with military vehicles and soldiers. Curfew at ten in the evening kept people off the streets.

With its mountains and hills stripped of trees for fuel, and its industry wrecked by war, South Korea's outstanding feature is still

친애하는 여러분께,

10월 8일 전주에 도착한 이래 시간이 너무 빨리 흘렀습니다. 이제야 첫 인상기를 적어 보내드리는데 이 편지로 크리스마스 인사 편지를 갈음합니다.

저희는 도착하고서 열렬한 환영을 받았습니다. 소식을 늦게 들은 먼 교회 성도들이 지금도 환영 인사를 하러 찾아오고 있습니다. 이런 걸 보면 정말 저희가 있어야 할 곳은 이 나라라는 것을 느낍니다. 많은 분이 "선교사님은 한국 땅에 뼈를 묻으셔야 한다"라고 말합니다. 이상하게 들리시겠지만, 한국식 표현입니다.

배가 부산에 정박하는 순간부터 저희는 이 땅이 여전히 전쟁 중이라는 사실을 실감했습니다. 부두에는 육군 트럭만 운행이 허용되었습니다. 헌병이 게이트를 지키고, 특별 통행증을 소지한 사람들만 통과할 수 있었습니다. 부산의 거리는 군용 차량들과 군인들로 넘쳐났습니다. 밤 10시부터는 통행금지로 거리에 사람들이 다닐 수 없었습니다.

산과 언덕들은 나무들이 땔감으로 다 잘려나가 헐벗은 상태고, 산업도 전쟁으로 파괴된 상태입니다. 지금도 한국에 오면 가장 눈에 띄는 건 난민들입니다. 그들은 창문도 없는 공장 건물이나 다 쓰

refugees. They live in the windowless factory buildings, toppling out-houses, caves, tunnels, and under bridges. Their condition as the cold weather sets in is miserable. Today a baby was born in a large drafty building on a straw bag on a dirt floor. But the baby was a boy and that helped some.

When these people first fled to this section, they hoped to be able to return to their homes and farms up north after a few months at the most. As the interminable talks at Pan Munjom have continued with no hope of peace, the future really looks black to them. It was tremendous relief to get away from the Reds at first, but now it is the cold, vermin, and starvation they would like to flee from.

There are no longer bands of guerrillas in the mountains that run into the thousands. They are reduced to groups of five or six who attack isolated villages and run off with rice and clothes. However, some of these are red soldiers from the north.

You will have heard of the big ovation given Ike out here. Let me say that it was genuine. There was considerable misgiving out here when General Eisenhower's remarks about Korea were construed, with the help of Red propaganda, to mean that all U.S. troops would be withdrawn from Korea. That sounds like the

러져가는 가옥, 동굴, 터널, 다리 밑 같은 곳들에서 삽니다. 날씨가 추워지면 그들의 처지는 정말 비참해집니다. 오늘, 외풍이 들이치는 어느 건물 더러운 바닥 밀짚 자루 위에서 한 아기가 태어났습니다. 남자 아기였고, 그래서 위안이 좀 된다는 이들도 있었습니다.

이들이 처음 여기로 피난 왔을 때는, 길어야 몇 달 뒤에는 북쪽에 있는 집과 밭으로 돌아갈 수 있으리라 생각했던 것입니다. 그런데 평화는 보이지 않고 판문점 회담만 끝없이 계속되자 그들의 미래는 잿빛이 되었습니다. 처음에는 공산군으로부터 벗어난 것에 큰 안도감을 누렸지만, 이제 그들은 추위와 해충, 굶주림에서 벗어나고 싶어 합니다.

수천 명에 육박했던 산속 게릴라 부대는 지금은 없습니다. 그저 대여섯 명 정도씩 무리 지어 다니며 이따금 외딴 마을을 습격해 쌀이나 옷 같은 것을 빼앗아 도망가는 정도인데, 하지만 그들 중 일부는 북에서 온 공산군입니다.

여러분은 아이젠하워 장군이 여기서 얼마나 인기가 높은지 들어보셨을 것입니다. 와서 보니, 정말 그렇습니다. 얼마 전 아이젠하워 장군의 한국 관련 어느 발언이 한국에서 미군이 철수한다는 의미로 해석되어 큰 혼란이 있었습니다. 공산당의 선동 때문이기도 했습니다. 미군 철수란 한국인들에게 사망 선고와 다름없습니다. 한국인들이 느끼기에 현 상황은 불확실하고 두려운 가능성으로 가득합니다. 마치 당장이라도 재앙을 가져올 수 있는 끔찍한 폭풍 한가운데

approach of certain death. To the Korean, the situation looks uncertain and full of dreadful possibilities. He seems to be in the midst of some terrible storm that might bring disaster at any moment. It is like being a small island in the midst of a rising river. Will the river continue to rise? During group conference, individuals have often leaned over and asked softly: "Do you think the Reds can be held?" "Do you think the Americans will pull out?" The reason President Rhee has been so popular with the Korean masses is because they think he is only man who know how to deal with the Americans and that their chance of keeping the Americans here is for him to stay in.

When we got here it was rather distressing to find the Korean Presbyterian Church is somewhat of a turmoil over the question of the inspiration of the Scriptures. To understand how serious the matter is with the average Christian, one must realized that a Christian's life is centered in the Church. There are few moving pictures, practically no magazine and papers, no funnies. Not only religious activities, but most recreational activities as well are centered in the Church. So when a small group of preachers took up the doubtful occupation of seeking out uncertain discrepancies in the Bible, and publishing them in a liberal church paper, the whole Church became troubled. This group have called themselves the "Liberal" or the "Enlightened" Party. Small groups have split off from some

에 있는 것과도 같은 상황이며, 불어 오르는 강 가운데에 있는 작은 섬과 같은 상황입니다. 강물이 계속 불어 오른다면? 그룹 회의를 갖다 보면 한국인들은 종종 제게 가까이 다가와 조용히 이렇게 묻습니다. "미군이 철수하리라 보십니까?" 이승만 대통령이 한국 대중에게 인기가 높은 이유는 그가 미국을 다룰 줄 아는 유일한 사람이고 미군을 이곳에 붙들어두기 위해서는 그가 필요하다고 여기기 때문입니다.

한국에 돌아와서 보니 한국장로교가 성경의 영감 문제를 놓고 소용돌이에 휩싸여 있는 것을 보고 안타까웠습니다. 어떻게 그것이 평범한 기독교인들에게 그렇게 중요한 이슈일 수 있는지 이해하시려면, 한국에서 기독교인들의 생활은 교회 중심으로 이루어진다는 사실을 기억해야 합니다. 상영되는 영화도 거의 없고, 잡지나 신문도 없다시피 하며, 오락거리도 없습니다. 그래서 종교 활동뿐 아니라 대부분의 여가 활동도 다 교회 중심으로 이루어집니다. 그렇기에, 몇몇 설교자가 성경에서 모순되어 보이는 구절들을 짚어내는 글을 진보적인 교계 저널에 기고한 일인데, 온 교회가 이 사안으로 시끄러워졌습니다. 이들 그룹은 스스로를 '자유주의자'파 또는 '계몽주의자'파라고 불렀습니다. 이들 소규모 그룹들이 떨어져 나간 노회들도 있고, 분열을 겪은 교회들도 있으며, 완전히 그쪽으로 넘어간 교회들도 있습니다. 이슈는 명확해졌고, 모든 기독교인이 이편 아니면 저편을 들고 있습니다. 어제 저는 전주에서 6마일 떨어진 어느 작은 교회를 방문했습니다. 어느 집사의 집 따뜻하고 근사한 마루에 앉아, 제게 관심을 보이는 열두세 살 남녀 아이들과 대화를

Presbyteries, some churches have split and a few churches have gone over entirely. The issue is clearly drawn and all Christians are taking sides. Yesterday, I was at a small church six miles from Chunju. I was sitting on the nice warm floor in a deacon's home and a group of girls and boys ranging in age up to twelve or thirteen were sitting in front of me, much interested in the missionary. I was engaging them in conversation about their homes, sisters and brothers, and school, when one said something about the trouble in the church. I asked, "What trouble?" The oldest little girl answered, "The trouble between the Liberals and the Conservatives." I ventured the question, "What do you mean by 'Liberals and Conservatives'?" She answered with assurance, "The conservatives are the ones who believe that the Bible is God's word and that it is all true, while the Liberals are always trying to find mistakes in the Bible." When asked where she got all of that learning, she replied, "Well, I had heard a lot of talk about it, and so I asked my teacher and she explained it to me." This little girl attends the first grade of Junior High, a grade that corresponds to our seventh grade.

One of the senior pastors in Chunju told me the other day he felt the trouble in the Church and the war as well were working out to the Glory of God. To him the privations and uncertainties of war were making Christians more dependent on God and less on man.

나누고 있었습니다. 그들의 가족, 자매, 형제, 학교 등에 관해 이야기를 나누던 중 한 아이의 말이 자기 교회에 분란이 있다는 것이었습니다. "그래, 무슨 문제 때문인 거니?" 하고 묻자, 그중 맏언니인 여자아이가 대답하기를 "자유주의자들과 보수주의자들 사이의 갈등"이라고 답하는 것이었습니다. 저는 "'자유주의자와 보수주의자'라니, 그게 무슨 뜻인지 알고 있니?" 하고 물어보지 않을 수 없었습니다. 그러자 그 아이가 대답하기를, "보수주의자들은 성경이 하나님의 말씀이고 모든 말씀이 사실이라고 믿는 사람들이고, 자유주의자들은 늘 성경에서 오류를 찾아내려고 애쓰는 사람들"이라고 자신 있게 대답하는 것이었습니다. 그런 걸 어디서 배웠느냐고 묻자, 그 아이는 "글쎄요, 하도 많이 듣는 말들이라 선생님께 여쭤봤더니 그렇게 설명해주셨어요"라고 대답했습니다. 이 어린 소녀는 미국으로 치면 7학년에 해당하는 중학교 1학년생이었습니다.

일전에 전주의 한 담임목사가 제게 말하기를, 교회 안의 문제나 전쟁도 결국 하나님의 영광을 위해 쓰임 받는 것 같다는 것이었습니다. 전쟁으로 인한 궁핍과 불확실성은 기독교인들이 사람을 덜 의지하고 하나님을 더 의지하게 해주고 있으며, 교회 안의 문제도 모든 기독교인이 하나님의 말씀에 더 관심을 쏟게끔 해주고 있다는 것이었습니다.

모두 즐거운 성탄과 행복한 새해를 맞이하시기 바랍니다.

사랑을 담아,
윌리엄 A. 린튼

The Church troubles were forcing all Christians to a new interest in searching God's word.

We shall be wishing for each and every one of you a Merry, Merry Christmas and a Happy New Year.

Most sincerely yours,
William A. Linton

Received at Nashville, Tennessee, December 17, 1952
Address: Rev. Wm. A. Linton, Presbyterian Mission, Chunju, Chulla Pukdo, Korea
Postage: Letters sent by regular mail 5 ¢ , postal cards 3 ¢

Air mail: Letters 25 ¢ per each one-half ounce
Air mail folders at the Post Office are 10 ¢

1940년대 초 한국 철수 직전의 인돈 선교사

(See address at close)

Chunju, Chulla Pukdo, Korea

February 23, 1953

Dear Friends:

Again I want to say how very much we appreciate each evidence of your interest in the work out here and your thought of us. Many letters, Christmas and Birthday Cards and packages of relief clothing have come since I wrote last. To one and all we say "Thank you" on behalf of ourselves and the Korean Christians. We try to acknowledge each one personally, but if you have not heard from us, please accept this as a personal letter to you.

You may be interested to know how we use the clothing you send us. There are different ways. When the weather began to get cold, I had the teachers in my school notice the thinly dressed children and it was a joy to give to about seventy-five of them warm sweaters, jackets, etc., that have made them more comfortable in class rooms that are not well heated. Some of the clothes that were not suitable for Koreans in cold weather were ripped up and made over into padded garments with the addition of cotton batting bought with funds you gave through our Board. To do this sewing,

(편지 말미에 있는 주소를 참조해주십시오)

한국, 전라북도, 전주

1953년 2월 23일

친구들에게,

이곳 저희 사역에 관심을 가져주시고 저희를 생각해주시는 모든 일에 다시 한 번 감사의 말씀을 드립니다. 지난번 보내드린 편지 이후, 많은 편지들과 크리스마스와 생일 카드들, 그리고 구호복 소포가 왔습니다. 저희 마음을 담아, 또 한국의 기독교인을 대신하여 말씀드립니다. "감사합니다." 한 분 한 분께 개인적 답장을 쓰려고 노력은 하지만, 혹 저희로부터 아무 소식을 듣지 못하시더라도 이 편지를 개인적 편지로 여겨주시기 바랍니다.

우리에게 보내주신 옷들을 저희가 어떻게 사용하는지 알고 싶으실 것입니다. 여러 방식이 있습니다. 날씨가 쌀쌀해지기 시작할 때 저는 저희 학교 선생님들에게 아이들 중에 누가 여전히 얇은 옷을 입고 있는지 눈여겨보게 했고, 그중 75여 명의 아이에게 따뜻한 스웨터와 재킷 등을 주었습니다. 난방이 제대로 되지 않는 교실에서 공부해야 하는 아이들이 이제 좀 더 따뜻하게 지낼 수 있게 된 것이라 기쁩니다. 한국 추운 날씨에 적합하지 않는 옷들 중 일부는 찢어, 이사회를 통해 들어온 기금으로 구입한 면 안솜을 추가해 패딩 의류로 만들었습니다. 이 바느질 일을 위해 난민 과부들을 고용했는

we employed refugee widows, allowing each one only one week's work because so many wanted work that we tried to help as many as possible. About sixty-five women had a turn sewing and made over 300 warm garments. We put warm clothes on 100 orphans, and gave the rest to other groups. Another way we have distributed things has been by making up bundles according to lists secured beforehand of the ages and sex of members of families whose homes have been burned or looted by guerrilla bands. We load up a truck or the jeep trailer with the bundles and bags of rice, and go out to these country villages and give the things out. In many cases the communists had killed the head of the family. Nearly every day someone who comes to the house for some reason or other is made happy by the gift of some clothing we feel they need. All of them are so grateful and I wish they could thank you instead of us who, as I often tell them, are only the messengers for Christians in America who have sent these things in Christ's name.

March is the month out here when schools are finishing the school year and plans are being made to reopen in April, Please pray that we may be able to secure the right kind of teachers to fill the vacancies we have.

We have had a cold winter, but yesterday I saw two little girls

데, 일을 원하는 사람이 너무 많아 최대한 많은 이에게 일이 돌아가도록 하기 위해 한 사람당 일주일 치 일만 드렸습니다. 약 65명의 여성이 순서대로 바느질 일을 하여 300벌 이상의 따뜻한 옷을 만들었습니다. 고아 100명에게 따뜻한 옷을 입혔고, 나머지는 다른 단체에 나누어주었습니다. 저희가 구호품을 분배한 또 다른 방법은 게릴라 부대에 의해 집이 불탔거나 재산을 약탈당한 집들과 그 식구들의 나이와 성별을 미리 파악하여 그에 맞춰 꾸러미들을 준비하는 것입니다. 저희는 트럭이나 지프 트레일러에 그 꾸러미들과 쌀부대를 싣고 그 시골 마을들에 찾아가 물품들을 나눠드립니다. 많은 경우 공산주의자들은 가장들을 죽였습니다. 또, 이런저런 이유로 저희 집에 오시는 분들 중에서 저희가 보고 필요하겠다 싶은 분들께 옷을 드리고 있는데 그런 일이 거의 매일 있습니다. 그들 모두 너무 감사해 하시는데, 저에게가 아니라 여러분께 직접 감사를 표현할 기회가 생긴다면 참 좋겠습니다. 그들에게 자주 말하듯, 저는 다만, 그리스도의 이름으로 이런 것들을 보내주신 미국의 기독교인들을 위해 일하는 심부름꾼에 지나지 않으니까요.

3월은 여기서는 학년도가 마치는 달이자 4월 개학을 준비하는 달입니다. 현재 비어 있는 교사 자리들을 적합한 분들로 채울 수 있도록 기도해주시기 바랍니다.

이번 겨울은 추웠습니다. 하지만 어제 저는 어린 소녀 두 명이 야생 채소를 파는 것을 보았는데, 봄이 오고 있다는 신호였습니다. 추위로 고생하던 이들은 날이 더 따뜻해지면 반색할 것입니다. 이

digging wild greens and that is a sure sign of spring. Those who are suffering with cold, will welcome warmer days. We are thankful for those missionaries who have returned or are soon to return to take up the work again, and we are encouraged to think that before long more will be able to join us. Again we say, "Surely the next few months will bring a big change for the better in the international situation."' We know that He is able to bring peace to this land, and we know that you are praying, with us that this war may soon be ended and a just peace attained.

Many of you have dear ones in the service out here and we often wish we could do something for them. It is not easy for the men to get permission to visit here in Korea, but we are always mighty glad when any of them do drop in on us and we want them to know they are always welcome, even if we have not had a chance to give them a special invitation.

With best wishes to each of you in your service for Him,

Most sincerely,
Charlotte B. Linton

Rec'd at Nashville, Tenn., March 3, 1953

미 귀환해 사역을 재개했거나, 곧 귀환할 예정인 선교사들이 계셔서 감사합니다. 머지않아 더 많은 분이 돌아오실 것이라 기대하며 힘을 얻습니다. 다시 소망을 가져보건대, "앞으로 몇 달간 국제정세에 큰 변화가 있을 것입니다." 저희는 주님께서 이 땅에 평화를 가져올 수 있음과 이 전쟁이 곧 끝나고 정의로운 평화가 임하도록 여러분께서 저희와 함께 기도하고 계심을 믿습니다.

여러분 중 많은 분의 소중한 이들이 지금 이곳에서 복무 중인 것으로 알고 있는데, 그들을 위해 저희가 무언가 할 수 있으면 좋겠다는 생각을 자주 합니다. 한국에서 이동 허가를 받는 것은 쉽지 않지만, 누구라도 저희를 찾아온다면 저희는 너무도 기쁠 것입니다. 저희가 일일이 초대를 못했더라도 누구든 대환영이라고 그들에게 전해주시기 바랍니다.

주님을 섬기시는 여러분 모두의 행복을 빌며,

사랑을 담아,
샬롯 B. 린튼

Address: Mrs. W. A. Linton, Chunju, Chulla Pukdo, Korea, (postage for regular mail is 5 ¢ , and postal cards are 3 ¢) - The APO address may be used for letters only: Presbyterian Mission, Care U.N.C.A.C.K., Chulla Pukdo Team, 8201st Army Unit, APO 64, Care Postmaster, San Francisco, Calif. (6 ¢)

첫 번째 안식년(1919)에 뉴욕 화이트 성경학교에서(뒷줄 오른쪽 끝에 있는 사람이 인돈)

Dear Friends:

I am writing to say "Thank you" for the many packages of cloth-
ing and used Christmas cards which you have sent either to us or
to Rev. Joe B. Hopper for the Koreans around us. (Mr. Hopper is
at home on a well earned furlough, and that is why I am acknowl-
edging the receipt of his packages.)

An orphan girl, who is a cripple, was here yesterday pasting
Bible verses in Korean on the cards that did not already have the
verses on them. She earns her pin money this way. These will be
widely used in daily vacation Bible Schools this summer. In the
meantime, we give them out for special occasions such as the or-
ganization of new Sunday Schools, etc.

To show you how eager the children are for bright pictures,
some little girls who came into our yard to dig wild greens, took
off the envelopes that I had stuck in the ground to show what sort
of flower seed I had planted in the rows of a little seed bed! If I had
just known, I would have been so glad to give them some other

친애하는 여러분께,

여기 한국인들을 위해 저희나 조 하퍼(Joe B. Hopper) 목사님께 보내주신 많은 옷 꾸러미와 중고 크리스마스카드들에 대해 감사하다는 말씀을 드립니다. (하퍼 씨는 현재 안식년을 맞아 고향에 있어서, 제가 대신 소포를 받았습니다.)

다리를 저는 한 고아 소녀 아이가 어제 여기서 카드에 한국어 성경구절을 붙여 넣는 작업을 했습니다. 그 일로 그 아이는 용돈을 벌고 있습니다. 그 카드들은 이번 여름성경학교에서 유용하게 사용될 것입니다. 또, 새로운 주일학교를 조직해 시작할 때와 같은 특별 행사들 때도 그 카드들을 나누어줄 생각입니다.

이곳 아이들이 얼마나 선명한 사진들을 좋아하는지 모릅니다. 얼마 전, 나물을 캐러온 저희 집 마당에 들어온 어린 소녀 아이들 몇 명은 글쎄 제가 모판에 어떤 꽃씨를 심었는지 표시해두려고 땅에 꽂아둔 꽃씨봉투들을 떼어갔습니다! 제가 알았더라면, 기꺼이 다른 사진들을 주었을 텐데 말이죠!

보내주신 옷을 저희가 어떻게 사용하는지에 대해서는 쓸 말이

pictures!

I could write volumes on how we use the clothing. There are those villages almost entirely burned out by communists where we take thirty to fifty bundles of things, selected as far as possible, to meet the needs of each family. Of course, many, many bundles have gone to the local refugee camps and orphanages. I wished so much for a kodak one day some weeks ago, when two fine Christian women from one of the churches here in town left our house with huge bundles of clothes for refugees on their heads. It is almost a mile to the refugee camp, but, they insisted on carrying the things themselves. Between them they had several garments for each of thirty families, so you can imagine how large their bundles were, and they are not women who have to carry things for themselves.

Just yesterday, the widow of a pastor who was murdered by the communists came to see me because her son has no shoes to wear to school. Because you folks send us things, we have the privilege of giving persons like her not just a pair of shoes, but other things too, and we really appreciate your love and effort.

Please pray for those to whom we give these things in Christ's Name. Continue to address us at Chunju, Chulla Pukdo, Korea.

참 많습니다. 공산주의자들 손에 거의 완전히 불타버린 마을들이 있는데, 거기에 각 가정의 필요에 최대한 맞춰 선별한 옷들로 30~50개 꾸러미를 준비해 가져갔습니다. 물론 많은 꾸러미는 지역 난민 수용소와 고아원에 전달되었습니다. 몇 주 전 어느 날 저는 제게 코닥 사진기가 있었더라면 얼마나 좋았을까 생각했던 순간이 있는데, 이 지역 어느 교회에서 오신 훌륭한 기독교 여성 두 분이 난민들에게 나눠줄 엄청난 양의 옷들을 머리에 이고서 저희 집을 나섰습니다. 난민 수용소까지 거리가 거의 1마일이나 되는데도, 그들은 한사코 자신들이 짐을 이고 가겠다고 했습니다. 게다가 그들은 30여 가정에 전달할 상당량의 옷을 들고 같이 가는 것이었으니, 얼마나 엄청난 짐들이었을지 상상이 가실 것입니다. 그 여성들은 평소에는 짐을 들 일이 없는 그런 분들이었습니다.

어제만 해도, 공산주의자들에게 살해당한 어느 목사님의 미망인께서 아들이 학교에 신고 갈 신발이 없다며 저를 찾아오셨습니다. 여러분이 보내주신 물품 덕분에 저는 그녀 같은 분들에게 신발 한 켤레뿐 아니라 여러 다른 것도 드릴 수 있는 특권을 누리는 것이니, 여러분의 사랑과 노력에 진심으로 감사드립니다.

저희가 그리스도의 이름으로 이런 것들을 드리는 그들을 위해 기도해주십시오. 앞으로도 편지는 한국 전라북도 전주 주소로 보내주시기 바랍니다.

사랑을 담아

Most sincerely,

Charlotte B. Linton

Received at Nashville, Tennessee, May 1, 1953

Address: Mrs. Wm. A. Linton, Presbyterian Mission, Chunju, Chulla Pukdo, Korea

Postage: Letters sent by regular mail 5 ¢ - postal cards 3 ¢

Air mail: Letter are 25 ¢ per each one-half ounce

Air mail folders may be obtained at the Post Office for 10 ¢

(The address of Rev. and Mrs. Joe B. Hopper is: 1108 East Screven, Quitman, Georgia)

샬롯 B. 린튼

(조 하퍼 목사님 내외분의 주소: 1108 East Screven, Quitman, Georgia)

ChunJu, Chulla Pukdo, Korea.

May 25, 1953

Dear Friends:

As the representatives of the United Nations and the Commu-
nists reopen the Pan Mun Jum conferences this morning, the atten-
tion of the world will be focused on the meeting because the hope
of world peace, for the moment at least, rests in successful negotia-
tions during the next few days. Broadcasts from America Indicate
that our nation will not put up with further stalling on the part of
the Communists. The outcome of these conferences are of more
importance to Korea and it is about some of the issues as they re-
late to this little country that I am writing you this morning.

These conferences may determine whether Korea will be a div-
ided country; whether the agricultural south may be permanently
separated from the industrial north. Before Korea was divided at
the 38th parallel, ten million Koreans lived in the North and twenty
million in the South. Now it is estimated that of the ten million who
live in the North, three million are now refugeeing in the South,
two million have lost their lives because of the conflict and five
million still live in the North. Unless Korea is re-united what will
happen to the millions of refugees living in caves, warehouses, and

친애하는 여러분께,

오늘 아침 유엔 대표단과 공산당 대표단이 판문점 회담을 재개함에 따라 이제 세계의 이목이 회의에 집중될 것입니다. 적어도 당분간은 세계 평화의 희망이 요 며칠간의 협상 성공 여부에 달려 있기 때문입니다. 미국발 방송으로 보아 미국은 공산주의자들의 교묘한 시간 끌기 행태를 더는 참지 않을 작정인 것으로 보입니다. 이 회의의 결과는 당사자인 한국에게는 더 중요한 문제이며, 오늘 아침 이 편지에서는 저는 이 작은 나라와 관련된 몇 가지 문제에 관해 쓰려고 합니다.

아마 이번 회담으로 한국이 분단국가가 될 것인지 여부가 결정될 것입니다. 다시 말해, 농업 중심의 남쪽이 산업 중심의 북쪽과 영구히 분리될 것인지 여부가 결정되는 것입니다. 38선을 기준으로 분단되기 전, 북한에는 1천만 명이 살고, 남한에는 2천만 명이 살았습니다. 북한 주민 1천만 명 중 300만 명은 현재 남한에 내려와 난민이 되어 있고, 200만 명이 전쟁 중 목숨을 잃었으며, 500만 명 정도가 북한에 거주하고 있을 것으로 추산됩니다. 만일 한국이 통일되지 못한다면, 지금 남한 전역에서 동굴이나 창고, 비참한 판잣집 등에 살고 있는 수백만 명의 난민은 어떻게 될까요? 가족 일부를 북에 남겨둔 채 내려온 이들이 많고, 2년 이상 가족 소식을 듣지 못

unspeakable little temporary shacks all over the South? Many left parts of their families up North and have not heard from them more than two years. Many families who came South got separated and can't find each other. A united Korea would reunite many of these families in their homes up North.

An end of hostilities would bring relief to many in the South who have been in guerrilla infested areas. Guerrillas are now in only a few of the rough mountainous area and they are being wiped out gradually, but they are still a menace. Only a few days ago a band of more than a hundred came at night from their mountain fastnesses and took from one village two cows and fifteen bags of rice. Guerrillas too must eat to live.

A few weeks ago I went into a valley that had been a stronghold of the guerrillas until last year when it was driven out by the Korean Army. The valley is surrounded by high mountains except for the narrow gorge through which the stream runs out to the plain. But this has been dammed up to form a tremendous irrigation reservoir that furnishes water to a large rice plain, thus making the valley very difficult of access. Only a Jeep could have taken me over the high pass into the valley. There was still some fear that guerrillas might be hiding out in the thickly wooded mountain sides so when I reached the end of the road a police escort was giv-

하고 있습니다. 남쪽으로 내려온 수많은 가족도 뿔뿔이 흩어져 서로를 찾지 못하고 있습니다. 한국이 통일되어야 북에 집을 둔 많은 가정들이 재결합할 수 있습니다.

적대 행위의 종식은 남한에서 게릴라가 들끓는 지역에 사는 많은 이에게 안도감을 가져다줄 것입니다. 게릴라는 이제는 험한 산악 지역 일부에만 잔존하고 있으며 점차 소탕되고 있지만, 여전히 위협적입니다. 불과 며칠 전만 해도 100명이 넘는 무리가 밤에 산의 소굴에서 내려와서는 어떤 마을에서 소 두 마리와 쌀 열다섯 자루를 약탈해갔습니다. 게릴라도 살기 위해서는 먹어야 하니까요.

몇 주 전 저는 작년에 한국군에 의해 소탕되기까지 게릴라들의 거점이었던 어느 계곡에 갔습니다. 계곡은 개울이 평야로 흘러가는 좁은 협곡을 제외하고는 높은 산으로 둘러싸여 있습니다. 그런데 이 계곡은 거대한 논에 물을 공급하는 거대한 관개 저수지로 쓰려고 댐으로 막아놓아서 접근하기가 매우 어렵습니다. 높은 고개를 넘어 계곡으로 가자면 지프차가 있어야 했습니다. 울창한 산비탈에 여전히 게릴라들이 숨어 있을지도 몰라서, 길 끝에서 위쪽 마을까지 나머지 2~3마일은 경찰의 호위를 받으며 걸어갔습니다. 결코 잊을 수 없는 여행이었습니다. 전에는 그 세 마을에 기독교인들이 행복하게 살고 있었습니다. 마을 전체가 거의 다 기독교인들이었습니다. 번창한 지역이었습니다. 이 지역에서 후퇴한 공산군들은 산으로 들어갔습니다. 어느 은퇴한 노 목사, 장로 몇 사람, 많은 집사들 그리고 여성들도 얼마 포함된 많은 교인이 산비탈을 등지고 줄

en me to walk the other two or three miles to the upper village. I shall never forget that trip. Formerly there had been three groups of happy Christians in the three villages. This whole section had been predominantly Christian. It had been a prosperous section. When the Reds were driven from this section they went into the mountains. An old minister who had retired in this section, several elders and a large group of deacons and Christians including some women were lined up against a mountain side, shot and buried in a common grave. The people then fled and families were dispersed. Some divided among relatives, some begged. In the fighting that followed every house was burned to the ground, not even a pig pen was left. As I walked up the valley an overwhelming welcome met me at every house. Some lived in tents, some in little hastily erected huts. But all were happy to be back because their families would reassemble on the old home sites. There was still not a chicken or a pig in the whole valley. The Elder who was with me went over to a little barley patch and knelt in silent prayer. The church he had attended for many years and in which he had been ordained had stood on this site. Church services had already been started and the Christians that God will make it possible to start like again. And He has. The clothes you have sent for relief are covering some of their thin backs and some of the funds you have given for relief are buying grain for those people to mix with the plants they dig up on the hill sides to make nursing food. They all seem

세워져서는 총살당했고 공동묘지에 묻혔습니다. 그 후 사람들은 도망쳤고 가족들은 뿔뿔이 흩어졌습니다. 어떤 이들은 친척들 집으로 뿔뿔이 흩어졌고, 어떤 이들은 거지가 되었습니다. 이어진 전투 와중에 집들은 불탔고, 돼지우리조차 남지 않을 만큼 폐허가 되었습니다. 계곡에 걸어 올라가자, 집마다 저를 열렬히 환영하며 맞아주었습니다. 천막에 사는 이들도 있었고, 급조한 작은 오두막에 사는 이들도 있었습니다. 그러나 모두 다시 고향에 돌아온 것을 행복해했는데, 옛 집터에서 다시 가족들과 더불어 살 수 있게 되었기 때문입니다. 계곡 마을 전체를 둘러봐도 여전히 닭 한 마리, 돼지 한 마리도 없었습니다. 저와 동행한 장로는 작은 보리밭에서 무릎을 꿇더니 조용히 기도를 드렸습니다. 그가 여러 해 다니고 또 안수도 받은 교회가 바로 그 자리에 있었기 때문입니다. 교회 예배가 이미 시작되었고, 기독교인들은 하나님께서 다시 시작하게 해주실 것이라 믿고 있습니다. 하나님께서는 그렇게 하고 계십니다. 여러분이 보내주신 구호품 옷들은 그들의 여윈 등을 덮는 데 사용되고 있고, 기부해주신 구호 기금 중 일부는 그들이 언덕에서 파낸 식물에 섞어 먹을 곡물을 사는 데 사용됩니다. 지금은 어느 정도 게릴라들로부터 안전한 것처럼 보이지만 한국에서 전쟁이 완전히 종식되지 않는 한, 가을이 되면 게릴라들이 다시 돌아와 쌀, 감자, 감, 닭, 돼지 등을 탈취해갈 것입니다.

노회들 전체가 남한으로 이전하여 정규 노회로서 기능을 하고 있습니다. 목사가 회중 전체를 데리고 남쪽으로 내려온 경우도 있습니다. 건물까지 확보한 교회들도 있는데, 다시 함께 북쪽 고향으

fairly safe from the guerrillas now but unless the fighting in Korea ends they will be coming back in the fall when there is rice, potatoes, persimmons, chickens and pigs to be hauled off.

Whole Presbyteries have moved into the Southern section of Korea and function as regular Presbyteries. In some cases pastors brought their congregations south with them. In some cases buildings were secured and the churches have continued in the south waiting for the way for them to move as a group back to their homes in the north.

The General Assembly of the Korean Presbyterian Church met in Taigu the last of April. Presbyteries from the North met with those from the south. Between one hundred and eighty and ninety commissioners were in attendance. Of these only eight or ten were missionaries. It was a very conservative Assembly theologically. They want a definite swing back to the Scriptures as the inerrant Word of God. The small but noisy group of liberals were severely rebuked by the Assembly. The voice of the Assembly was so sure that it now seems that the liberal group will have to set up a Liberal General Assembly. Some will be pulling out from Presbyteries with which our mission is working to join up with the Liberal Assembly. We missionaries tried to hold the factions together feeling that there were other factors entering to cause the split such as perso-

로 돌아갈 날을 고대하고 있습니다.

한국장로교 총회가 4월 말일에 대구에서 개회되었습니다. 이북 노회들과 남한 노회들이 만났습니다. 180~90명의 총대가 참석했는데, 그중 8~10명만이 선교사였습니다. 신학적으로 매우 보수적인 총회였습니다. 그들은 성경을 하나님의 무오한 말씀으로 믿는 입장으로 확실히 돌아가기를 원합니다. 소수지만 목소리가 큰 자유주의 그룹은 총회에서 심한 질책을 받았습니다. 총회의 대세는 너무도 확고해서, 이제 자유주의 그룹은 따로 자유주의 총회를 구성해야 할 것으로 보입니다. 우리 선교부와 동역하는 노회들에서도 일부가 떨어져 나가 자유주의 총회에 합류할 것 같습니다. 우리 선교사들은 이 분열의 원인에 성격차이나 오해 등 다른 요인도 있다고 생각하고 분열을 막기 위해 노력했지만, 보수주의 정서가 워낙 강하여 더는 할 수 있는 일이 없습니다. 저희 모두는 새로운 선교사들이 들어올 수 있는 길이 열리고, 휴전 후 교회 전체가 좀 더 차분한 분위기에서 문제를 다룰 수 있게 되면 화해가 이루어질 수도 있지 않을까 기대하며 기도하고 있습니다. 총회의 많은 지도자의 의견은, 자유주의자들이 물러가고 평화가 오면 교회는 더 발전하게 될 것이라는 것입니다.

하나님께서 국가들과 관련된 일들을 주관하셔서 이 작은 나라에 평화가 찾아오고 교회와 국가의 회복이 속히 시작될 수 있도록 우리와 함께 기도해주시리라 확신합니다.

nality differences, misunderstandings, etc., but the sentiment very strong for a conservative church that nothing could be done. We all hope and pray that when the way is opened for new missionaries to come out and when the church as a whole can face problems in a quieter atmosphere after an armistice, a reconciliation may be effected. It is the opinion of many of the leaders in the Assembly that the Church will be better prepared to advance when peace come if the Liberals have pulled out.

We are certain that all of you will want to join with us in prayer that God may so direct the affairs of the nations that peace may come to this little nation, so that restoration of the church as well as the country may soon begin.

Most sincerely yours,
William A. Linton

사랑을 가득 담아 당신의,

윌리엄 A. 린튼

Dear Friends:

As the armistice talks continue at Pan Mun Jum, the whole world is in hope that if an armistice comes in Korea peace may follow out here and that further talks with Moscow may lead to a better understanding aong the nations and that a real peace may be built up. But the Koreans have no such idea. They can't conceive of a peace for their country until a victory has been won. All know that an armistice may be forthcoming almost any day but it holds little interest for them.

The Korans fear that an armistice now means a permanently divided Korea. It means that the three million refugees who have come into the south from the north will have to continue to live here in caves, warehouses and hastliy bulut shacks with little to eat and less to wear. They cannot forger the two million north Koreans who have lost their lives at the hands of the Reds not to mention the hundreds of thousands who suffered the same fate in the south when the Reds overran this section. Nor can they forget the five millions who are left under the Communists in the North. To them an armistice now only puts off the evil day when the battle will have to be fought with a new communist army made up of the few remaining North Korean Reds and the hoards of Chinese who will have become so called 'volunteers' or maybe 'naturalized' citizens

친구들에게,

판문점에서 휴전회담이 지속되는 동안, 온 세계는 한국에 휴전이 이루어지면 평화가 이곳에 임할 것이며, 모스크바와 회담이 지속되면 국가들 간에 상호 이해가 더욱 잘 이루어져서 진정한 평화가 정착될 것이라는 희망을 품고 있습니다. 그러나 한국인들은 전혀 그렇게 생각하지 않습니다. 그들은 승리가 이루어지기 전까지는 그들의 나라에 평화가 이루어질 것이라고 상상하지 못합니다. 휴전이 임박해 있다는 사실을 모두 다 알지만 그러한 사실이 그들에게 아무런 관심을 끌지 못합니다.

한국인들은 휴전은 한국의 영원한 분단을 의미한다고 현재 두려워하고 있습니다. 그것은 북한에서 월남한 3백만 명의 피난민이 계속해서 동굴과 창고, 비참한 판잣집에서 살면서 먹을 것도, 입을 것도 부족한 상태에서 지낸다는 것을 의미합니다. 그들은 2백만 명의 북한 사람이 공산군의 손에 목숨을 잃었고, 남한에서 수십만 명의 사람이 공산군이 쳐들어왔을 때 똑같은 운명에 처했다는 사실을 잊지 못할 것입니다. 그들은 공산주의자들 치하에서 북한에 남겨진 5백만 명의 사람을 잊지 못할 것입니다. 그들에게 현재 휴전이란 기존의 북한 공산군과 '지원병' 혹은 북한 사람으로 '귀화한' 수많은 중국인으로 구성된 새로운 공산주의 군대와 전쟁을 해야 할 악한 날을 뒤로 미루는 것에 지나지 않습니다.

북한에서 넘어온 3백만 명의 피난민 가운데는 기독교인이 많습

of North Korea.

Among the three million refugees from the North there are many Christians. In some cases whole churches moved south with their pastors and have set up their churches. Even Presbyteries moved south of the parallel and though they are not full Presbyteries they have a majority south of the Parallel and they are functioning as presbyteries with their churches in sheds and their members living in all sorts of places waiting for the day when they can return to their homes to rebuild and start life over again. Many families were separated in the move. Some families were separated even after they got into the south and are still looking for each other. The pathetic ones are they who left pars of their families behind the iron curtain. Occasionally news comes from behind the curtain, sometimes goos but very often band. In many cases whole families have been killed, sometimes it's an encouraging report. A minister told me within the week that word had reached him that all his family still behind the curtain were still safe. He believes God will continue to keep them alive in some way until the family can be reunited.

When the Red army was pushed out of this section of Korea where our Mission has always worked, with the fellow travelers from this section they became guerrilla bands in the mountains

니다. 어떤 경우에는 교회 전체가 목사님과 함께 남한으로 내려와 그들의 교회를 세우기도 하였습니다. 노회들도 내려와 남한의 노회처럼 활동했고, 비록 그들은 완전한 노회는 아닐지라도 남한의 노회 가운데서도 다수를 차지하고 있으며, 노회에 속한 교회들과 여러 지역에서 생활하며 고향으로 돌아가 삶을 재건하고 새롭게 출발할 날을 기다리는 회중들에 대하여 노회로서 역할을 하고 있습니다. 많은 가족이 이동 중에 헤어졌습니다. 어떤 가족들은 남한에 도착해서 헤어졌고 아직도 서로를 찾아 헤매고 있습니다. 철의 장막(역자 주: 북한 치하)에 가족 일부를 두고 온 사람들은 불쌍한 사람들입니다. 때때로 철의 장막으로부터 뉴스가 들려오는데, 가끔 좋은 소식도 있지만 대개는 나쁜 소식들입니다. 많은 경우에 전체 모든 가족이 학살당했다는 소식이지만, 가끔 고무적인 소식도 있습니다. 어느 목사님은 철의 장막 뒤에 있는 그분의 온 가족이 아직 안전하다는 소식을 전해 들었다고 저에게 말씀하셨습니다. 그분은 하나님이 가족을 어떤 식으로건 살리셔서 온 가족이 다시 만나게 하실 것이라 믿고 계십니다.

저희 선교회가 있는 지역 위로 퇴각한 공산군 군대는 이 지역 출신 군인들과 같이 산에 들어가 게릴라 부대가 되었는데, 그런 산들에 위치한 마을들은 불타 잿더미가 되었고, 마을 주민들은 살기 위해 도망쳐 나와야 했습니다. 몇 주 전 저는 2년 동안 그 게릴라들의 요새로 이용된 계곡을 방문했습니다. 그 높은 산길로는 지프차로만 갈 수 있었습니다. 구불구불한 길을 따라 끝까지 가서는 경찰의 에스코트를 받으며 3~4마일을 걸어가야 마지막 마을까지 갈 수 있

where villages were burned to the ground and the villagers had to flee for their lives. Some weeks ago I visited a valley that had been a stronghold of the guerrillas for two years. Only a jeep could have made the trip over the high mountain pass. At the end of the little winding road a police escort walk with me the three or four miles to the last village. Every house had been burned to the ground. A rich thriving valley of lush farms was a desolate waste. But the families were beginning to move back in since the police now had the mountains under control. Some were in tents supplied the UNCACK, some in little log sheds, some in grass huts. Formerly there had been three groups of happy Christians in the three villages. The valley had been largely Christian and that likely accounts for the fact that the communists gathered a large of group of the Christians and shot them. I was shown where they had been killed and buried in a common grave. A retired preacher, several deacons and quite a group church members. Among them were some women. Now that the guerrillas have been driven out the families are gathering to reestablish their homes and plant crops. During the last two years they were scattered among relatives and some even begged. They are a sorry looking lot poorly fed and clothed, no seed, no houses but their hope is to get their families collect on the old home sites. Some of the relief clothing that you are sending us and the funds you are giving for relief are going into this valley. They must be fed until a crop can be harvested in the fall.

었습니다. 집들은 다 불탔습니다. 울창한 계곡에 기름진 농토가 있던 곳은 황량한 황무지가 되어 있었습니다. 하지만 지금은 경찰이 산을 통제하고 있어서 가족들이 다시 귀향하기 시작했습니다. 일부는 UNCACK(유엔민간원조사령부)가 공급하는 텐트에, 일부는 통나무로 만든 헛간에, 일부는 풀로 엮어 만든 집에 살고 있었습니다. 전에 이 세 마을은 기독교인들이 행복하게 살던 곳들이었습니다. 계곡 주민들 대부분이 기독교인이었고, 그래서 공산주의자들에게 집단 총살을 당한 많은 이가 교인들이었습니다. 주민들은 제게 그들이 살해당하고 함께 묻힌 곳을 보여주었습니다. 어느 은퇴한 목사, 집사들 몇 명 그리고 많은 교인이 죽었는데, 그중에는 여자들도 있었습니다. 게릴라가 쫓겨나자 주민들은 집을 다시 짓고 농작물을 심기위해 돌아오고 있습니다. 지난 2년간 그들은 친척들 집으로 흩어져지냈고, 일부는 거지가 되기까지 했습니다. 음식도 옷도 변변찮고, 농사지을 씨도 부족하며, 집도 없는 가련한 이들이지만, 그들의 희망은 가족들이 다시 옛 집터에 모여 같이 사는 것입니다. 저희에게 보내주시는 구호 의류와 구호 기금 중 일부가 이 계곡 주민들을 위해 사용됩니다. 가을에 작물을 수확할 수 있을 때까지는 그들에게 양식을 공급해주어야 합니다.

CHRISTMAS LETTER

(Air mail 25 ¢ per each 1/2oz.)

(Air folders at P.O. are 10 ¢)

Presbyterian Mission

Chulla Pukdo, Chunju, Korea

November 8, 1953

Dear Friends:

Out my window, I see a beautiful red maple across the way; in the valley below us, huge patches of greens that will soon be turned into "Kimchi", and in our yard, the tiny little chrysanthemums are the last flowers to bloom outside in the fall. At school, the teachers are planning the Christmas worship service our girls love to have before they go home for the holidays. All of this makes me realise I must be getting this off to let you know we will be thinking of you at Christmas time. and hoping that the Season may be one of great blessing.

I have written to some of you about the opportunity I have had to direct a group of needy widows in making clothes for the orphans, in this province, out of the material allotted us by the U.N. By the middle of this week, we will have distributed over one thousand suits. I hope to get some good colored pictures of the

친애하는 여러분께,

창문 너머로 아름다운 붉은 단풍나무가 보입니다. 저희 집 아래 계곡은 곧 '김치'가 될 채소들로 뒤덮여 있고, 저희 집 마당에는 가을에 피는 마지막 야생 꽃인 작은 국화꽃이 피어 있습니다. 학교에서는 교사들이 크리스마스 예배 계획을 세우고 있는데, 여학생들은 방학을 맞아 집에 가기 전에 꼭 크리스마스 예배를 드리고 싶어 합니다. 이런 모습들을 보다가 저희도 이 크리스마스 시즌에 여러분을 향한 그리움과 복된 성탄을 비는 마음을 전해야겠다는 생각이 들어 이렇게 편지를 보냅니다.

어떤 분들께는 이미 썼지만, 감사하게도 저는 요즘 일단의 가난한 과부들을 모아 UN에서 받은 재료로 이 지역 고아들을 위한 옷을 만드는 일을 하고 있습니다. 이번 주 중반이면 우리는 1천 벌이 넘는 옷을 나눠주게 될 것입니다. 이 옷을 입은 아이들을 좋은 컬러 사진에 담아 여러분에게 보여줄 수 있게 되기를 바랍니다.

children dressed in these clothes for you to see.

Among the many things we have cause to be especially thankful for, is the fact that this fall two of our boys and their families have joined us in the work out here. They are the first third generation missionaries of our Korea Mission. Hugh and Betty are already in Tokyo, where they will study Korean until children are allowed to come into Korea. Dwight and Marjie are due to land in Pusan this week. We are going to be on the dock when their ship comes in if possible. It will be one of the happiest experiences of our lives to welcome them, and we are looking forward to the time when the ones in Tokyo will be able to come too.

After we get back from Pusan, I hope to get busy and distribute the nice collection of clothing you have sent to those who need it so much. I have given out a little all along, but have saved most of these for winter. Again I want to express my gratitude to each one who has sent things, either direct to us or thru our Board. I have sent some sort of acknowledgment to each one, but some may not have reached you, so if you will write me, I shall let you know if I did not receive your package. We are so glad to be your messengers in this labor of love. The Koreans themselves would like so much to be able to thank you personally.

저희가 특별히 감사하는 것 중 하나는 이번 가을 저희 두 아들이 가족들과 함께 이곳 저희 일에 합류하게 되었다는 것입니다. 그들은 우리 한국 선교의 첫 3세대 선교사들입니다. 휴와 베티는 현재 도쿄에 있는데, 자녀들이 한국 입국을 허락받을 때까지 거기서 한국어를 공부할 예정입니다. 드와이트와 Marjie는 이번 주에 부산에 도착할 예정입니다. 저희는 가능하다면 그들의 배가 들어올 때 부두에 나가 맞이하려고 합니다. 저희 삶에서 가장 행복한 순간 중의 하나가 될 것 같습니다. 저희는 도쿄에 있는 휴와 Betty네도 곧 올 수 있게 되기를 고대합니다.

부산에서 돌아오면, 저는 여러분이 보내주신 멋진 옷들을 필요한 이들에게 나눠주는 일로 바빠지리라 생각합니다. 저는 그간 조금씩 옷들을 나누어주긴 했지만 대부분은 겨울을 위해 아껴두었습니다. 물품들을 저희에게 직접, 혹은 이사회를 통해 보내주신 여러분 한 분 한 분께 진심으로 감사의 말씀을 드리고 싶습니다. 저는 한 분 한 분께 일종의 수취 증명서를 보내드리긴 했지만, 어쩌면 어떤 분들에게는 전달되지 못했을 수도 있습니다. 만일 그렇다면 제게 편지로 알려주시기 바랍니다. 만약 제게 여러분의 소포가 오지 않았다면 알려드리도록 하겠습니다. 저희는 이 사랑의 수고에 있어 여러분의 심부름꾼 역할을 할 수 있어서 기쁩니다. 한국인들도 여러분 한 분 한 분께 직접 감사의 뜻을 표하고 싶어 합니다.

한국은 인플레이션이 계속되고 물가가 계속 오르고 있어서, 가끔 저희는 저희가 과연 이곳에 온 목적을 제대로 수행할 수 있을까

Inflation continues, and Korean living expenses go on increasing, so we sometimes wonder how we can continue all the work we feel is so important in carrying out our purpose for being here. But we know that it is the Lord's work and that He will put it into the hearts of the members of our Church to give as He has prospered you. As you do your Christmas shopping, remember that our Church year ends in December now, and be sure to send in to the Board your gifts for Foreign Missions so they will not have a deficit and have to cut down their appropriations to the various fields. How better could we celebrate Christ's birth than to send an extra gift to make possible for more people to learn of His love?

William joins me in loving greetings and best wishes for a truly happy Christmas Season, and a New Year full of peace and joy.

Most sincerely,
Charlotte B. Linton

Rec'd at Nashville, Tenn., Nov. 16, 1953
Address: Mrs. Wm. A. Linton (as indicated above) Letters 8 ¢ - Cards 4 ¢

하는 생각이 들 때도 있습니다. 그러나 저희는 이 일은 주님의 일이며, 주님께서 성도들 안에, 주님께 받은 복만큼 베풀고자 하는 마음을 불어넣어주실 것이라 믿습니다. 크리스마스 쇼핑을 하실 때, 교회의 회계년도는 12월에 끝난다는 것을 기억해주시고, 해외 선교를 위한 헌금을 이사회에 보내주셔서 적자로 인해 여러 사업에 대한 예산이 깎이는 일이 없도록 해주시기 바랍니다. 나의 가진 것을 더 드려 더 많은 사람이 주님의 사랑을 알도록 하는 일보다 그리스도의 탄생을 축하하는 더 좋은 방법이 무엇이겠습니까?

William도 저와 더불어 여러분 모두 행복한 크리스마스 시즌과 평화와 기쁨으로 가득 찬 새해를 맞으시기를 기원합니다.

진심을 담아
샬롯 B. 린튼

<u>Chunju, Chulla Pukdo, Korea</u>

<u>December 5, 1953</u>

Dear Friends:

This is intended as a Christmas, New Year letter, and also as a letter that will give some recent news.

A few days ago, I returned from a most interesting trip to Tokyo, The purpose of the trip was to help the new Korean Language students get some of the difficult Korean sounds. We have an Inter-Mission Language School in Tokyo, with eighteen students, of whom eight belong to our Mission. They are not permitted to enter Korea because they all have small children. The fathers, in some cases, have come over and the wives and children are waiting for the green light from the United Nation's forces to enter. Helping new missionaries get started in the Korean language seems to be a regular side line now for Charlotte and me. We like it because it makes it possible to get to know the young missionaries and stay young ourselves.

I hadn't been in Japan since 1948, and the rapid progress made by the Japanese during just five years was truly astounding. The scars of war are rapidly disappearing; people seem well fed, well clothed. Modern buildings are rapidly taking the place of those de-

친애하는 여러분께,

이 편지로 크리스마스와 새해 인사와 더불어 최근 소식을 전해 드리려고 합니다.

며칠 전 저는 도쿄에 다녀왔는데 정말 흥미로운 여행이었습니다. 도쿄에 간 목적은 한국어를 처음 배우는 학생들에게 어려운 한국어 발음을 익힐 수 있게 도와주기 위해서였습니다. 도쿄에는 선교회연합 언어학교(Inter-Mission Language School)가 있고 현재 18명의 학생이 있는데 그중 8명이 우리 선교회 소속입니다. 현재 그들은 어린 자녀들이 있어서 한국 입국을 허락받지 못하고 있습니다. 아버지들만 먼저 들어오고 아내와 아이들은 유엔군의 승인을 기다리는 경우들도 있습니다. 신입 선교사들의 첫 한국어 공부를 돕는 일이 이제 샬롯과 저의 일상적 업무가 된 것 같습니다. 젊은 선교사들과 교제할 수 있고 저희도 덕분에 젊어지는 것 같아 저희는 이 일을 즐깁니다.

저는 1948년에 일본에 가보고 그 후 이번이 처음인데, 불과 5년 만에 일본이 비약적인 발전을 한 모습을 보고 정말 놀랐습니다. 전쟁의 상흔이 빠르게 아물고 있습니다. 사람들은 다들 먹을 것과 입을 것이 넉넉해 보입니다. 미 B29 폭격기에 의해 파괴된 건물들 자리에 현대식 건물들이 빠르게 들어서고 있습니다. 전동차는 사람들

stroyed by our B29 bombers. Electric trains are crowded, but run on time and look clean and in good repair. The streets are full of well-clad boys and girls going to and from their nice school buildings. The stores are full of all sorts of attractive goods, and there are plenty of customers. Everything was in marked contrast to the broken-down, ill fed, dejected Japan I saw in 1946.

Then I returned to poor, broken-down Korea. Seeing "up and coming" Japan made the drab, dreary Korea seem almost destitute. The streets of Pusan were still crowded with refugees. The hillsides were still covered with tiny, makeshift, match box places that people were calling homes. Last week another fire burned down thousands of these along with most of the best buildings left in Korea. The ravages of war are certainly evident here. The Koreans say they have been in the midst of war since the Japanese started the China conflict in 1931. Will the present armistice bring peace to Korea? They say NO! To them the armistice only gives the Reds breathing time to build up for another conflict. They think the Reds will have to suffer defeat before peace can come to their country. So their young men are being steadily called into the army. Preparation is being rushed for the conflict that seems to them unavoidable, and how they need peace! To rehabilitate their country, men, time, and material are needed. Only peace can make these things available.

로 붐비는데, 정시에 운행되며 깨끗하고 수리 상태가 좋아 보입니다. 거리는 근사한 학교 건물로 등하교하는 잘 차려입은 소년소녀들로 가득합니다. 가게들은 온갖 매력적 상품들로 가득하고, 손님도 많습니다. 1946년에 제가 본 그 황폐하고 굶주리고 기죽은 일본과는 확연히 대조됩니다.

그러고는 저는 가난하고 황폐한 한국으로 돌아왔습니다. '떠오르는' 일본의 모습을 보고 와서 보니 황량한 한국의 모습이 더 비참해 보였습니다. 부산의 거리는 여전히 난민들로 넘쳐납니다. 지금도 언덕들은 많은 이가 집 삼아 지내는 작고 허름한 가건물들로 덮여 있습니다. 지난주에는 또 화재가 나서 그나마 남아 있던 괜찮은 건물들 대부분과 이런 가건물 수천 개가 잿더미가 되었습니다. 어디서나 전쟁의 참상을 볼 수 있습니다. 한국인들은 지난 1931년 일본이 중일전쟁을 일으킨 이래로 한국은 계속 이런 전쟁 상태였다고 말합니다. 현 휴전이 한국에 평화를 가져올까요? 한국인들은 단호히 "아니다!"라고 말합니다. 그들은 휴전은 공산군에게 한숨 돌리며 또 다른 도발을 준비할 수 있는 시간만 제공해주는 것일 뿐이라고 말합니다. 한국인들은 한국에 정말로 평화가 오려면 공산군을 전쟁으로 물리쳐야 한다고 생각합니다. 그래서 한국인들은 젊은이들을 꾸준히 군대로 보내고 있습니다. 불가피한 전쟁을 위한 준비를 서두르고 있는 것입니다. 아, 평화가 얼마나 절실한지요! 나라를 재건하는 일에는 인력과 시간과 물질이 필요합니다. 오직 평화가 유지될 때 이런 것들이 공급될 수 있습니다.

The Lintons are rejoicing to have two sons and their families are missionaries to Korea. Hugh, Betty and their three boys are studying Korean in Japan, hoping to get into Korea by Spring. Dwight and Margie have already set up house- keeping in Kwangju, and we are expecting to have them with us over the Christmas holidays. They are living in a house on land bought for the Mission by Dwight's grandfather, Rev. Eugene Bell, D. D., who is buried at Kwangju. Hugh and Dwight are first third generation missionaries to Korea. Their coming really marks a milestone in the work of our Southern Presbyterian Church in Korea. It is their parents' prayer that God may graciously use them for many years in His service in Korea.

This year has been a hectic one in many ways, but we look to the New Year with courage and assurance. Churches are crowded with new Christians and new ones are springing up everywhere. We want to thank all of you for the sustaining help your prayers have been to us during the last year, and solicit the same deep interest during the New Year. At this time last year, Charlotte had suffered a slight stroke and was largely confined to her bed, but she has gradually improved during the year, and is now doing a splendid work for Him. We hope and pray our witness during the New Year may be the means of bringing the message of salvation to many who are lost; of bringing happiness and peace to many who

저희 린튼가에 경사가 있습니다. 두 아들과 그들의 가족이 한국 선교사가 되었습니다. 휴와 베티와 그들의 세 아들은 지금 일본에서 한국어를 공부하고 있고 봄에는 한국에 입국할 수 있기를 바라고 있습니다. 드와이트와 마지(Margie)는 이미 광주에 정착했고, 우리는 이번 크리스마스 연휴에 그들을 만날 수 있기를 기대하고 있습니다. 그들은 드와이트의 할아버지인 유진 벨 목사가 선교 사업을 위해 구입한 땅에 있는 집에 살고 있는데, 유진 벨 목사의 묘지가 광주에 있습니다. 휴와 드와이트는 첫 3세대 한국 선교사들입니다. 그들이 한국에 온 것은 미국남장로교 한국 사역에서 중요한 이정표입니다. 부모로서 저희는 그들이 하나님의 은총 가운데서 한국에서 오랫동안 쓰임 받게 해달라고 기도합니다.

올해는 여러모로 바쁜 한 해였지만 용기와 확신을 가지고 새해를 맞이합니다. 교회는 새 신자들로 북적이고, 도처에 새로운 교회들이 생겨나고 있습니다. 지난 한 해 동안 기도로 저희를 도와주시고 붙들어주신 여러분 모두에게 감사드리며, 새해에도 깊은 관심을 부탁드립니다. 작년 이맘때 샬롯은 가벼운 뇌졸중이 와서 많은 시간 침대에 누워 있어야 했지만 1년 동안 점차 회복되었고, 지금은 주님을 위해 훌륭히 사역을 감당하고 있습니다. 저희는 새해에도 저희의 증거가 많은 잃어버린 이에게 구원의 메시지를 전하고, 비탄과 의심 가운데 있는 많은 이에게 행복과 평화를 가져다주는 도구로 쓰임 받기를 바라고 기도합니다.

여러분 모두 하나님의 축복 가득한 성탄 보내시고, 새해에도 하

are in distress and doubt.

May God's richest blessing be with each one of you during the Christmas Season, and may He give us His presence as we start the New Year in His service.

Most sincerely yours,
William Linton

Rec'd at Nashville December, 1953
Address: Rev. Wm. A. Linton (as above)

나님을 섬기는 우리 모두에게 하나님이 늘 함께하시기를 기도합니다.

    윌리엄 린튼

Dear Friends:

You may be surprised to see that I am writing from Tokyo. The last of April it was found that Mr. Linton would have to have another operation similar to the one he had in 1949 and there were no facilities for it in Korea so we came to Tokyo where he has been well taken care of in the Army hospital. I am thankful to say he is recovering satisfactorily and we hope to leave for Korea in the next few days. Needless to say it was not easy to drop everything and come away. He was putting in the basement for the Girls' School building in Chunju and had let contracts for the first work on the new residences in Taijun. We know from letters we have had that other missionaries and our Korean helpers are carrying on the work in our absence but it is natural to want to supervise it ourselves and also we hate to add to the already too busy schedule of the other missionaries. But we have much to be thankful for and we know our Heavenly Father has some good reason for laying us aside this year for awhile. We have enjoyed seeing some of our missionaries here in Japan and making new friends. I have been staying with some folks who work especially with Japanese University students. Hundreds pass the door every day and so few

일본, 도쿄

1955년 6월 6일

친애하는 여러분께,

편지 발신지가 도쿄라 놀라셨을 수 있겠습니다. 4월 말일, 린튼 씨에게 1949년에 받았던 것과 같은 수술이 또 필요하다는 사실이 드러났고, 그런데 한국에는 그 수술을 할 수 있는 장비가 없어서 저희는 도쿄에 왔고, 현재 린튼 씨는 육군병원에서 잘 보살핌을 받고 있습니다. 감사하게도 린튼 씨는 더할 나위 없이 잘 회복되고 있습니다. 저희는 며칠 안으로 한국으로 돌아갈 수 있기를 바라고 있습니다. 당연한 말이지만 모든 일을 내려놓고 떠나기란 쉬운 일이 아니었습니다. 린튼 씨는 전주여학교 지하실 공사 일과 대전 새 사택 첫 공사 계약일을 맡고 있었습니다. 저희가 없는 동안 다른 선교사들과 한인 조력자들이 저희 일을 대신 맡아 해주고 있다는 소식을 편지들을 통해 듣고 있지만, 당연히 저희는 저희 일을 직접 하고 싶고, 또 이미 일이 많은 선교사들에게 일을 더 얹어드리고 싶지 않습니다. 하지만 저희는 감사할 것이 많고, 하늘에 계신 우리 아버지 하나님께서 저희로 잠시 일을 내려놓게 만드신 이유가 있으리라 믿습니다. 저희는 일본에 있는 우리 선교사들을 만나고 새로운 친구를 사귈 수 있어 기뻤습니다. 지금 저희는 일본 대학생들을 대상으로 선교하는 분들 집에 머물고 있습니다. 매일 수백 명의 사람이 대학 정문을 지나다니는데, 기독교에 관심이 있는 학생은 거의 없습니다. 하지만 여러 대학이 모여 있는 이 지역 기독학생센터(the Stu-are interested in Christianity but there is a wonderful opportunity to witness to those who do come into the Student Christian Center here in the vicinity of several universities.

For months I had been planning to write to you folks who support us by your prayers and gifts and are so good about writing to us and sending relief packages, Christmas cards, etc. I have tried to acknowledge each communication but, of course, this trip has gotten me behind with my letter writing. We do so appreciate each evidence of your love and interest, in us and the work.

As you know my main work for the last few years has been in two schools. Six years ago we organized a Christian Primary School for boys and girls. It seems as if it was only yesterday when we had opening exercises for that little first grade of about fifty children. This last March they were graduated from the sixth grade and practically all of them are now in one of our Christian Middle Schools. We now have about 350 children and seven teachers and many of the Christian parents express their delight that their children are being taught Bible along with the regular school subjects.

For many years the Mission's Girls' School in Chunju has had only Junior High grades and the patrons have begged us to add the three grades of Senior High. This spring the Mission gave permisdent Christian Center)는 찾아오는 학생들이 있어 더없이 좋은 전도 기회가 됩니다.

늘 기도와 선물로 저희를 지원해주시고, 편지를 보내주시고, 구호품과 크리스마스카드 등을 보내주시는 여러분께 편지를 쓰려고 몇 달간 기회만 보았습니다. 모든 분에게 감사 편지를 쓰고 싶었지만 이번 여행으로 인해 늦어졌습니다. 저희와 이곳 사역에 대한 여러분의 사랑과 관심에 진정으로 감사드립니다.

아시다시피 지난 몇 년간 제 주요 사역지는 두 학교였습니다. 6년 전 저희는 소년소녀들을 위한 기독 초등학교를 조직했습니다. 50여 명의 어린 1학년 학생과 개교식을 했던 것이 바로 엊그제 같습니다. 지난 3월에 그들은 이제 6학년을 졸업했고, 거의 모든 학생이 현재 저희 기독 중학교에 다니고 있습니다. 현재 저희 학교들에는 350여 명의 어린이와 7명의 교사가 있으며, 많은 신자 부모들은 자녀들이 정규 교과목과 더불어 성경을 배우는 것을 대단히 좋아하십니다.

전주에 있는 선교회 여자학교(Mission's Girls' School/역자 주: 기전여학교)는 수년간 중학교 반만 있었는데, 후원자들이 고등학교 3개 학년 반도 만들어달라고 간청해왔습니다. 이번 봄 선교회의 허가가 떨어져 이제 우리는 10학년도 갖게 되었고, 건축 중인 멋진 새 건물로 곧 이사하기를 고대하고 있습니다. 한국에서는 새 학교를 지을 때 학생들이 돕는 것이 관례라 우리 학교 여학생들도 체육 시간을

sion to do that so we now have a tenth grade and are looking forward to moving soon into the nice new building that is being constructed. It is customary for school children out here to help in building a new school so our girls use their physical education periods to pick up pebbles in a nearby stream bed and carry them up to the building site to be used in the concrete. I told them if they brought enough stones we would be able to put an attractive stone trimming around the top of the building with the money they would save. This appealed to them and they have really worked hard at carrying pebbles! This new building is located on the site of a big Shinto Shrine that the Japanese built in 1940 with forced labor. It is high on a hill overlooking the city with a beautiful view of the mountains. Not only is it a quiet, suitable place for a school, but, to those who look up from the city it should represent the rise in the status of girls in Korea. We pray that with gratitude for this fine new building our faculty and student body may work harder to make this school a really Christian school that will train many fine women to be the homemakers and leaders in the Korean Church.

I am not sure that I have written to you since we have had the joy of having two of our boys and their families join us here in Korea. It is wonderful to have them so near us. Again I say the Lord has blessed us far above anything that we deserve. It was so nice

활용해 근처 개울 바닥에서 자갈들을 건져 건축 현장까지 운반해오는 일을 하고 있습니다. 그 돌들은 콘크리트를 만드는 데에 사용됩니다. 저는 그들이 충분한 돌을 가져오면 그로 인해 절약된 재정으로 학교 건물 꼭대기에 멋지게 깎은 기념석을 얹어놓을 수 있을 것이라고 말했습니다. 이 말에 고무되어 그들은 정말 열심히 자갈들을 날라 왔습니다! 이 새 건물이 들어설 부지는 본래 일본인들이 1940년에 강제 노동으로 지은 큰 신사가 있던 곳입니다. 높은 언덕에 있어서 도시가 내려다보이고 주변 아름다운 산들이 훤히 보이는 곳입니다. 학교가 들어서기에 적합한 조용한 장소이기도 하지만, 이곳은 도시에서 볼 때 높은 위치에 있으므로 한국에서 높아진 소녀들의 위상을 상징하는 것이기도 합니다. 저희는 이 훌륭한 새 건물에 대해 감사하며, 교직원들과 학생회가 더욱 열심히 노력해 이 학교를 한국교회에 주부로, 지도자로 일하는 멋진 여성들을 많이 길러내는 진정으로 기독교적인 학교로 만들어가기를 기도합니다.

이전 편지에서 알려드렸는지 모르겠지만, 감사하게도 이제 저희 집 두 아들과 그들의 가족들이 이곳 한국에서 저희와 함께 일하게 되었습니다. 이 또한 주님께서 저희에게 베푸신 과분하기 그지없는 축복입니다. 작년 겨울 Tommy가 태어날 때 감사하게도 저희는 Margie와 드와이트와 함께 있을 수 있었습니다. Tommy는 제가 아는 한 한국에서 태어난 최초의 4세대입니다. 저희는 순천에서 휴와 베티 그리고 그들의 세 아들과 같이 부활절을 보냈습니다.

현재 저희의 또 다른 큰 관심사는 대전에 새 스테이션을 세우는

to have Margie and Dwight with us last fall when Tommy arrived, the first fourth generation child to be born in Korea, as far as I know. We spent Easter with Hugh and Betty and their three boys in Soonchun.

Our other big interest is the new station at Taijun where we are hoping to open our Mission's Liberal Arts College soon. Mr. Linton will be writing about this. Before we can move there residences have to be built. They have been started and we are eager to get back and watch the progress on them. It will be our first experience in planning and building a new house. It has been fun to draw plans but it is a responsibility too, because we want very much to build what will be suitable and usable, not only for our present needs, but for those who come after us! At last we are going to try out some of the ideas we have had for many years and build a Korean type house which we hope will prove to be very practical. You will have to come to see us when it is finished! We hope to be able to move by September but a lot depends on how long the rainy season lasts. Moving away from Chunju after living there so long is not going to be easy but we are glad to help start this new work that the Mission has asked us to do. We feel that a Christian Liberal Arts College will be a fine contribution for our Mission to make to the Korean Church, and it will be a privilege to have a part in it.

일인데, 저희 선교회는 그곳에 인문대학을 곧 설립하기를 희망하고 있습니다. 린튼 씨는 곧 이에 대해 여러분께 편지로 설명드릴 것입니다. 그곳으로 이사하기 전에 먼저 저희는 사택을 지어야 합니다. 이미 공사가 시작되었고, 저희는 어서 돌아가서 진행 상황을 지켜보고 싶습니다. 이번은 저희가 처음으로 새집을 설계하고 지어보는 것입니다. 집을 설계하는 건 재미있는 일이기도 하지만, 저희는 현재 저희뿐 아니라 앞으로 저희 뒤에 올 이들을 위해서도 적합하고 유용한 집을 만들고 싶기에 책임감도 느낍니다. 여러 해 전부터 가져왔던 아이디어들을 마침내 일부 시험해볼 수 있게 된 것인데, 저희는 한국 스타일 주택이면서도 대단히 실용적인 집을 지어볼 계획입니다! 완성되면 여러분도 꼭 한 번 보러 오시기 바랍니다! 저희는 9월 전에 이사할 수 있기를 바라지만, 이는 이번 우기가 얼마나 지속될 지에 많이 달려 있습니다. 오랫동안 살던 전주를 떠나는 것이 쉽지는 않겠지만 저희는 선교회의 청에 따라 이 새로운 일이 시작되는 일에 힘을 보탤 수 있어서 기쁘게 생각합니다. 저희는 기독교 인문대학은 한국교회를 위한 우리 선교회의 훌륭한 기여가 될 것으로 믿으며, 이 일에 동참하게 된 것을 특권으로 여깁니다.

여러분이 이 편지를 받을 때쯤이면 아마 저희는 전주로 돌아와 있을 것입니다. 시간이 되실 때 편지를 써 보내주신다면 저희는 기쁠 것입니다. 저희는 늘 여러분을 기억하며, 한국에서의 주님의 일에 관심을 가져주시는 여러분 모두에게 주님께서 풍성한 복을 베풀어주시기를 기도하겠습니다.

샬롯 B. 린튼

By the time you receive this I feel sure we will be back in Chunju and we shall be glad to hear from you when you have time to write. We think of you and pray for you that you may be richly blessed for your interest in the Lord's work in Korea.

Most sincerely,

Charlotte B. Linton

Rec'd at Nashville, Tennessee, June 13, 1955.

Address: Rev. and Mrs. W. A. Linton, Presbyterian Mission, Wha San Dong, Chulla

Pukdo, Chunju, Korea

Postage: Letters by regular mail 8 ¢ per ounce; postal cards 4 ¢

Air mail letters are 25 ¢ per half ounce; air mail folders can be had at the Post Office for 10 ¢

인돈과 인사례의 네 아들(윌리엄, 유진, 휴, 드와이트)

Presbyterian Mission

Wha San Dong, Chulla Pukdo

Chunju, Korea

November 27, 1955

Dear Friends:

By the time this reaches you, we expect to be moved into our new home in Taejun, sixty miles from here, where our Mission is opening up a College. The house we are building there is Korean style, adapted to our western way of living. We are trying out some ideas about a practical sort of our needs that we have been thinking of for many years. We believe that we are going to find it very comfortable and hope our successors will too. The Koreans are quite pleased that we are using so many features of Korean architecture.

A good deal of foundation work has been done on getting ready to start the College, but when we get settled there in Taejon, Mr. Linton will be able put all of his time in on what needs to be done. Up till now he has divided his time between there and here on account of building the new plant for our Girls' School here. This is almost completed now and they hope to move into it in the spring. We are certainly looking forward to occupying this beautiful new building made possible by "Program of Progress" funds. Every

장로교 선교회

전라북도, 화산동

전주, 한국

1955년 11월 27일

친애하는 여러분께,

이 편지가 여러분에게 도착할 때쯤이면 아마 저희는 여기서 60
마일 떨어진 대전에 있는 새 사택으로 이사했을 것입니다. 우리 선
교회가 대전에 대학을 개교할 예정이기 때문입니다. 저희는 거기
집을 지었는데, 기본적으로 한국식이면서도 서양식 생활을 할 수
있는 구조입니다. 저희는 실제적 필요를 고려하며 수년간 품어왔던
몇 가지 아이디어를 시도해보고 있습니다. 저희가 지내기에 매우
안락한 집이 될 거라고 믿고, 또 저희 후임자들에게도 그렇기를 바
랍니다. 한국 건축의 특징들이 많이 사용되고 있는 것을 보고 한국
인들이 매우 기뻐합니다.

개교를 위한 기초 작업이 많이 진전되었지만, 대전에 정착하면
린튼 씨는 나머지 필요한 일에 모든 시간을 쏟아 부을 수 있을 것입
니다. 지금까지는, 린튼 씨는 이곳에 있는 우리 여학교에 새 건물을
짓는 일 때문에 대전과 이곳을 오가며 시간을 보내야 했습니다. 하
지만 이제 공사가 거의 완료되었고, 봄에 입주할 수 있으리라 생각
합니다. 이 아름다운 새 건물은, '발전 프로그램'(Program of Progress)
기금으로 건축되었는데, 저희는 입주할 날짜를 손꼽아 기다리고 있
습니다. 건축이 시작되기 몇 달 전부터 우리 학교 여학생들은 매주

Thursday morning in our chapel service at school for many months before the building was started, the girls prayed that we might get the new school. Ever since the work began, they have offered a special prayer of thanksgiving, They are planning to continue making the theme of this Thursday chapel service, which is always conducted by the students themselves, one of praise and Thanksgiving, The Station here has asked me to continue as principal of this school until my successor is ready to take over, so I will be coming back occasionally to advise with the teachers and help out some.

The last time I wrote to you this way, Mr. Linton was just recovering from an operation. I am thankful to report that he has made a good recovery and has been back at full time work for many months. We appreciate the expressions of concern that have come from many of you. Also we want you to know we appreciate every card, letter, or package you have sent. Especially do we thank you for your prayers for us and the work. I have tried to answer each letter or card and, as far as I know, I have thanked the sender for each package, but I know sometimes our letters are lost. I am thankful to say we do not see as much hunger or suffering from lack of warm clothes as we did several years ago, but we feel the clothing you have sent in the last year has filled a need where it has been given and that your effort in sending it was worth while.

목요일 아침 채플 예배를 드릴 때마다 이 새 건물을 위해 기도했습니다. 건축이 시작된 이후에도 학생들은 계속 감사기도를 드렸습니다. 목요 채플 예배는 늘 학생들이 직접 진행하는데, 학생들은 계속해서 찬양과 감사를 주제로 예배를 드릴 계획입니다. 이곳 스테이션이 제게 후임자가 올 때까지는 계속 교장으로 일해달라고 해서, 저는 교사들에게 조언도 하고 일도 돕기 위해 종종 이곳에 올 계획입니다.

제가 지난번에 편지를 썼을 때는 린튼 씨가 수술 받고 막 회복하던 시기였습니다. 린튼 씨는 잘 회복되었고 업무에 정상적으로 복귀한 지 여러 달 되었다는 소식을 전하게 되어 감사합니다. 염려의 마음을 표현해주신 많은 분께 감사의 말씀을 드립니다. 보내주신 모든 카드와 편지, 소포에 대해 감사드립니다. 특히 저희와 저희 사역을 위한 여러분의 기도에 감사드립니다. 저는 모든 편지나 카드에 개인적인 답장을 보내려고 노력했고, 소포를 보내주신 모든 분께 감사의 뜻을 전했다고는 생각하지만, 때때로 편지가 도중에 분실되는 일도 있다는 것을 알고 있습니다. 몇 년 전처럼 굶주림이나 따뜻한 옷이 없어 고통을 겪는 이들을 많이 보고 있지는 않지만, 작년에 보내주신 옷은 정말 필요한 사람들에게 잘 전달되었고, 여러분은 정말 가치 있는 수고를 해주신 것이었습니다. 다시 한번 "감사합니다" 하고 말씀드립니다.

저희 가족에게 많은 감사한 일이 있습니다. 린튼 씨가 건강을 회복했을 뿐 아니라, 저희 가문에 어여쁜 첫 손주 딸이 태어났습니다.

Again I say, "Thank you."

As a family, we have much to be thankful for. Not only has Mr. Lintcn been restored to health, but we have added to our tribe a fine new granddaughter, Mary Charlotte, Hugh's and Betty's first little girl, born here in Chunju October 18. Her three older brothers think she is something special and we all agree with them. We are looking forward to spending Christmas with our children and grandchildren.

I hope this will reach you in time to let you know we are thinking of you and wishing you a truly joyful Christmas season and a New Year rich in blessings from the Master. When we know our new address, we will send it to the Church papers. In the meantimes, please just address us as you have been doing.

Most sincerely,
Charlotte B. Linton

Rec'd at Nashville, Tenn., Doc. 8, 1955
Address: Mrs. Wm. A. Linton (as indicated above)
Postage: Letters sent by regular mail 8 ¢ per ounce - postal cards 4 ¢
Air mail letters are 25 ¢ per each one-half ounce - Air mail folders at P.O. are 10 ¢

휴와 베티의 첫 딸 Mary Charlotte인데, 10월 18일 전주에서 태어났습니다. 그녀의 세 오빠는 다 그녀를 특별하다고 생각하는데, 저희 모두 동의합니다. 저희는 저희 자녀들과 손주들과 함께 크리스마스를 보내기를 고대하고 있습니다.

저희는 늘 여러분을 생각합니다. 진정 즐거운 크리스마스와 주님의 축복 가득한 새해 맞으시기를 기원하며 이 편지가 제때 여러분에게 전달되기를 바랍니다. 새 주소를 알게 되면 교단 신문에 알려 신도록 하겠습니다. 그 전까지는 지금까지 사용하셨던 주소로 보내주시기 바랍니다.

샬롯 B. 린튼

Ojung-Ni #133

Taejon, Korea

April 9, 1956

Dear Friends:

The permit for the College has been granted, and I know you will all rejoice with our Mission. It has been a long cherished dream of the Mission that a contribution might be made to education on the college level and so the Mission welcomed this opportunity of making a new contribution to preaching the Gospel in Korea. We feel that God has greatly blessed our efforts so far, and we pray that this College may bear much fruit in the coming years.

Securing a permit for a college in this country is entirely different from securing a permit in America. Here, a regular college permit is granted only after a suitable faculty, suitable buildings, and sufficient funds to run the college are available. Inasmuch as we still have only temporary buildings for our College, only a temporary permit has been granted, but we feel certain a full college permit will be forthcoming after the buildings we are now commencing are completed. In securing even this permit, many trips to Seoul, and many interviews with high officials were necessary. Much more effort will be necessary to get a full permit, but after a permit has been secured, a college becomes accredited in every

친애하는 여러분께,

대학 설립 허가가 났습니다. 여러분 모두 저희 선교회와 더불어 기뻐해주시리라 믿습니다. 대학 수준의 교육에 기여하는 것이 선교회의 오랜 꿈이었고, 그래서 선교회는 한국 선교에 새로운 기여를 할 수 있는 이 기회를 적극 붙들었습니다. 하나님께서 지금까지 저희의 노력을 크게 축복하셨음에 감사드리며, 앞으로 이 대학이 많은 열매를 맺기를 기도합니다.

이 나라에서 대학 설립 허가를 받는 일은 미국에서의 경우와 완전히 다릅니다. 여기서는 정규 대학 허가는 적절한 교직원, 적절한 건물 및 대학 운영에 충분한 자금이 확보된 후에만 부여됩니다. 현재 우리 대학은 아직 임시 건물만 있는 상태라 임시 허가만 받은 상태이지만, 이제 착공을 시작한 건물이 완공된 후에는 완전한 정식 허가가 나올 것이라고 확신합니다. 이 허가를 받기까지 서울을 여러 차례 방문하고 고위 관리들과 많은 면담을 가져야 했습니다. 정식 허가를 받으려면 훨씬 더 많은 노력이 필요하겠지만, 일단 허가가 나면 대학은 이 나라에서 모든 면에서 인가를 받게 됩니다. 졸업생은 정부 직책을 맡을 수 있는 자격을 인정받게 되고, 고등학교에서 가르칠 수 있는 자격도 받게 되며, 징병과 관련하여 특별한 지위를 부여받습니다.

way in this country. Graduates are qualified for government positions; they are permitted to teach in high schools, and they are given a special status in regard to the draft.

As soon as the permit was issued, plans were made to give examinations for new students. During the last week of March, examinations were given and 81 students were received. On the 10th of April, the formal opening of our new Christian College will take place. It will be called the Taejon Presbyterian College.

A fine group of Christian teachers have been secured. The students are all regular members of some Protestant Church. Our major purpose is to train Christian leaders for society and to educate leaders for the church. A minor purpose will be that of demonstrating in a small way the American idea of education on the college level. The Mission has never planned to set up a university, but only a church college. Accordingly, we did not plan a school that would have more than 500 pupils.

Our opening ceremony will be on the morning of April 10. Very likely, representatives from the government; from high schools in this province and in other provinces, and college presidents will attend. Because there is no chapel or auditorium so far, it will be necessary to hold the exercises out in the open if it does not rain.

허가가 나자 즉시 저희는 신입생을 대상으로 시험을 치를 계획을 세웠습니다. 3월 마지막 주에 시험을 치렀는데 81명의 학생이 등록했습니다. 4월 10일, 새로운 기독교 대학의 정식 개교식이 있을 예정입니다. 학교 이름은 '대전장로교대학'(the Taejon Presbyterian College)이 될 것입니다.

훌륭한 기독교인 교사 그룹이 확보되었습니다. 학생들은 모두 개신교회에 소속된 이들입니다. 저희의 주요 목적은 사회를 위한 기독교 지도자를 양성하고 교회를 위한 지도자를 교육하는 것입니다. 작은 목적으로는, 미국식 대학 교육을 소규모로나마 보여주려는 것입니다. 선교회는 대학교(university)를 세울 계획은 해본 적 없고, 다만 교단대학(a church college)만 세울 계획이었습니다. 따라서 저희는 학생 수가 500명이 넘지 않도록 할 계획입니다.

개교식은 4월 10일 오전에 있을 것입니다. 아마도 정부 인사들과 이 지역 및 주변 지역 고등학교 대표자들, 또 대학 총장들도 참석할 것입니다. 아직 예배당이나 강당이 없기에 비가 오지 않으면 야외에서 행사를 해야 합니다. 혹 비가 온다면 근처에 아주 작은 교회가 있는데 그곳에서 개교식을 할 예정입니다. 새로운 장소에서 건물도 없이 새로운 대학을 시작한다는 것이 때로 거의 불가능해 보이기도 하지만, 저희는 하나님의 도우심을 의지하며 앞으로 나아갈 계획입니다. 아무튼 시작은 해야 하기 때문입니다. 더 이상은 늦출 수 없습니다.

If it does, there is a very small church nearby and we shall have the opening ceremony there. As we face the problems of beginning a new college in a new location without buildings, at times it seems almost impossible, but with God's help we plan to go forward. A beginning has to be made at some time. We cannot wait longer.

Beginning as soon as possible, work on the new buildings will commence and it is hoped at least one fairly large section of the main building may be completed before Christmas. As we face the future, it is realized it will take a good many years to get all of our buildings and equipment, but we hope you will all remember us in your prayers that we may be able to start an educational institution here that will glorify His Name.

With warmest personal regards and best wishes, I am
Most sincerely yours,
William Linton

Rec'd at Nashville, Tenn., April 16, 1956
Address: Rev. Wm. A. Linton (as indicated)
Postage: Letters by regular mail 8; Air mail 25 ¢ per each one-half ounce
- Air mail folders are 10 ¢ at the Post Office

새 건물 건축 일을 가능한 한 빨리 시작할 계획이며, 적어도 본관의 상당 부분은 크리스마스 전에 완공될 수 있기를 바라고 있습니다. 모든 건물과 장비를 갖추자면 많은 시간이 걸릴 것으로 예상되지만, 저희는 이곳에서 그분의 이름을 영화롭게 할 교육 기관이 시작될 수 있도록 여러분 모두 기도해주실 것을 믿습니다.

개인적인 따뜻한 안부와 기원을 담아,
윌리엄 린튼

No. 133 Ojung-Ni

Taejon, Korea

August 29, 1956

Dear Friends:

Our vacation, which has been spent "taking things easy" at home, while Mr. Linton kept his eye on the construction of our main college building, is nearly over and we are looking forward to a busy month in September. College re-opens the 4th, and later in the month there will be various meetings, including the Korean General Assembly. Also we are looking forward to a visit from Rev. Eugene Daniel and Mr. Bluford Hestir in September, We have found our new home here very comfortable even during the very hot weather.

It has been a real inspiration to read the reports in our Church papers and the Report of the Board of World Missions of the increased giving by our Church there at home. It means so much to us out here where there are so many needs, to know that your folks are giving so generously. It seems to us here in Korea that there has never been a time when the people were more open to tho Gospel. On the other hand, there is a sort of epidemic of strange types of preaching, usually in connection with some so-called "faith healing" abroad in this land and many are being led

친애하는 여러분께,

휴가 때 집에서 쉬긴 했으나, 린튼 씨는 대학 본관 건축 일에 늘 마음을 써야 했습니다. 저희 휴가는 이제 거의 끝났고 9월은 바쁜 한 달이 될 것 같습니다. 우리 대학은 4일 재개교하며, 이후 한국 장로교 총회 등 각종 회합이 예정되어 있습니다. 또한 Eugene Daniel 목사님과 Mr. Bluford Hestir의 방문도 9월에 있을 것으로 기대하고 있습니다. 매우 더운 날씨이지만 이 새집은 대단히 안락합니다.

교단 신문에 실린 보고서와 세계 선교부 보고서에서 우리 교단의 국내 헌금 증가에 대한 보고서를 읽고는 큰 위안을 얻었습니다. 여러분이 그토록 아낌없이 베풀고 있다는 사실은 많은 필요가 있는 이곳에서 사역하는 저희에게 큰 힘이 됩니다. 저희가 볼 때, 이곳 한국 사람들이 복음에 대해 지금보다 더 열린 태도를 보였던 적은 없었던 것 같습니다. 하지만 다른 한편으로 지금 이곳은 해외에서 들어온 '신앙 치유'라는 것과 관련한 이상한 형태의 설교가 유행하고 있으며 많은 사람이 그릇된 길로 인도되고 있습니다. 참된 교회가 굳게 서고 저희가 이 문제를 지혜롭게 잘 다룰 수 있도록 기도해 주시기 바랍니다.

지난봄 개교 직후 교직원들과 학생회는 어느 명문 가문의 고향

astray. Please pray that the true Church may stand firm and that we may have wisdom in dealing with this problem.

Soon after the College was opened last spring, the faculty and student body went on a picnic to a village near here that is famous as the home of a certain korean family. The villagers are devout Confucianists and very few have accepted Christianity, so the day we were there we talked about how fine it would be if our students could start Christian work there. I am sure it was in answer to prayer that a few weeks ago a delegation from that very village came to Mr. Crim to ask that steps be taken to establish a Church there! One of the groups was a brick layer who had worked on our houses and to whom several of us had talked about becoming a Christian. So many times I have prayed that our employing so many non-Christian workmen would result in many of them accepting Christ so it seems as if that prayer too, is being answered. For two Sundays now, our College secretary, who is a very active elder, has taken several students who stayed here during vacation to work and gone to this village and they have organized a Sunday School and held services for adults. So far they have had good attendance and there is a good prospect that a building to meet in will be secured soon. Please pray for this work. It is hard for those steeped in Confucianism to give up its practices but we know "All things are possible with God." The purpose of our college is to

으로 유명한 근처 마을로 소풍을 갔습니다. 마을 사람들은 모두 독실한 유교 신자들이었고 극소수만이 기독교인들이었던 터라, 그날 저희는 우리 학생들이 그곳에서 기독교 사역을 시작할 수 있다면 얼마나 좋을까 하고 이야기 나눴습니다. 그런데 몇 주 전 그 마을에서 파견된 어떤 분들이 크림 선교사(Mr. Crim/역자 주: 김기수 선교사)를 찾아와서는 자기들 마을에 교회가 설립되게 절차를 시작해달라는 요청을 해왔는데 저는 이것이 저희 기도의 응답이라고 확신합니다! 그들 중 한 분은 전에 저희 집에서도 일한 적 있는 벽돌공이었는데, 그때 저희 중 어떤 이들이 그분께 기독교인이 되는 길에 대해 소개해드린 바 있습니다. 저희는 비기독교인 일꾼들을 많이 고용하면서 그중 많은 이가 그리스도를 영접하게 되기를 기도해왔는데, 그 기도 역시 응답되고 있는 것 같습니다. 저희 대학사무처장(College secretary)은 매우 신실한 장로인데 방학 동안 여기 머물렀던 학생 몇몇을 데리고는 최근 두 번 주일에 걸쳐 그 마을로 가서는 주일학교를 조직하고 성인들을 위한 예배를 드렸습니다. 현재 그 모임은 참석률이 좋고, 집회 건물도 곧 확보될 가능성이 높습니다. 이 일을 위해 기도해주십시오. 유교 문화에 푹 잠겨 살아온 사람이 유교 관습을 포기하기란 정말 어려운 일이지만 저희는 "하나님께는 모든 것이 가능하다"는 것을 압니다. 저희 대학의 목적은 기독교 젊은이들을 교회와 지역 사회를 위한 지도자로 훈련하는 것이며, 이를 위해 이곳에서 공부하는 저희 젊은 학생들이 이 지역 사회에 축복이 되기를 간절히 바랍니다.

저의 사역에 관심을 가져주시고 헌금과 기도로 그 증거를 보여

train Christian young people to be leaders in the Church and community and we are anxious for our boys and girls to be a blessing to this community while they are studying here in preparation for this task.

Again we want to thank you for the many evidences of your interest in the work by your gifts and prayers. Also we want to express our appreciation of the many ways you have shown your love for us personally. As far as I know, I have acknowledged each one. Please let me know if you have not heard from us when you expected to. We shall remember you as you take up again the work of the fall and winter and pray God's richest blessing upon you in your service for the Master. We are sure you will continue to "uphold us at the throne of grace" for we do so need this. When you have time to write, we are always glad to hear from you. Mr. Linton joins me in loving greetings to each and every one of you.

Most sincerely,

Charlotte B. Linton

Rec'd at Nashville, Tenn., September 4, 1956
Address: Rev. and Mrs. Wm. A. Linton (as above indicated)
Postage: Letters by regular mail 8 ¢ per ounce - Postal Card are 4 ¢
Air mail 25 ¢ per each one-half ounce - Air mail folders are 10 ¢ at the Post Office

주시는 여러분 모두께 다시 한번 감사의 말씀을 드립니다. 또한 개인적으로도 여러 방식으로 저희에게 사랑을 베풀어주시는 분들께 감사드립니다. 여러분 한 분 한 분께 감사의 답장을 다 드린 것으로 생각되지만, 혹시 기대했던 답장을 받지 못하신 분이 계시다면 알려주시기 바랍니다. 이번 가을과 겨울 다시 일을 시작할 때 저희는 여러분을 기억할 것이며, 주님을 섬기시는 여러분의 일에 하나님의 풍성한 축복이 있기를 기도하겠습니다. 여러분도 계속해서 "은혜의 보좌 앞에 나아가" 저희를 기도로 붙들어주시리라 믿습니다. 정말 저희에게 필요한 일이기 때문입니다. 시간이 나실 때마다 편지를 보내주십시오. 여러분의 소식을 듣는 것이 저희에게는 언제나 기쁨이 됩니다. 린튼 씨도 저와 더불어 여러분 한 분 한 분께 사랑을 담아 인사를 전합니다.

샬롯 B. 린튼

Ojung-Ni, Taejon, Korea

June 18, 1957

Dear Friends:

It has been a privilege this month to have with us, Dr. and Mrs. Elliott, Dr, Hugh Bradley and Dr. D. J. Cumming. They were with us the last days of our Mission Meeting in Chunju last month, and have been visiting the stations since and were here for two days last week. Visits from folk like these always bring us blessings, and we appreciate the Board's sending them out.

My work this past year has been quite different from that when we lived in Chunju. I have taught some in our college, and enjoyed my contacts with the boys and faculty. Just now I am teaching beginners' French. After many years of not working on French, I have to study to keep ahead of my class! You might be amused at the mixture of English and Korean I use sometimes to explain the French! We feel that we have a fine group of Christian boys in the college and many of them are carrying on Sunday Schools and Young People's work in nearby churches, and some are trying to get a church started in an unevangelized area. Our new building will be ready for occupancy soon.

I have enjoyed working with the women of the Church in the

친애하는 여러분께,

이번 달 엘리엇(Elliot) 박사 부부, 휴 브래들리(Hugh Bradly) 박사, 커밍(D. J. Cumming) 박사를 만날 수 있어서 영광이었습니다. 그분들은 지난달 전주선교회 모임 후반부에 도착하셨고, 이후 여러 스테이션들을 방문하셨으며, 지난주에는 이틀간 이곳에 머무르셨습니다. 그런 분들의 방문은 늘 저희에게 축복이 됩니다. 이사회가 그들을 보내주신 것에 감사드립니다.

지난 1년간 제가 여기서 한 일은 전주에서 했던 것과 사뭇 달랐습니다. 우리 대학에서 몇몇 학생을 가르치기도 했고, 남학생들과 교직원들과 즐거운 교제를 나누기도 했습니다. 현재는 초급 프랑스어를 가르치고 있습니다. 수년간 프랑스어를 공부하지 않은 상태라 수업을 잘하려면 저부터 공부해야 합니다! 프랑스어를 설명할 때 가끔 영어와 한국어도 섞어가며 하는데 누가 보면 재미있을 것입니다! 저희 대학에는 훌륭한 기독 청년들이 있는데, 많은 이가 인근 교회들에서 주일학교와 청년 사역을 수행하고 있고 일부는 복음화되지 않은 지역에서 교회를 시작하려고 애쓰고 있습니다. 저희 새 건물은 곧 입주 준비를 마칠 것입니다.

또 저는 근처 작은 장로교회에서 교회 여성들과 일하는 것을 즐기고 있습니다. 그들의 월례 모임이 더 활기차게 될 수 있도록 돕고

little Presbyterian Church near us. I am trying to help them make their monthly meetings more attractive. Lately, we have been meeting on Tuesday evenings. They work in the fields so late this time of year that it was 9:30 last week before we started the meeting, and nearly 11 o'clock when we finished. The remarkable part is that the ladies didn't seem hurried at all. The church visitor or "Bible Woman" as she is sometimes called, came to see me this afternoon to tell me she has gotten the promise of almost enough money, payable monthly, to employ a full-time worker to move into a village near here, where there are no Christians and get a church started. Members of the congregation have pledged this money "over and above" their other contributions and will also go themselves to help the evangelist. Now, we are praying that the right person may be found to undertake this job. It is wonderful that we can still start churches in almost any village, if we just can get workers to go and tell the Gospel story.

Later in the summer we are hoping to go up into the Chiri Mountains to camp for two or three weeks on the site where we used to have a cottage and spent so many happy vacations before World War II. A good many of our younger families went up there last summer and plan to go again this year.

You are much in our thoughts and prayers even if we do not

있습니다. 최근에는 화요일 저녁에 모임을 갖고 있는데, 그들은 저녁 늦게까지 들에서 일하기 때문에 지난주는 9시 30분이 되어서야 모임을 시작할 수 있었고, 모임이 끝나면 거의 11시였습니다. 그런데 인상적인 것은, 이 여성분들은 전혀 쫓기는 것처럼 보이지 않는다는 것입니다. 교회를 순회하시는 '전도 부인'(Bible Woman)인 어떤 분이 오늘 오후에 저를 찾아와서는 말하기를, 이 근방 기독교인이 없는 마을로 가서 교회를 시작할 전임 사역자를 고용해 매달 봉급을 지불해줄 수 있는 재정 지원을 약속받았다고 합니다. 교인들은 다른 헌금들에 비해 '넘치도록' 이 헌금을 약정했으며, 본인들도 직접 가서 그 전도자의 일을 도울 계획이라고 합니다. 지금 저희는 이 일을 맡을 적임자를 찾기 위해 기도하고 있습니다. 가서 복음을 전할 일꾼만 있다면 거의 모든 마을에서 교회를 시작할 수 있다는 것은 정말 놀라운 일이 아닐 수 없습니다.

여름 후반에 저희는 지리산 캠프에 올라가 2~3주 캠핑을 하려고 하는데, 2차 세계대전 이전 저희가 많은 행복한 휴가를 보냈던 곳입니다. 지난여름 젊은 선교사 가족들이 많이 그곳에 갔다 왔는데 올해도 다시 갈 계획이라고 합니다.

바라시는 것만큼 저희가 자주 편지를 못 보내드리더라도 저희는 언제나 여러분을 생각하며 여러분을 위해 기도하고 있다는 사실을 기억해주십시오. 저희와, 또 저희가 여기 한국에서 주님을 위해 하고 있는 일에 여러 모양으로 관심을 보여주셔서 감사드립니다. 보내주신 편지와 구호 의류 물품에 대해 한 분 한 분께 감사의 답장을

write as often as we would like to. We appreciate the many ways in which you show your interest in the work we are trying to do for the Lord here in Korea and in us personally. I have tried to thank each one for notes and packages of relief clothing. Please let me know if you have not heard.

I hope that many of you will have a good vacation this year, Mr. Linton joins me in loving greetings to all of you who make it possible for us to be here in Korea.

Sincerely,
Charlotte B. Linton

Rec'd at Nashville, Tenn., June 24, 1957
Address: Rev. and Mrs. Wm. A. Linton, Ojung-Ni, Taejon, Korea
Postage: Letters sent by regular mail are 8 ¢ - Postal Cards 4 ¢
Air mail letters are 25 ¢ per each one-half ounce
Air mail folders may be purchased at Post Office for 10 ¢

드리려 노력했지만, 혹 아직 받지 못하신 분이 계시다면 알려주시기 바랍니다.

올해 모두 즐거운 휴가를 보내시기 바랍니다. 린튼 씨도 저와 더불어 저희가 이곳 한국에서 일할 수 있게 도움을 주시는 모든 분께 사랑의 인사를 전합니다.

샬롯 B. 린튼

Dear Folks:

This has been a beautiful fall in Korea, and the Koreans are just finishing harvesting a fine crop of rice so we have much to be thankful for. We, ourselves, enjoyed a good vacation in the mountains, camping amid the ruins of our old cottage. The fireplace and chimney were still standing, so we pitched our tent against that and cooked on the hearth. The spring water was good as ever and breathing that good mountain air has made us feel good all fall!

Since college reopened in September, a good deal of progress has been made. The first unit of our main building is sufficiently near completion for us to use so we are enjoying the spacious, light classrooms and offices. We have done a lot of grading which will give us an ample athletic field and will improve the looks of the campus. One special cause for thanksgiving is that we have been encouraged to think that we will be given a "permit" for our college in the near future. It means so much to the students to have this government recognition that we have made every effort to fill the requirements for it. We plan by spring to have a celebration which will include the dedication of the building and the formal installation of the president.

친애하는 여러분께,

올해 한국의 가을은 참 아름다웠습니다. 게다가 한국인들이 추수를 마치는 시기인데 풍작이라 저희는 감사할 것이 참 많습니다. 저희는 낡고 무너진 산속 오두막에서 캠핑을 하며 멋진 휴가를 보냈습니다. 벽난로와 굴뚝은 그래도 멀쩡해서 저희는 거기에 텐트를 치고 난로에서 요리를 해먹었습니다. 샘물은 전처럼 맑았고, 좋은 산 공기를 들이마신 덕분에 가을 내내 기분이 상쾌했습니다!

9월에 대학이 다시 문을 연 이후 많은 진전이 있었습니다. 본관의 첫 번째 부분은 사용할 수 있을 만큼 충분히 완공되어 넓고 밝은 교실들과 사무실들을 가질 수 있게 되었습니다. 저희는 넓은 운동장을 만들고 교정 외관을 개선하기 위해 많은 정지(整地) 작업을 했습니다. 특별히 감사할 일 중 하나는, 조만간 저희 대학이 '설립 허가'를 받게 될 것 같습니다. 정부의 정식 승인을 받는 것이 학생들에게는 정말 중요한 문제라서 저희는 그 요구조건을 충족하기 위해 백방으로 노력을 기울였습니다. 내년 봄에 건물 봉헌식과 공식적 학장 취임식을 포함한 행사를 가질 예정입니다.

이번 가을 저는 어느 마을에서 어린이들을 위한 주일학교를 진행하고 있는 학생들과 함께 일요일 날 여러 차례 시골 여행을 즐겼습니다. 교회가 시작되기를 저희가 기도하고 있는 마을이었습니다.

I have enjoyed several trips to the country on Sunday this fall with some of the students who are conducting Sunday School for children in a village where we hope to get a Church started. I have visited among the mothers, hoping to interest them in accepting Christ and coming out to the meetings. Several days ago three students and I went to a new village where apparently no one had preached the Gospel. I am sure I was the first "foreign" woman to go there. When we asked if the students could go there on Sundays to teach the children, they readily agreed and the crowd of children who gathered around were delighted so we are looking forward to taking "The good news" to that village too.

By the time this letter gets to you, Christmas will be near and we will be thinking of you especially. We plan to spend Christmas with our children — Hugh and Betty are going to have the family gathering this year. I hope each of you will have a season of real peace and joy as you celebrate our Lord's birth in your homes and churches.

William joins me in loving greetings for the Christmas Season and our very best wishes for a New Year rich in blessing.

Yours most sincerely,
Charlotte B. Linton

저는 어머니들을 방문하여 이야기를 나누며, 그들이 그리스도를 영접하고 집회에 나오는 일에 관심을 갖게 되기를 바랐습니다. 며칠 전에는 학생 세 명과 같이 저는 그간 아무도 복음을 전하지 않은 것으로 보이는 새로운 마을에 갔습니다. 제가 그 마을에 간 최초의 '외국인' 여성인 것이 분명합니다. 일요일에 거기에 가 아이들을 가르칠 수 있겠느냐고 묻자 학생들은 선뜻 동의해주었고, 많은 아이가 모였고 즐거워했습니다. 저희는 그 마을에도 '기쁜 소식'을 전할 수 있기를 고대합니다.

이 편지가 여러분께 도착할 때쯤이면 크리스마스가 가까이 온 시즌일 터라 저희는 여러분 생각이 더 많이 날 것입니다. 저희는 저희 집 아이들과 함께 크리스마스를 보낼 계획인데, 올해 휴와 베티가 와서 가족 모임을 가질 예정입니다. 여러분의 가정과 교회도 주님의 탄생을 축하하며 진정한 평안과 기쁨의 계절을 보내시기를 바랍니다.

윌리엄도 저와 더불어 크리스마스를 맞아 사랑의 인사를 전하며, 축복 가득한 새해가 되시길 기원합니다.

샬롯 B. 린튼

Received at Nashville, Tennessee, November 19, 1957

Address: Rev. and Mrs. Wm. A. Linton, Ojung-Ni, Taejon, Korea

Postage: Letters sent by regular mail 8 ¢ per ounce - Postal Cards 4 ¢

Air mail letters 25 ¢ per each one-half ounce -

Air mail folders may be purchased at the Post Office for 10 ¢

1960년 대전대학(현 한남대학교) 전경

No. 133 Ojung-Ni

Taejon, Korea

April 23, 1958

Dear Friends:

I have been waiting to write again until I could say when we would be going on furlough. When I wrote before Christmas, we were planning to leave here the end of this month and travel to the States via India, Palestine, Europe, etc. At that time, as I said in my letter, it looked as if we would be given at any time the government permit for our college that we need so much. However, things have not worked out as we had hoped, so we do not feel like leaving on furlough just yet. We now plan to wait until the end of June and fly straight home across the Pacific. Perhaps we will take the other trip on our way back to Korea next year. The other two Linton families in Korea go on furlough this year also, so we are hoping to have a family reunion in Montreat the first part of August.

Our college continues to progress, and we are thankful for what has been done. Our student body and faculty are small so far, but there is a fine spirit of fellowship and cooperation. We feel that we can make a real contribution to higher education in Korea through the type of college we are setting up — a small, Christian liberal arts college, with good courses in Bible, science, and mathematics.

오정리 133번지

한국, 대전

1958년 4월 23일

친애하는 여러분께,

저는 저희 안식년 계획을 말씀드릴 수 있을 때까지 편지 쓰기를 미뤄왔습니다. 크리스마스 전 제가 편지를 드렸을 때 저희는 이달 말에 이곳을 떠나 인도, 팔레스타인, 유럽 등을 거쳐 미국으로 갈 계획이었습니다. 그때까지만 해도 저희는, 이전 편지에서 말씀드렸듯이 그간 정말 바라온 정부의 대학 설립 허가를 곧 받을 수 있을 것 같았습니다. 하지만 저희가 바라던 대로 일이 잘 풀리지 않았고, 그래서 저희는 당장은 안식년을 떠날 기분이 아닙니다. 6월 말까지 기다렸다가 태평양을 건너 곧장 집으로 비행기를 타고 갈 계획입니다. 아마도 저희는 내년에 한국으로 돌아올 때는 여러 장소를 들르며 여행을 할 것 같습니다. 한국에 있는 다른 두 린튼 가족도 올해 안식년을 가지므로 8월 첫째 주에는 몬트리트에서 가족 상봉이 이뤄지리라 기대합니다.

저희 대학은 계속해서 발전하고 있으며 그간의 성취에 대해 감사하고 있습니다. 저희 학생회와 교직원은 아직 규모는 작지만 훌륭한 친교와 협력 정신이 있습니다. 저희는 저희가 설립하려는 유형의 대학, 즉 양질의 성경, 과학, 수학 교육 과정을 갖춘 소규모 기독교인문대학(Christian liberal arts college)은 한국의 고등 교육에 실질적 기여를 하게 될 것이라고 믿습니다. 교육 당국은 저희가 과학

The educational authorities are particularly interested in our stressing science and mathematics. It is hard to realize that we already have third year students. I am enjoying teaching French and some English Literature. Fortunately, these subjects can be taught in English.

I have written you that our college students take an active part in Church work in the community. At present they are working regularly in four outposts every Sunday in addition to what they do in the established churches in Taejon. The new village I wrote about having gone to to get permission to start a Sunday School last fall has been most responsive. One or two students have gone out there each Sunday all winter and spring and they usually have from 75 to 100 children. Someone in the village has contributed a site, and a small building will soon be erected to be used for a meeting place. I plan to go there on Sundays this spring to visit in the homes and try to get the women to come to the services. I think it will be easier to interest them when we get a building. The children often meet out of doors or in a borrowed room.

I probably do not need to tell you that we are looking forward to being at home a few months and to seeing all of you again. We expect to make Montreat our headquarters except during the coldest weather, so if you come to Montreat please look us up. We do

과 수학 교육을 강조한다는 사실에 특별한 관심을 보입니다. 믿기지 않으실지 모르겠지만, 우리 학교에 벌써 3학년 학생들이 있습니다. 저는 프랑스어와 영문학을 즐겁게 가르치고 있습니다. 다행히 이 과목들은 영어로 가르칠 수가 있습니다.

지난 편지에서 저희 대학생들이 지역 사회에서 교회 일에 적극적으로 참여하고 있다고 말씀드렸습니다. 현재 그들은 대전의 기성 교회들에서 봉사하는 것 외에도 일요일마다 네 군데 전초 기지에서 꾸준히 봉사하고 있습니다. 지난가을 주일학교 시작 허가를 받으러 갔다고 말씀드린 그 마을의 반응이 가장 좋습니다. 겨울과 봄, 매주 일요일마다 한두 명의 학생이 그곳에 갔는데 75명에서 100명 사이의 아이가 모였습니다. 마을의 어떤 분이 부지를 기부했고 곧 모임 장소로 사용할 작은 건물이 세워질 예정입니다. 저는 이번 봄 일요일에 그곳에 가서 가정들을 방문하고 여성들도 예배에 나오도록 애써볼 계획입니다. 건물이 생기면 관심을 끌기 더 용이해질 것입니다. 아이들 모임은 야외에서 할 때도 있고, 빌린 방에서 할 때도 있습니다.

고향으로 가 머무는 몇 달간 여러분 모두를 다시 만나기를 고대한다는 말씀은 굳이 드리지 않아도 될 것입니다. 아주 추울 때를 제외하고는 몬트리트를 거점으로 삼을 예정이니 몬트리트에 오시면 꼭 찾아주시기 바랍니다. 저희는 여러분이 크리스마스와 생일과 부활절 때 보내주신 많은 메시지와 한국인들을 위한 물품들 그리고 저희를 위해 늘 기도하신다는 말씀에 감사드립니다. 한 분 한 분께

appreciate the many Christmas, birthday, and Easter messages you have sent us as well as packages for Koreans, and notes to let us know you were praying for us. I have tried to acknowledge each one, but if you have not had a personal letter, please accept this as an expression of thanks.

William joins me in best wishes to each one of you.

Yours most sincerely,
Charlotte B. Linton

Rec'd at Nashville, Tennessee, April 30, 1958
Address: Rev. and Mrs. Wm. A. Linton (as above indicated)
Air mail folders may be purchased at the Post Office for 10 ¢

감사의 뜻을 전하려고 노력했지만, 아직 개인적으로 편지를 받지 못하신 분들은 이 편지를 감사의 마음으로 받아주시기 바랍니다.

윌리엄도 저와 더불어 여러분 모두의 안녕을 빌며 인사를 전합니다.

샬롯 B. 린튼

Box 69

Montreat, North Carolina

November 11, 1958

Dear Friends:

It seems as if in each of my last few Missionary Correspondence Department letters I've written of plans for our furlough which did not materialize. However, things finally worked out so that we decided to "take off" from Taejon on October 4. After a big send-off, we spent a restful weekend in Seoul.

At 1:30 p.m., on Monday, Korean sons and daughters in the faith told us goodbye at the airport in Seoul, and at 1:30 p.m., on Wednesday, our son, Eugene and his family met us in Charlotte, North Carolina. It was a wonderfully quick and comfortable trip.

Some of you we have been able to see already, but some of you may not know we are in the States, so this is to let you know where we are, and to say we are looking forward to seeing you too.

We will be moving around a good bit — seeing our children and visiting friends. We can always be addressed in care of P. O. Box 330, Nashville 1, Tennessee, and mail will be forwarded promptly to us.

친애하는 여러분께,

지난 몇 번의 선교회 통신부 편지에서는 아마 제가 저희 휴가 계획이 실현되지 않을 것 같다고 적었던 것 같습니다. 하지만 결국 일이 잘 풀려서 10월 4일 대전에서 '출발'하기로 결정했습니다. 큰 배웅을 받고 떠나서 서울에서 편안한 주말을 보냈습니다.

월요일 오후 1시 30분, 서울 공항에서 믿음 안에서 아들딸들인 한국인들과 작별인사를 나눴고, 수요일 오후 1시 30분에는 아들 유진과 가족들을 노스캐롤라이나 주 샬롯에서 만났습니다. 놀랍도록 빠르고 편안한 여행이었습니다.

여러분 중 어떤 분들은 이미 만나 뵈었지만, 어떤 분들은 저희가 지금 미국에 있다는 것도 아직 모르시겠기에 저희가 지금 어디에 있는지 알려드리고, 저희도 여러분을 만나기를 고대하고 있다는 것을 말씀드리기 위해 이 편지를 보냅니다.

저희는 자녀들도 보고 친구들도 방문하면서 꽤 많이 이동할 것입니다. 언제든 'P. O. Box 330, Nashville 1, Tennessee'로 편지 주시면 우편물은 즉시 저희에게 전달될 것입니다.

With loving greetings to each one,

Most sincerely,

Charlotte B. Linton

Received at Nashville, Tennessee, November 12, 1958

Address: Rev. and Mrs. Wm. A. Linton (as above indicated)

여러분 모두에게 사랑의 안부를 전하며,

샬롯 B. 린튼

Box 69

Montreat, North Carolina

December 1958

Dear Friends:

We want to thank you for the cordial "welcome home" so many of you have extended us. We have had a restful, happy furlough so far, and are thoroughly enjoying the comforts of American life and the gracious hospitality of our friends.

Everywhere we turn these days we are reminded that Christmas will soon be here. We are looking forward to being with our oldest son's family for Christmas this year — the first time we have had a chance to spend a Christmas with them.

As we see the hustle and bustle of preparations for Christmas here, our thoughts turn to Korea and our friends there. For the Korean Christians, Christmas celebrations center in the church more than in the home. Groups of young people often spend Christmas Eve night at the church so as to start out before day to sing carols in every section of the town. Often there is an early morning service, when parents present their babies for baptism. Always there is the program of music and worship when the Christmas Story is presented in pageant form to a packed church.

친애하는 여러분께,

저희를 따뜻하게 환영해주시며 '웰컴 홈'이라고 인사해주신 많은 분께 감사드립니다. 저희는 지금까지 편안하고 행복한 휴식을 취했으며 미국 생활의 안락함과 친구들의 친절한 환대를 충분히 즐기고 있습니다.

요즘은 어딜 가나 크리스마스가 코앞이라는 사실을 실감하게 됩니다. 올해 크리스마스에는 저희는 큰아들네 가족과 함께할 수 있기를 고대하고 있습니다. 그들과 크리스마스를 함께 보내는 것은 이번이 처음입니다.

크리스마스 준비로 분주한 이곳 모습을 볼 때 저희는 한국과 그곳 친구들을 떠올리게 됩니다. 한국 기독교인들은 크리스마스를 가정보다 교회에서 보냅니다. 크리스마스이브 날 젊은이들 모임은 흔히 교회에서 밤을 지새우는데, 다음 날 동트기 전에 마을의 모든 집을 찾아다니며 캐럴을 부를 준비를 하려는 것입니다. 크리스마스 당일 이른 아침 예배가 있고 그때 부모들이 아기를 안고 나와 세례를 받게 할 때가 많습니다. 예배 때 늘 음악 행사가 있고 사람들로 가득한 교회에서 크리스마스 이야기로 만든 종교극을 공연합니다.

Thousands of students in our Mission Schools will soon be going home for the holidays, and in many little country churches they are the ones who are expected to take a leading part in the Christmas celebration. Will you join with us in praying that these boys and girls, especially the students from our Taejon College, may be used to take the message of our Saviour's birth to many in their home villages who have not heard?

For each of you we pray that this Christmas Season may bring you much peace and joy and that the New Year will be filled with blessings.

Most sincerely,
William & Charlotte B. Linton

P.S. We appreciate more than we can say the opportunity the Board of World Missions gives us of writing to each of you this way and our thanks go to the staff of the "M.C.D." who take such an interest in doing this for us. C.B.L.

Received at Nashville, Tenn., December 3, 1958
Address: Rev. and Mrs. Wm. A. Linton, (for Christmas time)
Care Mr. Wm. A. Linton, Jr., Warfield Road, Gaithersburg, Maryland

우리 미션스쿨들에 다니는 수천 명의 학생은 곧 방학을 맞아 집으로 돌아갈 것인데, 많은 시골 작은 교회에서 크리스마스 축하 행사에 주도적인 역할을 할 이들이 바로 그들입니다. 이 남녀 학생들, 특히 우리 대전대학 학생들이 고향 마을들에서 많은 이에게 우리 구세주의 탄생 소식을 전하며 쓰임 받도록 함께 기도해주시겠습니까?

여러분 모두 큰 평화와 기쁨을 누리는 크리스마스 시즌 되시고 축복 가득한 새해를 맞이하시기를 기도합니다.

윌리엄/샬롯 B. 린튼

추신. 여러분에게 이렇게 편지를 보내드릴 수 있는 기회를 주신 세계선교본부에 이루 말할 수 없이 감사드리며, 저희를 위해 이런 수고를 해주시는 선교편지수신과('M.C.D.') 관계자들에게 감사의 뜻을 전합니다. C. B. L.(역자 주: 샬롯 B. 린튼)

343 South Hawthorne Road

Winston-Salem, North Carolina

February 20, 1959

(See new address at close)

Dear Friends:

We can't wait to share with you the wonderful news that reached us today. A cable came to Dr. Hugh Bradley, Field Secretary of the Board of World Missions, from the Minister of Education of the Korean Government saying that a permit has been granted our College in Taejon,. This is the same as as accreditation in this country.

As you know, we have been working and praying and waiting for over a year for this recognition by the Government that means so much to our institution. Won't you join us in thanksgiving to God for answering our prayers.

We are so glad that this action was taken in time for it to be announced to High School graduates who are interested in enrolling in our College in April. It means that we can go forward in training young people for Christian leadership in Korea in a unique college — one that not only has an all Christian faculty, but an all Christian

(새 주소를 말미에 적어드립니다.)

친애하는 여러분께,

오늘 저희에게 전해진 놀라운 소식을 어서 여러분과 공유하고
싶습니다. 한국 정부 교육부 장관으로부터 세계선교본부 총무(Field
Secretary)인 휴 브래들리(Hugh Bradley) 박사에게 전보가 왔는데, 대
전에 있는 우리 대학이 드디어 설립 허가를 받았다는 소식입니다.
이는 우리 나라에서 하는 대학 인증과 같은 것입니다.

아시다시피, 정부로부터 인가를 받는 것은 우리 기관에 너무도
중요한 일이라, 이를 위해 저희는 1년 넘게 노력하고 기도하며 기다
려왔습니다. 우리 기도에 응답해주신 하나님께 함께 감사를 드려주
십시오.

4월에 우리 대학에 등록할 생각을 하는 고등학교 졸업생들에게
이를 알릴 수 있도록 제때에 이런 결정이 나 정말 기쁩니다. 이것이
의미하는 바는, 이 특별한 대학이 하려는 일, 즉 젊은이들을 훈련해
한국의 기독교 지도자들로 세우는 일이 더욱 전진할 수 있게 되었
다는 것입니다. 우리 대학은 교직원뿐 아니라 모든 학생이 다 기독
교인입니다.

student body.

Now that the Government has given us their approval, we must go ahead with additional building to meet their requirements which are very reasonable.

Please continue to pray for Taejon Presbyterian College — that the necessary buildings may be erected, and that it may be an institution that God can use for His glory.

Most sincerely,
William & Charlotte B. Linton

Received at Nashville, Tennessee, February 24, 1959
Address: Rev. and Mrs. Wm. A. Linton - (after March 1)
Box 69
Montreat, North Carolina

정부의 승인은 받았고 이제 저희는 정부의 합리적 요구 사항인 추가 건물 건축을 진행해야 합니다.

필요한 건물들이 세워지고 대전(장로교)대학이 하나님의 영광을 위해 사용되는 기관이 되도록 계속 기도해주십시오.

윌리엄 & 샬롯 B. 린튼

주소: 린튼 목사 부부 (3월 1일 이후)
Box 69
Montreat, North Carolina

Taejon Presbyterian College

No. 133 OJung-Ni

Taejon, Korea

May 18, 1959

Dear Friends:

A letter from me from Korean will bring surprise to many of you. An emergency call brought me back. Charlotte and I were finishing engagements around Thomasville, George., on March 11 when a telephone message from Korea urging an immediate return because of pressing college problems, was relayed to to me through the Nashville office. Other engagements were cancelled by phone and the next morning, we started back to Montreat, North Carolina. Vaccination, inoculations and even a statement from the police vouching for my good character were all required for a visa and were all obtained. At noon on the 18th I stepped on a plane at Knoxville, Tennessess, with through passage only to San Francisco. Upon arrival there at 9 p.m. the urgency of passage to Seoul, Korea, the morning of the 20th was taken up with the Company. The answer: no space to the Orient on any line until the 24th. I spent the 19th securing an entrance visa and calling the airline ticket office to keep them reminded that I had to have passage to Korea on the plane leaving the next morning. Up until bed time it was the same answer, but, they said, I might come to the ticket

대전(장로교)대학
오정리 133번지
한국, 대전
1959년 5월 18일

친애하는 여러분께,

이렇게 한국에서 편지를 보내는 것을 보시고 많은 분이 놀라실 것입니다. 저는 긴급 호출을 받아 이곳에 돌아왔습니다. 3월 11일 샬롯과 제가 조지아 주 토머스빌 주변에서 용무를 마치고 있을 때 한국발 전화 메시지가 내슈빌 사무실을 통해 제게 전달되었습니다. 대학 사정이 급박하니 즉시 복귀해달라는 메시지였습니다. 다른 약속들은 다 전화로 취소하고는 저희는 다음 날 아침 노스캐롤라이나 몬트리트로 돌아갔습니다. 비자를 받으려면 예방접종, 심지어 제 신원을 보증하는 경찰 진술서도 필요했고, 모두 준비했습니다. 18일 정오에 저는 테네시 주 녹스빌에서 샌프란시스코까지 가는 비행기를 탔습니다. 오후 9시에 샌프란시스코에 도착하자마자 저는 20일 아침 긴급히 한국 서울로 가야하는데 티켓을 구할 수 있는지 여부를 항공사에 문의했습니다. 돌아온 대답은 24일까지는 동양 노선 어떤 비행기에도 자리가 없다는 것이었습니다. 저는 19일은 입국 비자를 확보하고 항공사 매표소에 전화 걸어 다음 날 아침 한국행 비행기 표가 꼭 필요하다고 거듭 부탁하며 보냈습니다. 잠자리에 들기 전까지는 같은 대답이었지만 그들 말이 다음날 아침 9시까지 매표소로 오면 '대기' 승객이 되어 마지막 순간 자리가 나기를 기다려볼 수 있다는 것이었습니다. 그날 저녁 평화의 집 기도회에서

office by 9 o'clock the next morning and be a "stand by" passenger, hoping a seat might be released at the last minute. That evening at the Home of P Peace prayermeeting, special prayer was offered that a seat might be released. Nine o'clock the next morning found the "stand by" passenger waiting at the counter. Just twenty five minutes before the plane was due to leave a cancellation came in and I was bundled off with my baggage to the plane. I arrived at Taejon the evening of the 24th, the date the Mission hoped I might get there. God had answered our prayers.

The big problem confronting the Mission was who might be college president. A Korean Government law requires all Government employees, except the President to retire at the age of 65. The Ministry of Education felt this law should apply as well as to private schools. After preparing very carefully to look my "youngest best" I make official calls on all in the Ministry of Education. When the officials, high and low, came face to face with the "old man", they succumbed, I might continue as president. The worst problem was settled.

The second major problem had to do with the upper classmen. Strangely enough when the Government gave Taejon Presbyterian College accreditation, it covered only the entering Freshman class and not the upper classmen. That was a terrific blow. These stu-

는 제 자리가 날 수 있도록 특별 기도가 드려졌습니다. 다음 날 아침 9시 저는 '대기 승객'이 되어 카운터에서 기다리고 있었습니다. 그런데 비행기가 출발하기 불과 25분 전 한 승객이 티켓을 취소했고, 저는 짐과 더불어 부랴부랴 비행기에 태워졌습니다. 그래서 저는 선교회가 제가 도착하기를 바랐던 날짜인 24일 저녁에 대전에 도착할 수 있었습니다. 하나님께서 우리의 기도에 응답하신 것입니다.

선교회가 직면한 가장 큰 문제는 대학 총장을 누가 하는가의 문제였습니다. 한국 정부 법은 대통령을 제외한 모든 공무원은 65세에 퇴직하도록 규정하고 있습니다. 교육부는 이 법이 사립학교에도 적용되어야 한다고 생각했습니다. 그래서 저는 '최대한 젊게' 보이기 위해 치밀하게 준비한 후에 교육부의 모든 관계자를 만났습니다. 이 '노인'을 직접 대면한 관료들은 고위직이든 하위직이든 다 납득했습니다. 저는 총장직을 계속할 수 있게 되었습니다. 가장 큰 문제는 해결되었습니다.

두 번째 큰 문제는 상급생과 관련된 문제였습니다. 이상하게도, 정부가 대전(장로교)대학을 인가해주었을 때 그것은 올 신입생부터만 적용되고, 기존 상급생들에 대해서는 적용되지 않았습니다. 이는 엄청난 타격이었습니다. 우리 학교가 그간 면밀하게 발전시켜온 프로그램을 계속 발전시키자면 지난 3년간 이 프로그램에서 면밀하게 교육받은 학생들이 꼭 필요했습니다. 우리는 그들을 대전(장로교)대학에서 졸업시키고 싶었습니다. 하지만 학생들은 당연히 공인된 대학에서 졸업하기를 원했습니다. 학생들을 다른 대학에 편

dents who had been carefully trained over the last three years were vitally needed to help carry through with our carefully worked out program. We wanted to graduate them from T.P.C. The students, on the other hand, very naturally wanted to graduate from a fully accredited college. Transferring students to other colleges, became the order of the day. Some re-entered our Freshman class, some dropped out with the idea of waiting until their class would come up again, and a good many were transferred to other colleges. Since thie meant that the college was making a new beginning, the Missionaries felt that the "old" president should be on hand.

The academic year in Korea begins April 1, but because of the complications inherent in the new situation, the formal opening at the college was delayed until April 15. This day will in the future be celebrated as founders day. The opening ceremony with a formal academic procession was very impressive. Many dignitaries both from the Government and the Church were present. The Rev. Noh Chin Hyun, moderator of the General Assembly, interrupted a busy schedule to be with us and preach the sermon. Many gave congratulations.

After the ceremony when the academic procession reached the college entrance, the moderator made a memorable remark. The

입시키는 것이 중요한 일이 되었습니다. 일부는 신입생 수업에 다시 들어왔고, 일부는 수업이 다시 열릴 때까지 기다리겠다는 생각으로 중퇴했으며, 상당수가 다른 대학으로 편입되었습니다. 이는 대학이 새로운 시작에 직면했다는 의미였기에 선교사들은 '노장' 총장이 어서 돌아와 이 일을 맡아야 한다고 생각했습니다.

한국의 학년도는 4월 1일에 시작하지만 이 새로운 상황과 관련한 복잡한 문제로 인해 대학의 공식 개학은 4월 15일로 연기되었습니다. 앞으로 이날이 창립기념일이 될 것입니다. 정식 행렬 예식도 있었던 개교 의식은 매우 인상적이었습니다. 정부와 교회의 많은 고위 인사가 참석했습니다. 총회장 노진현 목사님이 바쁜 일정을 쪼개 참석하여 말씀을 전하셨습니다. 많은 분이 축하해주셨습니다.

행렬이 대학 정문에 도달하고 개교 의식을 마치자 그 총회장께서 기억에 남는 발언을 했습니다. 그날은 아침부터 어둡고 흐렸지만 비가 한 방울도 내리지 않았습니다. 그런데 행렬이 문을 열어 밖으로 나가자 곧 첫 빗방울이 길에 떨어졌습니다. 그가 말했습니다.

"미국인들은 이런 날 비가 오는 걸 나쁜 징조로 여길지 모르겠으나, 우리 한국인들은 그렇지 않습니다. 결혼식 도중 비가 올 듯 말 듯 하다가 결혼식이 다 끝나고 나서야 비가 내리면 좋은 징조로 여깁니다. 행복한 결혼생활을 하고, 가정이 번창하고, 새 부부에게 많은 자녀가 태어날 것이라고 여깁니다."

morning had been dark and cloudy but not a drop of rain had fallen. As the academic procession opened the door to go out, the very first drops of rain hit the pavement. He said,

"You Americans may consider rain on an occasion like this to be a bad sign but not so the Koreans. When rain threatens all during a wedding ceremony but does not begin until the end of the ceremony like this, it is considered an excellent omen. The marriage will be a happy, prosperous one and many sons will be born to the new couple."

He continued:

"I firmly believe the future of this college to be exceedingly bright. Being founded on God's inerrant Word, accepting only Christian students, and using only earnest Christian teachers, its graduates are bound to make a profound contribution to our Church and Nation."

We missionaries are certain that the moderator was right. We pray that God may richly bless out efforts for Him here and may the future see many earnest young Christian men and women go out from Taejon Presbyterian College to do their part for Korea.

그가 계속해서 말했습니다.

"저는 이 대학의 미래가 매우 밝다고 굳게 믿습니다. 하나님의 무오한 말씀에 기초하여 기독교 학생만을 받아들이고 진지한 기독교 교사만을 고용하는 이 학교의 졸업생들은 우리 교회와 국가에 큰 공헌을 할 수밖에 없습니다."

우리 선교사들은 총회장의 말이 옳다고 확신합니다. 우리는 하나님께서 당신을 위한 사역에 풍성히 축복하시어, 미래에 많은 진지한 그리스도인 젊은이가 대전(장로교)대학의 문을 나서 한국 사회에서 일익을 감당하게 되기를 기도합니다.

윌리엄 A. 린튼 총장

주소: Rev. Wm. A. Linton, D. Ed., Taejon Presbyterian College, No. 133 Ojung-Ni (Mrs. Linton may be addressed: Box 64, Montreat, N.C.) Taejon, Korea

항공우편 폴더는 우체국에서 10센트에 구매하여 린튼 박사에게 편지를 보낼 수 있습니다.

Most sincerely yours,

Wm. A. Linton, president.

Received at Nashville, Tennessee, May 21, 1959

Address: Rev. Wm. A. Linton, D. Ed., Taejon Presbyterian College, No. 133 Ojung-Ni (Mrs. Linton may be addressed: Box 64, Montreat, N.C.) Taejon, Korea

Air mail folders may be purchased at the Post Office for 10 ¢ for writing Dr. Linton

대전대학 학생들과 함께 인돈과 인사례

133 O Jung-Li

Taejon, Korea

November 30, 1959

Dear Friends:

I believe the last letter of this kind you have had from us was the one William wrote from here after he had returned unexpectedly in March to help out with college problems. Some of you may not know that he came back to the States the end of June just in time for us to have a wonderful reunion of our family at Montreat — all twenty-six being together for two days.

The rest of our furlough was spent at Montreat, seeing friends and relatives.

In September, the doctors decided for William to have some surgery, but we are thankful he was not in the hospital long and we were able to fly back to Korea, arriving here on October 16.

Our hearts have been saddened since our return because of problems in the Korean Presbyterian Church which have resulted in the organisation of a second General Assembly. Believing that our Mission should take the lead in trying to heal this breach, our ordained men have temporarily laid aside their regular work in

오정리 133번지
한국, 대전
1959년 11월 30일

친애하는 여러분께,

여러분이 저희에게서 받았을 마지막 편지는 아마도 대학 문제를 돕기 위해 윌리엄이 3월에 예기치 않게 여기로 돌아온 뒤 쓴 편지였을 것으로 생각합니다. 혹 모르시는 분이 계실까 봐 말씀드리자면, 윌리엄은 6월 말 다시 미국으로 건너와 몬트리트에서 가족과 멋진 상봉을 했습니다. 모두 26명이 이틀 동안 함께했습니다.

안식년 남은 기간 동안은 저희는 몬트리트에서 친구들과 친척들과 함께 지냈습니다.

9월에는 의사들의 진단에 따라 윌리엄은 작은 수술을 받아야 했지만, 감사하게도 그는 병원에 오래 입원하지 않아도 되었고, 저희는 10월 16일에 다시 한국에 돌아올 수 있었습니다.

여기 돌아온 이래 저희는 비통한 마음인데, 와서 보니 한국 장로교회가 여러 문제로 분열되어 또 다른 총회가 조직되었기 때문입니다. 우리 선교회가 이 분열을 치유하는 데 앞장서야 한다고 믿으며, 안수받은 선교사들은 일시적으로 정규 업무를 제쳐두고 한국 형제들 사이에 화해를 가져오기 위해 노력하고 있습니다. 다음 주 여기 오실 휴 브래들리(Hugh Bradley) 박사와 넬슨 벨(Nelson Bell) 박사를

order to do everything possible to bring about a reconciliation between our Korean brethren. We are looking forward to the arrival next week of Dr. Hugh Bradley and Dr. Nelson Bell. If ever our Mission needed help and advice from our Board, it is now. We pray that these men may be used to help us find God's will in this situation. It is a comfort to know how many of you are remembering us in your prayers.

In contrast to the discouraging situation among the leaders of the Church is the report of increased attendance in little country churches, especially these where our college students furnish the leadership. I have enjoyed going to a nearby village with some of our boys and girls. As I have sat on a straw mat on the dirt floor of the tiny mud church, it has been thrilling to hear a young man whom I have known from childhood present the Gospel message to a group of young people, following a Sunday School hour for small children. So far not many grown people come to our meetings because the folks in that village are a proud clan, descendants of a common ancestor, and are sure that if they accepted Christianity and gave up ancestor worship, evil would befall their households. Fortunately they allow their children and young people to attend the meetings and we believe that, in time, the older folk will also come out.

고대하고 있습니다. 바로 지금이야말로 저희 일에 이사회의 도움과 조언이 절실히 필요한 때이기 때문입니다. 저희는 이분들의 도움을 통해 저희가 이 상황에서 하나님의 뜻을 찾을 수 있기를 기도합니다. 많은 분이 기도 가운데 저희를 기억해주시는 것을 알기에 위로를 받습니다.

교회 지도자들과 관계된 낙담스런 상황과는 대조적으로, 작은 시골 교회들, 특히 우리 대학생들이 지도력을 발휘하고 있는 교회들의 출석률은 꾸준히 증가하고 있다는 보고가 있습니다. 저는 어느 가까운 마을에 남녀 대학생들과 같이 가는 것을 즐겼습니다. 어렸을 때부터 알았던 젊은이가 작은 진흙집 교회 흙바닥 돗자리에 앉아 어린아이들을 위한 주일학교를 인도하고 또 젊은이들에게 복음 메시지를 전하는 것을 듣는 것은 감격적인 일이었습니다. 그 마을은 자긍심 높은 씨족 공동체로서, 마을 사람들이 기독교를 받아들이고 조상 숭배를 포기하면 자신들 가정에 재앙이 닥칠 것이라고 믿고 있고 있어서 현재로서는 성인들은 많이 우리 모임에 오지 않습니다. 하지만 다행스럽게도 그들은 자녀들과 젊은이들에게는 집회 참석을 허용해주고 있는데, 시간이 지나면 나이든 이들도 나오게 되리라 믿습니다.

안식년 동안 여러분과 많은 즐거움을 나눴던 저희는 특히 크리스마스 시즌이 되면 더욱 여러분 생각을 많이 하게 될 것 같습니다. 윌리엄도 저와 더불어 여러분 모두 즐거운 크리스마스 시즌과 그리스도 안에서 풍성한 축복을 누리는 새해 되시기를 기원합니다.

샬롯 B. 린튼

We have many pleasant memories of our contacts with you during our furlough and shall be thinking of you especially at Christmas time. William joins me in wishing for each of you a joyous Christmas Season and a New Year full of rich blessings in your service for Christ.

Most sincerely,

Charlotte B. Linton

Received at Nashville, Tennessee, December 4, 1959
Address: Rev. and Mrs. Wm. A. Linton (as above indicated)
Air mail folders may be purchased at the Post Office for 10 ¢

전통혼례복을 입고 있는 인돈 부부

133 O Jung-Ni

Taejon, Korea

April 7, 1960

Dear Friends:

Since my last letter to you we have received messages from many of you, and want to take this opportunity to thank you for your thought of us and your continued interest in Korea.

Already spring is here and our College is well started on a new year. The new class is smaller than we had hoped it would be, but the quality of the students is high and it is encouraging to see the student body increasing in numbers. We have a total of eighteen "co-eds" new and are having to add rooms to their dormitory. We are so fortunate in having a very capable "Housemother" for the girls who takes an active part in Church work. The new library is nearing completion and work is going forward on the administration part of the new building.

Many of our students continue to carry on evangelistic work in nearby villages and are making a real contribution to the Church in this area, I have written before about the village where I have been going with some students. At times it has seemed as if we might do well to go to some other village because there was so

친애하는 여러분께,

지난번 편지 이후로 많은 분으로부터 메시지를 받았는데, 저희를 생각해주시고 한국에 지속적인 관심을 보여주시는 모든 분께 감사의 말씀을 드립니다.

벌써 봄이 왔고 우리 대학은 새해를 잘 시작하고 있습니다. 새 학급은 저희가 기대했던 것보다 규모가 작았지만 학생들의 질은 높습니다. 학생 수가 증가해가는 것을 볼 때 저희는 고무되지 않을 수 없습니다. '여학생' 신입생이 열여덟 명 있어서, 저희는 그들을 위해 기숙사에 방을 늘려야 합니다. 다행히 우리 학교에는 교회 일에 적극 참여하는 여학생들을 위한 매우 유능한 '여사감' 선생님이 계십니다. 새 도서관은 거의 완성 단계에 있으며 새 건물의 행정동에 대한 작업이 진행 중입니다.

많은 학생이 인근 마을에서 전도 활동을 계속하고 있으며 이 지역의 교회들에 실질적인 기여를 하고 있습니다. 일전에 보내드린 편지에서, 제가 몇몇 학생과 함께 다니는 어느 마을에 관해 말씀드린 바 있습니다. 때로는 복음을 반대하는 주민들이 너무 많아 다른 마을로 가는 것이 좋지 않을까 생각했던 적도 있었습니다. 그런데 최근에 저희에게 큰 격려가 되는 일이 있었습니다. 저희는 이 마을

much opposition to the Gospel. However, recently we have felt more encouraged. We were able to employ an experienced woman evangelist who has moved into the village to live. In the few weeks she has been there, several adults have accepted Christ and several more have attended services. When you realize how steeped these folks are in their superstition and demon worship, you are reminded of what Christ told His disciples: "... With men this is impossible, but with God all things are possible." The family in whose home the evangelist lives has burned their fetishes. You can imagine what a difficult thing this was for them.

I am sure you are concerned about the divisions in the Church here in Korea and I wish I could give you a report on the present situation, but that would take more knowledge than I have, because there are so many sides to the problems. Please continue to pray, with us, that God's will may prevail and some good may come of all of this misunderstanding and discord.

We have just had word that Dwight and his family are coming for the week-end. They haven't been here since Christmas, so we are looking forward to having them.

We are always so glad to hear from any of you when you find time to write to us. We pray that you may find much joy in your service for the Master. William joins me in loving greetings to each one.

로 이사 가는 어느 경험 많은 여성 전도사님을 고용할 수 있었습니다. 그녀가 그 마을에 들어간 지 몇 주 안 되어 벌써 몇몇 성인이 그리스도를 영접했으며, 더 많은 이가 예배에 참석하고 있습니다. 이 마을 사람들이 얼마나 미신과 귀신 숭배에 깊이 빠져 있는지 보게 될 때마다, 그리스도께서 제자들에게 하신 말씀이 생각납니다. "… 사람으로는 할 수 없으나 하나님으로서는 다 하실 수 있느니라." 그 전도자가 기거하는 집 사람들은 집에 있던 주물(呪物)들을 다 불태워버렸습니다. 이것은 그들로서는 얼마나 어려운 일인지 아마 짐작하실 것입니다.

이곳 한국교회의 분열에 대해 여러분이 염려하고 계시다는 걸 알고 있습니다. 현재 상황에 대해 보고드릴 수 있으면 좋겠습니다만, 이는 너무 복잡한 문제라 저도 정확히 잘 모르는 것들이 많습니다. 하나님의 뜻이 승리하고 이 모든 오해와 불화로부터 결국 선이 이루어지도록 저희와 함께 계속 기도해주십시오.

드와이트와 그의 가족이 주말에 온다는 소식을 방금 들었습니다. 크리스마스 이후로 만나지 못했던 터라 저희는 그들이 오기를 고대합니다.

시간이 나실 때마다 편지를 보내주십시오. 여러분의 소식을 듣는 것이 저희에게는 언제나 기쁨이 됩니다. 여러분 모두 주님을 섬기시며 많은 기쁨을 누리시길 기도합니다. 윌리엄도 저와 더불어 여러분 모두에게 사랑의 인사를 전합니다.

샬롯 B. 린튼

Most sincerely,

Charlotte B. Linton

Received at Nashville, Tennessee, April 12, 1960

Address: Rev. and Mrs. Wm. A. Linton (as above indicated)

Air mail folders may be purchased at the Post Office for 10 ¢

노년의 인돈 부부

Mrs. W. A. Lintojn

Presbyterian Mission

86 Yand Dong, Chulla Namdo,

Mokpo, Korea

December 2, 1963

Dear Friends,

I have not written you a letter since last Christmas. Once again it is December 2, and time for a Christmas message. I did not write to you because I was sick a lot of the time and there was not much to write about. I am glad to tell you that I am at least a lot better than I was. Just ten years after I had the first stoke I was taken with another and this time I took longer to recover and probably will not completely. I cannot talk plainly in either Korean or English and I cannot write with my hand. I can sign my name but with difficulty. That has meant that I had to give up any teaching I was doing at the Bible school and my Sunday school class, but I go over to school every day and stay all morning and attend some classes and call myself running it. And lately I have been visiting with a Korean friend and that is a satisfaction.

About a month ago I had the privilege od having one of my own sons, Eugene, come out for a visit. He has gone now but it really

윌리엄 A. 린튼 부인

한국, 목포

전라남도 양동 86

장로교선교회

1963년 12월 2일

친애하는 친구들에게,

　지난 크리스마스 이후로 여러분에게 편지를 쓰지 못했습니다. 또다시 12월 2일, 성탄 메시지를 보낼 시간이 되었네요. 저는 자주 몸이 아프기도 하였고 쓸 내용도 많지 않아서 편지를 많이 쓰지 못했습니다. 10년 전에 뇌일혈이 한 번 있었는데 또다시 경험했고 이번에는 회복하는 데 시간이 많이 걸렸습니다. 아마 완전히 낫기는 어려울 것 같습니다. 한국어로나 영어로 편안하게 말하기가 어렵고 손으로 글을 쓰기도 힘이 듭니다. 아주 힘들게 사인을 할 수 있을 정도입니다. 그로 인하여 성경학교와 주일학교에서 가르치던 일을 그만해야 했습니다. 그렇지만 매일 학교에 나가 아침 내내 있다가 수업에도 참여하고 있는데, 스스로는 수업을 하고 있다고 생각합니다. 느지막이 한국 친구와 이야기를 나누었는데, 흡족합니다.

　한 달 전에 내 아들 유진이 방문하러 찾아와 만나는 특별한 은혜를 입었습니다. 유진은 지금 가고 없지만, 그 아이가 23년 만에 이곳에 다시 온 것은 정말 대단한 일이었습니다. 그 아이는 의사들과 인턴들에게 강의를 하면서 선교 사역에 많은 도움을 주었습니다.

meant a lot to have him come back after 23 years. He contributed to the work by lecturing to the doctors and interns.

At school they are talking about Christmas celebration and practicing Christmas songs. It is time for final examination for the students finish their work kat this time of the year. After Christmas they will have the coldest part of the year to rest up and then by the middle of February they will be ready to study again. As usual we count on your prayers for our students. They need so much to have you pray for them. So many come form homes where their parents are not Christians.

I am planning to go home next June and probably won't come back. It's going to be hard to leave these folks out here. It's a hard step to take but it looks now as if that will be the best thing.

Let us remember each other in prayer especially at this Season. With the best of good wishes to you as you are planning your Christmas celebration, I am

Your friend,
Charlotte B. Linton

학교에서 학생들이 크리스마스 행사에 대하여 이야기하며 특송을 연습하고 있습니다. 지금은 학생들이 올 한해 공부한 것을 마무리하는 기말시험을 치르는 시기입니다. 크리스마스가 지나면 그들은 2월 중순까지 올해 가장 추운 시간을 보내야 하고, 그러고 나서 새 학기를 다시 준비할 것입니다. 예전처럼 우리는 우리 학생들을 위한 여러분의 기도에 의지합니다. 그들은 여러분의 기도가 많이 필요합니다. 많은 학생이 부모가 그리스도인이 아닌 가정 출신입니다.

저는 내년 6월에 고향으로 가려고 계획 중입니다. 아마도 다시 돌아오지 않을 것입니다. 이곳의 친구들을 떠난다는 것은 참 어려운 일입니다. 참 어려운 과정이지만 지금은 그것이 최선일 것이라고 생각합니다.

특히 이 계절에 기도하며 서로를 기억합시다. 성탄을 준비하는 여러분에게 축복을 기원합니다.

여러분의 친구,
샬롯 B. 린튼

2부

인돈 기고문
인돈 관련 기사
회고록

"Educational Work in Korea"

The Presbyterian Survey (1925. 6.), 371.

The best means of presenting the Gospel to any people nor-
mally change from time to time depending on the development of
people and the progress the Gospel has made. When the mission
work was first started in Korea, the preacher and the doctor went
hand in hand healing and preaching. Later schools were estab-
lished and now anyone coming out to see the work in Korea will
find not only schools for boys and girls in each station, but will find
that the missionary is gradually giving over the preaching to the
native worker and he is teaching these workers in Bible classes,
Bible institutes and Seminaries.

We have come to a stage in our work out here where teaching
is the most effective part. We must begin with the boys and girls
who are coming to us, so many of them from Christian homes, and
teach them, first to live, and then to live for Christ. We propose to
take these boys and girls, many of them in the elementary grades,
on through high school. We want to have them instructed by
Christian teachers in a Christian environment. It is hard for one
who has never lived in a heathen country to understand the depths
to which heathen practices and superstitions enter the very fiber of
a people. Just as the face of a drunkard in a Christian country shows

"한국의 교육선교"

The Presbyterian Survey (1925년 6월), 371.

복음을 사람들에게 전하는 최선의 방법은 사람들이 발전하고 복음이 진전하는 것에 따라 변하곤 한다. 한국에서 선교 사업이 처음 시작했을 때 전도자와 의사가 함께 다니며 병을 고치는 일과 복음을 전하는 일을 병행하였다. 이후 학교(역자 주: 선교회가 운영하는 미션스쿨)가 설립되고 나자 한국의 선교 사업은 선교 스테이션마다 학교에서 남녀 학생들을 가르치면서, 선교사들은 현지인 사역자에게 전도하는 일을 점차 넘겨주게 되었다. 선교사들은 성경반, 성경학원, 신학교에서 현지인 사역자들을 가르치고 있다.

우리 선교회는 이곳에서 교육이 복음 전도의 가장 효과적인 부분이 되고 있는 단계에 이르렀다. 교육선교는 우리에게 찾아오는 기독교 가정 출신의 남녀 학생들에게 삶의 방식을 가르치고 나아가 그리스도를 위해 사는 법을 가르치는 것으로 시작해야 한다. 우리 선교회는 이들을 받아들여서 초등 과정에서 고등 과정에 이르기까지 교육하려고 한다. 우리는 기독교적 환경에서 기독교인 교사들이 이들을 가르치기 원한다. 비기독교 국가에서 살아본 적이 없는 사람이 비기독교적 관습과 미신이 그 나라 사람들의 모든 체질에 스며 있는 깊은 면들을 정확히 이해하는 것은 매우 어려운 일이다. 기독교 국가에 사는 술주정뱅이의 얼굴은 그가 이후에 아무리 진지한 그리스도인이 되었다고 하더라도 과거의 삶의 흔적을 보여주듯이 불신앙의 상흔들은 불신앙 속에서 자라난 사람들의 삶 속에 나타나

the marks of his past life even long years after he has become an earnest Christian, so the scars of heathenism show in the lives of those who are reared in heathenism.

Further, if we do not train the Korean boys and girls in our own schools for leadership, we must look to the government schools for leadership, remembering that the purpose of Japanese education for Koreans is only to make them loyal citizens of the Japanese Empire and devout worshippers of the Japanese Emperor. The greatest service we can do for Korea today is to give her the advantage of educating her children in Christian schools.

Let us put our strongest efforts into educating the boys and girls in well equipped Christian schools that the leaders in the Korean Church may have the very best training that we can give them.

Kunsan, Korea
W. A. LINTON

기 마련이다.

더욱이 우리가 한국의 남녀 학생들을 우리 선교회의 학교에서 지도자로 길러내지 않는다면 기독교 지도자 교육을 위해 공립학교에 의존할 수밖에 없다. 그러나 일본의 한국인 교육의 목적은 오로지 일황의 충성스러운 시민과 일황의 독실한 숭배자를 길러내는 것뿐임을 명심해야 한다. 오늘날 우리 선교회가 한국을 위해 할 수 있는 최고의 봉사는 이 나라에 그 민족의 자녀들이 기독교 학교에서 교육받을 수 있는 유익을 제공하는 것이다.

훌륭한 시설을 갖춘 기독교 학교에서 남녀 학생들을 교육하여 한국교회의 지도자들이 우리가 할 수 있는 최선의 교육을 받을 수 있도록 모든 노력을 기울입시다.

한국 군산에서

W. A. 린튼

"Our Korean Educational Situation"

The Presbyterian Survey (1928. 11.), 696-97

SINCE all of our educational work in Korea, is controlled and regulated by the Japanese school system is necessary for an understanding of our present school problems in Korea. We may not agree with Japanese educational aims, nor with their system, but our schools are regulated by that system, and if we would conduct schools in Korea we must conform to their standards.

All high schools are divided into two groups — "classified" schools and "unclassified" schools. Only graduates from "classified" high schools are eligible to enter college, to take civil services examination, or to enter normal schools. Al applicants take competitive examinations and only pupils graduating from "classified" schools are even allowed to take these examinations.

Our Mission schools in Korea so far, are all "unclassified" schools. Our graduates are not eligible to take entrance examinations to college, normal schools, or civil services. There are two reasons. In the first place, our schools have been so far behind the standards set up by the government that we could not apply for classification. In the second place, it was only in 1923 that the government changed its regulations for schools so that religion can be taught in secondary schools.

"한국의 교육선교 상황"

The Presbyterian Survey (1928년 11월), 696-97

한국에서 우리의 모든 교육선교 활동이 일제 교육당국의 법령에 의해 통제와 규제를 받고 있기 때문에, 일본의 교육제도를 어느 정도 이해하는 것이 한국에서 우리가 직면하고 있는 학교의 문제들을 이해하는 데 필요할 것이다. 우리가 일본의 교육의 목적이나 그들의 교육제도에 동의하지 않는다고 할지라도, 우리의 학교들이 그 제도에 규제를 받고 있기 때문에 우리가 한국에서 학교를 운영하려면 그들의 기준에 따라야 한다.

모든 고등학교는 등급이 분류된 학교(역자 주: 정부 인가 학교)와 그렇지 않은 학교(역자 주: 미인가 학교)의 두 그룹으로 나뉜다. '등급이 분류된' 학교 졸업생만이 대학에 입학할 수 있고, 공무원 시험을 치를 수 있으며, 일반 학교에 고용될 수 있다. 모든 지원자는 치열한 시험을 치러야 하지만, 오직 '등급이 분류된' 학교 졸업생들에게만 이러한 시험을 치를 자격이 주어진다.

한국에 있는 우리 선교회 학교들은 지금까지 '등급이 분류되지 않은' 학교였다. 따라서 우리의 졸업생들은 대학 입학시험과 일반 학교 임용고사와 공무원 임용시험을 치를 자격이 없었다. 여기에는 두 가지 이유가 있다. 첫째, 우리 학교들은 일제 정부가 세워놓은 기준들에 한참 미치지 못하기 때문에 인가 신청을 할 수 없었다. 둘째, 정부가 학교에 대한 법률을 1923년에 수정하여서 중등학교에서도 종교를 가르칠 수 있게 되었다.

Up to 1923 all "classified" schools were what the government calls "registered" schools. The government says in no uncertain terms that in "registered" schools the teaching of religion in barred. Our primary aim being to bring Christ to all, we could not agree to such a rule. "Registered" schools are either schools conducted by the government or by private foundations in strict conformity to the government schools.

In 1923 the government promulgated laws recognizing what they called "designated" schools. A school is "designated" when its graduates are equal to or superior to the graduates of "registered" schools. A school may become "designated" when it has a proper building, adequate equipment of every sort, a teaching staff satisfying government standards, and pupils in the complete school coming up to the standard for government "registered" schools. In a "designated" school it is not necessary to conform so strictly to the government curriculum, also Bible and religion may be taught. The stress is on the product of the school. The government says that the pupils cannot equal the graduates of their schools unless they are taught in schools adequately equipped and manned by well qualified teachers. We cannot but agree with them.

The plans for the Winsborough Hall in Kwangju were first presented to the government authorities who pronounced them adequate. The Kwangju school also, thanks to the women of our church, has the necessary funds to equip adequately this new buildings.

1923년까지 '등급이 분류된' 모든 학교는 정부가 '인가' 학교라고 부르는 학교들이었다. 정부는 어떠한 조건에서도 '인가' 학교에서는 종교를 가르치는 것을 철저히 금지한다고 말한다. 우리의 최우선 목적이 그리스도를 모든 이에게 전하는 것이므로 그러한 규칙에는 동의할 수 없었다. '인가' 학교들은 공립이거나 공립학교를 철저하게 따라가는 사립학교들이다.

1923년에 정부는 그들이 '지정' 학교라고 부르는 학교를 인정하는 법률을 공표했다. 졸업생이 '인가' 학교의 졸업생들의 학력과 동등하거나 뛰어난 경우에 '지정' 학교로 인정받는다. 학교가 적절한 건물과 모든 종류의 적합한 시설을 보유하고, 교사진이 정부의 기준을 충족하고, 학생들이 정부가 '인가한' 학교들의 수준에 이르는 완전한 학교에서 공부할 때 '지정' 학교가 될 수 있다. '지정' 학교는 정부의 교과과정을 엄격하게 따를 필요가 없으며 성경과 종교를 가르칠 수 있다. 결국 강조점은 학교의 성과에 있다. 정부는 학생들이 적절한 시설과 충분한 자격을 갖춘 교사들이 배치된 학교에서 교육을 받지 못한다면 공립학교 졸업생들과 동등한 자격을 인정받지 못한다고 한다. 우리는 그들의 말에 동의하지 않을 수 없다.

광주에 윈스보로기념관을 건립할 계획이 정부 당국자들에게 제출되었을 때 그들은 그러면 충분하다고 말했다. 광주의 학교(역자 주: 수피아여학교) 역시 우리 교단의 여성들(역자 주: 미국 남장로회 여성조력회)의 도움으로 충분한 기금을 마련하여 이 새로운 건물의 시설을 잘 갖추었다. 지정 학교 인가를 위해 꼭 필요한 시설물의 대부분은 현재 확보되어 있지만 그 다음으로는 적절한 교사진의 확보가 필요하다. 꼭 필요한 적격한 교사를 확보하기까지 매년 예산안은 증가

Most of the necessary material equipment is now secured, but the next thing necessary for designation is an adequate teaching staff. That will necessitate an increase in the yearly expense budget until the necessary qualified teachers are secured. The increase in the number of pupils entering this last spring (schools in the Japanese Empire all open the first of April), was most encouraging. By the time the teaching staff is adequate there should be as many pupils as are necessary in the school.

The Chunju Boy's school is not so fortunate as the Kwangju Girl's school. A building, Richardson Hall, has been erected on a beautiful campus, but five thousand dollars for a heating plant and five thousand dollars for the required equipment, have not been provided. Besides this, the running expense budget, as in the Kwangju Girl's school, must be increased in order to secure qualified teachers. We have the finest bunch of boys in our Chunju Boy's school that we have ever had.

If these schools are not adequately equipped and designation secured, then the fine boys and girls of our Korean church must be denied a Christian education and must go to the materialistic government schools shot through with every "ism" that is troubling the world today. The Korean church will have to look to these same government schools for their Christian leader-ship. The educational situation in Korea constitutes a strong challenge to us. What will our answer be?

할 것이 불가피할 것이다. 지난봄에(일본 제국의 모든 학교는 4월 1일에 개학을 한다) 입학한 학생들의 숫자가 증가한 것은 매우 고무적이었다. 교사진이 충분하게 준비될 때까지 그에 걸맞게 꼭 필요한 학생들의 숫자가 학교에 확보되어야 한다.

전주남학교는 광주여학교만큼 자금을 얻지 못하고 있다. 리처드슨기념관 건물이 아름다운 교정에 세워졌으나 5천 달러에 달하는 난방 장치와 5천 달러에 달하는 필요한 시설 자금을 아직도 채우지 못하고 있다. 이 외에도, 광주여학교도 마찬가지이지만 적격한 교사를 확보하기 위해 운영 자금이 증액되어야 한다. 전주남학교는 지금까지 우리가 가르친 학생들 중에 가장 훌륭한 학생들이 재학하고 있다.

이 학교들이 적절한 시설을 갖추어 지정 인가를 얻지 못한다면, 우리 한국교회의 훌륭한 남녀 학생들은 기독교 교육을 받지 못하고 오늘날 세계를 어지럽히는 모든 '이념'이 가득한 물질주의적인 공립학교로 가야만 한다. 한국교회는 기독교 지도자를 기르기 위해서 이와 똑같은 공립학교들에 의지해야만 할 것이다. 한국의 교육선교 상황은 우리에게 강력한 도전이 되고 있다. 우리의 응답은 어떠해야 할까?

"The Place of the Industrial Department Korean Mission Boy's School"

The Presbyterian Survey (1929. 6.), 691-92

By W. A. LINTON

One is started to learn of the almost negligible number of men our great universities are sending into the ministry and into positions of leadership in our churches. Our church leaders are coming from our smaller church institutions. If our Church in Christian America must train her own leaders, how much more must the Korean Church depend on Christian schools for leaders!

Many of the teachers in our public schools in America are earnest Christian men and women, but in Korea a Christian teacher in the public schools is an exception. The Korean Christians are realizing the grave dangers to which their children are subjected in the public schools and are doing all they can, with some mission help, to keep their little elementary church schools going. There are a good many of these throughout the country, but the Korean Church is not yet able to provide for secondary education when the government requires such high standards in the way of equipment and teaching staff. God is giving the Southern Presbyterian Church a wonderful opportunity for service here.

"한국 선교회 남학교에서
실업부의 위치"

The Presbyterian Survey (1929년 6월), 691-92.

윌리엄 A. 린튼

사람들은 우리 나라의 훌륭한 대학들이 목회자와 교회지도자들로 길러낸 사람들의 수가 아주 적다는 사실을 알게 되면 깜짝 놀라게 된다. 우리의 교회지도자들은 교회가 설립한 교육기관 출신들이다. 기독교 국가인 미국의 우리 교회가 교회지도자들을 길러내야 한다면 한국교회가 지도자를 길러내기 위해서 기독교 학교들에 얼마나 더 의존해야 하는가!

미국의 공립학교 교사들 가운데 많은 이가 진실한 기독교인 남성과 여성이지만, 한국의 공립학교에서 기독교인 교사는 매우 드물다. 한국의 기독교인들은 자녀들이 공립학교 안에서 겪게 되는 심각한 위험성을 인지하고 있으며, 선교회의 도움을 받아서 그들이 운영하는 교회의 작은 초등학교를 유지하기 위해서 모든 노력을 기울이고 있다. 이러한 학교들은 이 나라 곳곳에 많이 있지만, 한국교회는 정부가 요구하는 학교의 시설과 교사진에 대한 높은 수준에 맞추어 중등교육을 제공할 만한 역량이 아직 없다. 하나님은 남장로교회에게 이곳에서 봉사할 수 있는 훌륭한 기회를 주셨다.

한국에서 우리 선교회 학교들의 목적은 기독교 지도자를 기르는 것이며 이러한 목적의 실현을 방해하는 그 무엇도 용납할 수 없다.

The aim of our Mission Schools in Korea is Christian leaders, and nothing that hinders the realization of this aim can be tolerated. A teacher who is not an earnest Christian man needs Christ himself and so is in no position to teach Christ to others. He must be eliminated. A student body with more than 20 percent of its students from non-Christian homes, the purpose of our school must be made clear to the minds of all the pupils and all who cannot subscribe must be discouraged from attending. The method of our Mission is evangelization for the non-Christian and education for the Christian.

Experience in raising up Christian leaders in Korea has showed us that in general the most outstanding leaders come from families who are unable to support their children in school. A short survey of the leaders in the Korean Church today shows that many of the key men are men who were given work while they were in school so that they could help pay their way. Pastor Lee, who is pastor of the strongest church in Kwangju came to our Kunsan Boy's School, an awkward boy with a big mouth. His family could not support him in school though they could feed him at home if he gathered wood each day on the hills. He was given work as teacher in a little extension day school because he was an earnest Christian boy and an energetic worker. He finished our school, worked his way on through college where he won the oratorical contest for all of Korea; and then worked his way through the seminary,

진실한 기독교인이 아닌 교사는 그 자신이 그리스도가 필요한 사람이기 때문에 다른 사람에게 그리스도를 가르칠 만한 적합한 위치에 있지 못하다. 그러한 사람은 탈락시켜야 한다. 비기독교인 가정 출신이 20%가 넘는 학생들은 다루기 어렵고 관리하기 힘들다. 우리가 비기독교인 가정 출신의 자녀들을 더 많이 받아들여야 한다고 할지라도 학생들이 우리 선교회 학교들의 목적을 분명하게 명심하도록 해야 하며, 동의하지 않는 모든 학생은 학교에 나오지 못하게 말려야 한다. 우리 선교회는 비기독교인에게는 전도하고 기독교인에게는 교육하는 방식을 채택하고 있다.

우리가 한국에서 기독교 지도자를 양성하면서 일반적으로 가장 뛰어난 지도자들은 자녀들을 학교에 보낼 만한 형편이 안 되는 가정 출신들이라는 사실을 경험상으로 알고 있다. 오늘날 한국교회의 지도자들을 얼핏 살펴보아도 핵심적인 인물들의 다수는 학교에 다니면서 학비 보조를 받기 위해서 일을 했던 사람들이다. 광주에서 가장 영향력 있는 교회의 목사인 이 목사는 군산의 선교회 남학교에 다닐 때 입이 가벼워서 다루기 힘든 학생이었다. 그의 가정은 그를 학교에 보낼 만한 형편이 못 되었고, 그가 날마다 산에서 나무를 해야만 집에서 먹을 것을 간신히 얻을 수 있었다. 그는 진실한 기독교인 학생이었고 열정적인 일꾼이었기 때문에 교회 부설 작은 학교에서 교사로 일하며 공부하였다. 우리 학교를 졸업한 후 그는 대학까지 진학하였는데, 대학에서 전국 웅변대회에서 수상을 하였고 이후 신학교에까지 들어가 공부하면서 훌륭한 성적을 거두었다. 이 선생은 현재 우리 선교회 구역의 훌륭한 교회를 맡아서 그리스도를 위한 위대한 사역을 수행하고 있다. 목포의 큰 교회의 목사는 선교회

where he made a good record.

Mr. Lee is now carrying on a great work for Christ in one of our outstanding churches. The pastor of the large Mokpo Church worked his way through our school and so did many of the other preachers and elders in churches throughout our whole field.

Dr. Kim who is now an elder in one of the large country churches was office boy in our school for years. After finishing our school he went to Severance Medical College and graduated. He is a very successful physician now and a through believer in Christian schools for Christian boys and girls. He is responsible for the establishment of a fine elementary school in connection with his own church. He personally pays most of the running expenses for the school, and also make it possible for the church to support its own pastor.

Three purposes are given for the conduct of the industrial work in our Central Schools for Boys in Korea, which is located at Chunju. The first aim is to help bright boys from Christian homes work their way through school. The end here is preacher, helpers, teachers, and doctors. There is no thought of their learning a trade and necessarily continuing in it. The second purpose carries with it the idea that some of the boys will learn trades and continue in them after they leave school.

Many of our boys will not be qualified to take seminary training, normal training or medicine, but will have to be content to learn

학교를 나와 사역을 하고 있으며, 우리의 선교 지역 곳곳에 있는 교회의 여러 목회자와 장로도 이와 마찬가지이다.

시골의 큰 교회의 장로로 섬기고 있는 김 박사는 여러 해 동안 선교회 학교의 사환으로 일했다. 선교회 학교를 졸업한 후에 그는 세브란스의학교에 진학하여 졸업하였다. 그는 현재 매우 성공한 외과의사이며 기독교인 남녀 학생들에게는 기독교 학교가 필요하다고 철저하게 믿는 사람이기도 하다. 그래서 그는 자신의 교회와 연결된 훌륭한 초등학교를 설립하는 책임을 감당하고 있다. 그는 학교 운영비의 대부분을 개인적으로 감당하고 있으며, 그가 다니는 교회가 목회자를 재정적으로 지원하는 것이 가능하도록 섬기고 있다.

한국선교회의 남자중심학교는 전주에 위치하고 있는데, 이 학교는 실업부를 운영하면서 세 가지 목적을 가지고 있다. 첫 번째 목적은 기독교 가정 출신의 총명한 학생이 일을 하면서 학교를 다닐 수 있도록 돕는 것이다. 이렇게 해서 목회자, 조사, 교사, 의사가 되게 하는 것이다. 그들이 직업을 배우거나 그것을 계속 이어 나가게 할 생각을 전혀 하고 있지 않다. 두 번째 목적은 학생들 가운데 일부는 직업을 배우고 학교를 졸업한 후에 그것을 계속하게 할 생각으로 수행하는 것이다.

우리 학생들 가운데 많은 이가 신학교육을 받거나 일반교육이나 의학교육을 받을 만한 수준이 안 되어 목공, 기계, 놋세공, 재단과 같은 직업을 배우는 것에 만족해야 할 것이다. 우리 학교는 그러한 학생들에게 가치 있는 직업을 가르쳐서 그들이 고향으로 돌아가서 공동체의 삶에 잘 적응할 수 있도록 하고 있다. 어떤 학생들은 기계와 공학기술의 상급 과정을 이수할 수도 있겠지만, 대부분은 그럴

some such trade as carpentry, mechanics, brass work, tailoring, etc. Our school proposes to teach such boys worthy trades so that they can fit into the community life when they return to their villages. Some may be able to take higher courses in mechanics and engineering but for the most part they will not. Then the third purpose in our industrial department is to give every boy who comes to our school, whether he becomes a preacher, a teacher or whatever profession he may choose, some training in what is called industrial arts. In this a boy learns the use of tools, the value of materials, the value of a day's hard work, and many other things that are useful to the modern man in whatever line of work later life find him.

Though these aims are diverse, they merge in the general aims of the school can, for the place in life that God has made him capable of filling, whether he become a preacher, a physician, a teacher, or a farmer. Those who are unable to continue their education for financial reasons or because they haven't mental ability, will be unable to become preachers, teachers, or physicians and must be content to serve God in their home churches, taking what part in the leadership of church their native abilities permit.

The Industrial Department has great prospects for usefulness to the Korean Church. Korea today is in the throes of great industrial readjustment, caused by the introduction, through the Japanese, of modern industry and machinery into a country where practically

수 없을 것이다. 우리 학교 실업부의 세 번째 목적은 우리 학교에 다니는 모든 학생에게 그들이 목사나 교사나 어떤 직업을 선택하든지 산업기술이라고 부르는 내용을 가르치는 것이다. 이러한 교육을 통해 학생들은 도구 사용법, 자재들이 지닌 가치, 하루의 노고의 가치 그리고 이후 어떤 일을 찾아 살게 되더라도 현대인의 삶에 유용한 다른 많은 것을 배우게 된다.

이와 같이 실업부의 목적은 다양하지만 학교의 전반적인 목적과 잘 어우러진다. 고등학교가 할 수 있는 한 최선을 다하여 모든 학생이 목회자, 의사, 교사, 혹은 농부가 되든지, 하나님이 능력을 주셔서 감당하게 하시는 삶의 자리에 적합하도록 교육받게 하는 것이다. 재정적인 이유 때문에 혹은 학업 능력이 부족하여 학업을 지속할 수 없는 학생들은 목회자, 교사, 혹은 의사가 될 수 없을 것이다. 그들은 모교회에서 하나님을 섬기는 일에 만족하면서 자기가 가지고 있는 능력을 활용하여 교회에서 지도력을 발휘해야 한다.

실업부는 한국교회의 유익을 위해서 전망이 매우 크다. 오늘날 한국은 산업이 크게 재편되는 극심한 고통 한가운데 있다. 거의 모든 인구가 시골에 살면서 농업에 생계를 전적으로 유지하고 있는 나라에 일본 제국에 의해 산업과 조직이 유입되면서 이러한 극심한 고통이 유발되었다.

물론 한국 인구의 대다수는 앞으로도 농업에 의존하며 살 것이지만 오늘날은 농업 분야에서 도시의 중심부로 커다란 이동이 일어나고 있는 것이 사실이다. 이러한 재편을 겪고 있는 한국과 같은 나라에는 자연스럽게 빈곤과 불안정이 수반된다. 많은 사람이 하루 벌어 근근이 먹고 살아가고 있으며, 더 나은 삶의 여건을 찾아 빈번

the whole population was rural and dependent on agriculture for a livelihood.

Of course the largest part of Korea's population will continue to live by agriculture, but today one sees quite a movement from the rural sections into the urban centers. Naturally poverty and distress accompany such an adjustment in a country like Korea. Many live from hand to mouth and many are constantly changing their occupations, trying to better their conditions.

Some of the Korean ministers, feeling that the native churches are unable to pay their salaries, are saying they will be forced to learn some trade so that they can earn their living as they preach, even as Paul did of old. We cannot tell just what part of industrial department will be called upon to render the greatest benefit in the future, but in the present crisis the self-help department seems to be the most important. This department doesn't seek to support the boys entirely, but to make it possible for them to earn a part of their expenses.

The industrial readjustment has left many of our best Christian families stranded. Many homes are unable to have more than two meals a day, and many others have to supplement with roots and leaves gathered from the hills to make two meals possible. Some of our brightest boys come from homes in this condition. Such boys fully realize the great privations and hardships their families must undergo in order to keep them in school, and do fine work.

하게 직업을 바꾸고 있다.

일부 한국 목회자들은 현지 교회가 그들의 봉급을 지불할 수 없다는 사실을 알고서, 옛날에 바울이 그랬듯이, 그들도 어쩔 수 없이 일을 배워 생계를 유지하면서 설교하는 방도를 모색해야 할 것이라고 말한다. 우리는 실업부가 향후 얼마나 대단한 유익을 가져오는 역할을 감당할 수 있을지 분명히 말할 수는 없지만, 오늘날의 위기 속에서 자조부(自助部)는 매우 중요하다고 할 수 있다. 자조부가 학생들에게 전적으로 재정 지원을 할 수는 없지만 생활비의 일부를 벌 수 있도록 도울 수는 있다.

산업구조의 재편은 우리의 가장 뛰어난 많은 기독교 가정을 곤궁에 처하게 했다. 많은 가정이 하루에 두 끼조차 먹지 못하며, 야산에서 초근목피(草根木皮)하며 두 끼의 식사를 해결하는 가정도 많다. 총명한 우리 학생들 중에도 이러한 가정 형편에 처해 있다. 이러한 학생들은 그들의 가정이 극심한 빈궁과 고통을 감수하면서도 그들을 학교에 보냈다는 사실을 깨닫고 훌륭한 성적을 거두고 있다. 하나님이 한국에 복음을 듣지 못한 수백만의 사람에게 복음을 전하는 특별한 자리에 이들을 세우시려고 준비시키고 계신다. 오직 기독교 학교들만이 이러한 학생들에게 열려 있고 오직 기독교 학교들만이 그들을 이러한 봉사를 위해 준비시킬 수 있다.

God is preparing the gospel to the yet unreached millions in Korea. Only Christian schools are open to such boys as these and only Christian schools can fit them for such service.

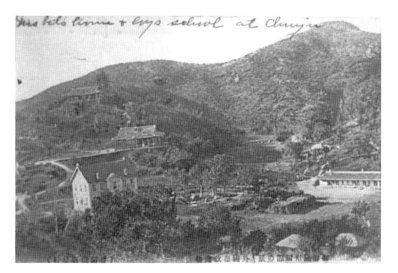

설립 당시 전주 신흥학교 전경

"A Brief History of Central School for Boys, Chunju, Korea"

The Presbyterian Survey (1931. 10.), 611-12

By W. A. LINTON, Chunju, Korea

MISSION work was first opened at Chunju sometime about the year 1896. In 1990 the very first efforts were made to educate some of the young boys connected with the Christians. At that time it was simply a Chinese school for studying Chinese characters. However, Mr. Kim Chang Kook, now one of our leading pastors, attended that school.

In 1904, Rev. W. B. Harrison started the school that we now have, with the idea of giving more or less of a modern education. He secured two Korean teachers who had studied elsewhere. He had only ten pupils at first. The school was a success from the first, and in two years a very small building, built mostly of mud, was set up as a school house, and fifty pupils were entered on the roll. By 1908 the school had five grades, and Rev. J. S. Nisbet was given charge of the school, which took up most of his time. Up till that time the school was hardly considered as part of a man's work, as it was carried on the side. The school was given the name that it now has, "The New Dawn School." It has certainly meant a new day to many of the boys who have attended it. One is surprised to

"한국 전주 남자중심학교의 간략한 역사"

The Presbyterian Survey (1931년 10월), 611-12.

윌리엄 A. 린튼, 한국 전주

전주에 선교 사역이 처음 시작된 것은 1896년 어간이었다. 1900년에 처음으로 기독교인들의 어린 남자 아이들을 교육시키려는 노력을 기울이게 되었다. 그 당시 학교는 한자를 공부하는 서당에 불과했다. 현재 우리 선교회 구역의 대표적인 목회자인 김창국 씨가 그 학교에 다녔다.

1904년에 윌리엄 해리슨(W. B. Harrison, 하위렴) 목사가 좀 더 근대 교육을 하려는 생각으로 현재 우리가 운영하는 이 학교(역자 주: 신흥학교)를 시작했다. 그는 우리 선교회가 아닌 곳에서 교육을 받은 두 명의 한국인 교사를 확보했다. 처음에는 학생이 10명밖에 되지 않았다. 그러나 그 학교는 시작부터 성공적이었다. 2년 만에 작은 건물을 지었는데, 교사 사택으로 대부분 벽돌로 만든 집이었다. 그리고 50명의 학생이 등록하였다. 1908년에 학교는 5학년까지 있었고, 존 니스벳(J. S. Nisbet, 유서백) 목사가 학교의 교장 업무에 전념하였다. 그때까지 학교는 남성 선교사의 사역으로 인정되기 어려웠고 부가적인 사역으로 운영되었다. 학교는 현재 가지고 있는 이름, '새로운 여명 학교'(역자 주: 신흥학교)로 불렸다. 그 이름은 이 학교에 다니는 많은 학생에게 새로운 날이 열리게 될 것이라는 의미였다. 초기에 우리 학교를 다녔던 학생들이 얼마나 많이 목사, 장로, 집사

find how many of the boys who attended this school in the early days are pastors, elders, deacons, and other active workers in the church.

The present status of the school started in 1923, when the Mission realized that it would be impossible to run a High School for boys and one for girls in every station, as it had been hoping to do. I have just said that the change came in 1923, but it really started in 1910 when the Japanese Government took over the Korean Government and changed the whole educational system and raised the standards so high for schools of High School grade that the Mission could not afford to bring all ten of its schools up to the standards set by the Government.

It was hard to give up the dream of a High School for boys and one for girls in each station, as can be realized from the fact that it took the Mission thirteen years to make the change. The Mission did finally decide to have one Central High School for Girls and one for Boys in the Mission, and decided that Chunju should be the place for the Boys' School and Kwangju for the Girls' School. The other stations are to run only the elementary grades, and perhaps two grades of High School, and then send their boys to the central school.

Though it was decided in 1923 to bring this one school up to government standards and secure government recognition (designation, being the official term), we are still struggling with the

그리고 교회의 적극적인 일꾼이 된 사실을 발견하면 누구나 놀라게 된다.

이 학교의 현 지위(역자 주: 남장로회 남자중심학교)는 1923년에 시작되었다. 선교회는 그렇게 하기를 바라왔지만, 모든 스테이션에서 남자 고등학교와 여자 고등학교를 하나씩 운영하는 것은 현실적으로 불가능하다는 사실을 깨달았다. 내가 1923년에 변화가 있었다고 말했지만 실제로는 1910년에 시작되었다. 일제 정부가 한국 정부를 지배하면서 모든 교육제도를 바꾸고 고등학교의 기준을 지나치게 높여 놓았기 때문에 선교회가 10개의 모든 선교회 학교를 정부의 기준대로 높일 수 없었다.

그러나 모든 스테이션에서 남자 고등학교와 여자 고등학교 하나씩을 두는 꿈을 포기할 수는 없었다. 그랬기 때문에 선교회가 이러한 변화를 가져오기까지 13년의 시간이 소요되었다는 사실을 이해할 수 있다. 선교회는 마침내 하나의 여자중심학교와 하나의 남자중심학교를 두기로 결정하였고, 전주에 남자중심학교를 두고, 광주에 여자중심학교를 두기로 결정했다. 다른 스테이션은 초등 과정(보통과)과 중등 과정(고등보통과)의 2학년까지만 운영하고, 그 후에는 남학생은 중심학교로 보내게 된다.

이 학교를 정부가 요구하는 수준으로 끌어올리고 정부의 인가(공식용어로는 지정)를 받자는 결정이 1923년에 이루어졌지만, 우리는 아직도 이 문제에 씨름하면서 너무나 부족한 시설과 너무나 적은 운영 예산에 허덕이고 있다. 우리는 아직도 정부의 인가를 받지 못하고 있다. 우리 학교를 졸업한 남학생들은 대학입학시험을 치를 자격조차 받지 못한다. 학생들은 우리 선교회가 후원하고 있

problem of too little equipment and too small a running expense budget. We do not yet have government recognition; the boys who graduate from our school are not even eligible to take the entrance examinations to college. They can't even enter the union institutions that our Mission is supporting. The crying need of our Mission now is for funds to bring this school up to the standards set by the government so that we can secure recognition and our boys can continue their education and become the leaders in the Church that they should be.

TEACHING STAFF

We have eight regular teachers in our High School and one minister who teaches the Bible. They are all fine Christian men who love their work and who are really interested in the welfare of the school and the church, and who are vitally interested in the furtherance of the Kingdom of God. They all have some active work in the business of the church besides their regular school duties. It is our policy to have only such teachers in our school. They must believe in the fundamentals of Christianity, must be active, baptised members of the church, and must continue to be active in the work of the church, even while they are working in our school. The men we now have fill all these qualifications, and at the same time are recognized as competent teachers by the government. Such a staff is not easy to secure, and we are hoping to keep our

는 연합기관에 들어갈 수도 없다. 우리 선교회가 긴급하게 필요한 것은 우리 학교를 정부가 세워놓은 기준으로 끌어올려서 인가를 취득하고 우리 학생들이 계속 공부할 수 있게 하며, 그래서 교회의 지도자가 되도록 만드는 데 필요한 자금이다.

교사진

우리 고등학교에는 8명의 정규 교사와 성경을 가르치는 목사 한 사람이 있다. 그들은 모두 훌륭한 그리스도인으로서 자신의 사역을 사랑하고, 학교와 교회의 번영에 실질적으로 관여하며, 하나님 나라의 확장에 중요하게 관여하고 있다. 그들은 모두 자신들의 학교 업무 외에도 교회의 사역에서 역할을 맡아 활동하고 있다. 우리 학교에는 이러한 교사들만 채용하는 것이 선교회의 정책이다. 교사들은 기독교의 근본 진리를 믿어야 하고, 적극적으로 활동하는 세례 교인이어야 하며, 학교에서 근무하는 동안 교회 사역에도 적극적으로 활동해야 한다. 우리 학교의 남자 교사들 모두 이러한 요구조건을 충족하고 있으며 동시에 정부의 기준에도 충족하는 탁월한 교사들로 인정받고 있다. 이러한 교사진은 쉽게 확보하기가 어렵기 때문에, 우리는 가능한 한 교사진이 계속 우리와 함께하기를 바라고 있다.

학생 조직

올해 우리 고등학교에는 250명의 학생이 등록했다. 지금까지 선교회 고등학교에 등록한 것 가운데 가장 많은 학생 수이다. 우리 학생 조직의 두드러진 점 가운데 하나는 목사와 장로의 자녀들이 많

staff together as far as possible.

STUDENT BODY

This year we registered very nearly two hundred and fifty students in our High School, the largest number we have ever had in a High School our here. One of the outstanding features of our student body is the fact that we have so many sons of pastors and elders. These boys determine the spirit of the school. One can never appreciate the difference between a Christian spirit in a school and a spirit that is not Christian, but entirely pagan, if he has never been associated with institutions outside the United States. of course some of our schools in America are by no means what we would want them to be, but still they are nothing like the schools out here that are not influenced by Christ.

We have a very active Y.M.C.A. in school. All of the boys are members. They are carrying on a good many activities. They conduct a good many Sunday afternoon Sunday schools, Daily Vacation Bible School, and many other enterprises. At Christmas time, they took up an offering among the boys, and called in some of the hundred beggars that are every where these days, and gave them some rice. They were able to help a good many, among whom were a number of women with babies on their backs.

Because of hard times out here we are losing some of our best boys. It costs a boy a little over $5.00 a month to stay in our dormi-

다는 사실이다. 이 학생들이 우리 학교의 정신을 결정한다. 누군가 미국 밖에 있는 교육기관들에 관계해 본 적이 없다면 그 사람은 학교의 기독교 정신과 기독교적이지 않고 심지어 완전히 비기독교적인 정신 사이의 차이를 구별하지 못한다. 물론 미국에 있는 학교들 가운데는 우리의 희망사항과는 전혀 다른 학교들도 있다. 그러나 그런 학교들일지라도 이곳에 있는 학교들처럼 그리스도의 영향을 전혀 받지 않은 학교와는 다르다.

우리 학교에는 YMCA가 매우 활발하게 활동하고 있으며, 모든 학생이 회원으로 가입되어 있다. 그들은 아주 훌륭한 활동들을 많이 하고 있다. 일요일 오후에 주일학교를 인도하고 여름성경학교를 인도하는 등 많은 활동을 하고 있다. 크리스마스 시즌에는 학생들이 헌금을 모아서 도처에 있는 수백 명의 걸인을 돌보며, 쌀을 나누어주기도 했다. 그들은 많은 사람을 도울 수 있었고, 도움을 받은 사람 중에는 어린 아기를 등에 업은 여성들도 많았다.

이곳의 재정적인 어려움으로 인하여 우리는 가장 훌륭한 학생들을 놓치고 있다. 학생 한 사람이 기숙사에 머물며 학교에 다니는데 한 달에 적어도 5달러 이상이 든다. 이 나라의 가장 뛰어난 남학생들 가운데 많은 이는 가정에서 그만한 비용을 감당할 능력이 없다. 우리 학교의 1학년 가운데 가장 총명한 학생 중 한 사람의 아버지가 보낸 편지를 받았다. 비록 이 학생은 뛰어난 학업성적으로 학비를 면제받았지만, 그의 아버지는 다음 학기에 아들을 학교에 보낼 수 없을 것 같다고 생각하고 있다. 우리는 어떤 식으로든 그 학생이 계속 학업을 이어갈 수 있도록 배려하려고 노력 중이다.

미국이 현재 힘겨운 시기를 보내고 있다는 사실을 우리는 잘 알

tory and attend school, but many of the finest boys in the country are not able to secure even that much from home. We had a sad letter from the father of one of our brightest boys in our first grade school, and though he is excused from paying the regular school fees because of his splendid scholarship, still his father feels that he will be unable to continue him in school next term. We are trying to arrange some way that the boy can make enough to continue in school.

We see much about hard times in America, but I am sure that the waste that is thrown our in the garbage at home would still feed a large part of the starving population of Korea and other countries. I saw recently, little boys poorly dressed, rushing around through the streets from one garbage can to another picking out the orange peels to take home to help out in the family larder.

I was at a village up in the mountains not long since, and noted that there were very few dogs in the village, and asked about it. I was told that they had been eaten. The price for a good large dog was $1.50 and a small one $1.00.

PROBLEMS FACING YOUNG KOREANS

Perhaps the greatest problem that these young people face is that of changing customs. Foreign customs are gaining ground at a great rate in this country. When I first came to Korea, nice women were never seen on the streets, and a man never went to call on

고 있다. 그러나 집에서 휴지통에 버려지는 것들만으로 한국과 여러 나라에서 굶주리는 많은 사람을 굶주림에서 면하게 할 수 있다고 나는 확신한다. 최근에 나는 누추한 옷을 입은 어린 남자 아이들이 길거리를 급히 다니며 쓰레기통을 이리저리 뒤지며 가족을 부양하려고 오렌지 껍질을 주어서 집으로 가져가는 모습을 보았다.

내가 얼마 전 산골의 어느 마을에 있을 때 동네에 개가 얼마 없는 것을 알아차리고 왜 그런지 물었다. 사람들이 개를 다 먹어버렸다는 대답을 들었다. 큰 개는 마리당 1.5달러이고 작은 개는 1달러에 거래되었다.

한국의 젊은이들이 당면하는 문제들

아마도 오늘날 젊은이들이 당면한 가장 큰 문제는 변화하는 관습이다. 이 나라에는 외국의 관습이 빠른 속도로 자리를 잡아가고 있다. 내가 처음 한국에 왔을 때, 멋진 여성들은 길거리에서 거의 보지 못했고, 남학생이 여성을 만나러 나가지도 못했다. 여성이 남성과 함께 있는 것이 눈에 띄면 바르지 못하다고 여겼다. 그러나 지금은 상황이 변화기 시작했으며, 젊은이들이 이성을 대하는 방법을 아는 것이 큰 문제가 되고 있다. 이것은 이러한 관습의 변화가 이 나라에 가져온 여러 문제 가운데 하나이다. 젊은이들은 서로 만났을 때 무슨 말을 해야 하는지 모르고 있으며, 젊은이들이 길거리에서 이성과 함께 다니는 것은 여전히 흔한 일은 아니다.

재정적인 문제는 다른 어느 곳보다 이곳이 더 심각한 것으로 보인다. 적어도 모든 한국인은 그들이 외국의 지배 아래 놓여 있기 때문이라고 생각한다. 그들은 지금처럼 어려우면 일본은 당연히 자신

a girl. It was not even considered right for a girl to be seen with a man at all. However, things are beginning to change now and the great problem is for the young people to know how they should treat each other when they are of the opposite sex. This is only one of the problems that this change of customs has brought about in this country. Young people do not even know what to talk about when they meet, and it is still very unusual for young people of the opposite sex to be seen on the streets together.

The financial problem seems more acute here than anywhere else. At least the Koreans all think it is because they are under the rule of a Foreign power. They feel that when the times are hard, as they are now, that the Japanese just naturally see to the welfare of their own people first. That may of may not be so, but it would be very hard to convince a Korean that it is not so. The lack of funds keeps many boys and girls out of High School.

High School amount to a good deal more in the life of the children of this country than they do in America where they have a High School in every town almost. Out here the High Schools are located only in the larger towns, and the space in the schools is very limited. The students are subjected to a severe examination before they are admitted. The children in this country who are privileged to live in a place where there is a High School are fortunate indeed if they are able to stand the examination and get in. So I place this problem, of leaving home after they have finished

들의 국민들의 복지를 우선적으로 돌볼 것이라고 생각한다. 그럴 수도 있고 아닐 수도 있지만, 사실이 아니라고 한국인들을 납득시키기는 어려울 것이다. 기금 부족으로 많은 남학생과 여학생이 고등학교를 계속 떠나고 있다.

거의 모든 도시마다 고등학교가 있는 미국에서보다 이 나라에서 고등학교는 아이들의 삶에 더 많은 유익을 끼치고 있다. 이곳에서 고등학교는 큰 도시에만 있고, 학교 공간도 매우 협소하다. 학생들은 입학 허가를 받기 전에 혹독한 시험을 치러야 한다. 학교가 있는 곳에 사는 특권을 누리는 아이들이 시험을 치르고 학교에 들어갈 수 있으면 정말로 운이 좋은 것이다. 그래서 나는 6학년의 초등 과정을 마치고 집을 떠나서 고등학교에 입학하는 문제를 가장 큰 문제라고 여긴다.

이곳에서 또 다른 문제는 고국에서 교육받은 젊은이들이 겪는 문제와 얼마간 유사하다. 젊은이들은 온갖 종류의 미신적인 종교들, 이를테면 불교, 악령 숭배, 조상 숭배에 시달리고 있다. 근대 교육을 통해 이러한 것들의 무익함을 알게 되었고, 젊은이들이 모든 전통 종교를 버리면서 어떤 종교든 미신이라고 생각하게 되었다. 고국의 젊은이들도 마찬가지이지만, 이곳에서도 이러한 부분은 위험하다. 그러나 동시에 이것은 기회가 된다. 우리가 진정한 종교를 가지고 있기 때문에 우리의 종교가 기반하고 있는 문헌들을 아무리 조사연구해도 두렵지 않다는 것을 알고 있으면, 우리는 나가서 그들을 참된 종교로 인도하면서 그들이 갖는 어려움을 극복할 수 있도록 도울 것이다.

절대로 사라지지 않는 문제는 독립과 관련한 문제이다. 그 노선

the six grades elementary school and entering High School, as a great one.

Another Problem here is somewhat akin to the problem of educated young people at home. The young people here have been subjected to all sorts of superstitious religion-Buddhism. Modern learning has shown the futility of all these things, and so the young people are giving up all the old religions, and they come to think that any religion is a superstitions. Of course this is a danger with us here as it is with the young people at home, but at the same time it is also an opportunity. When we know that we have the true religion and are not afraid of any research that may be made into documents upon which our religion is founded, we may go ahead and help them out of their difficulties by introducing them to the true religion.

A problem that never dies is that of independence. There is always some sort of a movement along satisfied to be good Japanese citizens, though the government is doing many things for the people that the old Korean Government was never able to do. Some one is always being arrested for entertaining "dangerous thoughts."

The political situation also makes Korea a ready place to accept all sorts of socialistic ideas, and being so near Russia there are always agents working their way into this country and stirring up trouble. And of course such trouble usually starts among the young people.

을 따르는 여러 운동이 항상 일어난다. 한국인들은 일본 정부가 과거의 한국의 정부가 결코 할 수 없었던 많은 일을 그 사람들을 위해 시행하고 있더라도 선량한 일본 시민이 되는 것에 결코 만족할 수 없을 것 같다. '위험한 사상'을 품었다는 이유로 누군가는 항상 체포되고 있다.

정치적 상황으로 인해 한국은 모든 종류의 사회주의 이념을 쉽게 받아들인다. 러시아가 가까이 있기 때문에 이 나라에 사회주의의 진로를 확보하고 소요를 일으키는 주동자들이 항상 존재한다. 물론 이러한 소요는 대개 젊은 사람들 사이에서 시작된다.

"Education in Korea in 1892 and Now"

The Presbyterian Survey (1936. 6.), 335-37

By Wm. A. LINTON

WHEN the first Southern Presbyterian missionaries arrived in Korea in 1982, Korean education meant learning Chinese characters by the yard-no geography, no history, no arithmetic, no chemistry-just Chinese characters and more Chinese characters. But those first missionaries felt that education was of prime importance. Presbyterian church leaders must know more than Chinese characters. As soon as Christian homes were established, even before the end of the century, schools were started to teach the children growing up in those Christian homes. They realized that the future leaders in the Korean Church would come from the children in those early Christian homes.

The busy missionary wife started many of these early schools in some nearby small vacant room. There were no desks, no chairs and no text-books. Text of arithmetic and other subjects were translated as they were taught. Usually there were not more than a dozen little boys, each with a long plait down his back and a nice little red hair ribbon tied at the end. From these little groups, unpromising and feminine in appearance, have come many of the

618 · 인돈·인사례 자료집

"1892년 한국의 교육과 현재"

The Presbyterian Survey (1936년 6월), 335-37

윌리엄 A. 린튼

최초의 남장로회 선교사들이 1892년에 한국에 도착했을 때 한국에서의 교육이란 한자를 장황하게 공부하는 것이었다. 지리, 역사, 산수, 화학도 배우지 않고 그저 한자를 계속해서 배우는 것이었다. 그러나 최초의 선교사들은 교육이 가장 중요하다는 사실을 깨달았다. 장로교회의 지도자가 될 사람들은 한자보다 더 많은 지식을 가져야 했다. 19세기가 끝나기도 전에 기독교 가정이 세워지기 시작하자마자 학교가 시작되어 기독교 가정에서 자란 자녀들에게 교육을 하였다. 그들은 한국교회 미래의 지도자들은 이러한 초기의 기독교 가정 자녀들에서 나올 것이라는 사실을 알았다.

할 일이 많았던 선교사의 부인들이 가까운 곳의 작은 빈방을 활용하여 초기의 학교를 시작했다. 책상도 의자도 교과서도 없었다. 그들은 가르치면서 산수와 다른 과목 교과서들을 번역해서 사용했다. 보통 어린 남학생 12명을 넘지 않았다. 학생들은 긴 머리를 땋아 등까지 내리고 작고 예쁜 빨간 리본을 머리끝에 달고 있었다. 가능성 없고 겉보기에는 여성스러운 이렇게 작은 그룹에서 오늘날 교회의 탁월한 지도자들이 많이 나왔다.

초기의 학교들은 곧 빈방이 없을 만큼 성장하였고, 대개 초가지붕을 얹은 작은 교사를 지었다. 처음에는 한국인들이 딸의 교육에

outstanding leaders in the Church today.

These first school soon outgrew the vacant rooms, and little schoolhouses were built, often with thatched roofs. At first it was hard to interest the Koreans in the education of their daughters. Why educate girls? They only needed to know how to wash, cook, and look after babied, and besides, custom made it very difficult for the girls to go outside their own fences.

For a good many years Occidental educational interested only the Christians. Foreign education, with its diversified curriculum, including at times some sort of manual arts, seemed a useless waste of time. The old Chinese system of education was suited to conditions where the children from the better families considered manual labor degrading; and why should the ordinary laborer, who had no time for the higher arts, waste his time learning to read and write?

It was not long before all of our stations, Chunju, Kunsan, Mokpo, and Kwangju had schools both for girls and boys. Korean custom made it impossible to teach the boys and girls in the same schools, even if they were small. Grade after grade was added, until there were high schools in each stations for both sexes, and in 1907 the first missionaries came out for full-time educational work. By 1909 several of the larger country churches had established schools to teach their children, and it was this same year that the first two- story brick buildings were built for the boys' and girls'

관심을 갖게 하기가 어려웠다. 왜 딸을 교육시키는가? 그들은 그저 설거지하고 밥하고 아이를 돌보고, 기타 일을 하는 것만 배우면 될 뿐이었다. 관습상 여성들이 집 밖으로 나오기가 매우 어려웠다.

여러 해 동안 서양 교육은 기독교인들만 관심을 가졌다. 종종 수 공예를 포함하는 다양한 교육과정을 가진 외국 교육은 쓸모없는 시간 낭비처럼 보였다. 전통적인 중국의 교육제도는 수공예를 천시하는 명문 가문 출신의 자녀들의 여건에는 더 잘 맞았다. 그리고 고등학문을 배울 시간이 없는 일반 노동자들이 왜 읽고 쓰기를 배우며 시간을 낭비해야 하는가.

전주, 군산, 목포, 광주에 있는 우리 선교회의 모든 스테이션에 남녀 학교가 설립된 것은 그리 오래전 일이 아니었다. 한국의 관습상 남성과 여성이 같은 학교에서 공부하는 것은 불가능했다. 학교가 작아도 예외는 아니었다. 계속 학년이 늘어나면서 각 스테이션에 남녀를 위한 고등학교 과정이 생겨났고, 1907년에 풀타임 교육선교 사업을 위한 첫 번째 선교사가 들어왔다. 1909년에는 몇몇 큰 지역 교회가 학교를 설립하여 자녀들을 가르쳤고, 바로 이 해에 전주의 남녀학교에 처음으로 2층짜리 빨간 벽돌로 학교 건물들을 지었다. 이 건물들은 다른 스테이션에도 곧 이어서 건립한 다른 학교 건물들의 모델이 되었다.

한국에서 활동하는 모든 선교회는 현재 모든 학교를 하나의 시스템으로 조화하는 예전 미국의 방식에 기초하여 교육제도를 만들었다. 교과서를 번역하고 교사들의 지침을 만들고, 전체 과정이 평양에 설립한 남성들을 위한 연합대학(역자 주: 숭실대학)으로 올라가게 하고, 연합신학교는 서울에 두는 것으로 하였다.

schools at Chunju. These buildings that were then soon built at the other stations.

All of the missions working in Korea now worked up a system of education based on the old American plans for coordinating all of the schools into one system. Texts were translated and standards for teachers were worked out, and the whole was headed up in a Union College for men at Pyengyang for all missions, and a Union Theological Seminary was located at Seoul.

The year 1910 witnessed the beginnings of great changes in the educational outlook, for it was then that Korea was annexed to Japan, and it was very natural that the new government should change the educational system to make it coordinate with the system in Japan proper. However, the new government began establishing elementary schools throughout Korea. The school year was changed to begin in April, Japanese was made the national language, all text- books were soon written in the new national language, and before long it was required that the instruction also be in Japanese. Then quired that the instruction also be in Japanese. Then a law was promulgated that required that all education carried on the peninsula be conformed to the new system within ten years. This was a rather difficult but not an insurmountable obstacle, but it was further stipulated that education and religion be entirely separated. This made it look like the end of our educational work. For some years it seemed there would be no hope

1910년은 교육의 전망이 완전히 변화되는 시작을 목격하는 해였다. 왜냐하면 그해에 한국이 일본에 병합되었고 새로운 정부가 일본의 제도에 조화시키며 교육제도를 변화시키는 것은 당연했기 때문이다. 물론 이것이 단 번에 이루어질 수는 없었다. 새로운 정부는 한국 전역에 초등학교를 설립하기 시작하였다. 새 학년은 4월에 시작하는 것으로 변경되었고, 일본어가 국어가 되었고, 모든 교과서는 곧이어 새로운 국어로 작성되었다. 그리고 바로 일본어로 교수하도록 요구하였다. 그 후 한반도에서 수행되는 모든 교육은 10년 안에 새로운 제도에 맞추라고 요구하는 법이 공표되었다. 이러한 요구는 다소 어렵지만 감당할 수 없을 정도의 장애물은 아니었다. 그러나 이 법은 교육과 종교는 완전히 분리되어야 한다고 규정하였다. 이러한 규정은 우리의 교육선교가 끝난 것처럼 보이게 하였다. 몇 해 동안 10년의 유예기간이 끝나면 아무런 희망이 보이지 않을 것처럼 보였다. 그리고 이 기간 동안 선교회는 교육 시설이 정부가 세운 높은 기준에 뒤쳐진 채로 두었다.

스위츠 박사(Dr. Henry Hayes Sweets/역자 주: 남장로회 교육부 총무 헨리 해이즈 스위츠)가 1925년에 한국에 방문했을 때, 그는 우리 선교회 학교 시설이 공립학교들의 시설에 비해 형편없이 뒤떨어져 있다는 사실과 심지어 한국의 다른 선교회 학교들보다도 뒤쳐져 있는 모습을 보았다.

한국에서 독립운동(역자 주: 3.1운동)이 있었던 1919년 이후에 사이토 자작(역자 주: 사이토 마코토 조선총독)이 총독이 되었고 좀 더 자유로운 통치행정을 도입하였다. 1921년에 고등학교가 '지정'을 받는 것을 가능하게 하는 법이 공표되었다. '지정'을 받은 학교들은 정규

after the ten years expired, and during these years the mission allowed the equipment for education to lag behind the high standards set by the government.

When Dr. H. H. Sweets came to Korea in 1925, it seemed to him that our school equipment was hopelessly outdistanced by the equipment in the government schools, and in other mission schools in Korea.

It was in 1919, after the Korean independence demonstration, that Viscount Saito became Governor General and introduced a more liberal administration. In 1921 a law was promulgated making it possible to obtain "designation" for high schools which admitted them to the same standing as regular government schools, and at the same time made it possible to teach Bible in the regular curriculum, have a regular chapel exercise, and to select mostly Christian pupils for our schools. This way as much as could be asked. All missions immediately began working for designation. In 1923 it was realized that the task of working all ten of our high schools (Soonchun Station now had two schools) up to the standards required by the government seemed hopeless, so for the time being it was decided to raise only two schools to this standard, the boys' school at Chunju and the girls' school at Kwangju. The equipment of our schools was so far behind that it seemed almost impossible to hope so much even for two schools, but it was felt that at least two must get full government standing in order that the

공립학교들과 같은 지위를 인정받으며, 동시에 정규 교과과정으로 성경을 가르칠 수 있고, 정규적으로 채플 활동을 할 수 있으며, 선교회 학교의 학생 대부분을 기독교인으로 선발하는 것이 가능했다. 이것은 우리가 그토록 바라던 것들이었다. 모든 선교회는 즉시 지정을 받기 위한 작업을 시작했다. 1923년에 우리 선교회 고등학교 10곳 모두를 정부가 요구하는 수준으로 끌어올리는 일은 가망성이 없다고 느꼈고, 당분간 전주의 남학교와 광주의 여학교 두 곳만 이러한 수준으로 향상시키기로 결정했다. 우리 선교회 학교의 시설은 너무나 뒤쳐져서 두 학교에 대하여 희망을 거는 것도 어렵게 보였다. 그러나 최소한 두 학교만이라도 반드시 정부의 기준을 충족시켜서 한국의 우리 선교회 구역 안에 있는 자녀들이 상급학교 진학하기 위한 시험을 치를 자격을 얻을 수 있게 해야겠다고 생각했다.

학교들의 시설이 열악했기에 하나의 학교가 먼저 지정을 얻는 데만 10년이 걸렸다. 만약 여학교를 위해 여성조력회의 생일헌금이 없었더라면 시설을 확충하는 것이 불가능했을 것이다. 그리고 리처드슨 여사(Mrs. L. Richardson)와 다른 분들의 넉넉한 손길이 없었더라면 남학교 시설의 많은 부분을 확충하는 게 불가능했을 것이다.

남학교는 1933년 봄에 지정인가를 받았고, 그 첫 졸업생들이 1935년에 졸업했다. 29명의 훌륭한 학생이 배출되어 한국교회에서 자신들의 역할을 수행하고 있다. 여학교는 아직 지정을 받지 못했다. 그러나 학교 시설은 완전히 확충되었으며 학생들의 수준도 훌륭하다. 아직 교사 한 명이 부족하지만, 다음 학기가 시작할 때는 필요한 교사를 채용할 것이고 그렇게 된다면 곧바로 지정을 받을 것이다.

children for our section of Korea might be eligible to take the examinations for entrance to higher schools.

With the schools so poorly equipped, it took ten years to get even the first one designated. It would have been impossible to obtain the equipment at all had it not been for the Birthday Offering from the Auxiliary for the girls' school, and the liberality of Mrs. L. Ricahrdson and some others who made it possible to acquire a good part of the equipment for the boys' school.

The boys' school received designation in the spring of 1933, and the first class was graduated in 1935-Twenty-nine fine young men went out to take their places in Korean Church. The girls' school has not yet been designated, but it has the full equipment required and a fine student body. They are still short one teacher, and they will get that teacher at the beginning of the next term and will then get designation right away.

So we now have two schools in each of our five stations, though there are only two that have the full high-school course, or academy course as it is sometimes called. The other schools all have the full elementary course, or academy course as it is sometimes called. The other schools all have the full elementary course, and some have two and some three years of the five-year high school course. We still have many country schools, but their future is very uncertain because the government is putting in elementary schools all through the country. Though there have been many changes in

우리는 지금 다섯 개의 스테이션마다 두 개의 학교가 있다. 그렇지만 고등학교의 모든 과정 또는 종종 그렇게 부르듯이 중등교육 과정이 있는 학교는 2개 학교밖에 없다. 다른 학교들은 초등교육의 모든 과정을 갖추고 있으며, 5년의 고등학교 교육 과정의 2년 과정을 갖춘 학교와 3년 과정을 갖춘 학교들이 있다. 우리 선교회는 많은 지역 학교가 있지만, 정부가 온 나라 도처에 초등학교를 세우고 있기 때문에 그들의 미래는 매우 불확실하다. 우리 선교회 학교에 많은 변화가 있었지만, 우리는 초기에 기독교 학교를 시작한 사람들에게 동기를 부여한 원래의 목적을 여전히 지켜왔다. 우리는 비기독교인에게 전도하고 기독교인에게 교육한다. 우리의 목적은 기독교인 교사들을 채용하고, 성경을 가르치고, 학생 조직의 대부분이 기독교인이어야 한다고 우리에게 요구한다.

많은 점에서 우리 선교회 학교들의 미래는 매우 밝다. 지난봄에 남자 고등학교는 1학년에 50명 정원에 191명이 지원했다. 우리는 올 봄에 100명의 신입생을 받을 수 있는 허가를 얻을 수 있기를 희망한다. 우리 학교가 멋진 에그버트 스미스(Egbert W. Smith) 강당을 새롭게 완공했기 때문에 허가를 받을 수 있을 것이라고 여긴다. 우리 선교회의 다른 학교들 또한 모두 채워져서 학생들이 넘쳐나고 있다.

our schools, still we have kept to the original purpose that motivated those who started the first Christian schools. We evangelize the non-Christian and educate the Christian. Our purpose demands that we have a Christian faculty, teach the Bible, and have a student body that is mostly Christian.

In some ways the future seems very bright for our schools. Last spring our high school for boys had one hundred and ninety-one applicants for fifty places in the first year. We are hoping to get permission to take in a hundred new boys this spring, and it seems very likely that we will get it, since we have just finished our fine new Egbert W. Smith Auditorium. The other schools in the mission too are all full to overflowing.

일제강점기 군산 영명학교

"As 'The Presbyterian House' in Pusan closes, here is a word of appreciation"

The Presbyterian Survey (1954. 9.), 12

By MRS. W. A. LINTON – Missionary Chunju, Korea

As I sit in the sunny dining room of "The Presbyterian House" in Pusan waiting to hear that the freighter bringing our son and his wife from America has been "sighted," I cannot resist the urge to express in writing, on behalf of ourselves and other members of our mission, a feeling of deep gratitude for the hospitality we have received here so often.

I have never seen a "Guest Book" here, but if anyone had had time to keep one here would be in it names of missionaries of many denominations, as well as of visitors from America, to say nothing of military personnel of all ranks who had their first "home cooking" in Korea at this table.

OPENED IN 1951, as a home for Northern Presbyterians whose work required residence in Pusan, it will soon be closed because circumstances have changed. I would, therefore, like to take this means of expressing thanks to many different members of the Northern Presbyterian Mission who, from time to time, have made us welcome, allowing us to put up a cot in a spare corner when

"부산 '장로교관'의 문을 닫으며 드리는 감사의 말씀"

The Presbyterian Survey(1954년 9월), 12

한국 전주선교사 윌리엄 린튼 부인

부산의 장로교관의 햇살이 가득한 주방에 앉아서 미국에서 오는 아들과 며느리를 태운 배가 보이기를 기다리며, 우리 가족과 선교회 모든 회원을 대표하여 지금까지 이곳에서 우리가 받았던 환대에 대한 깊은 감사를 글로 적고 싶은 마음을 억누를 수 없다.

나는 이곳에서 '방명록'을 본 적은 없지만, 누군가 그것을 만들 여유가 있었다면 그곳에는 많은 교단 선교사의 이름과 미국에서 온 방문객들의 이름으로 가득했을 것이다. 한국에서는 처음으로 이곳 식탁에서 '집에서 만든 요리'를 대접받은 계급을 망라한 군인들은 말할 것도 없다.

부산에서 활동하면서 거주지가 필요했던 북장로회 선교사들을 위해서 1951년에 문을 연 주택은 상황이 변화됨에 따라 곧 문을 닫을 것이다. 그러므로 나는 이 자리를 빌려서 북장로회 선교회의 많은 선교사들에게 감사를 표하고 싶다. 그들은 때때로 우리를 환영 해주었고, 자신들의 공간이 가득 차 있을 때에도 우리에게 여분의 자리를 내어주어 잠자리를 마련할 수 있었다. 또한 여러분의 능력 있는 총무 김동수 목사에게 감사를 전한다.

그분은 미로와 같은 관료주의적인 세관 절차를 통과하여 수하물

yours were all occupied; to those of you, who, with your capable secretary, Rev. Kim Tong Soo, have so patiently given us pointers on the latest procedure for getting baggage through the maze of customs red tape and then loaned us transportation use as we made our rounds to obtain the numerous signatures necessary especially to you young folks whose wholesome jokes and fun have given us many a good laugh and whose ardent consecration gives us confident for the future of mission work in Korea.

Last, but not least, I would express thanks to Chang See, and her able assistant. Chang See, who greets us with a smile, can always add ++ places at the table and cheerfully serves late comers and those catching an early train. For over two years with the housekeeper changing frequently, with anything but a modest kitchen, she had prepared good meals so necessary in strenuous days such these have been. If she could write a book titled "The Comings and Goings of Missionaries" it would be worth reading.

With the passing of "The Presbyterian House" in Pusan, there ++ chapter in the story of mission in Korea since 1950 that has significance to people around the world.

을 받는 마지막 과정까지 인내심을 가지고 우리에게 조언을 해주었고, 우리에게 교통수단을 대여해주어서 우리가 여러 차례 필요한 서명을 받으러 돌아다닐 때 사용하게 해주었다. 특히 농담과 재미로 우리에게 큰 웃음을 주고 진지한 헌신으로 한국 선교의 미래에 대한 확신을 주었던 젊은 동료들에게 특별히 감사를 전한다.

마지막으로, 그러나 앞의 분들과 마찬가지로 중요한 사람으로, 장씨와 그녀의 훌륭한 도움에 대하여 특별한 감사를 전하고 싶다. 장씨는 미소로 우리를 맞아주었으며, 항상 식탁에 여분의 자리를 마련하면서 늦게 오는 이들과 일찍 기차를 타는 이들을 기쁘게 대접하였다. 2년 넘게 집 관리인이 수시로 바뀌고, 별로 훌륭하지 않은 부엌임에도 불구하고 그녀는 고단한 하루를 살아가는 데 꼭 필요한 음식을 잘 준비해주었다. 만일 그녀가 '오고 간 선교사들'이라는 제목의 책을 쓴다면, 그것은 읽어볼 만할 것이다.

부산의 '장로교관'은 사라지지만, 그것은 1950년 이래로 온 세계의 사람들에게 중요한 의미를 전해주는 한국 선교 이야기의 한 장이었다.

"The International Situation in Korea"

The Presbyterian Survey (1948. 2.), 57-58

By WILLIAM A. LINTON

THE Koreans have just finished celebrating their autumn festival, the fifteenth day of the eighth lunar month, September 29 this year. It was a very colorful celebration. The children, especially the little girls, in their new clothes of many colors made bright the streets and roads throughout Southern Korea. On the surface there was no restraint to the merrymaking. All joined in to make the occasion a happy, carefree one. But there is a drabness to the international situation as it affects Korea that older, more thoughtful folk cannot miss. It is about this that I want to write.

Divided

Americans, separated as they are from the acute international problems of those living in the midst of conflicting ideologies, may find it difficult to understand fully the stern realities that Korea faces today. The labor skirmishes reported in our daily papers do not offer an example. Like Germany, Korea is dominated by nations committed to different political ideas, but unlike Germany, she is not classified as an enemy country but as a liberated country.

"한국의 국제적 상황"

The Presbyterian Survey (1948년 2월), 57-58

윌리엄 A. 린튼

한국인들은 음력 8월 15일, 올해 9월 29일에 가을 명절을 보냈다. 이 명절은 색깔의 향연이었다. 아이들, 특히 여자 아이들이 색동으로 된 새 옷을 입고 나와 온 남한의 거리와 도로를 화려하게 빛냈다. 겉으로는 즐거운 잔치에 아무런 거리낌이 없는 것처럼 보였다. 모든 이가 행복하고 근심 없는 잔치를 보냈다. 그러나 한국에 큰 영향을 미치는 국제적 상황은 암울하기만 하다. 연륜 있고 명민한 사람들이라면 이 문제를 간과할 수 없을 것이다. 나는 이 문제에 대하여 기술하려고 한다.

분단

갈등하는 이데올로기 한복판에서 살아가는 사람들의 치열한 국제적인 문제와 동떨어져 살고 있는 미국인들은 오늘 한국이 직면한 엄중한 현실을 충분히 이해하지 못할 것이다. 우리나라 일간지에 보도되는 노사분규는 아무런 사례가 되지 못한다. 독일처럼 한국은 전혀 다른 정치적 이념을 신봉하는 나라들(소련과 미국)에 의해 지배당하고 있지만, 독일과는 달리 한국은 적국이 아니라 자유를 찾은 나라로 분류된다. 러시아가 지배하는 북한과 남한을 차지한 미국 사이에서 '철의 장막'이 한국을 분단시키고 있다. 인구의 2/3가

Still the "iron curtain" divides her between the Russian-dominated north and the American-occupied south. About two-thirds of her population are south of the line.

Refugees

The only news from the Russian side of the line is brought by a continuous stream of refugees slipping across the border. There are two general types. Some have found life unbearable in the Russian section and hope to better their lot in the south. A much smaller group are well-trained, well- paid Communist agitators. In escaping from the north, the first group found it necessary either to slip through the Russian lines in the middle of the night; take a hazardous sea voyage around the lines in a fishing boat; or to cross by way of small mountain paths unsafe for travelers who had not already lost all they possessed. All reach the American side with only the clothes on their backs. Theirs is a story of being hounded by the police; of farmers leaving their crops in the fields because the taxes take so much of the grain that it is not worth harvesting; and thousands of families living on bark stripped from trees be-cause the Russians have taken so much Korean food into Siberia. Many Christians come south in this stream of refugees, fleeing Russian persecution.

량이 남쪽에 있다.

피난민

국경을 몰래 넘어오는 계속되는 피난민의 행렬로부터 러시아 진영의 소식들이 전해지고 있다. 피난민은 대체로 두 부류가 있다. 일부는 러시아 지역에서 도저히 살 수 없어서 남쪽에서 더 나은 행운을 바라는 사람들이다. 이보다 훨씬 더 적은 그룹은 잘 훈련된, 보수를 충분히 받는 공산주의 선동가들이다. 첫 번째 그룹은 한밤중에 러시아의 경계를 몰래 빠져나와 어선을 타고 위험한 항해를 감행하거나, 또는 가진 것을 아직 다 빼앗기지 않은 사람들에게는 위험한 작은 산길을 헤쳐 나온다. 사람들이 미국 진영에 도착할 때 그들 모두는 등에 진 옷 외에 남는 게 없다. 경찰(역자 주: 북한 경찰)에 쫓기고, 러시아 군인들에게 옷을 빼앗기거나 음식이나 손목시계를 강탈당하고, 심지어 딸을 빼앗긴 이야기가 전해진다. 농부들은 세금으로 곡식을 너무 많이 빼앗아가서 경작할 필요가 없기 때문에 논에 곡식을 버리고 떠난다고 한다. 러시아인들이 한국의 곡식을 시베리아로 가져가서 수천 명의 가정이 나무껍질을 벗겨 먹고 산다. 많은 기독교인들이 러시아의 박해를 피하여 피난민들의 행렬에 섞여 월남한다.

공산주의 조직원

두 번째 그룹은 이쪽 진영에 도착하면 그들을 위하여 준비한 많은 돈을 지급받는다. 그것은 어디에나 조직원을 유지하는 거대 공산주의 기구가 마련한 것이다. 이러한 피난민은 돈으로 친구들을

Communist Agents

The second group find plenty of money waiting for them when they reach this side of the line. It is provided by the great Communist machine that keeps agents everywhere. These refugees have money to entertain friends, to buy clothes and food, and to live a carefree life. They talk of contentment north of the line under a well-organized free government run by the Koreans. They claim that all have plenty of land, good houses, ample food and clothes. They tell of how imperialistic Americans have been found moving Korean rice and rice liquors, for which they have acquired such a taste, back to the United States. This, they claim, is the reason for the rice shortage in Southern Korea. Americans are just stripping Korea to enrich the United States.

The grain, flour, machinery, fertilizer, cloth, and other commodities that come in from America are only what the Americans can't use, just waste that is being sold to Korea at an exorbitant price. However, their story continues, the Koreans need not worry, for the great Red Army, the most powerful in the world, is poised and waiting just north of the line ready to bring the "second liberation" to Korea. To be sure the Americans took advantage of the good intentions of the Russians when the Red Army whipped the Japanese Army and forced it to surrender at the time of the "first liberation" in August, 1945, but the Russians will not allow that to happen again. All are urged to prepare for the entry of their allies, the Red

대접하고, 옷과 음식을 사고, 걱정 없는 생활을 한다. 그들은 북한
은 한국인들이 이끌어나가는 잘 조직된 자유로운 정부 아래서 만족
하게 산다고 말한다. 모든 이가 풍족한 땅, 좋은 집, 넉넉한 음식과
옷을 가지고 산다고 주장한다. 그들은 미국 제국주의자들이 한국의
쌀과 막걸리를 맛보고서는 미국으로 빼돌리는 것을 굉장히 좋아한
다고 말한다. 이러한 이유로 남한에 쌀이 부족하다고 주장한다. 미
국인들이 한국을 홀딱 벗겨서 미국을 부유하게 만들고 있다고 말
한다.

미국에서 한국으로 들어오는 곡식, 밀가루, 기계, 비료, 옷, 다른
공산품은 미국인들이 사용할 수 없는 쓰레기이고, 터무니없는 가격
에 한국에 팔리고 있다고 말한다. 그들은 한국인들은 세계에서 가
장 강력한 공산군을 무서워 할 필요가 없다고 한다. 그 군대는 한국
에 '제2의 해방'을 이루기 위해 북한에서 조용히 준비하며 기다리고
있다고 말한다. 1945년 '첫 번째 해방'의 때에 공산군이 일본군을
격파하고 강제로 굴복시켰을 때, 미국인들은 러시아인들의 선한 목
적으로 이득을 보았지만, 러시아인들은 또다시 이런 일이 일어나도
록 허락하지 않을 것이 확실하다고 한다. 모든 사람은 그들의 동지
들인 공산군을 맞을 준비를 해야 하며, 그때 미군은 24시간 안에 바
다로 밀려나게 될 것이라고 한다. 그들이 주장하기를, 그날에 '충성
된 자'는 충분히 보상을 받을 것이며, '민주주의'의 원수들은 한 번에
처리될 것이라고 한다. '아버지의 나라'(러시아)의 원수들의 모든
명단이 신중하게 마련되고 있고, 명단에 있는 모든 사람은 제거될
것이며, 그들의 모든 재산은 압수당하고 '충성된 자'와 구별될 것이
라고 한다.

Army, when the American forces will be pushed into the ocean in twenty-four hours. On that day, the claims continue, the "faithful" will be fully rewarded and all enemies of "democracy" will be summarily dealt with. Full lists of the enemies of the "father country" (Russia) have been carefully prepared and all on the list will be liquidated, all their property confiscated and divided among the "faithful."

And America?

The poor Korean finds himself in a heart-rending dilemma. His first inclination is to put his trust in America. He much prefers Americans. He thinks that America, with its wealth and inexhaustible supplies of the things that make people happy, must be very much like heaven and they would all like to see it. American military might, with its fleet of planes that almost leveled Japan and with the famous atomic bomb as its exclusive weapon, should be well able to take care of any situation. To him the use of just a few atomic bombs to make Russia behave would be fully justified. He distrusts Communistic Russia from the bottom of his heart but few doubt that the Red Army is waiting just north of the line, whereas America is separated from Korea by the biggest ocean in the world. The whole situation is past his understanding.

Under the Japanese regime the newspapers all told the same story, but under the Americans, papers can all tell different stories

그러면 미국은?

불쌍한 한국인들은 비통한 딜레마에 빠져 있다. 한국인들의 일차적인 경향은 미국을 신뢰하는 것이다. 그들은 미국인들을 매우 좋아한다. 그들은 미국이 부와 무궁무진한 물자 공급으로 사람들을 행복하게 하고, 천국과 같은 곳이라고 생각하면서, 모두 가보고 싶어 한다. 비행 전단을 지닌 미국의 군사력은 일본을 초토화했고, 독점적 무기인 원자폭탄으로 어떤 상황도 잘 다스릴 수 있다고 생각한다. 한국인들은 원자폭탄의 얼마를 사용하여 러시아의 버릇을 고쳐주는 것도 충분히 타당하다고 생각한다. 한국인들은 공산주의 러시아를 마음의 밑바닥에서부터 불신하고 있으며, 공산군이 북쪽에서 대기하고 있다는 사실을 아무도 의심하지 않는다. 반면에 미국은 큰 대양을 사이에 두고 한국과 떨어져 있다. 한국인들은 모든 상황을 충분히 이해하지 못하고 있다.

일제의 지배 아래 신문은 똑같은 이야기만을 말했지만 미국인들 아래서 신문은 같은 정치 문제에 대하여 다른 이야기를 하고 있다. 도대체 문제는 무엇이며, 해답은 무엇인가? 한국인들은 해방은 독립이고, 가장 영광스러운 상태라고 여기지만, 상황은 전혀 그렇지 않다.

세 가지 반응

이 나라의 복잡한 상황에서 적어도 세 가지 반응이 있다는 것을 알 수 있다. 첫째는 러시아의 선전에 속아 넘어간 사람들이다. 그들은 공산주의 아래에서 만민이 번영할 것이라는 입바른 약속을 믿는다. 그들은 공산주의의 엄격하고 철저한 기구와 절대적인 권위에

about the same political issue. What is the issue anyway? and what is the answer? He thought liberation meant independence, a most glorious state of things, but it doesn't seem to at all.

Three Reactions

One finds at least three general reactions in the country to the complicated situation. First are those who fall for the Russian propaganda. They believe the glib promises of prosperity for all under Communism. The strict, close organization and absolute authority found in Communism appeal to them. Very few have studied the works of Karl Marx of Lenin and so there is little knowledge of the teachings and practices of Communism in the group as a whole. Not more than 20 percent of the Southern Koreans are colored by the red doctrine.

Most of the Koreans take a middle-of-the-road position. Long centuries of experience in being overrun first by one nation and then by another has taught them the wisdom of looking before leaping. Even now Korea may not get her freedom. They may have to trade Japanese masters for Russian. The Americans frankly admit that they do not have in Korea an army of sufficient strength to stop the Russians if they chose to overrun Korea. Whether they like it or not, Koreans feel that it is only being realistic to take into consideration the question of how one might live under the Communists. This would not be desirable, but one must face hard facts

이끌린다. 그러나 이 사람들은 칼 마르크스와 레닌의 저작을 공부하지 않아서 공산주의의 가르침과 실천이 무엇인지 대체로 잘 모른다. 20% 미만의 남한 사람들이 적색교리에 물들어 있다.

대부분의 한국인은 중도의 입장을 취한다. 오랜 세기 동안 이 나라와 저 나라에 의해 지배당한 경험이 있기 때문에 뛰기 전에 살피는 지혜를 배웠다. 심지어 한국은 지금도 자유를 얻지 못했으며, 한국인들은 주인을 일본에서 러시아로 바꿔야 할지 모른다고 생각한다. 미국인들은 러시아가 한국을 침략한다면 그들을 막아낼 충분한 군사력을 한국에 갖추지 못하고 있다는 사실을 솔직히 인정한다. 한국인들은 좋건 싫건 간에 어떻게 공산주의자들의 치하에서 살 것인가에 대한 질문을 진지하게 고민하는 것이 현실적인 일이라고 여긴다. 이것은 바라는 바는 아니지만 받아들여야 하는 어려운 사실이다. 한국인들은 자신과 자신의 가족이 공산주의 지배 아래서 살아남는 것을 불가능하게 하는 말이나 행동을 하지 않아야 한다고 여긴다.

세 번째 그룹은 공산주의에 저항하면서 어떤 고난이 미래에 닥쳐온다고 할지라도 맞서겠다는 의지를 가지고 있다. 이들 가운데 기독교회가 있다. 이승만 박사와 김구 선생과 김규식 박사와 같은 분들은 기독교인이며, 더 많은 한국의 지도자가 있다. 이들의 숫자는 기독교의 구성원들보다 훨씬 더 높은 비율을 차지하고 있다.

유엔 계획안을 선호함

한국의 모든 친구는 유엔(UN)의 지도 아래 한국에 정부를 수립하기 위한 새로운 움직임을 환영하고 있다. 이 운동에 많은 기독교

and not do and say things that would make it impossible for him and his family to survive under a Communistic rule.

The third group are willing to take a stand against Communism and face whatever hardships the future may bring. Among this group stands the Christian church. Men like Dr. Rhee Sung Man, Mr. Kim Koo, and Dr. Kim Kui Sic are Christians. Their numbers are far out of proportion to the size of the Christian constituency.

The United Nations Plan Preferred

All friends of Korea rejoice in the new move to set up a government in Korea under the direction of the United Nations. There would be many Christians in such a government. Christian principles of government and the rights of the individual would have a chance. The gospel would have a challenging opportunity of bringing its message of peace to people who are disillusioned, disappointed, and distressed. It might be a great day for missions.

인이 참여할 것이다. 기독교적 원칙을 가진 정부와 개인의 권리를 인정하는 기회가 만들어질 것이다. 환상에서 깨어나고, 실망하고, 고통받는 사람들에게 복음이 평화의 메시지를 전달하는 매력적인 기회를 얻게 될 것이다. 그렇게 된다면 위대한 선교의 시대가 될 것이다.

The Presbyterian Survey (1946. 11.), 479-81

Mr. Linton, Chunju

July 16: It took only a short time for the news of my arrival to spread and I have had hardly a spare moment since. There seems to be little chance for a letup until all the country churches have had a chance to send in to get news from their closet missionary friends... The welcome I have received from the Koreans has been as warm and wholehearted as one could ask for. They have forgotten all our mistakes and are ready to forget all our faults. They all urge that the missionaries return as soon as possible. They want us to take over the work we had and conduct it pretty much as in the past. I spoke at East Gate Church Sunday morning, and at Central at night. It was a union meeting at night. There must have been 700 inside and it was claimed there were that many outside... It was one more evidence of the welcome that awaits our missionaries when they return. It was fearfully hot inside the church with the windows and doors full of people on a hot night, but their faces radiated the warmth of the welcome they were extending as they fanned and perspired. One of the preachers fanned my back with

"한국의 현 상황: 한국의 커밍 목사와 린튼 목사가 보낸 편지 모음"

The Presbyterian Survey (1946년 11월), 479-81

전주, 윌리엄 린튼

7월 16일: 우리가 도착했다는 소식이 퍼지고 얼마 되지 않아서 나는 여유시간조차 갖지 못했다. 지역의 모든 교회가 그들과 가까운 선교사 친구들의 소식을 얻으려고 사람들을 보내어 대화할 기회를 얻고자 하였기 때문에 쉴 틈을 찾기 어려웠다…. 나는 한국인들로부터 더할 나위 없는 따뜻하고 진심어린 환영을 받았다. 그들은 우리의 모든 실수는 이미 잊었고, 우리의 모든 잘못을 용서할 준비가 되어 있다. 그들은 모두 선교사가 가능한 한 빨리 돌아오라고 절실하게 요청하고 있다. 그들은 우리가 과거에 했던 사업을 맡아서 예전처럼 잘 감당해주기를 원한다. 나는 주일 오전에는 동부교회에서 설교했고 저녁에는 중부교회에서 설교했다. 저녁은 연합집회였다. 예배당 안에는 700명이 모였고, 밖에도 많은 사람이 있었다고 한다…. 이는 우리 선교사들이 복귀할 때 그들을 기다리고 있을 환영의 열기를 잘 보여주었다. 교회 내부는 더운 밤에도 불구하고 사람들이 창문과 출입문에도 가득 차서 몹시 더웠지만, 사람들은 부채질을 하고 땀을 흘리면서도 끝날 줄 모르는 환영의 마음을 얼굴에 가득 비치었다. 목사님 한 분이 내가 설교하는 내내 커다란 부채로 내 등에 부채질을 해주었다.

a large fan all the time I spoke.

The Korean Church seems stronger than I had expected. The question of church union is a dead one at present. The question of church union is a dead one at present. The Presbyterian Church south of the 38th parallel has organized a branch General Assembly. They feel the need of some over-all organization to carry on until the country is reunited. The organization seems rather loose and most power seems to reside in the presbyteries, which are almost equal to little General Assemblies. Since Kunsan and S. Choong Chun are separate presbyteries, there are now twelve. The General Assembly is trying to set up a seminary in Seoul on the college level, but all is not smooth sailing. Seminaries are springing up in several different places. The N. Chulla Presbytery feels that it should have one here and they want us to look forward to opening a college in a few years. Mr. Pai Eun Hi is moderator of the General Assembly, and is one of the most influential men in South Korea, both in church and politics.

The shrine issue is by no means dead. It may even yet cause a split in the church. I understand that the G.A. at its recent meeting to organize took action repudiating that formerly taken to go to the shrine, and acknowledging obeisance as a sin. It seems that some preachers went so far in their efforts to curry favor with the Japanese that it will be difficult for them to regain the respect they once had. In some ways it seems fortunate that these issues are clearly

한국교회는 내가 생각했던 것보다 훨씬 강한 교회이다. 교회연합 문제는 현 상황에서는 답보 상태이다. 38선 이남의 장로교회는 지부 총회(역자 주: 남부총회)를 조직하였다. 그들은 통일이 될 때까지 계속 운영할 총괄적인 조직이 필요하다고 여긴다. 이 조직은 다소 느슨해 보이고, 대부분의 권한은 거의 작은 총회와 같은 힘을 발휘하고 있는 지역 노회들에 있는 것 같다. 군산노회와 충남노회가 분리된 이래로 현재 12개 노회가 있다. 총회는 서울에 대학 수준의 신학교를 세우려고 노력하고 있지만 모든 것이 순조롭지는 않다. 여러 신학교가 서로 다른 지역에 우후죽순 생겨나고 있기 때문이다. 전북노회는 전주에 신학교가 있어야 한다고 생각하고, 몇 년 안에 우리 선교회가 대학을 개교해주기를 바라고 있다. 배은희 목사(역자 주: 전주 서문교회 담임목사)는 총회장이며, 남한에서 교계와 정계에서 가장 영향력이 있는 분이다.

신사참배 문제는 결코 사그라들지 않고 있다. 오히려 이 문제가 교회에 분열을 일으킬 것이다. 최근에 회집된 총회가 신사참배를 한 것과 의절하고, 참배를 죄라고 인정하는 조치를 취하였다. 일부 목사들은 지금까지 일제의 비위를 맞추는 노력을 해왔고 그들이 다시 존경을 얻을 수 없을 것이다. 선교사들이 복귀하기 전에 이 문제들이 교회 안에서 정리되는 것은 여러 가지 면에서 다행한 일이다. 두 개의 큰 분파가 있다. 한 쪽은 신사참배와 관련하여 교회가 취한 행위는 반드시 죄는 아니기 때문에 과거는 잊혀야 한다고 주장한다. 다른 한 쪽은 신사참배는 커다란 죄악이며 신사참배를 한 모든 사람은 하나님 앞에서 죄인이라고 주장한다. 이 사람들은 신사참배에 참여한 사람들이 하나님 앞에서 죄를 고백하고 사람들 앞에서 죄를

drawn in the church before the missionaries return. There seem to be two main divisions. One group holds that the past should be forgotten since the action taken by the church regarding the shrine was not a great sin, that all who took part in shrine worship were sinners in God's sight. They are ready to go along with the other group only if they confess their sin before God and acknowledge it before man.

The Methodist Church suffered rather severely during the war, having lost practically all of their church buildings, and are now divided into two camps, both claiming they are the Methodist Church of Korea.

The most urgent problem that I face is the cry for reopening the two schools here this fall. I have been presented with a request in the name of the alumni and the Presbytery to the Executive Committee asking that the schools be reopened; that I be named founder and principal of both the Boys' and Girls' schools; that an advisory committee from the Presbytery be set up; that the same educational purpose be maintained in the schools as was held before they were closed. The two groups agree to finance the schools during the next school year, and want to release to the school any claim they might would be understood that the schools would be run this next year largely by assistant principals since I would be able to give little time to them. Since the army is still occupying the Boys' School building, it would probably be necessary to house

인정한다면 그들과 함께할 용의가 있다.

감리교회는 전쟁 기간(역자 주: 태평양전쟁) 동안 심각하게 어려움을 겪으면서 모든 교회 건물을 실제적으로 상실하고 두 개의 분파로 분열되어 있다. 양측은 자신들이야말로 한국의 정통성 있는 감리교회라고 주장한다.

내가 직면하고 있는 가장 시급한 문제는 이번 가을에 전주에 있는 두 학교를 다시 열어달라는 요청이다. 나는 동문회와 노회의 이름으로 학교를 다시 열어달라고 선교본부에 부탁하는 청원을 받았다. 이 청원에는 내가 남학교와 여학교의 설립자와 교장을 맡는다는 것과 노회가 자문위원회를 구성한다는 것 그리고 이 학교들이 폐교되기 전까지 지켜왔던 똑같은 교육 목적을 유지한다는 내용이 포함되었다. 두 그룹이 다음 학년 동안 학교 운영비를 내겠다고 하고, 그들이 제공한 시설에 대한 권리를 학교에 양도하려고 한다. 나는 학교에 쏟을 시간이 거의 없을 것이기에 부교장들이 돌아오는 다음 학년에 학교를 운영하는 것으로 합의가 이루어질 것이다. 미군이 아직도 남학교 건물을 사용하고 있기 때문에 그 건물이 사용 가능할 때까지는 어쩔 수 없이 여학교 건물에서 두 학교를 운영해야 한다. 내가 볼 때 이러한 요청은 우리에 대한 그들의 신뢰를 보여주는 표시이다. 교회의 상황이 좀 더 깔끔하게 정리될 때까지 이사회의 구성은 시일이 소요될 것이라고 생각한다.

한국은 변화가 많았다. 사람들은 '행복한 자유'를 만끽하고 있다. 그들이 그 어느 때보다 물질적으로 형편이 더 나아진 것처럼 보인다고 말하면 아마 놀랄 것이다. 그들은 먹을 것이 풍요롭고 입을 것이 충분한 것 같다. 어느 때보다 구걸하는 사람들을 거의 보지 못했

both schools in the Girls' School buildings until the other buildings become available. This seems to me a further indication of their confidence in us. They seem slow to set up a board until the church situation becomes clearer. Korea is much changed. The people are rather "freedom happy." You may be surprised when I saw that they seem to be better off financially than I have ever seen them. They seem to have plenty to eat and enough to wear. I have seen fewer beggars than I ever saw. There are no foreign goods except on the black market and little there. There is much complaint about the division of the country, but I am satisfied that few in this section of the country would like to have the Russians come in. The 38th line is strictly drawn, usually. People in Seoul use electric current generated across the line, however, Nobody knows when it might be cut off...

The military governor of S. Chulla, Col. Peeke, has offered to repair most of the residences of Kwangju for the use of the military and missionary personnel (the army seems to be assuming the responsibility for providing billets and food for missionaries and their families as they come out) with the understanding that the houses occupied by the military can be held for a period of one year, depending on when the repairs are completed. They will put in bath fixtures, furnaces, sewage, refrigeration, and water. Since the houses are now occupied by refugees and we would have difficulty in getting them out and since there is little chance that we

다. 암시장을 제외하고는 외국 상품은 찾기 어렵고, 그곳에도 많지는 않다. 나라의 분단에 대하여 불만이 많지만, 우리가 있는 이 지역의 그 누구도 러시아가 들어오는 것을 좋아하지 않는 사실에 나는 만족한다. 대체로 38선은 엄격하게 유지되고 있다. 서울 사람들은 38선 너머에서 생산되는 전기를 사용하고 있지만 말이다. 그것이 언제 끊기게 될지는 아무도 모른다….

미군정 전남도지사인 피케 대령은 미군과 선교사들이 사용하고 있는 광주의 선교사 사택 대부분을 수리해주기로 했다(미군은 이곳에 나와 있는 선교사들과 가족들의 숙소와 음식에 대하여 책임져야 한다고 느끼고 있는 것 같다). 그리고 군대가 사용하고 있는 사택들은 집수리가 언제 완료되는가에 따라 1년간 더 사용하는 것으로 합의가 이루어졌다. 미군이 욕실의 집기, 난로, 하수도, 냉장고, 상수도를 설비해줄 것이다. 현재 가옥들은 피난민들이 들어가 살고 있고, 우리는 그 사람들을 내보내는 것이 어렵고, 또한 우리의 힘으로는 그것들을 수리할 수 없기 때문에, 커밍 박사와 나는 이것이 우리의 사택들을 수리할 수 있는 절호의 기회라고 생각한다. 미군이 여기에 나와 있는 우리 선교사들의 거처를 제공해줄 것이다. 나는 전주에서도 비슷한 요구를 받았으면 한다. 나는 오늘 아침에 서울에서 열린 도지사 회의에 참석하고 막 돌아온 새로운 미군정 도지사인 에거 대령을 만나 이 문제에 대하여 간략하게 이야기했다.

박원평은 최선을 다해서 선교회 자산을 돌보는 데 훌륭한 역할을 했다. 선교사 사택들은 일본인과 미군이 사용해왔으며, 현재는 피난민이 사용하고 있다. 남학교는 외형상 건재하고, 군인들로 가득 차 있다. 난방 설비는 군산의 정부 병원으로 옮겨갔다. 선교병원

would be able to repair them ourselves, it seemed to Dr. Cumming and me that it was a splendid opportunity to get our houses repaired. The army will house our missionaries as they come out. I wish we had a similar offer for Chunju. I talked the matter over briefly this morning with Col. Egger, the new military governor, who has just returned from a governors' meeting in Seoul.

Pak Won Pyung seems to have done as fine a job looking after the property as he could. The residences have been occupied by Japanese, American soldiers, and some are now occupied by refugees. The Boys' School is in fair shape and full of soldiers. The heating plant was moved to the Government Hospital in Kunsan. The hospital still has this heating plant. The Boyer and Linton homes still have their bath fixtures-also many leaks-more in the Linton house. I have not been able to go into all the houses yet. The single ladies' house is being put in good condition for a chaplain and his family when they arrive next month. The Girls' School buildings and residence are vacant except for a few Korean families living in the dormitory.

I am billeted upstairs, and very comfortably, in a hotel just behind the Government buildings. We are fed at the rate of twenty-five cents a meal and given cots with Japanese bedding on them. It is possible that I may get permission to use one of our houses if I can get some officers to billet with me. In that case the army may be willing to put the house in repair and furnish two servants.

에는 난방 시설이 아직 있다. 보이열과 인돈 가정의 욕조 설비는 아직 있지만 물이 많이 새고, 인돈의 집이 더 많이 샌다. 나는 아직 모든 선교사의 집을 다 살펴볼 수는 없었다. 독신 여선교사들의 사택은 상태가 좋으며 다음 달에 올 미군 군목과 그의 가정이 사용할 것이다. 여학교 건물과 주택은 몇몇 한국인 가정이 기숙사에 살고 있는 것을 제외하고는 비워져 있다.

나는 정부 건물 뒤편에 있는 호텔 2층에서 아주 편안하게 묵고 있다. 우리는 한 끼에 25센트 비용으로 식사를 하고 있으며 일본식 침구류가 깔린 작은 침대를 사용한다. 만약 내가 장교들 몇 사람에게 숙박을 제공하려고 한다면 선교회 사택들 중 하나를 허가받아 사용하는 것이 가능하다. 이런 경우에 미군은 집을 수리하고 도우미 두 사람을 배정할 것이다. 우리 선교회의 도우미들은 전에 그들이 살던 집에 살고 있기 때문에 우리는 그 사람들 중에서 고용할 수 있을 것이다. 그들 대부분은 우리가 떠나면서 그들에게 세를 주고 간 땅을 아주 잘 경작했다. 미군은 한 사람에 허용된 적량의 음식을 우리에게 공급할 것이며 우리는 관리업무 계획을 세우면 될 것이다. 현재까지 상황을 종합해보면, 선교사 부인이 허가를 받아 한국에 들어올 수 있다면 같은 조건이 그들에게도 적용될 것이다. 우리는 이번 가을에 허가가 이루어지기를 소망한다. 당분간 가족들은 두 가정이 함께 지내야 한다. 물론 우리는 기꺼이 그렇게 할 것이다.

이곳에 올 때 모두 침대 시트, 수건, 베개와 베개집, 모기장을 가져올 필요가 있다(나는 샌프란시스코에서 군용 모기장을 구했다). 비누, 치약, 면도날, 대부분의 화장지류는 PX(역자 주: 군부대 내 매점)에서 살 수 있다.

Since practically all of our servants are still living in the houses they formerly occupied we would be able to hire some of them. Most of them have done fairly well in farming the land leased to them before we left. The army would then give us the food supplies ordinarily allowed each person and we could set up housekeeping. So far as one can find out at present, similar provision will be made for wives when they are permitted to come out and we are hoping that permits may be issued this fall. It may be necessary for families to double up for a while, but of course we would be willing do that.

All will need to bring sheets, towels, pillows and cases and mosquito nets. (I got an army net in San Francisco.) Soap, thooth paste, razor blades, and most toilet articles can be bought at the PX.

It is almost impossible to travel by train except when special cars are provided for military personnel. We are allowed free transporation where such cars are available and it seems likely that we shall be permitted to use regular army jeeps at times. We are putting in application to be allowed to buy jeeps when they are sold next month.

You shoud all know that it is best not to send money to us out here for your Korean friends. When it is exchanged at the rate of 15 yen for a dollar, it amounts to so little I have decided to send all gifts back to the givers and ask them to send presents through the mail. They would be of more value and there are not restric-

예외적으로 군 관계자들을 위해 특별 차량이 제공될 때가 있지만 기차로 여행하는 것은 거의 불가능하다. 그러한 차량이 제공될 때 우리는 무료로 교통편을 이용할 수 있도록 허락을 받았다. 가끔씩 군용 지프를 사용하는 허가를 받을 수 있을 것 같다. 미군이 다음 달에 지프를 팔 때 그 차량을 구매할 수 있는 신청서를 작성 중이다.

여러분의 한국인 친구들을 위해 우리에게 이곳으로 돈을 보내지 않는 것이 최선이라는 점을 모두 알아야 할 것이다. 1달러에 15엔의 환율로 환전이 되는데, 그것이 너무 형편없어서 차라리 모든 기증품을 기증자에게 돌려보내서 우편으로 선물을 보내달라고 요청하기로 했다. 그렇게 하는 것이 훨씬 가치가 있을 것이다. 그리고 꾸러미의 안과 밖에 '기증품'이라고 분명히 표시하면 기증품에는 아무런 제약이 없다. 나에게 오는 그 무엇이라도 기쁘게 나누어줄 것이다. 이곳의 쌀 가격은 작은 한 말에 300엔이고, 서울에서는 400~500엔에 달한다. 예전에는 2엔에 거래되었다.

군산에 곧 방문하기를 희망한다. 궁말(역자 주: 남장로회 군산선교지)의 선교회 재산이 한국인이 운영하고 있는 제지회사에 팔렸다는 보고를 받았다. 남학교 건물은 불에 탔다. 군인들이 선교회 구내의 다른 건물에 살고 있다.

새 주소는 이렇다: 윌리엄 A. 린튼 목사
96 Military Group, APO 6-3(6-3에서 대시를 꼭 넣으시오)
Care Postmaster, San Francisco

다음 주 해외선교대회에서 여러분을 만나기를 소망한다.

tions on gifts if they are clearly marked "gift" on both the inside and outside of the package. I shall be glad to deliver any that are sent to me. The price of rice here is Yen 300 for a small mal and in Seoul it is Yen 400 to 500. It tused to sell for Yen 2.

I hope to make a trip to Kunsan soon. It is reported that the property at Kungmal was sold to a paper company that is now operating under Korean management. The Boys' School building burned. Soldiers are living in other property.

My new address will be:
Rev. Wm. A. Linton
96 Military Group
A.P.O. 6-3 (Be sure to put the dash in 6-3)
Care Postmaster, San Francisco

Hope to see a lot of you at the Foreign Mission Conference here next week.

인돈 부부

"ATLANTIAN TELLS HOW KOREANS ARE SEEKING LIBERTY: William A. Linton, Tech Graduate Attending Lay men's Convention, Confirms Stories of Atrocities"

A first-hand account of the most remarkable rebellion in the history of the world has been brought to Atlanta by William A. Linton, a young Georgian attending the convention of Presbyterian laymen as one of the Korean field workers.

A native of Thomasville and a Georgia Tech graduate, Mr. Linton was the last of the party to leave for America. He has spent seven years in Korea in establishing a technological school for Presbyterians.

"Korea's fate depends upon the allied nations." states Mr. Linton. "The peace conference will be asked to pass upon the protest of 15,000,000 Koreans against Japan's ten-year systematic effort to denationalize a people whose racial identity, history and culture have existed through 3,000 years. Despite Japanese mandates, Korean delegates to the conference have left secretly for Paris by way of China."

Mr. Linton talks graphically of the great popular uprising last March when the Korean nation first attempted to attract the notice of the world to the country's uter helplessness under Japanese oppression.

"It was a revolt without violence." states Mr. Linton. "It had to

"애틀랜타인이 한국인들이 어떻게 자유를 찾고 있는지
이야기하다: 조지아 공대 졸업생 윌리엄 A. 린튼이 평신도대회에
참석하여 잔혹 행위에 관한 이야기를 확인해주다."*

　장로교 평신도 대회에 참석한 한국 선교사요 조지아 출신 청년
인 린튼은 애틀랜타에서 세계의 역사 속에서 가장 괄목할 만한 혁
명에 대한 생생한 증언을 하였다. 토마스빌 출신이면서 조지아 공
대 졸업생인 린튼은 최근에 미국으로 들어온 사람이다. 그는 한국
에서 장로교인들을 위한 기술학교를 설립하려고 한국에서 7년을
보냈다.

　린튼은 "한국의 운명은 동맹국에 달려 있습니다"라고 말한다. "평
화회의가 전해지자 1천 5백만 한국인은 3천년 동안 지속된 민족성
과 역사와 문화를 말살하려는 일본의 10년간의 집요한 노력에 저
항하는 시위를 벌였습니다. 일본의 명령에도 불구하고, 평화회의
에 참석하려는 한국 대표단은 중국을 경유하여 파리로 비밀리에 출
발하였습니다."

　린튼은 지난 달 3월에 일어난 대규모 민중 봉기를 생생하게 전하
였다. 그것은 한국 민족이 일본의 억압 아래 있는 이 나라의 무력함
에 대하여 온 세계에 알리기 위하여 일으킨 시위였다.

　린튼은 말하기를 "그것은 폭력 없는 혁명이었습니다. 그럴 수밖
에 없었습니다. 그 어떤 한국인도 허가받지 않고는 무기를 소지할
수 없습니다. 한국인들은 그들의 언어로 말할 자유와 자신들의 언

---

* 이 신문기사의 스크랩은 되어 있으나 신문 이름과 발행일은 표시되어 있지 않다. 1919
　년 애틀랜타 지역 일간지 기사 내용이라고 알려져 있다.

be. No Korean can carry firearms without a permit." Koreans are not allowed to speak their own language or to publish newspapers in their native tongues. They have no voice in the militaristic government that rules them. They have no voice in the militaristic government that rules them. They have no recourse in the courts of the lands. A nation one-third as large as Japan, 500 years older, and fundamentally different for a decade has been literally in course of absorption by Japan.

The people somehow organized committees throughout Korea who directed the demonstrations which followed formal requests for independence. On March 1 great throngs of men, women and children in Seoul, the national capital, a city of 300,000 inhabitants, and in other parts of the country, paraded the streets. There was no disorder or violence, no resistance when the authorities took steps to disperse the crowds.

"The government's only means of quelling the uprising was to arrest the participants. The Koreans knew this. Soon the jails were full to overflowing with Koreans of all ages and classes. The peaceful uprising continued all over the land. There was no more room in the jails. So the military authorities began sending squadrons of cavalry against the marchers trampling hundreds under foot. Still the demonstrations continued. The government resorted to greater force. Thousands of the revolutionists none of whom offered resistance were shot and bayonetted.

어로 신문을 펴낼 자유도 갖지 못하고 있습니다. 그들을 지배하는 무단정치에 대하여 아무런 목소리를 낼 수 없습니다. 그들은 그 나라의 법정에서 어려움을 호소할 수도 없습니다. 나라의 크기는 일본의 1/3이지만 역사는 500년이나 길고 근본적으로 일본과는 다름에도 10년간 일본에 의해 말 그대로 병합되어 있었습니다.

한국인들은 온 나라에 독립을 청원할 시위를 이끌어나갈 위원회를 조직하였습니다. 3월 1일에 30만 명이 살고 있는 이 나라의 수도 서울에서 그리고 시골의 여러 지역에서 남녀노소의 대규모 군중들이 거리를 행진했습니다. 아무런 무질서나 폭력도 없었고, 심지어 당국이 개입하여 군중들을 해산하고자 하였을 때에도 저항하지 않았습니다. 〔일제〕 정부가 봉기를 잠재울 유일한 방법은 시위 참여자를 체포하는 것이었습니다. 한국인들도 이것을 잘 알고 있었습니다. 얼마 되지 않아서 나이와 계층을 불문하고 몰려드는 한국인들로 감옥이 가득 찼습니다. 평화로운 봉기는 온 나라에 걸쳐 일어났습니다. 그러자 군 당국이 행진하는 사람들을 제압하기 위해서 기병대를 출동시켰고 수백 명의 사람을 발로 짓밟았습니다. 그래도 시위는 계속되었습니다. 수천 명의 혁명가는 그 누구도 저항하지 않았고, 그저 총에 맞고 칼에 찔렸습니다."

"한국이 원하는 것은 민주주의입니다. 이 나라 사람들은 한 민족으로 살기 원합니다. 오랫동안 이 나라는 중국의 지배를 받았고 이후 일본이 중국과 러시아와의 전쟁에서 이긴 뒤에 통치권을 차지했습니다. 이 일이 1910년에 일어났습니다. 그때 이후로 한국의 언어를 없애고 한국 민족을 지우려는 시도가 일본이 병합한 내내 있었습니다. 완전한 수동성과 평화로움과 무력함이야말로 이 나라의 혁

"Korea wants to become a democracy. Her people want to live as a nation. For many years the country was dominated by China. Then Japan assumed control after winning the Chinese and Russian wars. That happened in 1910. Since then has come the attempt to obliterate the Korean language and blot out Korea as a nation through absorption by Japan. By the utter passiveness peaceableness and helplessness of her revolution Korea has utilized the only means at her command to tell the world of her plight."

명을 말해주는 것이며 한국은 오직 이러한 수단만을 손에 지닌 채
자신의 곤궁을 세계에 알리려고 했던 것입니다."

Life of William A. Linton

1. The first time I saw him was toward the end of August, 1916. We were passing thru RIRI on the way to Kwangju from Japan as I came to spend a year with my parents before I went to College. In our group was my father who had met us in Taejon and Georgia Crane and Miss Buckland. Mr. Linton had come over from Kunsan where he was teaching to meet Miss Buckland and with him was Miss Dysart who wanted to see Miss Buckland.

I do not remember seeing him again until he came to Kwangju for Mission Meeting in the early summer of 1917. This time he stayed at the Owens. I remember I was a little disappointed that he did not stay with us. He borrowed a horse and buggy from my father and took two of us for a ride. The other girl was Carey Reynolds.

In a few weeks my family returned to the States and I did not hear a word from Mr. Linton until my fourth year of College.

2. He had come to Korea for the first time in 1912. He was 21 and had just been graduated from Georgia Tech, in Electrical Engineering, as an honor student. He left sometime in July with a big crowd of Korea Missionaries most of then new missionaries like himself, but no one as young as he.

윌리엄 A. 린튼의 생애*

1. 내가 처음 그를 만났을 때는 1916년 8월 말경이었다. 우리는 일본에서 이리(역자 주: 익산)를 지나 광주로 가는 길이었다. 나는 대학에 입학하기 전에 1년간 부모님과 함께 지내기 위해 들어오는 길이었다. 우리 일행에는 대전에서 합류한 아버지(역자 주: 광주에서 선교 활동을 하고 있던 유진 벨)가 계셨고, 조지아 크레인과 미스 버클랜드(역자 주: 박세리 선교사, 독신 여성선교사로서 군산 멜볼딘여학교와 이후 전주 기전여학교에서 교육선교사로 활동)가 있었다. 린튼은 버클랜드 양을 만나기 위해 그가 교사로 일하고 있었던 군산에서 왔고 그와 함께 버클랜드 양을 만나고 싶어 하는 다이사트 양(역자 주: 군산에서 교육선교사로 일하던 독신 여성선교사. 1919년에 유진 벨의 두 번째 부인이 교통사고로 사망한 후 유진 벨의 세 번째 부인이 됨)가 동행하였다. 1917년 초여름에 선교회 연례회의에 참석하기 위해 린튼이 광주에 오기 전까지는 그를 다시 만난 것 같지는 않다. 이때는 그가 오웬 선교사 가족의 집에 묵었다. 그가 우리 집에 묵지 않아서 내가 좀 섭섭하게 느꼈다고 기억한다. 그가 아버지께 말과 마차를 빌려 나와 다른 여성 캐리 레이놀즈를 태워주었다. 몇 주 지나서 우리 가족은 미국으로 돌아갔고, 대학교 4학년 때까지 린튼에게 나는 아무런 소식을 받지 못했다.

---

* 이 글은 인돈 박사의 아내 인사례 여사(Charlotte B. Linton)가 남편에 대한 기억을 단편적인 메모로 정리한 회고록으로서 인돈 박사를 처음 만났을 때부터 1940년 한국에서 철수하는 시기까지의 내용이 담겨 있다. 선교 사역에 대한 공적인 기록이라기보다는 인돈 박사에 대한 개인적 기억을 정리한 내용으로 인돈 선교사 가정의 생활상을 엿볼 수 있는 자료로 의미가 있다. 원문을 살리기 위해서 직역을 위주로 하였으나 부분적으로 의역을 하고, 필요한 부분에 역자 주를 삽입하여 이해를 돕고자 했음을 밝힌다.

He had been boring in Thomasville, Ga. His parents were Mr. Wyche Waddel Linton and Mrs. Amanda Alderman Linton. At the time of his birth there were two older children both of whom died in childhood before he was old enough to remember them. He had a younger sister named Callie that he was ver fond of who died when she was only seven so he was reared as an only child most of the time.

His childhood was spent as a lonely little one for the most part.

His mother was a Methodist and had William baptised in the Methodist Church, but his Father was not a member of any Church though he was of a Presbyterian family. He later became a Presbyterian.

3. William was taken to the Methodist Church when he was small and when he was pretty good sized he went with a neighbor lady who was named Miss Ruth Wethington, until she was unable to go one winter for some reason or other and because he had moved into the end of town nearer the Presbyterian Church he went to the Presbyterian Church. He made many friends at the Presbyterian Church among them his S. S. teacher, Miss Cynthia McClain who I believe was the first one to implant the idea of being a missionary in him. It was the custom then for the teachers not to graduate their class but to teach them year after year so that Miss Cynthia was his teacher for a number of years.

2. 린튼은 1912년에 처음 한국에 들어왔다. 그의 나이 21세였고, 조지아 공대 전기공학과를 우등으로 졸업한 직후였다. 그는 7월에 한국에 부임하는 많은 신임 선교사 그룹에 포함되어 들어왔는데, 이들 중에서 그가 제일 젊었다. 그는 조지아 주 토마스빌에서 태어났다. 그의 아버지는 와이치 와델 린튼(Wyche Waddel Linton)이고, 어머니는 아만다 앨더만 린튼(Amanda Alderman Linton)이었다. 그가 태어날 때에 위로 두 명의 남매가 있었지만 그가 그들에 대한 추억을 갖지 못할 만큼 너무 어린 나이에 죽었다. 그에게는 정말 좋아했던 여동생 캘리가 있었는데 일곱 살 때 죽어서 그는 유년 시절 대부분 홀로 자랐다. 유년 시절 대부분 그는 외로운 아이로 지냈다.

그의 어머니는 감리교 신자였고, 린튼은 감리교회에서 세례를 받았다. 그의 아버지는 장로교 가족의 일원이었음에도 어느 교회 신자도 아니었다. 나중에 그는 장로교인이 되었다.

3. 윌리엄은 아주 어렸을 때 감리교회에 따라갔고, 어느 정도 자랐을 때는 이웃에 사는 루스 웨딩턴(Ruth Wethington) 씨와 동행했는데 그녀가 어느 겨울에 이런저런 이유로 교회에 다닐 수 없게 될 때까지 같이 다녔다. 그가 장로교회와 더 가까운 마을의 먼 곳으로 이사하게 되자 그는 장로교회에 다녔다. 그는 장로교회에서 많은 사람들과 친하게 지냈다. 그들 가운데는 그의 주일학교 선생님이었던 신시아 맥클레인(Cynthia McClain) 양도 있었다. 그 선생님은 내가 알기로는 그의 마음에 선교사가 되어야겠다는 생각을 처음 심어준 분이었다. 그 당시에는 주일학교 교사가 자신이 맡은 학급을 진급시키지 않고 계속 학생들을 가르치는 것이 관례였기 때문에 신시아는

By the time he was ten years old his father and mother were separated not legally but by mutual consent so that his father left home and came only occasionally. About this time Mrs. Callie McIntyre, his mother's sister, a widow came to live with them. She continued to live with them as long as his mother was living.

4. After her death she moved to Mrs. Parker's and William spent his vacation with her. They spent the summers in Novia Sooti where William spent his time fishing. By the time he was graduated from Ga. Tech. he had made up his mind to go to Korea as a Missionary. I think that this was due to the influence of his S. S. teacher and Dr. Hull. In order to do this h had to give up the position he had agreed to take with General Electric. This was some thing that was most distasteful to his aunt. She tried every way possible to keep him from going to Korea, even offering to set him up in business if he would stay at home. When he told her that he was determined to go she said he was not to mention it to anyone and so they spent that last summer in the mountains of N. C. and no one knew that he was going.

He left Atlanta about the first of Aug. and stopped by Denver to see a friend. He met Dr. Preston and his family there. They were returning from furlough.

(5번 노트는 누락되어 있음.)

여러 해 동안 그의 선생님이었다. 그가 열 살이 되던 때에 그의 아버지와 어머니는 법적으로가 아니라 상호 동의하에 헤어졌고, 아버지는 가정을 떠나 어쩌다 한 번 오셨다. 이 무렵에 미망인이었던 그의 이모 캘리 매킨타이어 부인이 집에 들어와 함께 살았다. 이모님은 그의 어머니가 생전에 계신 동안 계속 같이 살았다.

4. 린튼의 어머니가 죽은 뒤에 이모님은 파커 부인의 집으로 이사하였고, 윌리엄은 방학 동안 이모와 함께 지냈다. 그들은 노바스코샤에서 여름을 지냈고 여기서 윌리엄은 낚시를 하며 시간을 보냈다. 그가 조지아 공대를 졸업할 즈음에 한국에 선교사로 나가기로 결심하였다. 내 생각에는 이러한 결정에는 그의 주일학교 선생님과 훌 박사(역자 주: 린튼이 애틀랜타의 조지아 공대에서 공부할 당시 출석하고 있던 교회의 장로로서 어머니를 여읜 린튼을 살뜰히 보살피고 그의 가정에서 함께 생활할 수 있도록 배려하였다. 또한 변요한 선교사와 연결해주어 린튼이 한국 선교사로 나갈 수 있도록 직접적인 영향을 끼쳤다)의 영향이 컸다고 본다.

이를 위해서 그는 제너럴 일렉트릭(역자 주: 미국 GE사)에서 맡기로 약속한 자리를 포기해야 했다. 이러한 결정은 그의 이모를 크게 실망시켰다. 이모님은 가능한 한 모든 방법을 동원하여 그가 한국에 가는 것을 막으려고 하였고, 심지어 떠나지 않고 남는다면 그를 위해 사업 자금을 대주는 것까지 제안하기도 했다. 그가 떠나기로 결심했다고 말했을 때 이모님은 그에게 누구에도 그 사실을 이야기하지 말라고 당부했고 노스캐롤라이나의 산에서 그와 함께 마지막 여름을 보냈다. 누구도 그가 떠날 것이라고 알지 못했다.

그는 8월 1일경에 애틀랜타를 출발했고 친구를 만나기 위해 덴

6. William lived with different ones of the missionaries. He got a language teacher who was named Mr. Ko and he never had any other. He literally lived with this teacher. He has written an account of William. He and Mr. Ko sat and studied together and when Mr. Linton went anywhere he went with him. He played baseball with the school boys and Mr. Ko played too. When he had learned some of the language he was given a place to teach in the boys' school, and he soon learned that there would be no place to teach electrical engineering in the school that they had.

During the time what William was at Kunsan he lived with the Pattersons, and the Venables. Finally they gave him the privilege of living alone in a house that was built for the industrial man too live in. I don't know how long it was before Mr. McEachern another single man came out and they lived together. Mr. Linton kept house and secured the cook A Mr. You who had learned to cook while working for the Bulls.

During this time William learned to Play tennis. He learned from Mr. Bull. And he became a very good player.

7. He continued to live in Kunsan with Mr. McEachern. He was given more and more work in the school and as he was able he was given teaching in Bible in Korean. Sometime during this time he was made principal of the school because Mr. Venable had to leave. About 1917 or 18 he visited Japan in the summer. He went

버를 경유하였다. 그는 그곳에서 프레스톤 박사(역자 주: 인돈을 인터뷰하여 한국에 선교사로 데려온 변요한 선교사. 유진 벨이 미국에서 데려와 목포에서 함께 사역을 시작했으며, 이후 유진 벨이 광주를 개척했을 때 함께 사역을 하였고, 이후 변요한 선교사는 순천 스테이션을 개척하고 이끌어가는 역할을 하였다. 그는 안식년 기간 중에 코리아 캠페인이라는 이름으로 신임 선교사를 대거 모집하고 선교 자금을 모금하는 일에 앞장섰고, 이 과정에서 인돈이 한국 선교사로 자원하게 되었다. 변요한 선교사의 노력에 힘입어 남장로회 한국선교회는 발전의 계기를 마련한다)와 가족을 만났는데, 그들은 안식년 휴가에서 복귀하는 중이었다.

(5번 노트는 누락되어 있음)

6. 윌리엄(역자 주: 인사례 여사는 윌리엄이라는 이름과 린튼이라는 이름을 번갈아 사용함)은 다른 선교사들과 함께 살았다. 그는 고 선생(역자 주: 고성모 목사)이라고 하는 어학 교사를 구했고 그 사람 외에 다른 어학 교사는 없었다. 윌리엄은 이 어학 교사와 말 그대로 함께 살았다. 그는 윌리엄의 이야기를 글로 적었다(역자 주: 고성모 목사도 인돈에 대한 회상기를 기록했다). 그와 고 선생은 함께 앉아서 공부하였고, 린튼이 어디를 갈 때면 그도 함께 갔다. 그가 학생들과 같이 야구를 하면 고 선생도 함께했다. 그가 언어를 배우고 있을 때 그는 남학교(역자 주: 군산 영명학교) 교사직을 맡게 되었는데, 선교회 학교에서는 그가 전공한 전기공학을 가르칠 수 없다는 것을 알게 되었다.

윌리엄이 군산에 있는 동안 그는 패터슨 선교사(역자 주: 군산과 전주에서 활동했던 의료선교사) 가족과 베너블 선교사(역자 주: 위위럼 선교사,

to Karuizawa and became acquainted with the ____.

And he also became acquainted with Dr. Cummings, a language specialist who came to Japan and Korea and did a great deal toward helping the people to learn the language/Mr. Linton specialized in learning how to teach English to Koreans. And he was very successful in this.

About this time Bolling Reynolds came to Kunsan to live and he joined their two bachelors for a year or so until they all went home on furlough. It was about this time when they had their picture taken with the goat that they often took into the living room when they wanted to milk it.

From the earliest time Mr. Linton was very intimate with them.

8. They used to go to a temple outside of Chunju. During this time he was very friendly with the children of the Bulls, Pattersons and Venables. Mary Patterson especially took an internet in him, she was about four or five years old.

By the spring of 1919 it was time for a furlough and Mr. Linton got passage home on a ship that was going to sail from Vladivostock where he had to go to take the ship. The reason he had to get it her was that World war I was on and the ship was filled with Chinese who were being taken straight across Canada to England to be trained. He got off in Vancouver, B.C.

군산 영명학교 교장) 가족과 함께 살았다. 이후에 그는 실업 교사가 살기 위해 지은 집에서 혼자 살 수 있는 특권을 누렸다.

독신 선교사였던 매커천(역자 주: 군산에서 복음전도자로 활동했던 매요한 선교사)이 들어와 그들이 함께 살 때까지 그가 얼마나 혼자 살았는지는 잘 모른다. 린튼은 집안 살림을 하면서 요리사 유 선생을 구하였는데, 그는 불 선교사(역자 주: 군산 지역에서 복음전도자로 활동했고 평양 장로회신학교 교수를 역임했던 부위렴 선교사) 가정을 위해 일하는 동안 요리하는 법을 배웠던 사람이다. 이 기간에 윌리엄은 불 선교사에게 테니스를 배웠고, 테니스를 매우 잘 치게 되었다.

7. 그는 군산에서 매커천 선교사와 계속 같이 살았다. 그는 학교에서 점점 더 많은 일을 하게 되었고, 언어에 능숙해지면서 한국어로 성경을 가르치는 일을 맡았다. 이 기간 중에 베너블 선교사가 자리를 비웠을 때 잠시 학교의 교장직을 맡아보기도 했다. 그는 1917년이나 1918년 여름에 일본을 방문한 적이 있었다. 그는 카루이자와를 방문하여 ____를(역자 주: 본문에서 이름이 지워져 있음) 만났다. 또한 언어 전문가인 커밍스 박사를 만나 교제하였는데 그는 일본과 한국에서 선교사들이 언어를 배우는 일을 돕는 데 커다란 기여를 하였다. 린튼은 영어를 한국인들에게 가르치는 교수법을 배우는 데 주력했고, 그 일을 매우 훌륭하게 해냈다.

이 시기에 볼링 레이놀즈(역자 주: 이눌서의 아들 이보린)가 군산에 와서 살았고, 두 명의 독신 선교사가 안식년으로 귀국할 때까지 린튼은 그들과 1년 정도 함께 지냈다. 그들이 우유를 짜려고 종종 거실에 들여온 염소와 사진을 찍었던 때가 이 시기였다.

He spent the summer of 1920 with his aunt and in the fall he went to White's Bible School to study. He also studied at Teacher's College for his Masters in Education. Since it would take him two years to get a degree in Education, he got permission from the Board to remain in this country two years. He went to Thomasville to spend the Xmas vacation both that year and the next. The summer of 1920 he also spent largely at Montreat and with his aunt.

9. It was during the winter of 1919-20 that I began to be interested in him, but I still thought that he was interested in another girl and didn't pay him much attention. Toward the end of the summer of 21 as he was ready to return to Korea at Montreat I realized that he and I were really interested in each other. I had a teaching position and couldn't join him till the next summer. He returned to Korea about the middle of August. It was a long winter that I spent before I sailed in May to join him in Korea. He met me in Japan and we were married in Japan. My father and my sister, brother were at the wedding.

We were married early in the morning by Rev. Charles. A. Logan, a cousin of mine and left for a week's honeymoon in. Nara where there was a good hotel in a lovely park. At the end of the week we went to Tokushima to see the Logans for two or three days and then went to Korea where the Mission was on session, meeting in Kwangju and we went there to my father's. After we stayed until

처음부터 린튼은 원 선교사 남매(역자 주: 전주에서 복음전도자로 활동했던 위인사, 위애미 선교사)와 매우 친했다. 그들은 전주에서 살았고 그는 그들의 집에 자주 놀러갔다. 그는 여름에 그들과 캠핑을 하며 지냈고, 전주 외곽의 사찰로 나가곤 했다.

8. 이 시기에 그는 불 선교사, 패터슨 선교사, 베너블 선교사 가정의 자녀들과 매우 가깝게 지냈다. 메리 패터슨이 그를 매우 좋아했는데 그녀는 네다섯 살 즈음이었다.

1919년 봄에 안식년 기간이 되어 린튼은 블라디보스토크에서 출발하는 배편을 이용하여 고국으로 돌아갔다. 배를 타기 위해 블라디보스토크로 가야만 했던 이유는 1차 세계대전 중에 캐나다를 곧장 지나서 영국으로 건너가 훈련을 받으려고 하였던 중국인들로 배가 만선이었기 때문에 배편을 잡기 위해서 그래야만 했다. 그는 브리티시컬럼비아의 밴쿠버 항에 내렸다.

그는 1920년에 이모와 함께 여름을 보냈고 가을에는 화이트 성경학교(역자 주: 뉴욕 신학교의 전신)에 입학하여 공부하였다. 동시에 그는 티처스칼리지(역자 주: 뉴욕의 컬럼비아 대학교 교육대학원)의 교육학 석사 과정에서 공부했다. 교육학 학위를 취득하기 위해서는 2년의 시간이 필요했기 때문에 그는 선교본부로부터 연구년으로 2년간 미국에 머물 수 있는 허락을 받았다.

그는 토마스빌에서 그해와 이듬해 크리스마스 휴가를 보냈다. 1920년 여름에는 이모님과 주로 몬트리트에서 지냈다.

9. 1919년에서 1920년으로 넘어가는 겨울에 나는 그에게 관심

the end of mission meeting we went to Kunsan where we were to live.

10. In Kunsan we were met on the R. R. Station by the teachers of the school where Mr. Linton taught and some of the missionaries. We drove out the station where the house were in Mr. Harrison's survey, a distance of little over a mile. When we came to a narrow bridge Mrs. Harrison told us that "Papa always drove carefully" but she always got out and walked across the bridge.

We were entertained for a day or two in the home of the Pattersons. The Harrisons were going on furlough soon and we were to have their house if we wanted it. Since the only other vacant house available was a very windy one we decided to take the Harrison's.

We were to have the man named You to work for us and we hired a woman who was kin to him to work, too. It did not take us very long to gather the furniture that Mr. Linton had had and set up housekeeping. You thought it was fun to work for us and to tell us what to do. He loved for us to have and wanted.

11. It was hard to pronounce so we will just call her what the oldest boy did when he got old enough to talk, Kaimaimie, She turned out to be a joy and stayed with us until we had to go home in 1940. Every one said I would not like the man you and prophe-

을 갖기 시작했지만, 그가 다른 여성을 마음에 두고 있다고 생각했기 때문에 그에게 주의를 기울이지 않았다. 1921년 여름 끝 무렵에 그가 몬트리트에서 한국으로 돌아갈 준비를 하고 있을 때 나는 그와 내가 진지하게 서로에게 관심을 가지고 있다는 것을 알게 되었다. 나는 가르치는 일을 하고 있었기 때문에 다음 해 여름까지는 그와 함께할 수 없었다. 그는 8월 중순에 한국에 복귀하였다. 한국에서 그와 함께하기 위해 다음 해 5월에 배를 타기 전까지 나는 기나긴 겨울을 보냈다. 그는 나를 만나기 위해 일본에 왔고 우리는 일본에서 결혼식을 올렸다. 내 아버지와 남동생이 결혼식에 참석하였다.

우리는 아침 일찍 내 사촌인 찰스 로건 목사의 주례로 결혼식을 올렸고 일본의 나라로 신혼여행을 떠나 그곳의 아름다운 공원 안의 좋은 호텔에서 일주일을 보냈다. 그 주의 마지막 날에 우리는 토쿠시마로 가서 로건 가족들을 만나 2~3일을 머무른 뒤, 광주에서 열리고 있는 선교회 연례회의 기간 중에 한국으로 들어와 아버지와 가족(역자 주: 유진 벨은 첫 부인 샬롯 위더스푼 벨과 사별 후에 윌리엄 불 선교사의 여동생인 마가렛 휘태커 불과 재혼하여 가정을 이루고 있었다)을 만났다. 선교회 연례회의 마지막 날까지 함께 머문 뒤에 우리는 우리가 살림을 차린 군산으로 갔다.

10. 군산에서 우리는 린튼이 교사로 일하고 있는 학교 선생님들과 동료 선교사들을 기차역에서 만났다. 우리는 해리슨 선교사(역자 주: 하위렴 선교사로서 군산, 전주, 목포에서 교육 및 복음전도자로 활동하였음)의 마차를 타고 기차역에서 1마일 남짓 거리에 있는 선교사촌으로 이동했다. 우리가 좁은 다리에 다다랐을 때, 해리슨 부인이 "아빠 언

sied that I would fire him, but I didn't and he stayed with us for four years until he decided to go into other business. We then took Kyungie and had her for the cook for many years.

The McEacherns were our next door neighbors in Kunsan. They had gotten married a year before we had and had come out to Kunsan a while before I had. We had great times with the McEacherns and enjoyed having them as neighbors. We stayed in Kunsan for four years before we moved over to Chunju. Mr. Linton worked hard in the school. He taught English and Bible. He left home right after breakfast and came home long enough to eat his lunch then went back for the afternoon I used to go down to the McEacherns and he would always stop for me.

12. The summers while we were at Kunsan were spent at different places. The first summer after we had set up housekeeping we went to Chiri San. Mr. Linton had gone there with a committee the fail before that was sent by the mission to look for a suitable place for a summer resort. He had written me about the place he had chosen for us to camp on. It was a beautiful place and we spent about a month up there. We took a tent and built a sort of roof over it and a fireplace in it and we were quite comfortable. We went up by chair and horseback and the last half we walked. I had a coolie to pull me by a rope tied around my waist.

The next summer we went to Japan to spend the summer at

제나 조심해서 운전하세요"라고 말하고는 자신은 언제나 마차에서 내려 걸어서 다리를 건넌다고 우리에게 말했다.

우리는 패터슨 선교사 가정에서 하루 이틀 보내며 여가를 즐겼다. 해리슨 선교사 가정은 곧 안식년을 떠날 예정이었기 때문에 우리가 원하면 그들 집에 들어갈 수 있었다. 그 외에 사용 가능한 빈 집은 바람이 아주 많이 들어오는 집뿐이어서 우리는 해리슨 선교사의 집을 사용하기로 했다.

유씨라는 남성이 우리 집안일을 돕고 있었고, 그의 친척인 여성을 고용하여 함께 일하도록 하였다. 린튼이 가구를 마련하여 살림을 장만하는 데는 그리 오래 걸리지 않았다. 유씨는 우리와 일하는 것과 자기가 하는 일을 우리에게 말하는 것을 즐거워했다. 그는 우리가 누군가와 함께 있는 것을 좋아했고 우리가 누군가를 늘 초대하기를 바랐다.

11. 함께 일하는 여성의 이름은 발음하기가 쉽지 않아서 우리는 첫째 아들이 말을 할 만큼 자랐을 때 그녀를 불렀던 대로, '카이마이미'(kaimaimie/역자 주: '할머니'를 발음한 것이라고 사료됨)라고 불렀다. 그녀는 만족스러웠고, 우리가 1940년에 고국으로 철수할 때까지 우리와 함께 지냈다. 모든 사람은 내가 남성 유씨를 좋아하지 않았다고 말하면서 언젠가 그를 해고할 것이라고 예언했다. 그러나 나는 그러지 않았다. 그가 다른 일을 하기로 결심할 때까지 그는 우리와 4년을 함께 지냈다. 그 후에 우리는 경이를 데려왔고 여러 해 동안 그녀가 요리사로 일했다.

매커첸(역자 주: 매요한) 선교사 가정은 군산에서 우리 옆집에 살았

Karuizawa with Logans. We had our first little boy by then and we felt we couldn't afford to camp in the mountains with him. It was quite a trip to Karuizawa and we were glad to get there after two whole days on the way. We arrived early in July before the Logans did and we took some of our meals with a British family until the Logans got there. Mr. Linton had a grand time playing tennis with Darby Fulton that summer. Toward the end of the summer he went on a hiking trip to the Japanese Alps with Dr. Fulton. The trip took several days. They had a good time.

13. When we had lived at Kunsan for two years the Harrisons returned from America and we moved to the Patterson house, the Pattersons had resigned and gone home. we had our second little boy by then. When he was a baby we took the two of them up to Chiri San to a sort of house that Mr. J. built. It was August before we got up there. We spent some time with my folks in Kwangju and then a week or two in Soonchun with the Coits and Prestons, waiting for the house to be built. The men had a hard time building because it continued to rain.

In 1926 the Mibbion decided to move us to Chunju where they had decided to develop the school into a recognized school. It was such against the wishes of the whole staff and student body of the Young Myong school where Mr. Linton had worked so faithfully for many years. But the Mission vote went that way and we moved

다. 매커첸 부부는 우리가 결혼하기 1년 전에 결혼하였고 내가 오기 바로 전에 군산으로 왔다. 우리 부부는 매커첸 부부와 좋은 시간을 보냈고 그들과 이웃에 살면서 재미있게 지냈다. 우리는 전주로 이사하기 전까지 4년간 군산에서 지냈다. 린튼은 학교에서 열심히 일했다. 그는 영어와 성경을 가르쳤다. 그는 아침 식사를 하고 곧바로 집을 나서서 점심을 먹을 때 들어와 머물다가 다시 오후 시간 일을 하기 위해 나갔다. 오후에 점점 늦어지기 시작하자 나는 매커첸 선교사 가정으로 내려가 있는 경우가 많았고, 그는 돌아오는 길에 나를 데려가려고 늘 그 집에 들렀다.

12. 우리가 군산에 있는 동안에는 여름을 다른 곳에서 보냈다. 우리가 살림을 차린 뒤 첫 여름에는 지리산에 갔다. 린튼은 그곳으로 여름을 나기 위한 휴양지 부지를 물색하기 위해서 선교회가 파송한 위원회와 함께 그 전 가을에 답사를 간 적이 있었다. 그는 내게 우리의 캠핑지로 선택한 장소를 설명하는 편지를 썼었다. 그곳은 아름다운 장소였고 우리는 그곳에서 한 달가량 머물렀다. 우리는 텐트를 치고 위에 지붕을 올리고 그 안에 난로를 놓았고, 아주 편안하게 지냈다. 우리는 가마와 말을 타고 올라갔고 마지막 절반 정도는 걸어서 올라갔다. 일꾼이 내 허리에 밧줄을 매어 나를 끌어주었다.

그 다음 여름에 우리는 일본에 가서 카루이자와(역자 주: 나가노현에 위치한 일본의 유명 휴양지)에서 로건 가족과 함께 여름을 보냈다. 우리는 그때 첫 아이가 어렸기 때문에 그 아이를 데리고 산에서 캠프를 할 수 없을 것이라 생각했다. 카루이자와까지 가는 길은 대단한 여행이었고 꼬박 이틀 걸려서 그곳에 도착했을 때 우리는 기뻤다.

in the early fall of 1926. Out third little boy had arrived early in that year. The Japanese decided to do something very special for, the men in educational work. They decided to give them a trip to see the main schools in Japan like they wanted ours to be and to see some of the main sights of Japan. A Mr.____ was put in charge of the trip and the cost was very much reduced.

14. Mr. Linton was able to go on this trip and a large group of missionaries of all denominations want. They were given a fine time and saw schools from one end of Japan to the other and all sorts of sights of interest besides.

We moved to Chunju by horse carts and lived in the house that had been the Tates' who had resigned and left on account of old age. Mr. Linton was given the second position in the school as co-principal with Mr. Eversole. He taught beginning English and Old Testament history.

(During the time we in Kunsan Mr. Linton had been asked by the head of the Language school in Seoul to lecture on phonetics to the students. This took two weeks.)

As soon we got moved to Chunju Mr. Linton started getting things in line to have the school Recognized. One of the Korean teachers, a special friend of Mr. Linton's used to like to tell it on him that whenever he left a class a little early if he met Mr. Linton in the hall. Mr. Linton wouldn't say anything but he would pull out his

우리 가족은 로건 가족보다 먼저 7월초에 도착했고 그들이 도착할 때까지 영국인 가족들과 함께 몇 끼 식사를 같이 하였다. 린튼은 그 해 여름에 다비 풀턴 선교사(역자 주: 미국 남장로회 일본 선교사로 이후 미국 남장로회 해외선교부 총무를 맡게 되어 신사참배 문제로 선교학교를 폐교하게 될 때 한국에 방문하여 린튼과 함께 이 일을 처리한다)와 테니스를 치는 대단한 시간을 가졌다. 여름의 끝 무렵에 그는 풀턴 박사와 함께 일본의 알프스로 하이킹 여행을 갔다. 그들은 여행을 여러 날 동안 함께 하며 즐거운 시간을 보냈다.

13. 우리가 군산에서 2년 간 살았을 때 해리슨 선교사 가정이 미국에서 돌아왔고, 우리는 패터슨 선교사의 집으로 이사했다. 패터슨 선교사 부부는 사임을 하고 귀국하였다. 우리는 그 무렵 둘째 아들을 낳았다. 둘째가 아기였을 때 우리는 아이 둘을 데리고 지리산에 가서 린튼이 집처럼 지은 곳에서 지냈다. 우리가 그곳에 올라간 때가 8월이었다. 우리는 광주에서 우리 동료들과 얼마간 시간을 보냈고, 그 후 한두 주가량 순천에서 코이트 선교사 가정(역자 주: 고라복 선교사로서 변요한 선교사와 함께 순천선교지부를 개척한 선교사. 순천 매산학교 교장을 역임함)과 프레스톤 선교사 가정과 시간을 보냈다. 그분들은 집이 지어지기를 기다리고 있었다. 비가 계속 왔기 때문에 그분들은 고생이 많았다.

1926년에 선교회는 우리를 전주로 옮기기로 결정하였는데, 전주의 남학교(역자 주: 신흥학교)를 지정 학교로 발전시키기로 결정하였기 때문이다. 이러한 결정은 영명학교 학생과 교직원들의 바람과는 크게 어긋나는 것이었는데, 린튼이 그곳에서 오랫동안 매우 성

watch, and look at it. It was in this way that he learned he must not leave classes early.

15. We lived in Chunju two years before our first furlough. During this time our fourth little boy was born. As the boys became old enough Mr. L. took them with him when he went hunting Saturday afternoon. The course in Bible that Mr. L. taught was mostly the Old Testament. When there came the special Bible class for men right after Xmas, when the school was having holiday when over 500 men from all over the province came in for ten days to study Mr. Linton usually taught Mark.

He joined with me in trying to see that the single people in our station had a share in our Xmas, celebration. We usually invited Miss Winn and her brother to spend the night with us to open the stockings Xmas morning. Miss Kestler who was the nurse at our hospital often came too.

Our first furlough was a memorable one for us. We left Chunju with our own four little boys and William Bell, my younger brother who was fifteen years old. He was certainly a lot of help to us on the trip. We traveled to Japan where we got on a Japanese steamer bound for San Francisco. We had a days sightseeing in Honolulu.

16. made pleasant by help of some ladies who lived on the island. They put their car and chauffeur at our disposal and we

실하게 일했기 때문이다. 그러나 선교회의 결의는 그와 같이 결정되었고 우리는 1926년 초가을에 이사를 하였다. 셋째 아들은 그해 초에 태어났다. 일본 당국은 교육 사업에 종사하고 있는 남성 선교사들을 위해 매우 특별한 일을 하기로 결정했다. 그들은 우리가 본받기를 원하는 일본의 주요한 학교들을 둘러보고 일본의 주요 관광지를 둘러볼 수 있는 여행 기회를 선교사들에게 주기로 결정했던 것이다. ____가(역자 주: 원문에 이름이 지워져 있음) 이 여행의 책임을 맡았고 비용은 아주 많이 경감되었다.

14. 린튼은 이 여행에 참여할 수 있었고 모든 교파의 많은 선교사도 참여하였다. 그들은 일본의 전 지역의 학교들을 참관하고 그 외에도 관심을 끄는 다양한 구경을 할 수 있는 좋은 시간을 가졌다.

우리는 마차를 타고 전주로 이사하였고 테이트 선교사(역자 주: 미국 남장로회 최초의 7인 선교사 가운데 한 명이며 전주에서 전도 활동을 하였던 최의덕 선교사. 그의 부인은 전주예수병원의 설립자였던 매티 잉골드) 가정이 나이가 들어 사임하고 떠나면서 그들이 오랫동안 지내왔던 집에서 살게 되었다. 린튼은 전주의 남학교에서 에버솔 선교사(역자 주: 전주에서 교육선교사로 활동하며 신흥학교 교장을 맡았던 여부솔)와 함께 공동 교장을 맡으면서 두 번째 직위를 가졌다. 그는 기초 영어와 구약 역사를 가르쳤다. (그 당시 우리가 군산에 있을 때 린튼은 서울에 있는 언어학교의 교장을 맡아서 학생들에게 시를 강의해달라는 제의를 받았다. 이 일은 2주가 소요되었다.)

우리가 전주로 옮겨오자마자 린튼은 지정 학교 인가를 받기 위해 필요한 일들의 순서를 정하는 일을 시작하였다. 린튼의 친한 친

used it to drive around most of the day.

We reached Atlanta where we more met by Aunt Cal and some other friends and spent a few days going to the doctor. While we there A good friend let have a new Model. A Ford that he had just bought so we started out to visit some relatives and friends in it. Aunt Cal had put the renters out of the house on S.Hansell and had completely furnished it with her own and borrowed furniture and had hired a cook and had it all ready for us to live in when we got there. But William had other plans in mind and it was necessary for him to tell Aunt Cal that he was going to Columbia. Seminary and would not be there except once in a while when he came to see us. He felt that he had a call to the ministry and it was his duty to go. And so since the Board had given him permission to study for two years and since Aunt Cal would live with us that was what we did. It seemed to Mr. Linton that it would be well for him to get a degree from the seminary and take up evangelistic work since there were already two men working in the school.

17. As I look back over these four years before furlough I think about how often Mr. L. lead the little English service that we always had on Sunday afternoon. He was more often than not the only man in the station and for that reason he was asked to lead. He never kept the notes of any sermons he preached. He often took for his subject some of the little known Bible characters, such as

구인 한국인 교사 중 한 사람은 자신이 수업시간을 일찍 끝낼 때마다 복도에서 린튼을 만나면 그는 아무런 말도 하지 않고 시계를 꺼내 쳐다보았다는 이야기를 하면서 린튼에 대하여 말하였다. 이런 방식으로 그는 수업을 일찍 마쳐서는 안 된다는 사실을 배웠다고 한다.

15. 우리 가정은 전주에서 2년을 살고 난 후 첫 번째 안식년을 가졌다. 이 시기에 넷째 아들이 태어났다. 아이들이 어느 정도 자란 뒤에 린튼은 토요일 오후에 사냥을 나갈 때 아이들을 데리고 갔다. 린튼이 가르치는 성경 과목은 대부분 구약이었다. 크리스마스 직후에 남성들을 위한 특별성경공부반이 열릴 때면 전주의 남학교는 방학기간이어서 이 지역의 여러 곳에서 온 500명 이상의 남성이 열흘간 머물며 성경을 공부하였고, 린튼은 주로 마가복음을 가르쳤다.

그는 우리 선교지부에 있는 독신 선교사들이 크리스마스 행사를 하는 것을 보려고 나와 동행하였다. 우리는 윈 선교사(역자 주: 위애미 선교사)와 그녀의 오빠(역자 주: 위인사 선교사)를 초대하여 밤을 함께 지새우고 크리스마스 아침에 양말을 열어보곤 했다. 우리 선교회 병원의 간호사인 케슬러 선교사(역자 주: 군산과 전주 예수병원에서 간호사로 헌신한 독신 여성선교사인 계슬라 선교사)도 종종 참여하였다.

우리 가정의 첫 안식년은 우리에게는 추억이 가득한 시간이었다. 우리는 네 아들과 열다섯 살이었던 나의 남동생 윌리엄 벨과 함께 전주를 출발하였다. 내 동생은 여행 중에 우리에게 큰 도움이 되었다. 우리는 일본을 여행하고 그곳에서 일본 증기선을 타고 샌프란시스코로 출항하였다.

those that are mentioned in Romans, or Barnabas, John Mark and others. One of his favorite topics was to give a series on Mark on Daniel, Then, too, He liked to protection Elijah. Of course he continued to preach on these name subjects after he moved to Chunju.

When Mr. L. Told Aunt C. about his plans she didn't say a word but you could see that it was a disappointment to her.

Mr. L. took beginning Greek and Hebrew and had to work awfully hard to keep up with the others who were younger. He managed to cover the course in the two years that he had because he had taken Bible at White's bible school in N. Y. lie studied early and late. He came home to see us about every six weeks, and called up over the telephone once a week on Friday night.

18. In the summer he had to do extra studying to make extra credits. Once or twice he had to come to see us when there was sickness in the family and I was too tired to look after the children. But we made out someway and the two years was finally over and it was time for us to go back. We started back in May because they had asked us to be present at the mission meeting when our assignment would be discussed. We were all packed up and ready to cross the continent in our Ford when we heard that Dr. Eversole, the principal of the school where we had been, was resigning for good and they wanted Mr. L. to take his place. And so we arrived in Chunju just in time for the mission meeting on Chiri San and

16. 호놀룰루에서 그곳에 사는 여성들의 도움으로 당일치기 관광을 재미있게 하였다. 그들은 차와 기사를 우리에게 제공해주어서 우리는 하루 종일 차를 타고 다니며 여행하였다.

우리는 애틀랜타에 도착하여 그곳에서 칼리 이모와 다른 지인들을 만났고 며칠을 지낸 뒤 병원 진찰을 받으러 갔다. 그곳에 있는 동안 좋은 친구 하나가 구입한 지 얼마 되지 않은 포드 자동차의 신형 모델 A를 쓸 수 있게 해주어서 우리는 그 차를 개시하여 타고 다니며 가족과 친지들을 방문하였다.

칼리 이모님은 사우스 핸셀가에 있는 집(역자 주: 린튼의 고향 토마스빌에 있는 주택)의 임차인을 내보내고 자신의 가구와 빌려온 가구로 완벽하게 꾸며 놓고 요리사를 고용하여서 우리가 들어와 살 수 있는 모든 준비를 해놓으셨다. 그러나 윌리엄은 다른 계획들이 있었다. 그래서 칼리 이모님께 그가 컬럼비아 신학교에 다녀야 하므로 우리를 만나러 잠시 들르는 경우를 제외하고는 자신은 그곳에서 함께 살 수 없다고 말씀드려야 했다. 그는 목회에 부르심을 받았다고 생각하였고 신학교에 가야만 한다고 여겼다. 선교본부는 그에게 2년간 공부할 수 있도록 허락해주었고 칼리 이모님이 우리와 함께 사실 것이기 때문에 우리는 그렇게 했던 것이다. 린튼은 신학교에서 학위를 받아 복음전도 사역을 감당하는 것이 그에게 좋은 일이라 여겼다. 왜냐하면 이미 전주 남학교에서 전도 활동을 하고 있는 두 명의 사역자가 있었기 때문이었다.

17. 안식년 전 4년의 시간을 되돌아보면 우리가 매주 주일 오후에 드렸던 소규모 영어예배를 린튼이 얼마나 자주 인도했는지 생각

found his job waiting for him. We moved into the house on the side of the hill that had been occupied by the Eversole family, and was considered the home of the principal of Sin Heung School. We lived in that house until 1940 when it was necessary to evacuate on account of World War II. We moved in the fall of 1930 and the next few years were happy ones and busy ones for Mr. L. He was given a small field of seven Church t look after in addition to his work in the school. He visited the churches on the week ends.

(I forgot to say that Mr. L. was ordained a a minister in a special service of the Thomasville Church, Before he left for work on the field.)

19. We got back to the field at the beginning of July, in time for the Mission Meeting that was held on Chiri San and we went immediately to Chiri San. As I said before the resignation of Dr. Eversole left a vacancy in the school work so Mr. Linton was put into it and became Principal of the Chunju Boys School. We moved into the house that the Eversoles had occupied and started on the longest tour of duty that we had had. We were on the field eight whole years before gong home. The regular term was seven years but during the depression the Board asked that any couple who was well and was willing to stay an extra year. We were perfectly all right and had all of our children with us so we stayed.

The first five years of that tie were enjoyable.

하게 된다. 그는 선교지부의 유일한 남성이었을 때가 많았고 그런 이유로 예배 인도를 자주 요청받았다. 그는 설교할 때 설교 노트를 만든 적이 없었다. 그는 성경에서 잘 알려지지 않은 인물들을 설교의 주제로 삼았는데 로마서에 언급된 인물들, 바나바, 마가, 요한과 같은 인물들이 그러했다. 그가 좋아했던 주제들은 마가나 다니엘에 대한 시리즈 설교였다. 그때도 그랬지만 그는 엘리야에 대하여 설교하기를 좋아했다. 그가 전주로 옮겨 온 뒤에도 이런 주제들에 대한 설교를 계속해서 이어갔다.

린튼이 칼리 이모님에게 그의 계획을 말했을 때 그분은 한 마디도 하지 않으셨는데, 그것은 무척 실망하셨던 때문이다. 린튼은 그리스어와 히브리어 공부를 시작했고 그보다 젊은 신학생들을 따라잡으려고 몹시도 열심히 공부해야 했다. 그는 2년 만에 신학교 수업을 다 마쳤는데 그가 뉴욕의 화이트 성경학교에서 성경 수업을 들었기 때문에 가능했다. 그는 일찍 공부를 시작하여 늦게까지 했다. 그는 거의 6주에 한 번 꼴로 우리를 만나러 집에 왔고, 한 주에 한 번씩 금요일 밤에 전화로 통화했다.

18. 그는 여름에 추가 학점을 따기 위해서 더 남아 공부를 해야만 했다. 이때 그는 가족 중에 누가 아플 때 한두 번 우리를 만나러 왔을 뿐이었는데 나 역시도 아이들을 돌보느라 매우 힘들었다. 그래도 우리는 어떻게든 해냈고 2년이라는 시간이 마침내 끝나서 돌아갈 준비를 할 때가 왔다. 선교회가 연구년 복귀 이후 우리의 임무가 논의될 연례회의에 참석하라고 요청했기 때문에 우리는 5월에 돌아갈 채비를 시작했다. 우리는 짐을 꾸렸고 우리의 포드 차로 대

20. During these years Mr. L. worked hard on getting the school "recognized". That meant that we would be allowed, to teach Bible as a required subject as well as the many other subjects the Japanese required. In order to get the permit for this the whole school had to take examinations, given by a committee from the educational department. Our boys were given such good training by their teachers that they passed the examinations well. And at last they were given the "Recognition" that they had been so anxious for.

But this was not the end of their trouble. By 1936 things were getting more and more tense and the Japanese government was making more and more demands of our students. The question of Shrine worship came up gradually and we were told that they must take part in the worship at the local shrine. At first they said it was only reverence and not worship, but we soon came to see that our boys could not take part in it. Mr. L. made trips to Seoul to talk it over with the authorities.

21. Dr. Fulton who was Executive Secretary at that time made a special visit to Korea for the purpose trying to persuade the officials not to make our students go to the shrine. But to no avail. Finally in 1937 our schools had to be closed. Most of our students were transferred to a school some thirty-five miles from Chunju and it was a sad day when the buses came to lead them up and take

류 횡단을 할 준비를 했다. 그 무렵에 우리는 우리가 일했던 남학교의 교장이었던 에버솔 박사가 영구적으로 사임하였고 선교회는 린튼이 후임으로 교장의 직무를 맡기를 원한다는 소식을 전해 들었다. 그래서 우리는 지리산에서 열린 선교회 연례회의에 참석하기 위해서 시간에 맞춰 전주에 도착했고, 일이 그를 기다리고 있었다. 우리는 언덕 위에 있는 집으로 이사 갔다. 그곳은 에버솔 선교사 가정이 사용하던 집이었고, 신흥학교 교장 사택으로 여겨지던 곳이었다. 우리는 2차 세계대전으로 인해 철수해야 했던 1940년까지 그 집에서 살았다. 우리는 1930년 가을에 이사했고 다음 몇 년 간은 린튼에게는 매우 행복하면서도 바쁜 시기였다. 그는 학교 업무 외에도 7개 교회로 구성된 작은 구역을 돌보는 책임을 맡았다. 그는 주말에 교회를 심방하였다. (린튼이 현장 사역으로 복귀하기 전에 토마스빌 교회의 특별 예배에서 목사 안수를 받았다는 사실을 말한다는 것을 잊었다.)

19. 우리는 지리산에서 열린 선교회 연례회의에 맞춰서 7월 초에 현장으로 복귀하였고 곧바로 지리산으로 향했다. 내가 앞서 말한 것처럼 에버솔 박사의 사임으로 학교 업무에 공백이 생겼고 린튼이 그 자리로 들어가 전주 남학교의 교장이 되었다. 우리는 에버솔 선교사 가정이 사용하던 집으로 이사했고 우리가 이제까지 감당해왔던 사역 중에 가장 기나긴 여정을 시작했다. 우리는 고국으로 돌아가기 전까지 8년 연속으로 현장에서 사역했다. 일반적인 사역 기간은 7년이지만 경제공황으로 인하여 해외선교본부는 건강에 문제가 없고 계속 있을 수 있는 선교사 가정에게 한 해 더 머물러달라

them to the other school.

We had been in Korea since 1930 and had only one more year before furlough. Mr. L. closed the school buildings and moved his office to the house and looked around for ways fill up his days and he found plenty to do visiting and doing personal work among the Koreans. He often spent days in the country. He would visit the police station and get their permission to preach in the village and to give our tracts. He did not spend the night out in country places very much. The Koreans who came to see us in those days were very careful of what they said and also of what they said. They came at a lot and we understood that it was because they were afraid of the Japanese officials. Things were harder and harder for the Christians.

22. Finally it came time for us to go on furlough. We had decided to go "by the ports" or by the long way home. We planned to leave about the first of June 1938 and the two older boys who were in PyengYang by that time at school met us in Teajon and we started for Japan by Pusan. We had an uneventful trip to Japan and stayed in Kobe a day or two getting everything ready to sail on the French Line for Shanghai, Hong Kong, and thus thru Suez and by Egypt and by Palestine where we stayed These weeks and on to America by Constantinople, Athens, Rome, Switzerland, France, and London. We had a thoroughly interesting trip and spent about

고 요청했다. 우리는 아무런 문제가 없었고 우리 아이들 모두 우리와 함께 지내고 있었기 때문에 한 해 더 있었다. 이 시기의 첫 5년은 즐거웠다.

20. 이 시기에 린튼은 지정 학교 인가를 받기 위해서 열심히 일했다. 이렇게 되면 일본 정부가 요구하는 다른 많은 과목뿐만 아니라 성경 역시 필수 과목으로 인정받을 수 있었다. 이러한 승인을 받기 위해 학교 전체가 교육 당국(역자 주: 조선총독부 학무국)의 위원회가 출제하는 시험을 치러야 했다. 우리 학생들은 교사들로부터 훌륭한 교육을 받았기 때문에 시험을 잘 통과했다. 그리고 마침내 신흥학교는 그렇게 고대하였던 지정 학교 인가를 받았다.

그러나 이것은 고통의 끝이 아니었다. 1936년에 상황은 점점 더 긴박하게 진행되었고 일본 당국은 우리 학생들에게 더 많은 요구를 하였다. 신사참배 문제가 점차적으로 불거졌고 우리 학생들이 지역의 신사에서 참배해야 한다는 요구를 받았다. 처음에 일본 당국은 그것은 단지 공경의 차원이며 예배가 아니라고 했지만 우리는 곧 우리 학생들이 그 일에 참여할 수 없다는 태도를 확실히 하였다. 린튼은 서울로 여러 번 찾아가 당국과 이 문제를 놓고 협상하였다.

21. 풀턴 박사는 그 당시 해외선교본부 총무였고 한국에 특별히 방문하여 당국자들을 만나 우리 학생들이 신사참배에 참여하지 않도록 설득하고자 했다. 그러나 결국에는 아무런 성과가 없었다. 마침내 1937년에 우리 남장로회 소속 선교학교들은 폐교를 단행했다(역자 주: 린튼은 당시 미국 남장로회 교육선교 책임자로서 선교학교들을 폐교하는

three months on route. We landed in New York where w were met by my brother William Bell.

He drove us as far as Kentucky and there we were lent a car by the David Bells to make rest of the trip in. We arrived in Thomasville and found a house that Aunt cal had gotten for us to spend our furlough in. It belonged to a cousin who was in Atlanta and who was willing to rent it us. We had a nice furlough which aunt Cal spent with us. In 1939 when it was time for us to return to Korea it was decided for Aunt Cal to go with us.

23. This is what she did and we drove across the continent with Aunt cal with us, six Linton and one Aunt Cal. We had a pleasant trip. We sailed on a Canadian Liner and had a good trip. We finally reached Korea and had the first of many such experiences we were to become thoroughly acquainted with. We arrived in Chunju in a practice black out. We soon became accustomed to them and knew just what to do. Things were different in Korea these days from what they had been. But we went on doing what work we could. In a years time we had the chance to send our oldest boy Home to enter College, and he got ready and left us in August. We started in to the fall's work and reports on the radio became more and more alarming. Finally we all sitting around one day listening to the radio and they said that it was official from Washington that word had come for all Americans to leave the Orient. They said

문제에 대한 전적인 권한을 가지고 추진하는 전권위원장을 맡았다). 우리 학교 학생들 대부분은 전주에서 35마일 정도 떨어진 학교로 전학을 갔다. 버스 몇 대가 와서 학생들을 인솔하여 다른 학교로 데려갔던 그 날은 참으로 슬픈 날이었다.

우리 가정은 1930년 이래로 계속 한국에 있었고 안식년 전에 일 년 더 연장해 머물고 있었다. 린튼은 학교 건물들을 폐쇄하고 그의 사무실을 우리 집으로 옮겼다. 그는(역자 주: 그의 주된 업무인 교육선교가 중단된 이후) 하루를 어떻게 보내야 할지 방법을 모색하던 가운데 한국인들을 심방하고 개인 전도를 할 많은 일거리를 찾았다. 그는 종종 시골에서 여러 날을 보내기도 했다. 그는 경찰서를 방문하여 마을에서 전도하면서 전도지를 나눠줄 수 있는 허가를 받았다. 그는 시골 지역에서는 밤에 밖에 나다니지는 않았다. 그 당시 우리를 만나는 한국인들은 말하는 것에 매우 주의를 기울였다. 그들은 우리에게 많이 찾아왔는데 그들이 일본 당국자들을 두려워했기 때문이라고 우리는 이해했다. 상황은 점점 더 악화되었고 특별히 그리스도인들에게는 더욱 힘든 시기였다.

22. 마침내 우리가 안식년을 가야 할 때가 되었다. 우리는 '여러 항구들을 경유하거나' 먼 길을 지나 고국으로 돌아가기로 결정했다. 우리는 1938년 6월 1일에 출발하기로 계획하였고 그 당시 평양의 외국인학교에 다니고 있던 두 아들을 대전에서 만나 부산으로 가서 일본으로 떠나기로 했다.

일본까지는 특별한 일정이 없었고 고베에서 하루 이틀 머무르면서 프랑스 해운에 승선할 준비를 하였다. 이 배는 상하이와 홍콩으

that we could either get on a boat that was leaving in early Nov. to come home by one route or we could wait for a ship that would leave later and come to the U.S. direct. It was a hard matter to decide. The schools where our children were going to close. We decided to take the second boat.

24. That meant that we would leave about the 14th, or November. It was about a month off. We had a month to do our packing and leave. The hardest part was to tell the Koreans we had to leave. But things had gotten so hard for them that we realized that if we stayed there would be mighty little we could do.

The verse that was given for us to read in "Daily Strength for Daily Needs" for that day in October was Isaiah 52:12/It seemed that it was not coincidental, That was a hard month. We had interruptions frequently because the Koreans heard that we were leaving and they came to see us because some of them didn't expect to see us again and some came because they wanted to go with us.

We didn't know what to do with our things. Finally we decided to pack away our furniture and take with us what we could put in trunks. For the first time we had to get ourselves off to America without another family to give us last meals. The other families were all leaving too. At last the day came and we locked up and left.

로 출발하여 수에즈 운하를 거쳐 이집트와 팔레스타인을 경유하였는데 우리는 그곳에서 3주간 머물렀고, 다시 콘스탄티노플, 아테네, 로마, 스위스, 프랑스, 런던을 거쳐 미국으로 가는 항로였다. 우리는 완전히 흥미진진한 여행을 하였고 여행을 하면서 석 달을 보냈다. 우리는 뉴욕에 도착하여 나의 남동생 윌리엄 벨(역자 주: 배유지는 샬롯 위더스푼에게서 헨리와 샬롯을, 마가렛 불과는 윌리엄 유진, 홀란드 스콧, 윌리엄 포드를 낳았다)과 만났다.

그는 우리를 태우고 켄터키까지 갔고 거기서 우리는 데이비드 벨 가정이 빌린 차를 타고 고향까지 남은 여정을 이어갔다. 우리는 토마스빌에 도착하여 칼리 이모님이 우리가 안식년 동안 들어가서 살도록 준비해주신 집을 찾아갔다. 그 집은 애틀랜타에 사는 사촌의 소유였고 그는 우리에게 그 집을 빌려주었다. 우리는 칼리 이모님과 함께 안식년 기간을 잘 보냈다. 한국에 복귀하는 1939년에 칼리 이모님은 우리와 함께 가시기로 결정했다.

23. 이것은 이모님이 내리신 결정이었고, 우리 6명의 린튼 가족과 칼리 이모님은 차를 타고 대륙을 횡단하였다. 우리는 편안한 여행을 하였다. 우리는 캐나다 해운을 타고 즐거운 여행을 하였다. 이윽고 한국에 도착하였을 때 우리가 경험한 많은 것 가운데 최고는 우리가 서로를 완전히 이해하게 되었다는 사실이었다. 우리가 전주에 도착하였을 때 그곳은 등화관제 훈련 중이었다. 우리는 곧 적응하게 되었고 행동 요령에 익숙해졌다. 이 당시 한국은 예전과는 아주 다른 상황이 되었다. 그렇지만 우리는 우리가 할 수 있는 일들을 계속 진행해나갔다. 1년 후에 큰 아들이 대학에 입학하기 위해 고국

으로 돌아가야 할 때가 되었고, 그는 떠날 준비를 해서 8월에 미국으로 갔다. 우리는 가을 사역을 시작하였지만 라디오에서 듣는 소식들은 점점 더 불안해졌다. 그러던 어느 날 우리는 둘러 앉아 라디오를 듣다가 모든 미국인은 아시아를 떠나 고국으로 돌아오라는 워싱턴의 공식 입장을 전해 들었다. 미국 정부는 11월 초에 떠나는 작은 배를 타고 경유하여 귀국하는 편을 택하든지 아니면 그 후에 떠나서 미국으로 곧바로 들어오는 큰 배를 기다리든지 하라고 말했다. 그것은 결정하기가 어려운 문제였다. 우리 아이들이 다니는 학교들은 문을 닫고 있는 상황이었다. 우리는 두 번째 배를 타기로 결정하였다.

24. 그에 따라 우리는 11월 14일에 철수하게 되었다. 한 달밖에는 여유가 없었다. 우리는 한 달 안에 짐을 싸고 철수할 채비를 했다. 가장 힘든 일은 한국인들에게 우리가 떠나야만 한다고 말하는 것이었다. 한국인들에게는 상황이 더욱 악화되어서 우리가 머문다고 한들 우리가 할 수 있는 일은 거의 없을 것이라는 것을 그들도 알고 있었다.

우리가 받은 읽을 구절은 "매일 살아가는 데 필요한 매일의 능력"이었고 10월의 그날에는 이사야 52장 12절이었다("여호와께서 너희 앞에서 행하시며 이스라엘의 하나님이 너희 뒤에서 호위하시리니 너희가 황급히 나오지 아니하며 도망하듯 다니지 아니하리라"). 그 구절은 우연의 일치가 아니었을 것이다. 짐을 꾸리는 동안 빈번하게 일이 중단되었다. 왜냐하면 한국인들이 우리가 떠난다는 소식을 듣고 다시는 우리를 보지 못한다고 생각했기 때문에 우리를 찾아오기도 하였고, 어떤 이들은 우리와 함께 가기를 원해서 찾아오기도 했다.

　우리는 쓰던 물건들을 어떻게 처리해야 할지 알지 못했다. 결국 가구는 치워놓기로 했고, 가방 안에 넣을 수 있는 것들은 가져가기로 했다. 처음으로 우리는 어느 선교사 가정에게도 마지막 식사 초대를 받지 못하고 미국으로 떠나야만 했다. 왜냐하면 다른 모든 가정도 떠나야만 했기 때문이다. 마침내 그날이 왔고 우리는 문을 걸어 잠그고 한국을 떠났다.

A Biography of W. A. Linton

〈Table of Contents〉

인애자(Lois F. Linton)의 인돈 전기[*]

---

[*] 이 전기는 제목이나 저자의 이름이 기록되어 있지 않고, 인돈의 생애를 새벽과 오전으로 구분하여 정리하였다. 이 전기는 일제에 의한 선교사 추방 시기(1940년)까지 기록되어 있다. 글의 정황과 내용으로 보아, 이 전기는 인돈의 며느리이자 셋째 아들 인휴의 아내인 인애자(Lois F. Linton)가 기술한 것으로 보인다. 타이핑된 원고에는 페이지 번호가 없고, 이를 엮어놓은 자료집에는 글의 순서가 뒤엉켜 있는 것을 순서대로 정리하여 번역하였다.

Dwight

Work

Family Life - Winns

Furlough

Thomasville and Seminary

Return

Situation of Country

Evacuation

Job with Board - Language Institute

어머니(역자 주: 여기서는 인애자의 시어머니 인사례를 의미함)

결혼

빌, 진, 휴의 출생(역자 주: 인돈의 첫째, 둘째, 셋째 아들)

전주로 이주

드와이트(역자 주: 인돈의 막내아들)

일

가정생활 – 윈 남매(역자 주: 전주에서 가깝게 지낸 위인사, 위애미 남매)

안식년

토마스빌과 신학교(역자 주: 인돈이 신학을 공부한 컬럼비아신학교)

귀국

나라의 상황(역자 주: 일제 말기 한국의 상황)

철수

선교본부 업무 – 어학원

Some lives can be likened to the sun. They rise in gentle splendor, blaze forth at noontide, setting slowly in colorful glory.

The light and warmth they spread while here on this earth can be seen and felt even after they have gone.

William Alderman Linton's life was one of these.

The Dawn

I've come to the conclusion that the story of a person's life should always be written before he dies. You could take it as far as the present, took on a "to be continued" and have a much more factual account of what really happened.

So many times since I've started this sketch I've thought, "If I'd only asked Father." Little details, things he could have gladly told me, are either buried with him or too far back in the minds of people who knew him ever to be resurrected.

For instance, exactly where he was born in a mystery to all of us. For a fact we know that it was near Thomasville, Georgia. We know too that among the countless children's questions he's answered in our presence, "Grandpa, where were you born?", always brought forth the some story. "I was born in a house that was half in Florida, half in Georgia." We took this for truth, though he invariably teased afterward. "I don't know which half because I was just tiny little baby and can't remember." At this the children usually laughed and their grasshopper minds leaped to another sub-

어떤 인생은 태양에 비유할 수 있다. 온화한 빛으로 떠올라, 한낮에는 눈부시게 빛나고, 서서히 저물어가며 화려한 장관을 이루기 때문이다. 이 땅에 머무는 동안 그가 발산하는 빛과 온기는 그가 사라진 이후에도 여전히 볼 수 있고 느낄 수 있다.

윌리엄 앨더만 린튼의 삶이 이러했다.

새벽

나는 한 사람의 인생에 관한 이야기는 언제나 그가 죽기 전에 작성되어야 한다는 결론에 이르렀다. 최대한 현재까지 이야기를 이어가서 '다음 호에 완결' 부분을 보태면, 실제 있었던 일을 훨씬 더 사실에 가깝게 이야기할 수 있을 것이다.

이 글을 시작한 이래로 여러 번 이런 생각을 했었다. "내가 아버님께 여쭤볼 수만 있다면." 그분이 내게 친절하게 말씀해주실 수 있었던 아주 세밀한 사실들이 그분과 함께 묻히거나 그분을 아는 사람들의 기억 속에도 되살리기에는 너무 멀어져버렸다.

예를 들어, 그가 정확히 어디서 태어났는지는 우리 모두에게 미스터리이다. 우리가 아는 사실로는 그곳이 조지아 주 토마스빌 인근이었다는 것뿐이다. 그가 우리 앞에서 대답한 자녀들의 수없는 질문 중에 "할아버지, 어디에서 태어나셨어요?"가 있는데 언제나 약간의 이야기만 들려주었을 뿐이다. "나는 반은 플로리다에, 반은 조지아에 걸쳐 있었던 집에서 태어났단다." 우리는 이 말을 사실로 받아들였지만, 그는 그 이후로도 계속 우리를 놀리셨다. "나는 그때 아주 작은 아이라서 기억을 못 해서 어느 쪽 절반이 어디에 걸쳤는지 잘 모른단다." 이러면 자녀들은 대개 웃으면서, 메뚜기 같은 생

ject. Later, when I was trying to locate that house I wished I'd pursued that question, "Grandpa, where were you born?"

There is a spot right near Thomasville on the line where an old house once stood, half in Florida, half in Georgia. It's on the edge of what used to be the old Linton estate on the road to Tallahassee. This could be the place. A more recent story about that particular house which I think Father would have enjoyed himself is that in the years before it was torn down a "moon-shiner" lived there. When the weather got too "hot' in Florida he moved to Georgia— or vice versa!

Thomasville was really "home" to William. It was home to his parents, and to their parents and grandparents.

Moses Waddell Linton, William's great grandfather, came to Thomas County, from Abbeville, South Carolina. The son of a wealthy planter, he was sent by his father with a number of slaves and horses to this backwoods section of the south to acquire land and settle. Most of the land in the Northern part of the South was already claimed. It was not unusual for men of means to finance a venture farther South for a member of the family. Moses Linton was indeed successful and left a large estate to his heirs.

John Lanier Linton, a son of Moses, married Alice Wyche, daughter of another even more prosperous planter. Wyche Waddell, William's father, was the oldest of seven children of this union. At the present writing Hope Callie Linton Green, younger sister of

각은 다른 주제로 건너뛰고는 했다. 나중에 내가 그 집이 어디인지 찾으려고 했을 때, 나도 그 질문을 했었더라면 했다. "할아버지는 어디에서 태어나셨어요?"

토마스빌 인근에, 반은 플로리다에, 반은 조지아에 걸쳐 있는 오래된 집터가 있다. 그곳은 탤러해시로 가는 도로의 옛 린튼가의 소유지였던 곳 끝에 있다. 생가는 아마도 이곳일 것이다. 아마 아버님도 재미있어 하셨을 것이라 생각하는 이 집과 관련한 최근 이야기는 이 집이 부서지기 전에 '밀주업자'가 그곳에서 몇 년간 살았다는 사실이다. 플로리다의 날씨가 너무 뜨거우면 린튼은 조지아로 넘어갔고, 혹은 그 반대였을 수도 있다!

토마스빌은 실질적으로 윌리엄의 '고향'이었다. 그곳은 그의 부모님의 고향이었고, 또한 그들 부모님과 조부모님들의 고향이었다.

윌리엄의 증조부인 모시스 와델 린튼(Moses Waddell Linton)이 사우스캐롤라이나 주 에버빌에서 토마스카운티로 이주하였다. 부유한 농장주의 아들이었던 그는 아버지가 주신 많은 노예와 말을 이끌고 이곳 남부의 산간 오지로 들어와 땅을 얻어 정착했다. 남부의 북쪽 지역의 대부분의 토지는 이미 다른 사람들이 차지하고 있었다. 자산가가 가족을 위해 더 남쪽으로 내려가는 모험적 사업에 투자하는 것은 이례적인 일이었다. 모시스 린튼은 대단한 성공을 거두었고, 그의 자손들에게 거대한 소유지를 남겼다.

모시스의 아들 존 래니어 린튼(John Lanier Linton)은 앨리스 와이치와 결혼했는데, 그녀는 더 부유한 농장주의 딸이었다. 윌리엄의 아버지 와이치 와델은 이들 부부의 일곱 자녀 가운데 장남이었다. 글을 쓰는 현재 와이치(Alice Wyche)의 여동생 호프 칼리 린튼 그린

Wyche, lives in Athens, Georgia and recalls in remarkable clearness events of long age.

In a recent letter from her she reminisced, "My father and my husband's father too, went to war (the civil war) each with a body servant and two through-bred horses. Is there any wonder we lost the war! Too many generals and not enough privates."

William's mother, Amanda Fonder Alderman, married to Wyche Waddell Linton in was her self a descendent of first settlers of Thomas County and the names Alderman and Fonder figure prominently in the archives of Thomasville.

Few can claim one section of the country as home with more real reason that William claimed Thomasville.

Life does have a way of turning corners, even life in a small town, and I'm sure that the Thomasville that William knew was unique to his day. The civil war had come and gone and through Thomasville was spared the swords of Sherman's soldiers this war took it's toll. Many sons were went by the families in Thomas county but even more supplies went forth from this section to aid the confederate cause. True, that was long past wen William was born yet even today when one tastes the cool summer breeze on the shadowy streets of Thomasville's residential section, feasts his eyes on the giant columns in front of some of it's homes, there's a real flavor of the old south. It would hardly be a surprise then to see a colored Mammy, dressed in long flowing skirt and white lacy

(Hope Callie Linton Green)은 조지아 주 애선스(Athens)에 살고 있으며 예전 일들을 놀라울 정도로 명확하게 기억하고 있다.

그녀는 최근 편지에서 "내 아버지와 시아버지는 전쟁(남북전쟁)에 각각 시종 한 사람과 순종 말 두 필과 함께 참전하셨다. 우리가 전쟁에서 패배했다는 사실이 놀라운가! 장군들은 너무 많았고, 사병들은 너무 훈련이 되지 않았다"라고 했다.

와이치 와델 린튼과 결혼한, 윌리엄의 어머니 아만다 폰더 앨더만(Amanda Ponder Alderman)은 토마스카운티 최초 정착자의 후손이었고, 앨더만과 폰더의 이름은 토마스빌의 기록보관소에서 뛰어난 사람들로 나타나 있다.

이 나라에서 어느 지역을 자신의 고향이라고 주장하는 그 어떤 사람들보다 윌리엄은 토마스빌을 고향이라고 주장하는 더 실질적인 이유가 있다.

삶은 전환점이 있기 마련이다. 작은 마을에서의 삶도 그렇다. 윌리엄이 알고 있던 토마스빌은 분명히 그 당시에는 독특했다. 남북전쟁이 일어났다가 끝났다. 토마스빌은 셔먼 장군(역자 주: 북부군을 승리로 이끄는 데 기여한 윌리엄 셔먼 장군)의 군사들의 칼은 모면했지만 이 전쟁은 피해를 끼쳤다. 토마스빌의 많은 가족이 아들을 군대로 보냈고 남부군의 대의를 지지하기 위해서 이 지역에서 많은 지원이 이루어졌다. 물론 윌리엄이 태어났을 때 이것은 아주 오랜 과거의 일이었지만, 심지어 지금도 토마스빌 주택가의 그늘진 거리에서 시원한 여름 바람을 맛보는 사람들은 몇몇 가정 앞에 거대하게 세워진 기념비를 마음껏 보고 즐기고 있다. 거기에는 옛 남부의 진한 정취가 남아 있다. 유색인종 유모가 긴 풍성한 치마를 입고 하얀 레이

cap, with broom in hand, sweeping off the big veranda of any one of thse beautiful old houses. Surely William must have felt this too when he was growing up.

The place in William's early life certainly must have influenced him greatly but not nearly so much, I imagine, as the people.

There were already two children in the family when William came. Maude Ella and Wyche Jr. Both were very young and though I know from experience that three young children can be a chore I also know that the third child can be especially enjoyable. By the time the third one arrives parents seem to relax more having already made most of their mistakes on the first two.

Poor Amanda! She didn't have much time to relax and enjoy baby William though because tragedy struck the family. William was born the 8th of Feb. 1891 and the 1st of July 1892 Maude Ella died. "The Lord giveth and The Lord taketh away." In October of that very same year Callie Annie made her appearance, yet less than two years later Wyche Jr. was gone.

Maybe it was memories that haunted her. Maybe it was fear of the frightful disease that took her two oldest children but Amanda begged to move from the country. The family finally secured a house in town but in the end it was not to bring the health and happiness they sought. Typhoid took Callie from them when she was only seven and William sorely grieved for her.

He had been very fond of his little sister through he hadn't al-

스 모자를 쓰고 손에 빗자루를 들고 아름다운 옛 주택의 커다란 베란다를 쓸고 있는 모습을 보는 것이 그렇게 놀라운 일은 아닐 것이다. 분명 윌리엄도 성장하면서 이러한 것을 느꼈을 것이다.

윌리엄의 어린 시절에 이 장소가 그에게 커다란 영향을 끼친 것이 틀림없지만, 그곳 사람들이 끼친 영향만큼은 아니었을 것이라 생각한다.

윌리엄이 태어났을 때 이미 그 가정에는 두 명의 자녀가 있었다. 모우드 엘라(Moude Ella)와 와이치 주니어(Wyche Jr.)였다. 두 아이는 아주 어렸지만, 내 경험으로 볼 때 세 명의 어린 자녀를 양육한다는 것은 어려운 일이었을 것이지만, 그럼에도 셋째 아이는 특히 즐거움을 주었을 것이다. 셋째 아이가 태어날 즈음에 부모들은 앞의 두 아이들을 기르면서 이미 대부분의 실수를 경험한 상태라서 좀 더 여유를 갖게 되는 것 같다(역자 주: 인애자 역시 인세반, 인요한을 포함하여 여섯 자녀가 있었기 때문에 이 글에서 동병상련을 느끼는 것 같다).

가엾은 아만다! 그녀는 긴장을 풀며 아기 윌리엄을 돌보는 기쁨을 느낄 시간을 갖지 못했다. 비극이 이 가정을 덮쳤기 때문이다. 윌리엄은 1891년 2월 8일에 태어났는데, 모우드 엘라는 1892년 7월 1일에 사망했다. "주신 분도 주님이시오, 가져가신 분도 주님이시니." 같은 해 10월에 칼리 애니(Callie Annie)가 태어났으나, 이후 2년도 되지 않아 와이치 주니어가 사망했다.

아마도 이것이 그녀를 사로잡은 기억이 되었을 것이다. 아마도 이것이 그녀에게서 두 자녀를 앗아간 끔찍한 질병에 대한 공포가 되었고 아만다는 시골에서 떠나가를 간청했다. 가족은 마침내 시내에 집 하나를 마련하였지만 결국에는 그들이 바랐던 건강과 행복을

ways wanted to play her games. She was younger. She was a girl but he had loved her. He had often watched his mother make doll clothes for Callie and little Agnes Ball next door. There would be no more of that, Though only a coincidence it must have seemed strange to William that Agnes and her brother William moved away the day Callie died. Callie was gone and he was alone. He was an only child.

William's father had not been at home much since the family had moved to town. Teaching school in the country seemed to keep him away more and more. By the time William was ten trouble was there again. His mother and father agreed to separate, not legally, but by mutual consent. According to his sister, "Wyche Linton always wanted to be a teacher and our father tried to make him a farmer." Amanda, and especially Amanda's sister Callie wanted him to oversee a certain estate. He refused and because of this (and who know what other reasons) William's mother and father no longer lived together and William saw his father only occasionally.

Aunt Cal moved in with Amanda and William about this time and they were together until Amanda died some years later.

The people of Thomasville are terrific. They still speak to you there when they meet you on the street whether they know you or not. They are also probably the most loyal people in the world to their own — or else my father-in-law was indeed a model child! I'd

가져다줄 수는 없었다. 칼리는 고작 일곱 살 되던 해에 장티푸스로 사망하였고 윌리엄은 여동생을 잃고 매우 비통해했다.

그는 여동생과 항상 같이 놀고 싶어 하지는 않았지만, 여동생을 아주 많이 좋아했다. 그녀는 어린 소녀였지만, 그는 여동생을 사랑했다. 그는 어머니가 칼리와 이웃집의 어린 아그네스 볼(Agnes Ball)을 위해 천으로 인형을 만들어주는 모습을 종종 보았다. 더 이상 그런 광경은 볼 수 없게 되었다. 비록 우연의 일치였지만 이웃집의 아그네스와 그녀의 오빠 윌리엄이 칼리가 죽은 날 멀리 이사를 간 것이 윌리엄에게는 이상하게 보였다. 칼리는 사망했고, 그는 홀로 남았다. 외동아들이 된 것이다.

윌리엄의 아버지는 가족이 시내로 이사한 이후 집에 있지 않았다. 시골 학교에서 가르치면서 집과는 점점 멀어진 것 같다. 윌리엄이 열 살이 되던 시기에 부부 사이의 갈등이 다시 일어났다. 그의 어머니와 아버지는 법적으로는 아니지만 서로 동의하여 별거하기로 합의했다. 아버지의 여동생에 따르면, "와이치 린튼은 항상 교사로 살기 원했지만, 우리 아버지는 그가 농부가 되게 하려고 노력하셨다." 아만다와 특히 아만다의 여동생 칼리는 그가 소유지 일부를 감독하기를 바랐다. 그는 거절했고 이것 때문에(다른 이유들이 있을지도 모르지만) 윌리엄의 어머니와 아버지는 더 이상 함께 살 수 없었다. 윌리엄은 그의 아버지를 아주 드문드문 만났다.

칼리 이모가 이 무렵에 이사 와서 아만다와 윌리엄과 함께 살았고, 이들 세 사람은 아만다가 몇 해 후에 사망할 때까지 함께 살았다.

토마스빌 사람들은 대단하다. 그들이 당신을 길거리에서 만나면 당신을 알든지 모르든지 당신에게 말을 걸 것이다. 그들은 아마도

hate for a relative of mine to go back to my home town in years to come and try to find out about my early childhood, but that is exactly what I did to father. However, in spite of my almost pleading for a story like frogs in the teacher's desk, or fights with the boy next door, the answer was always the same, "He was so good." It's hard to believe that a boy who played baseball and made popguns to shoot Chinaberries didn't get into mischief but — anyway, it's nice to be loyal! Besides, it may be true. Aunt Hope says, "William was always a gentleman, even when he was little."

Amanda was a Methodist and William was baptised in the Methodist Church. He attended church there with either a member of family or a neighbor, Miss Buth Wethington. One winter when Miss Wethington was unable to go to church for some reason William decided to try the Presbyterian church. It was nearer his home. His sunday school teacher, Miss Cynthia McLean, became his feat friend and was the first one perhaps to implant in him the idea of becoming a missionary. It was the custom in those days for the teachers to continue with their same class, not graduating them at the end of a given period. In this way, Miss McLean worked with William for a number of years and no doubt had such to do with his spiritual development.

In school William was a good student. During high school years in Thomasville Dr. James Reid, a classmate, remembered that "while we were playing William was often studying, and If he'd stayed to

세상에서 자신들은 물론 다른 사람들에게도 가장 의리가 있는 사람들일 것이다. 나의 시아버님은 정말 이상적인 어린이였다! 내 친족 중 누군가가 몇 해 동안 고향마을로 가서 내 어린 시절을 알아내려고 한다면 나는 아주 싫을 것이다. 그런데 바로 그 일을 내가 아버님에게 한 것이다. 그러나 선생님의 책상 속에 개구리를 넣은 이야기나 이웃집 아이와 싸운 이야기를 요청했음에도 대답은 언제나 같았다. "그는 정말 좋은 사람이었어요." 야구를 하고 장난감 총으로 멀구슬나무(Chinaberry)를 맞추는 소년이 아무런 실수를 저지르지 않았다는 사실을 믿기 어렵다. 그러나 어쨌든 의리가 있는 것은 좋은 일이다! 게다가 그 말이 사실일 수도 있다. 호프 고모는 "윌리엄은 언제나 신사였는데, 어릴 때도 그랬다"라고 말한다.

아만다는 감리교인이었기 때문에 윌리엄은 감리교회에서 세례를 받았다. 그는 그곳에 있는 교회에 가족과 함께 다니거나 이웃인 루스 웨딩턴(Ruth Wethington) 씨와 함께 다녔다. 어느 해 겨울에 웨딩턴 씨가 사정으로 인해 교회에 갈 수 없었을 때 윌리엄은 장로교회에 다녀보기로 결심했다. 교회는 집에서 가까웠다. 주일학교 선생님이었던 신시아 맥린(Cynthia McLean) 씨는 그의 든든한 친구가 되었고, 선교사가 되려는 생각을 그에게 심어준 첫 번째 사람이었다. 당시에는 주일학교 선생님이 어느 시기가 마치면 학생들을 올려 보내는 것이 아니라 학생들과 같은 반으로 계속 이어지는 것이 관례였다. 그래서 신시아 선생님은 여러 해 동안 윌리엄을 지도했고 의심할 여지없이 그의 영적 발전에 커다란 기여를 했다.

학교에서도 윌리엄은 좋은 학생이었다. 토마스빌의 고등학교 시절 같은 반 친구인 제임스 리드(James Reid) 박사는 "우리가 놀 때도

finish with his class he likely would have been at the top."

William didn't stay. In 1907 he left his home in Thomasville for the big city of Atlanta and to attend Georgia Tech. First, he entered a preparatory class and by the time he graduated from Tech in 1912 he was "at the top" there.

The best account, I have of this part of his life is in a letter from Miss Rosa May King, Atlanta, Georgia.

She says, "William and I first became acquainted when we were in elementary school, he in Thomasville and I in Atlanta. His mother, Miss Amanda, and his aunt, Miss Callie, and my mother knew each other before they were married. William, Miss Amanda, and Miss Callie stayed at our house for a few weeks one summer. William was a devoted son and nephew, and he felt his mother's death deeply. He was a student at Georgia Tech when she died.

He made an outstanding record at Georgia Tech and was known as the most moral man at Tech during his college days.

It was while he was attending Tech and going to North Avenue Presbyterian Church, that he decided to dedicate his life to full Christian service and offered himself to the Foreign Mission Board. Dr. N. M. Hull, a physician in the North Avenue Presbyterian Church at this time, was very influential in his life. When he first entered Tech he boarded in the dormitory, but his Junior and Senior years were lived in the Hull home on West Peachtree Street.

윌리엄은 공부하는 경우가 많았습니다. 만약 졸업할 때까지 있었다면 수석을 차지했을 것입니다"라고 회고하였다.

윌리엄은 그곳을 떠나야 했다. 1907년에 토마스빌의 집을 떠나 큰 도시인 애틀랜타로 옮겼고, 조지아 공대에 다녔다. 처음에 그는 준비반에 입학했으나 1912년에 조지아 공대를 졸업할 때는 수석을 차지했다.

이 시기 그의 삶에 대한 가장 좋은 이야기는 조지아 주 애틀랜타에 거주하는 로사 메이 킹(Rosa May King) 씨에게 받은 편지에서 얻었다.

그녀는 이렇게 말한다. "윌리엄과 나는 초등학교에 다닐 때부터 알고 지냈습니다. 그는 토마스빌에 살았고 나는 애틀랜타에 살았죠. 그의 어머니 아만다 여사와 이모 칼리 여사는 나의 어머니와 결혼하기 전부터 서로 아는 사이였습니다. 윌리엄과 아만다 여사와 칼리 여사는 여름에 몇 주간 우리 집에서 지낸 적도 있습니다. (윌리엄은 착한 아들이자 조카였고, 그의 어머니의 죽음을 비통하게 여겼습니다. 어머니가 사망했을 때 그는 조지아 공대의 학생이었습니다.)* 그는 조지아 공대에 다닐 때 탁월한 학업 능력을 나타냈고, 대학시절 학교에서 가장 도덕적인 사람으로 알려져 있었습니다.

그가 조지아 공대 재학 중에 노스애버뉴 장로교회에 다니고 있을 때 그는 그의 삶을 기독교 사역에 헌신하기로 결단하였고 해외선교부에 지원하였습니다. 노스애버뉴 장로교회에 출석하는 외과의사

---

* 여기 괄호의 내용은 본문에서 저자가 밑줄을 그어 삭제한 부분이다.

William's buddies at Georgia Tech were Frank Mitchell, Wallace Neal and Norris Pye. This group would come to our house every opportunity they could get and such good times we would have playing games and singing college songs. They soon learned the way to our kitchen where Mamma had food for them, especially baked sweet potatoes, which were William's favorite. He needed no butter to have on them but relished them cold, just so. One time Mamma had a bag of them for him to take back to Tech to nibble on. As it was late and cold he rode the street car that night. In his potatoes on the car. Such a tragedy! He phoned us next day and Mamma consoled him by baking him another batch which he came for and kept up with.

William was a 'he-man', quite courageous, highly respected and liked by his fellowman. He enjoyed a good, clean joke, loved to tease without hurting feelings, and was always good about doing good.

What he was, spoke so loudly that every one was eager to hear what he actually said, and listened to him. He witnessed for His Master in his daily living as well as in his speech. He was a regenerated Christian and those who had the good fortune to come in contact with him were always better afterwards. His friends thank God for him.

This world needs more men like William Linton, who is now with His Lord."

홀(M. M. Hull) 박사는 그의 삶에 아주 커다란 영향을 끼쳤습니다. 그가 조지아 공대에 입학했을 때 처음에는 기숙사에서 생활했으나 3학년과 4학년 때에는 웨스트피치트리 스트리트(West Peachtree Street)에 있는 홀 박사의 집에서 지냈습니다. 윌리엄의 조지아 공대의 친구들은 프랭크 미첼(Frank Mitchell), 월라스 닐(Wallace Neal), 노리스 파이(Norris Pye)였습니다. 이들은 기회 있을 때마다 우리 집에 놀러와서 함께 게임을 하거나 대학가 노래를 부르며 즐거운 시간을 보냈습니다. 그들은 곧 우리 집 부엌을 제집 다니듯 다니게 되었고, 우리 엄마가 그들에게 음식을 만들어주었습니다. 특히 군고구마는 윌리엄이 가장 좋아하던 음식이었습니다. 그는 버터를 발라 먹지 않았고, 차갑게 그냥 먹는 것을 좋아했습니다. 어느 날은 엄마가 그에게 군고구마를 한 봉지 담아서 학교에 돌아가서 먹게 해주셨습니다. 추운 늦은 저녁에 그는 전차에 올라탔습니다. 귀가 시간 전에 도착하려고 서두르다가 그는 전차에 고구마 봉지를 놓고 내렸습니다. 이런 비극이 있나요! 다음날 그는 우리 집에 전화를 걸었고 어머니는 그를 위로해주시며 그에게 또 한가득 고구마를 구워주셨고 그가 왔을 때 가져가게 하셨습니다. 윌리엄은 용기가 넘치는 '건장한 남자'요, 동료들이 존경하고 좋아하는 사람이었습니다. 그는 착하고 건전한 농담을 즐겨했고, 감정을 건드리지 않으면서 놀리기를 좋아했습니다. 그리고 착한 일에 언제나 열심이었습니다. 그가 누구였는지는 모든 사람이 그가 하는 말을 듣고 싶어 하고 언제나 그의 말에 경청했다는 사실이 웅변적으로 말해주었습니다. 그는 날마다 생활 속에서 그리고 그의 말을 통해 주님을 증언하였습니다. 그는 거듭난 그리스도인이었고 그와 만나는 행운을 가진 사람들은 이

Exactly what prompted William to choose Korea as the country to which he would go as a missionary. I did not know for sure until recently. I had know that it was entirely possible that after offering himself to the Foreign Mission Board in Nashville they made the decision, or at least encouraged him to accept appointment there. However, I had an idea that perhaps he was influenced by the Fairman Prestons, Korea Missionaries on furlough in 1911. They left the field with the expressed purpose of recruiting thirty three missionaries to staff a new station and to meet the needs of the other places where work was already being carried on. I wrote to Dr. Preston, now living in Decatur, Georgia and asked. His reply was "In answer to your question about Dr. Linton: in 1912 we were home, engaged in our campaign for recruits for Korea. We heard of young Linton through our mutual friend, Dr. Hull, of the North Ave. church, which Linton attended. He was a student at Georgia Tech and we enlisted him for Korea, securing his support. He went to Korea with our party consisting of eighteen, including children."

According to the information available today most of William's friends considered this dedication of his life to Christian service in a far away land as a heroic and honorable deed but there was one person who was completely upset by the whole thing. Aunt Cal, with whom he had become increasingly close after his mother's death, did everything in her power to keep him from going. He was so dear to her. He was her nearest relative, and she felt she

후에 그들의 삶이 더욱 좋아지게 되었습니다. 그의 친구들은 그를 만나게 하신 하나님께 감사하였습니다. 이 세상은 지금은 주님과 함께 거하는 윌리엄 린튼과 같은 사람들을 더 많이 필요합니다."

무엇이 윌리엄을 움직여서 선교사로 가려는 나라로 한국을 선택하게 하였는지 최근까지도 나는 정확히 알지 못했다. 그가 내슈빌의 해외선교부에 지원한 후 선교부가 그런 결정을 했기 때문에 가능했다거나 아니면 적어도 선교부가 그를 그곳으로 가도록 정한 것을 수락하도록 권면했기 때문에 가능했다라고 나는 알고 있었다. 그러나 나는 1911년에 안식년 중이었던 한국 선교사들, 특히 페어맨 프레스톤(John Fairman Preston/역자 주: 목포와 순천에서 선교 활동을 했던 변요한 선교사)이 그에게 영향을 끼쳤다는 사실을 알게 되었다. 한국 선교사들은 새로운 스테이션(역자 주: 당시 새롭게 설립하기로 한 순천 스테이션)의 인원을 보강하고 이미 선교 사업이 진행되고 있는 다른 지역에서 요청하는 인원을 채우기 위해 33명의 선교사를 선발할 분명한 목적으로 선교지를 떠났다. 나는 현재 조지아 주 디케이터에서 살고 있는 프레스톤 박사에게 편지를 보내 물었다. 그는 이렇게 답했다. "린튼 박사에 대한 당신의 질문에 답합니다: 1912년에 우리가 고국에 들어와 있을 때 한국 선교지에 인원을 모집하기 위해 캠페인을 벌이고 있었습니다. 우리는 린튼이 출석하고 있었던 노스애버뉴 교회의 홀 박사를 통해 젊은 린튼에 대한 이야기를 들었습니다. 홀 박사는 나와 린튼의 친구였습니다. 린튼은 조지아 공대의 학생이었고, 우리는 그에 대한 선교 지원을 확보하면서 그를 한국 선교사 명단에 올렸습니다. 그는 아이를 포함하여 18명으로 구성된 우리 일행과 함께 한국에 들어왔습니다."

simply could not give him up. Though William already had the promise of a job with General Electric when he graduated, she thought perhaps a business of his own, which she quickly volunteered to finance would prove attractive enough to hold him at home, but all her efforts were in vain. It was hard for Aunt Callie but it was also a very trying experience for William. According to Miss Ruby Ball of Thomasville, "After he told Miss Callie of his plans to go to the mission field, they spent his entire vacation discussing the matter. They would go to Miss Callie's room and close the door. When they came out for meals Miss Callie's eyes would be red but William would be calm and placid.

We all knew that William was trying to be loyal to her and at the same time loyal to God in doing the work to which he had dedicated his life. We remarked that most young people would have spent less time with a relative who disapproved of their plans, but William gave her his entire time in her room behind closed doors. It was a great sacrifice for Miss Callie to make but I am sure she became reconciled and was proud of him. It was hard for both of them."

Finally Aunt Cal must have realized the futility of trying to dissuade this determined young nephew of here, so she gave up. She asked that she be granted one request, however, which William evidently agreed to gladly. Some of their summers together had been spent in Novia Scotia where William fished to his heart's con-

지금 얻을 수 있는 정보에 따르면 윌리엄이 알던 대부분의 친구는 그의 삶을 멀리 있는 나라의 기독교 사역에 헌신한 것을 영웅적이고 고귀한 행동이라고 여겼지만 단 한 사람은 이 모든 일에 완전히 화가 났었다. 그 사람은 바로 칼리 이모이다. 그분은 린튼의 어머니가 돌아가신 이후 그와 점점 더 가까워졌고, 그분의 모든 힘을 동원하여 그가 가는 것을 막으려 하셨다. 그는 이모님께 정성을 다했고, 이모님의 가장 가까운 친지였다. 그리고 이모님은 그를 양보할 수는 없다고 여기셨다. 이미 윌리엄은 졸업 후에 제너럴 일렉트릭 회사에서 일하기로 약속이 되어 있었지만, 이모님은 자금을 동원하여 그가 자신의 사업을 할 수 있게 해주면 그의 마음을 끌어당겨서 그를 고향에 붙들어놓기에 충분할 것이라고 여기셨다. 그러나 그분의 모든 노력은 허사였다. 이는 칼리 이모님에게는 아주 힘든 일이었고, 윌리엄에게도 아주 괴로운 경험이었다.

토마스빌의 루비 볼(Ruby Ball)은 이렇게 말한다. "그가 칼리 이모님에게 선교지에 가려는 계획을 말씀드린 뒤에 그들은 방학 내내 그 문제를 의논하면서 시간을 보냈습니다. 그들은 칼리 여사의 방에 들어가 문을 잠갔습니다. 그들이 밥을 먹으려고 나왔을 때, 칼리 여사의 눈이 충혈되어 있었고 윌리엄은 조용하고 차분했습니다.

우리 모두는 윌리엄이 이모님께 잘하려고 노력해왔다는 것과 동시에 그의 삶을 바치려는 사역을 감당하며 하나님께 충성을 다하려고 한다는 사실을 잘 알았습니다. 우리는 젊은이들이 자신들의 계획에 동의하지 않는 친지들과는 시간을 보내지 않을 것이라는 걸 잘 알고 있었지만 윌리엄은 방문이 닫힌 이모님의 방 안에서 이모님에게 그의 모든 시간을 할애했습니다. 칼리 여사는 커다란 희생을 하

tent, but this last summer they were to go to their mountains of North Carolina and he was not to mention his plans to anyone they met. As far as we know, silence covered the subject until sometime the first of August when he left for Atlanta to begin his journey to the little country where the light of his service would shine for years to come.

Mid-Morning

There is no record as to what thoughts passed through William's head when his boat pulled into Mokpo harbor one day in September, 1912. Even today when the distances between East and West in many areas have become considerably closer those who have stopped off a boat or plane directly from one side of the world into the other still experience what is called "culture shock". Many strange sights and sounds usually tend to slightly disorient one from reality. They can foster feelings as mild as plain interest or as strong as pure horror. Just what William felt we do not know. Mokpo was an overgrown fishing village that had become a "treaty" port a little while before. A Southern Presbyterian Mission station had been established there in 1898. Today it is said to be the most densely populated city in the world. There are people living in a radius of square miles. This is the place where William first set foot on Korean soil.

Miss Lillian Austin recalled a day in the late summer or early fall

셨습니다. 그리고 나는 그분이 그와 화해하고 그를 자랑스럽게 여기셨다고 확신합니다. 이것은 그들 모두에게 힘든 일이었습니다."

마침내 칼리 이모는 마음을 분명히 정한 그녀의 젊은 조카를 말리는 것이 아무 소용없다는 사실을 깨달았고, 포기했다. 그렇지만 그분은 간청 하나를 받아줄 수 있는지 물으셨고, 윌리엄은 기꺼이 그렇게 하기로 동의했다. 그들은 여름에 종종 노바 스코티아에서 함께 휴가를 보내곤 했다. 윌리엄은 그곳에서 마음껏 낚시를 하였다. 그러나 그해 마지막 여름에 그들은 노스캐롤라이나의 산으로 가기로 했고, 그들이 만난 사람들 그 누구에게도 그의 계획을 말하지 않았다. 우리가 아는 한, 그 문제는 8월 1일에 그가 애틀랜타를 떠나 다가올 미래에 찬란히 빛나게 될 여정을 시작하기 위해 작은 나라로 출발할 때까지 침묵 속에 덮여 있었다.

아침나절

(1912년 8월 23일에 샌프란시스코에서 승선한)* 그가 탄 배가 1912년 9월 어느 날에 목포 항구에 예인되고 있을 때 어떤 생각이 윌리엄의 머리에 스쳐지나갔는지 아무런 기록이 없다. 동양과 서양의 여러 지역 사이 거리가 매우 가까워진 오늘에도 지구의 한쪽에서 반대쪽으로 곧장 가는 배나 비행기에서 내리는 사람들도 '문화 충격'이라고 부르는 현상을 여전히 경험한다. 수많은 낯선 광경과 소리가 사람에게 현실 감각을 잃고 어리둥절하게 만드는 경향이 있다. 그것들은 평범한 호기심과 같이 조용하게 감정을 일으키기도

---

* 여기 괄호 부분은 저자가 밑줄로 지운 대목이다.

of 1912 when the members of Chunju Station were gathered on the tennis court just above W. D. Reynolds' home for an hour of relaxation and fellowship, and to enjoy a rare occasion of watermelon cutting, Mr. Dwight Winn came up to the gathering bringing with him a young man we'd never seen before, and introduced him as a new missionary. The young man was William Linton. He was only 21 years old, and looked very boyish. His assignment was to be Kunsan station.

In Kunsan William at first lived with the Pattersons and the William A. Venables, couples already settled in that station. Later they gave him the privilege of living along in a house that was built for the industrial teacher in the school to use. Eventually John McEachern, another single man came to work in Kunsan and they shared the house. William the slightly senior missionary, made all the housekeeping arrangements, hiring a cook who had worked for missionaries in the past.

During these days William's biggest job was learning the language. He found a teacher, Mr. Ko Sung Mo who was his constant companion for the next several years. They became fast friends and this friendship lasted a lifetime. In the beginning they spent long hours sitting across the desk from each other in drill. When William's tired brain would take no more of this sort of punishment he would go play baseball with the school boys. Mr. Ko would go too. When he took a stroll down along the waterfront to

하고, 완전한 공포처럼 강력하게 일어나기도 한다. 윌리엄이 무엇을 느꼈는지 우리는 모른다. 목포는 갑자기 성장한 어촌이었고, '조약에 따른 개항장'이 된 지 얼마 되지 않았다. 남장로교 선교회는 1898년에 이곳에 스테이션을 설립했다. 지금은 세계에서 인구밀도가 가장 높은 도시라고 한다. ○○평방마일의 범위에 ○○○명의 사람이 살고 있다.* 이곳이 윌리엄이 처음으로 한국 땅에 발을 디딘 지역이었다.

릴리언 오스틴(Lillian Austin) 씨는 1912년 늦여름이나 초가을의 어느 날 전주 스테이션의 선교사들이 레이놀즈(W. D. Reynolds)의 집 위쪽에 있는 테니스장에 모여 한 시간 정도 휴식을 취하며 교제하면서 아주 드물게 수박을 썰며 즐거운 시간을 보냈던 모습을 회상하였다. 이때 드와이트 윈(Dwight Winn/역자 주: 위인사) 선교사가 모임에 참여하러 올라오면서 전에 한 번도 보지 못했던 젊은 남성을 데려왔고, 그를 신임 선교사로 소개하였다고 한다. 그 젊은 남성이 바로 윌리엄 린튼이었다. 그는 21살에 불과했고, 아주 어린 소년처럼 보였다. 그는 군산 스테이션으로 배정되었다.

윌리엄은 군산에서 처음에는 패터슨(Jacob Bruce Patterson) 부부와 베너블 부부(William A. Venable)와 함께 살았는데, 이들 부부는 군산 스테이션에 이미 정착한 선교사들이었다. 얼마 지나서 선교회는 그에게 선교회 학교의 공업교사가 사용하도록 지은 집에서 혼자 살수 있는 특권을 주었다. 결국엔 존 맥커첸(John McCutchen/역자 주: 매요한 선교사)과 군산에서 사역하러 온 또 다른 독신 남성선교사와

---

* 저자는 목포의 도시 규모와 인구수를 표현하고자 하였지만 본문에서 자세한 수치는 공난으로 남겨져 있다. 이후 조사하여 수치를 표시하려 했던 것 같다.

relax, Mr. Ko would go too. Perhaps this teacher-companion relationship with Mr. Ko was one of the main reasons that William rapidly became a very proficient linguist. Mr. Ko says that after just a year he could make himself understood in the Korean language.

Gradually, he began to be given work in the Mission school in Kunsan. He had come out expecting to teach electrical engineering but he soon decided that the school in Kunsan was not the proper place for this subject, He accepted classes in other fields and in a remarkably short time began to teach Bible. This, in my opinion, is about the most difficult subject one can tackle in a foreign language. A day came when Mr. Venable had to leave Korea and William become Principal in his place.

In the summer of 19[18] one of the highlights of William's first term took place. He was vacationing in Karuizawa, Japan and became acquainted with Dr. Thomas F. Cummings, a language specialist, who helped him solve most of his problems of pronunciation of difficult Korean sounds.

This had been a real concern to him, and he remained for the rest of his life a grateful enthusiast of Dr. Cummings methods of study. Later, when he was in a position to do so he determined to "do something for the language situations existing on the field's of the Southern Presbyterian Church." In Karuizawa that summer Dr. Cummings also gave William suggestions on a new method of teaching English which he practiced on his school-boys in Kunsan.

함께 그 집을 함께 사용하였다. 윌리엄은 이들보다는 약간 선임 선교사였기 때문에 예전에 선교사들을 위해 일했던 요리사를 고용하여 살림살이를 처리하였다.

이 시기에 윌리엄의 가장 중요한 일은 언어를 배우는 것이었다. 그는 어학 교사 고성모 씨를 찾아냈고 향후 몇 년간 신실한 벗이 되어주었다. 그들은 변함없는 친구가 되었고 이들의 우정은 일생 동안 이어졌다. 처음에 그들은 책상을 마주보고 앉아서 오랜 시간을 보내며 반복 수업을 하였다. 윌리엄이 더 이상 머리가 돌아가지 않아서 벌을 받는 것과 같은 방식으로 수업을 할 수 없었을 때 그는 학생들과 야구를 하러 나갔다. 고 선생도 같이 나갔다. 그가 해안가를 따라 산책하며 휴식을 취할 때 고 선생도 같이 갔다. 아마도 고 선생과 맺은 교사-친구 관계가 윌리엄이 급속도로 매우 유창하게 언어를 구사하는 사람이 될 수 있었던 주된 이유 가운데 하나였다. 고 선생은 그가 일 년 만에 한국어를 이해할 수 있게 되었다고 말한다.

서서히 그는 군산의 선교회 학교에서 업무를 맡기 시작했다. 그는 전기공학을 가르칠 수 있을 것이라 기대하고 왔지만, 군산의 학교는 이러한 과목을 가르치기에 적합한 곳이 아니라고 재빠르게 판단하였다. 그는 다른 분야의 수업을 맡았고 놀랄 만큼 빠른 시간 안에 외국어와 씨름하며 가르치기에는 가장 어려운 과목이라고 생각하는 성경 과목을 가르치기 시작했다. 베너블 선교사가 한국을 떠나야 하는 날이 다가오자 윌리엄은 그를 대신하여 교장이 되었다.

1918년(역자 주: 본문에서는 정확한 연도가 표시되어 있지 않고, 저자가 물음표를 표시해놓았지만, 정황상 1918년경이라고 추정할 수 있다) 여름에는 윌리엄의 첫 번째 선교사 임기의 하이라이트 중 하나가 있었다. 일본의

According to a letter William wrote some time afterwards, "Many of these boys learned English so well that they were often asked in what part of the US they had to learned to speak it."

In every Mission Station there is an occasional change in personnel. Furloughs, illnesses or other personal problems took people back to the States from time to time and return from furlough, or new appointments brought them out. The two bachelors in Kunsan were told that in 1918 another single man would join their ranks and share their house.

This man was Bolling Reynolds and he writes, "Linton (as I always called him) and I were associated for one year in Kunsan School, he as principal, and I as a rather poor teacher of Algebra, etc. He, John McEachern and I lived together as bachelors in a large house and the only big event of the year was entertaining Dr. Egbert Smith when he was visiting our Mission and was at Kunsan. Linton and I went hunting every Saturday. He was a good shot with his light 16 gauge shot gun, and always a good companion. We had many pleasant times together, differing on many subjects, which was quite normal." These gentlemen kept goats and dogs as an old pictures proves beyond the shadow of a doubt. What I still don't know whether to believe or not, however, is the story that these goats were sometimes milked in their living room!

Some wise man once said "The missionary that doesn't play, doesn't

가루이자와에서 휴가를 보내면서 언어 전문가인 토마스 F. 커밍스 (Thomas F. Cummings) 박사와 알게 되었다. 커밍스 박사는 그가 어려운 한국어 발음에 관한 문제들을 해결하는 데 도움을 주었다. 그는 이 일에 깊은 관심을 가지고 있었고, 커밍스 박사의 연구 방법에 평생토록 열렬한 감사를 표하였다. 이후에 그가 이와 관련한 직책을 맡았을 때 그는 "남장로교의 선교지에서 발생하는 언어 관련 상황들을 처리하기 위해서 중요한 일을 하기"로 결심하였다. 그해 여름 가루이자와에서 커밍스 박사는 윌리엄에게 영어를 가르치는 새로운 방법을 제안하였고, 그는 이것을 군산에서 학생들에게 실습하였다. 나중에 윌리엄이 쓴 편지에 따르면, "이 학생들 가운데 많은 이가 영어를 잘 배웠기 때문에 미국의 어느 지역에서 영어로 말하는 것을 배웠는지 자주 질문을 받았다"라고 한다.

모든 선교 스테이션에는 안식년, 질병, 또는 개인적인 문제들로 시시때때로 미국으로 들어가고, 안식년에서 돌아오고, 선교사들이 새로 임명을 받아 들어오면서 가끔씩 인원의 변화가 생긴다. 군산의 두 명의 총각은 1918년에 또 다른 독신 남성이 그들에게 합류하여 집을 함께 쓸 것이라는 이야기를 전달받았다. 이 남성은 볼링 레이놀즈(John Bolling Reynolds/역자 주: 이보린 선교사)였고, 이런 글을 남긴다. "린튼(나는 항상 그를 이렇게 부른다)과 나는 군산 학교에서 일 년 동안 같이 있었다. 그는 교장이었고, 나는 대수학 등을 가르치는 실력 없는 교사였다. 그와 존 매커천과 나는 총각 선교사로 큰 집에서 함께 살았는데 그해의 유일한 대사건은 에그버트 스미스 (Egbert Smith) 박사가 우리 선교회를 방문하며 군산에 있었을 때 그를 접대한 일이었다. 린튼과 나는 매주 토요일마다 사냥을 하러 갔

stay." William Linton played, Besides hunting regularly, (Mr. Ko says he could kill a pheasant flying in front of him, and one flying behind him at the same time.) he learned too to sling a wicked racquet at tennis. Mr. William Bull, a good player himself, taught William, and the pupil soon became a champion. Camping trips to an old temple near Chunju with Dwight Winn and his sister Emily became part of summer plans and frequent trips to Chunju to visit these close friends probably helped him keep the good disposition that Miss Mary Dodson remembered. Miss Dodson came over on the boat with William and she noted that he had an "outstanding cheerfulness" in the beginning and he never seemed to lose it throughout the years.

Spring 1919 was furlough time for William but because of World War I, passage home was difficult to obtain. It was necessary in the end for him to go by train to Vladivostok and board his ship there. The boat was filled with Chinese who were being taken straight cross Canada to England to be trained in military service. Naturally a ship with this cargo could not put into a harbor held by the Japanese as the ones in Korea were at that time Japan had invaded Korea.

Now the "Mansei" event had taken place and is described by William himself in the following newspaper article published after he reached the States:

다. 그는 16구경 엽총을 쓰는 명사수였고, 나는 항상 옆에서 따라다녔다. 우리는 여러 주제에 대하여 많은 이견이 있었지만 그것은 너무나 당연한 일이었고, 그래도 우리는 즐거운 시간을 함께 많이 가졌다." 이 신사 분들은, 오래된 한 사진이 의심의 여지없이 증명하듯이, 염소와 개를 길렀다. 믿거나 말거나 내가 아직도 잘 모르는 사실은 그들이 가끔씩 거실에서 이 염소들의 젖을 짰다는 이야기이다!

어떤 현명한 사람은 한때 이렇게 말하였다. "놀 줄 모르는 선교사는 머물지도 못한다." 윌리엄 린튼은 잘 놀았다. 정기적으로 사냥을 했던 것과 더불어(고 선생은 그가 앞에 날아가는 꿩을 맞히면서 동시에 뒤에 날아가는 것도 맞힐 수 있었다고 말한다), 그는 테니스를 치면서 말을 듣지 않는 라켓을 집어 던지는 법도 배웠다. 테니스를 잘 치는 윌리엄 불(William Bull/역자 주: 부위렴 선교사)가 윌리엄에게 테니스를 가르쳤는데, 머지않아서 학생이 챔피언이 되었다. 전주 인근의 오래된 사찰에 드와이트 윈(Dwight Winn)과 그의 여동생 에밀리(Emily)와 함께 캠핑 여행을 가는 것은 여름휴가 계획의 일부였고, 전주로 자주 여행을 하며 친한 친구를 방문한 것이 아마도 그가 좋은 성향을 유지하는 데 도움이 되었을 것이라고 메리 도슨(Mary Dodson/역자 주: 도마리아 선교사)은 회고하였다. 도슨 선교사는 윌리엄과 함께 배를 타고 한국에 왔는데 그가 처음에도 '뛰어난 쾌활함'을 지녔지만 해가 지나도 내내 그것을 잃지 않았다고 언급하였다.

1919년 봄은 윌리엄의 첫 번째 안식년이었다. 그러나 1차 세계대전 탓에 고국으로 가는 승선권은 구하기 어려웠다. 그래서 결국에는 그가 기차로 블라디보스토크로 가서 거기서 배에 탈 수밖에

A first hand account of the most remarkable rebellion in the history of the world has been brought to Atlanta by William A. Linton, a young Georgian attending the convention of Presbyterian laymen as one of the Korean field workers.

A native of Thomasville and a Georgia Tech graduate, Mr. Linton was the last of the party to leave for America. He has spent seven years in Korea in establishing a technological school for Presbyterians.

"Korea's fate depends upon the allied nations," states Mr. Linton. "The peace conference will be asked to pass upon the protest of 15,000,000 Koreans against Japan's ten-year systematic effort to denationalize a people whose racial identity, history and culture have existed through 3,000 years. Despite Japanese mandates, Korean delegates to the conference have left secretly for Paris by way of China."

Mr. Linton talks graphically of the great popular uprising last March when the Korean nation first attempted to attract the notice of the world to the country's utter helplessness under Japanese oppression.

"It was a revolt without violence," states Mr. Linton.

"It had to be. No Korean can carry firearms without a permit. Koreans are not allowed to speak their own language or to publish newspapers in their native tongues. They have no voice in the militaristic government that rules them. They have no re-

없었다. 그 배는 캐나다를 가로질러 영국으로 가서 군사 훈련을 받으려는 중국인들로 가득 차 있었다. 당연히 이러한 화물을 실은 배는 일본이 장악한 항구로는 들어갈 수 없었다. 그것은 일본이 한국을 침범했을 때 한국의 항구들과 마찬가지였다.

그때 '만세' 사건이 일어났고, 윌리엄이 미국에 들어간 후 다음의 신문기사에서 그 내용을 직접 기술하였다:

장로교 평신도 대회에 참석한 한국선교사요 조지아 출신 청년인 린튼은 애틀랜타에서 세계의 역사 속에서 가장 괄목할 만한 혁명에 대한 생생한 증언을 하였다. 토마스빌 출신이면서 조지아 공대 졸업생인 린튼은 최근에 미국으로 들어온 사람이다. 그는 한국에서 장로교인들을 위한 기술학교를 설립하려고 한국에서 7년을 보냈다.

린튼은 "한국의 운명은 동맹국에 달려 있습니다"라고 말한다. "평화회의가 전해지자 1천 5백만 한국인은 3천 년 동안 지속된 민족성과 역사와 문화를 말살하려는 일본의 10년간의 집요한 노력에 저항하는 시위를 벌였습니다. 일본의 명령에도 불구하고, 평화회의에 참석하려는 한국 대표단은 중국을 경유하여 파리로 비밀리에 출발하였습니다."

린튼은 지난 달 3월에 일어난 대규모 민중봉기를 생생하게 전하였다. 그것은 한국 민족이 일본의 억압 아래 있는 이 나라의 무력함에 대하여 온 세계에 알리기 위하여 일으킨 시위였다.

린튼은 말하기를 "그것은 폭력 없는 혁명이었습니다. 그럴 수

course in the courts of the land. A nation one-third as large as Japan, 500 years older, and fundamentally different, for a decade has been literally in course of absorption by Japan.

This people somehow organized committees throughout Korea who directed the demonstration which followed formal requests for independence On March I great throngs of men, women and children in Seoul, the national capital, a city of 300,000 inhabitants, and in other parts of the country, paraded the streets. There was no disorder or violence, no resistance when the authorities took steps to disperse the crowds.

The government's only means of quelling the uprising was to arrest the participants. The Koreans knew this. Soon the jails were full to overflowing with Koreans of all ages and classes. The peaceful uprising continued all over the land. There was no more room in the jails. So the military authorities began sending squadrons of cavalry against the marchers, trampling hundreds underfoot. Still the demonstrations continued. The government resorted to greater force. Thousands of the revolutionists, none of whom offered resistance, were shot and bayonetted.

"Korea wants to become a democracy. Her people want to live as a nation. For many years the country was dominated by China. Then Japan assumed control after winning the Chinese and Russian wars. That happened in 1910. Since then has come the attempt to obliterate the Korean language and blot out Korea

밖에 없었습니다. 그 어떤 한국인도 허가받지 않고는 무기를 소지할 수 없습니다. 한국인들은 그들의 언어로 말할 자유와 자신들의 언어로 신문을 펴낼 자유도 갖지 못하고 있습니다. 그들을 지배하는 무단 정치에 대하여 아무런 목소리를 낼 수 없습니다. 그들은 그 나라의 법정에서 어려움을 호소할 수도 없습니다. 나라의 크기는 일본의 1/3이지만 역사는 500년이나 길고 근본적으로 일본과는 다름에도, 10년간 일본에 의해 말 그대로 병합되어 있었습니다. 한국인들은 온 나라에 독립을 청원할 시위를 이끌어나갈 위원회를 조직하였습니다. 3월 1일에 30만 명이 살고 있는 이 나라의 수도 서울에서 그리고 시골의 여러 지역에서 남녀노소의 대규모 군중이 거리를 행진하였습니다. 아무런 무질서나 폭력도 없었고, 심지어 당국이 개입하여 군중들을 해산하고자 하였을 때에도 저항하지 않았습니다. 〔일제〕정부가 봉기를 잠재울 유일한 방법은 시위 참여자를 체포하는 것이었습니다. 한국인들도 이것을 잘 알고 있었습니다. 얼마 되지 않아서 나이와 계층을 불문하고 몰려드는 한국인들로 감옥이 가득 찼습니다. 평화로운 봉기는 온 나라에 걸쳐 일어났습니다. 그러자 군 당국이 행진하는 사람들을 제압하기 위해서 기병대를 출동시켰고 수백 명의 사람을 발로 짓밟았습니다. 그래도 시위는 계속되었습니다. 수천 명의 혁명가들은 그 누구도 저항하지 않았고, 그저 총에 맞고 칼에 찔렸습니다."

"한국이 원하는 것은 민주주의입니다. 이 나라 사람들은 한 민족으로 살기 원합니다. 오랫동안 이 나라는 중국의 지배를 받았고 이후 일본이 중국과 러시아와의 전쟁에서 이긴 후에 통치권

as a nation through absorption by Japan. By the utter passiveness peaceableness and helplessness of her revolution Korea has utilized the only means at her command to tell the world of her plight."

There was the quiet summer with Aunt Cal and the usual deputation work in the churches. A very big conference in Atlanta featured the Korea furloughed missionaries, William, among them. The Newspaper account reads:

Twelve Korean missionaries who will attend the biennial convention of the Laymen's Missionary Movement of the Southern Presbyterian church, which open in Atlanta Tuesday, and who will present a dramatic pageant of Korean life, arrived in the city Sunday afternoon, and were bully engaged on Monday with their rehearsals and other arrangements.

In the party of missionaries are Captain and Mrs. M. L. Swinehart. Dr. and Mrs. W. D. Reynolds, Mr. and Mrs. L. T. Newlands, S. D. Winn and his sister, Miss Emly Winn, W. A. Linton, J. C. Crane, John McEarchern and Miss Lillian Austin.

Captain Swinehart was vice-president of the Southern Commercial Congress when it held its annul convention in Atlanta some years ago. He was then a civil engineer of Texas. He gave up a salary of $10,000 a year to enter missionary work in Korea

을 차지했습니다. 이 일이 1910년에 일어났습니다. 그때 이후로 한국의 언어를 없애고 한국 민족을 지우려는 시도가 일본이 병합한 내내 있었습니다. 완전한 수동성과 평화로움과 무력함이야말로 이 나라의 혁명을 말해주는 것이며 한국은 오직 이러한 수단만을 손에 지닌 채 자신의 곤궁을 세계에 알리려고 했던 것입니다."

칼리 이모와 조용한 여름을 보냈고 교회를 다니며 의례적인 선교보고 활동을 했다. 애틀랜타에서 열린 커다란 대회는 안식년을 보내고 있는 한국 선교사들을 크게 부각시켰고, 그중에는 윌리엄도 포함되어 있었다. 신문기사는 이렇게 보도하였다:

12명의 한국 선교사들이 화요일에 애틀랜타에서 열리는 남장로교회의 평신도 선교운동의 격년 대회에 참석할 예정이며, 한국의 삶을 멋지게 시연할 예정이다. 그들은 일요일 오후에 애틀랜타에 도착하였고, 리허설과 대회 준비를 하느라 월요일에 바쁜 일정을 보냈다.

선교사들 일행에는 스윈하트(M. L. Swinehart, 서로득 선교사) 대위 부부, 레이놀즈(W. D. Reynolds, 이눌서 선교사) 박사 부부, 뉴랜드(L. T. Newlands, 남대리 선교사) 부부, 윈(S. D. Winn, 위인사 선교사)과 그의 여동생 에밀리 윈(Emily Winn, 위애미 선교사), 린튼(W. A. Linton), 크레인(J. C. Crane, 구례인 선교사), 매커천(John McEachern, 매요한 선교사), 오스틴(Lilian Austin, 어소돈 선교사)이 있다.

스윈하트 대위는 남부상공회의소가 몇 년 전에 애틀랜타에서

at $600 a year. When the United States entered the war he returned to this country and volunteered his services, and was commissioned as a captain. He is now preparing to return to Korea.

Dr. and Mrs. Reynolds are the first missionaries sent to Korea by the Southern Presbyterian Church. They have been in that country for twenty-five years.

W. A. Linton is a native of Thomasville, Ga, and graduated with first honor from Georgia Tech six years ago. He went to Korea to establish a technological school in connection with the missionary work in that country.

S. D. Winn and his sister, Miss Emily Winn, are from Decatur, Ga, and have many friends both there and in Atlanta.

The Convention will open in Atlanta on Tuesday and will run through Thursday. It will be a double convention, with parallel meetings of the Laymen's Missionary movement and the women's auxiliary. The men will hold their sessions in Wesley Methodist church and the women in the Baptist Tabernacle. The forenoon sessions will run from 9:30 to 12:30, and the afternoon sessions from 3 to 5:30. In the evenings there will be joint sessions of the men and women in the auditorium beginning at 8:30 o'clock.

To accommodate a large number of delegates arriving from western points, the forenoon session of the laymen's conven-

연례대회를 하였을 때 부회장이었다. 그는 당시 텍사스의 토목 기사였다. 그는 연봉 1만 달러를 포기하고 한국 선교 활동을 하면서 연봉 600달러를 받고 있다. 미국이 전쟁에 돌입했을 때 그는 고국으로 돌아와 복무하였고, 대위로 임관했다. 그는 현재 한국으로 돌아갈 준비를 하고 있다.

레이놀즈 박사 부부는 남장로교회가 한국에 파송한 첫 선교사들이다. 그들은 25년간 그 나라에서 살고 있다.

린튼은 조지아 주 토마스빌 출신이며, 6년 전에 조지아 공대를 수석으로 졸업했다. 그는 선교 사업의 일환으로 공업학교를 설립하려고 한국에 갔다.

윈과 그의 여동생 에밀리 윈은 조지아 주 디케이터 출신이며 이곳과 애틀랜타에 많은 친구가 있다.

대회는 화요일에 애틀랜타에서 열릴 것이며 목요일까지 진행될 것이다. 이 대회는 평신도 선교운동과 여성조력회가 함께 모임을 갖는 연합대회가 될 것이다. 남성들은 웨슬리 감리교회에서 회합을 가질 것이며 여성들은 침례교 예배당에서 모임을 가질 것이다. 오전 모임은 9:30부터 12:30까지 진행될 것이고, 오후 모임은 3:00부터 5:30까지 진행될 것이다. 저녁에는 남성들과 여성들의 연합모임이 강당에서 열릴 것이고, 8:30에 시작할 것이다.

서부지점에서 오는 수많은 대표단을 수용하기 위해서 평신도 대회의 오전 모임은 화요일에 12시에 열릴 것이며 1시까지 계속될 것이다. 서부에서 오는 기차는 매일 11시 이전에는 애틀랜타에 도착하지 못한다.

tion will open at 12 o'clock on Tuesday and will run until 1 o'clock. The trains from the west do not get into Atlanta until 11 o'clock each day.

The pageant of Korea life by the missionaries from that country will form a leading feature of both the laymen's convention and the women's auxiliary convention. The scenes will reproduce a Korea home, a Korean heathen wedding, a Korean funeral, a Korean missionary school and a Korean native church. Korean costumes will be used.

From four to five thousand delegates, representing practically every Presbyterian church in the southern states from Virgina Texas, will attend the convention. The addresses will be delivered by prominent laymen and ministers engaged in missionary work, Christian Endeavor activities, the Inter- World Church movement and various other lines of effort in the Presbyterian church.

In the fall William decided to go to White's Bible School (now Biblical Seminary) to study. At the same time he also enrolled in the Teacher's College at Columbia University and began work on his Master's degree in Education. the Foreign Mission Board granted him permission to stay in the states for two years to get this degree. These years, during Christmas vacation, William faithfully went to Thomasville to be with Aunt Cal and in the summer of 1920

한국의 삶에 관한 전시회는 그 나라에서 온 선교사들이 시연할 것이며 평신도 대회와 여성조력회 대회를 빛나게 할 최고의 장관이 될 것이다. 현장은 한국의 가정, 한국의 낯선 결혼식 풍경, 한국의 장례, 한국 선교회 학교와 한국의 현지 교회의 모습을 재현할 것이다. 한복을 착용할 것이다.

4천에서 5천 명의 대표단은 버지니아에서 텍사스까지 미국 남주의 모든 장로교회를 대표하여 이 대회에 참석할 것이다. 선교 사역, 기독교면려회 활동, 세계교회운동, 장로교의 다양한 방면의 활동에 헌신하는 저명한 평신도와 목회자들이 연설할 것이다.

가을학기에 윌리엄은 화이트 성경학교(현재는 성경신학교)에 들어가 공부하기로 결심했다. 동시에 그는 컬럼비아 대학교 티처스칼리지(역자 주: 교육대학원)에 등록하여 교육학 석사 과정의 공부를 시작했다. 해외선교본부는 그가 학위를 받을 수 있도록 2년간 미국에서 머물도록 허락했다. 이 기간 중 크리스마스 휴가 때 윌리엄은 신의를 저버리지 않고 토마스빌에 가서 칼리 이모와 함께 지냈고, 1920년 여름에도 그분과 지내며 남장로교회가 대회를 여는 장소인 노스캐롤라이나 몬트리트에서도 함께했다.

2년 동안 윌리엄은 미국에 있으면서 교육학 석사학위를 취득했을 뿐만 아니라 훨씬 더 중요한 일을 성취했다. 즉 그의 아내가 될 젊은 숙녀와의 사랑을 이루었다! 샬롯 위더스푼 벨(Charlotte Wither-spoon Bell)은 유진 벨(Eugene Bell/역자 주: 배유지 선교사)과 로티 위더스푼 벨(Lottie Witherspoon Bell)의 딸이었고, 그들은 남장로교회가 한국에 선교를 시작한 지 1년 후인 1893년에 한국 선교사로 임명받

he also spent some time with her and some time in Montreat, N. C., the conference grounds for the Southern Presbyterian Church.

During the two years that William was in the States he earned not only his Master's degree in education but something far more important, the love of a young lady who was to become his wife! Charlotte Witherspoon Bell was the daughter of Rev. Eugene Bell and Lottie Witherspoon Bell, appointed as missionaries to Korea in 1893, a year after the Southern Presbyterian Church opened work in that country.

Dr. G. T. Brown in his book "Mission to Korea" after recounting some of the hardships of the first seven sent out goes on to say, "Meanwhile reinforcements were on the way. The Rev. and Mrs. Eugene Bell of Kentucky had been appointed to Korea, but with the outbreak of hostilities (Sino-Japanese) the Executive Committee had voted to send them to China instead. However, the Korea mission raised such a howl of protest that the Executive Committee reconsidered. The Bells arrived in Korea April 9, 1895.

Hardships were not over when the Bells arrived though. They had their share too. In 1896 the Mission asked them to open a new station at Naju but, after meeting with fierce opposition to foreigns plans for work there had to be abandoned in favor of another location at Mokpo. We learn further from Dr. Brown's book that, "Just when the struggling now station (Mokpo) was getting off to a good start it received a great shock with the death of Mrs. Bell. Mr. Bell

았다.

브라운(G. T. Brown) 박사는 그의 책 『한국선교』(*Mission to Korea*)에서 최초의 일곱 명이 파송되어 겪은 여러 가지 어려움을 자세히 열거한 후 말하기를 "그 사이에 보충인원이 들어오는 중이었다. 켄터키의 유진 벨 부부가 한국으로 임명받았지만, (청일)전쟁이 일어나면서 해외선교부 실행위원회는 그들을 한국이 아니라 중국으로 보내기로 결의하였다. 그러나 한국선교회가 항의의 목소리를 내면서 실행위원회가 재고하였다. 벨 부부는 1895년 4월 9일에 한국에 도착했다(역자 주: 저자는 유진 벨의 한국 도착일이 4월 9일인지, 7일인지 헷갈려 했고, 본문에는 9일이 아니면 7일이라고 표시했다. 유진 벨의 서신에 따르면, 부산에 도착한 것은 4월 4일이었고, 제물포에 도착한 날은 4월 6일이었다. 최종 목적지인 서울에 도착한 것이 4월 9일이었다. 그러므로 7일은 제물포에 머물렀던 날이고, 최종목적지 도착이 9일이었다).

그러나 벨 부부가 도착했을 때 어려움은 아직 끝나지 않았다. 그들도 그 어려움을 함께 겪었다. 1896년에 선교회는 그들에게 나주에 새로운 스테이션을 개척하라고 요청하였다. 그러나 외국에 대한 격렬한 반대에 직면한 후에 그곳에서 사역을 하려는 계획은 접어야 했고 목포의 다른 지역을 선호하게 되었다. 우리는 브라운 박사의 저서에서 더 자세한 것을 알게 된다. "새로운 스테이션(목포)을 위한 노력이 좋은 출발을 보이고 있던 바로 그때에 벨 부인의 사망이라는 커다란 충격을 받았다. 벨 목사는 시골 지역으로 떠나 북쪽의 전주까지 가는 긴 순회전도 여정에 나섰었다. 전주에 도착했을 때 그는 그의 아내가 아프다고 타전하는 전보를 받았다. 그는 즉시 집으로 떠났으나 목포에 도착했을 때는 이미 아내가 죽은 지 4일이

had left for the country on an extended itineration which was to take him as far north as Chunju. On arrival in that city, he received a telegram telling of his wife's sickness. He immediately started for home but arrived in Mokpo four days after her death. She died April 12, 1901; the cause, heart failure.

The first Southern Presbyterian missionary to die in Korea, she was buried at the foreign cemetery in Seoul. Soon afterwards, Mr. Bell took their motherless bairns home to the States."

Charlotte was one of these "motherless bairns". Her older brother Henry was the other. It was felt after their arrival in the States that it would be more fitting for Charlotte to live with her maiden aunts in Kentucky, and she continued to live with them, even after her father remarried and returned to Korea some years later.

Charlotte had met William before he came on his first furlough. It was in Korea the end of August, 1916, when she was passing through RIRI on her was to Kwangju to spend a year with her parents before entering college. Evidently he made quite an impression the short time they were together there at the train station because Charlotte admits that the next time their paths crossed when he attended a Mission meeting in Kwangju she was a little disappointed that he didn't stay in their home. Nevertheless, he borrowed a horse and buggy from her father and took her and another girl for a ride. In a few weeks after that her family returned to the States and she did not hear a word from him until her fourth

지난 후였다. 그녀는 1901년 4월 12일에 사망하였다. 사망 원인은 심부전이었다. 한국에서 사망한 첫 번째 남장로회 선교사로서 그녀는 서울의 외국인 묘역에 안장되었다. 그 직후에 벨 목사는 어머니를 잃은 아이들을 데리고 미국의 고향으로 돌아갔다."

샬롯은 "어머니를 여읜 아이들" 가운데 한 명이었다. 그녀의 오빠 헨리도 그중 하나였다. 그들이 미국에 도착한 후에 샬롯이 켄터키에 살고 있는 미혼의 고모들과 함께 사는 것이 더 좋겠다는 생각이 들었고, 아버지가 재혼하고 몇 년 후에 한국에 다시 들어온 다음에도 그녀는 고모들과 계속 함께 지냈다.

샬롯이 윌리엄을 만났던 것은 그가 첫 번째 안식년으로 미국으로 들어오기 전이었다. 그때는 1916년 8월 말 한국이었고, 그녀가 대학에 입학하기 전에 부모님과 1년간 지내기 위해 이리(역자 주: 익산)를 지나 광주로 가고 있을 때였다. 짧은 시간이었지만 그들이 그곳의 기차역에 함께 있을 때 그가 매우 인상적으로 보였던 것이 분명하다. 왜냐하면 그가 광주에서 열린 선교회 회의에 참석하면서 다음에 그들이 만났을 때, 그가 샬롯의 집에 머물지 않아서 좀 아쉬웠다고 고백하기 때문이다. 그러나 그는 그녀의 아버지에게 말과 마차를 빌려서 그녀와 다른 여성을 태워주었다. 샬롯의 가족이 미국으로 다 같이 돌아간 뒤에도(역자 주: 유진 벨의 안식년으로 인하여) 그녀가 대학 4학년 때까지 그에게 아무런 소식을 듣지 못했다.

샬롯이 그에게 진지하게 관심을 갖게 된 것은 그가 안식년차 미국으로 돌아왔던 1919년에서 1920년으로 넘어가는 겨울이었다. 그때에도 그녀는 자기가 그를 마음에 품고 있다는 사실이 알려지지 않도록 조심했다. 왜냐하면 그가 다른 여성에게 관심이 있다고 확신

year of college.

It was during the winter of 1919-1920, the year he returned home that she really became seriously interested in him. Even then she was careful not to let it be known because she was almost sure he was interested in another girl and the embarrassment would have been to great.

While they both were at Montreat in the summer of 1921, as he was getting ready to return to Korea, William made it pretty plain to Charlotte, and to everybody else, as a matter of fact, that she was "the one and only" and things were pretty well settled at that time between them. Charlotte wrote, "I had a teaching position and couldn't join him until the next summer. He returned to Korea about the middle of August. It was a long winter that I spent before I sailed in May. He met me in Japan and we were married there on June 10th. My father and my older brother were at the wedding. The ceremony took place early in the morning. Rev. Charles A. Logan, a cousin of mine, officiated and we left immediately afterwards for a week's honeymoon in Nara. There we stayed in a good hotel surrounded by lovely park. At the end of the week we went to Tokushima to see the Logans for two or three days, and then travelled on to Korea." Mission Meeting was in session in Kwangju and this time they both stayed at the Bella.

William Linton had a wife. He was bringing her by train to Kunsan to live and the teachers of Young Myeng school with a few

하고 있어서 그 사실이 알려지면 크게 당황할 것 같았기 때문이다.

그들은 1921년 여름에 몬트리트에 있었다. 그는 한국에 돌아가려고 준비 중이었다. 그는 샬롯에게 그리고 모두에게 그녀가 그의 '단 하나의 유일한' 사랑이라는 사실을 분명하게 하였다. 당시 둘 사이의 모든 일은 매우 순조롭게 잘 진행되었다. 샬롯은 이렇게 기록했다. "나는 가르치는 일을 하고 있었고 다음 해 여름까지는 그와 함께할 수 없었다. 그는 8월 중순경에 한국으로 돌아갔다. 내가 다음 해 5월에 그와 함께하기 위해 배를 타기 전까지 내가 보낸 겨울은 너무나 길었다. 그는 나를 만나러 일본에 왔고 우리는 6월 10일에 그곳에서 결혼했다. 내 아버지와 오빠가 결혼식에 참석했다. 결혼식은 이른 아침에 있었다. 내 사촌인 찰스 로건(Charles A. Logan) 목사가 주례를 썼고 결혼식이 마친 후 우리는 나라 현으로 일주일의 신혼여행을 떠났다. 우리는 아름다운 공원으로 둘러싸인 좋은 호텔에 묵었다. 일주일이 지난 뒤 우리는 도쿠시마로 가서 2~3일 동안 로건 목사 부부를 만났고 그러고 나서 한국으로 돌아왔다." 선교회 모임은 광주에서 회기 중이었고 이번에는 두 사람이 함께 유진 벨 목사의 집에서 묵었다.

윌리엄 린튼은 아내를 얻었다. 그가 그녀와 기차를 타고 함께 생활할 군산으로 올 때, 영명학교의 교사들과 선교사들이 기차역에서 기다리며 새 신랑과 신부를 환영해주었다. 해리슨(W. B. Harrison) 목사 부부가 막 도착한 신혼부부를 사륜마차로 안내했고 1마일 정도 떨어진 선교회 경내까지 태워주었다. 선교사들의 주택이었던 회색 벽돌 건물에 다다르려면 아주 좁은 다리를 건너야 했다. 그 신부가 기억하기를 그들이 함께 가는 중에 다리에 도착했을 때 마차가

missionaries waited at te railroad station to welcome the bride and grooms. Mr. and Mrs. W. B. Harrison led the couple to their surrey when they arrived to drive the distance of a little over a mile to the Mission compound. Before reaching the gray buildings that were the homes of the missionaries it was necessary to cross a very narrow bridge. The bride remembers that on this trip when the bridge was reached the survey stopped. Mrs. Harrison very deliberately steeped down to the ground explaining as she did so that though "Papa" always drove very carefully she preferred to walk the span.

For the following few days the new Mr. & Mrs. Linton were entertained in the home of the J. B. Pattersons. The plan was for them to decided for themselves as to which of the two available houses they would make their first home. One house was already vacant and the Harrisons were leaving for furlough shortly and it was possible for them to occupy this one as soon as the Harrison's left. Since the vacant house was in very windy location the young couple felt that they would be more comfortable in the Harrison's home.

Though warned by the other ladies that Mr. You, the cook that the bachelors had used before could certainly not be very satisfactory help a woman, Charlotte chose to give him a try. They hired a woman relative of his to work too, and began gathering together the furniture William had already accumulated. Soon they were able to set up housekeeping. Mr. You was delighted with his new

멈춰 섰다. 해리슨 부인이 아주 유유히 마차에서 내리면서 '아버지' (역자 주: 남편인 해리슨 목사를 지칭하는 말)가 언제가 조심스럽게 운전하기는 하지만 자신은 다리를 건너는 동안은 걷는 것을 더 좋아하기 때문에 그런다고 설명했다.

이후 며칠 동안 린튼 신혼부부는 패터슨 목사의 집에서 즐겁게 보냈다. 그들의 계획은 사용 가능한 두 집 가운데 신혼집을 그들이 정하는 것이었다. 한 집은 이미 비어 있었고, 해리슨 가정은 곧 안식년으로 떠날 준비를 하고 있어서 그들이 떠나자마자 곧바로 이 집을 사용할 수 있었다. 빈집은 바람이 아주 많이 부는 지역에 있었기 때문에, 젊은 부부는 해리슨의 집이 더 편안할 것이라고 생각했다.

독신 남성선교사들이 고용했던 요리사 유씨가 여성에게는 아주 만족스러운 도움을 주지 못할 것이라고 다른 부인들이 충고했음에도 샬롯은 그에게 기회를 주기로 했다. 그들 부부는 이 사람의 여자 친척까지 고용하여 일하도록 했고, 윌리엄이 이미 쌓아놓았던 가구들을 함께 모으기 시작했다. 그들은 곧 살림을 잘 마련할 수 있었다. 유씨는 그의 새로운 상사와 기쁘게 지냈다. 그는 그들을 위해 일하는 것이 재미있다고 생각했다. 그는 일과 관련하여 아무런 긴장감이 없었다. 그는 그들을 완전히 편안하게 대했고, 그들이 해야 할 일이 무엇인지 아주 편안하게 말하였다. 그는 그들이 식사 때 손님을 초대하는 것을 아주 좋아했고, 신혼부부에게는 적합하지 않을 만큼 아주 많이 손님을 맞아야 한다고 우겼다.

나중에 그들의 자녀들이 그녀의 실제 이름을 발음하지 못해서 '카이마미'라고 부르던 여성 도우미는 처음부터 아주 만족스러웠다. 그녀의 도움으로 자라난 네 아들은 그녀를 사랑스럽게 기억한

bosses. He thought it was fun to work for them. There was no nervous tension connected with the job for him. He was perfectly relaxed around them and felt perfectly free to tell them just what they should do. He loved for them to invite guests for meals and perhaps insisted on their having company a little too much to suit the newlyweds.

The woman servant, whom the children later called "Kaimai-mie" because couldn't pronounce her real name was a real joy from the beginning. She is remembered lovingly by the four boys she helped "raise". One of the favorite stories these "boys" tell is how hard she scrubbed them at bath time when they were children. They vow that she never used a washcloth but her hand instead. It, they declare, was as rough as any brush and their skin fairly tingled when she had finished with them.

Mr. You stayed with the Lintons for four years, at which time he decided to go into other business. A lady by the name of Kyungie took his place in the kitchen and though the children became fond of her as they grew up, they still can remember prickling under her taunts when they were sent to eat in the kitchen because of bad behaviour at the family table.

William wasn't the only one who had gotten himself a wife. John McEachern had married about a year before and the McEacherns lived next door to the Lintons. The couples were very congenial and are said to have had many good times together.

다. 이 아이들이 가장 좋아하는 이야기 중 하나는 그들이 어렸을 때 목욕시키면서 얼마나 세게 때를 밀었는지이다. 그들은 그녀가 절대로 때수건은 쓰지 않았고 손으로만 했다고 말한다. 그들이 단언하기로는 그녀의 손은 솔만큼이나 거칠어서 목욕을 마치고 나면 그들의 피부가 아주 따끔거렸다고 한다.

유씨는 다른 일을 하러 가겠다고 결정할 때까지 린튼 부부와 4년간 함께 지냈다. 경이라는 이름을 가진 여성이 그의 후임으로 부엌을 맡았다. 아이들이 자라면서 그녀를 좋아하게 되었지만 가족 식사 시간에 좋지 않은 행동 때문에 부엌으로 쫓겨나 식사를 했을 때 그녀가 놀려서 상처받았던 것을 지금도 기억한다.

윌리엄은 아내를 맞이한 유일한 사람이 아니었다. 존 매커천도 일 년 전에 결혼하여 그들 부부가 린튼 부부 이웃에 살았다. 이들 부부들은 서로 매우 비슷하였고 함께 좋은 시간을 많이 보냈다고 한다.

윌리엄은 점점 학교 일을 더 열심히 하였다. 그는 아침 일찍 나가면 점심을 먹으러 집에 잠시 들린 후에 오후에 다시 나갔다. 저녁에 늦게 들어오기 시작하자 샬롯은 학교 방향에 있었던 매커천 부부의 집까지 걸어 나가 그 집에 있었고, 윌리엄이 그 집에 들러서 샬롯과 함께 집으로 돌아왔다.

결혼 후에 그들은 여름에 지리산에서 휴가를 보냈다. 그 이전 가을에 윌리엄은 선교회로부터 여름 휴양지에 적합한 장소를 찾기 위한 위원회(역자 주: 지리산위원회, 또는 C. E. Graham Camp 위원회)에 임명되었다. 이 위원회는 해발 약 6천 피트(역자 주: 약 1,829m)에 있는 장소를 찾았다. (한국인들이 '할미단'(역자 주: 노고단)이라고 부르는 봉

William worked increasingly harder at the school. He left early in the morning and after a brief period at home for lunch went back for the afternoon. When it began to get late in the evening Charlotte would walk as far as the McEacherns, which was in the direction of the school and visit there until William stopped by for her on his way home.

The summer after they were married they took their vacation in the mountains of Chiri. The fall before William had been on a committee appointed by the Mission to search for a suitable spot for a summer resort. This committee had found just the place, about six thousand feet high. Climbing to the top of a peak referred to by the Koreans as "Grandmother's Altar" they saw numerous large rocks arranged so that they looked almost as if they had been piled there by huge, strong hands in preparation for a sacrifice of some kind. The side of the mountain instead of dropping directly downward from the top falls rather in a gentle slope rising again slightly so form a second ridge considerably lower than the first before it finally decides to continue its journey down to the valley bellow. It was on this gentle slope that the committee planned eventually build cottages so that they could slip away from the summer's stifling heat to rest and study without the constant, countless interruptions that seemed to make up their lives on the compounds below.

Compound life is said by many modern-method missionary

우리 꼭대기에 오르면서 그들은 수많은 커다란 바위가 가지런히 놓여 있는 광경을 보았고 그 모습은 마치 커다란 강력한 손으로 어떠한 희생제사를 준비하면서 차곡차곡 쌓아올린 것 같이 보였다. 산의 측면은 꼭대기로부터 아래로 곧바로 떨어지는 것이 아니라 완만한 경사로 다시 살짝 솟아오르면서 첫 번째보다는 훨씬 더 낮은 두 번째 봉우리를 형성하고 있고, 그리고는 마침내 골짜기 아래로 죽 내려가는 자신의 여정을 흔들림 없이 이어간다.)* 위원회가 마침내 작은 산장들을 짓기로 결정한 곳이 이 완만한 경사지였다. 그래서 여름의 숨 막히는 더위를 피하여 산 아래 선교 구역에서 그들의 삶을 채우고 있는 끊임없는, 수많은 방해를 받지 않고 쉬고 연구할 수 있었다.

선교사 경내의 삶은 선교사들이 함께 일하는 사람들과 너무나 많이 분리시키는 경향이 있다고 여러 근대적 방식의 선교기관들은 말한다. 이러한 방식은 '옛날의 좋은 때'의 선교사들의 방식은 아니었다. 윌리엄의 동시대 사람들은 연구하고, 사역을 계획하고, 휴식을 취하기 위해서 그들이 살고 있는 곳으로부터 물리적으로 떠나서 기왕이면 사람들이 접근하기 어려운 장소로 떠나야만 한다고 깨달았다. 선교사 경내는 선교사들이 여러 마을에 흩어져 멀리 떨어져 있는 집에서 사는 것보다는 그들의 집을 아주 편안하게 찾게 만들고 완전히 개방하는 것 같다.

윌리엄은 그가 처음 그곳을 본 순간부터 지리산을 정말 좋아했고, 샬롯이 아직 미국에 있을 때에도 그곳에 관하여 편지를 썼다.

---

* 괄호 부분은 저자에 의해 줄로 크게 가위표를 하여 삭제한 흔적이 있음. 저자는 삭제 표시 옆에 "적합하지 않은 것을 새롭게 기술할 필요가 있다"라고 적어놓았다.

organizations to separate one too much from the people with which they work. It was not this way for missionaries in the "good old days". William's contemporaries realized that in order to study, plan their work, and get any rest they had to remove themselves physically from where they lived preferably to a rather in accessible place. Quite to the contrary, their compounds seem to just make their homes easier to find and, then more profoundly available than if they were scattered in indistinct houses in various villages.

William loved Chiri from the moment he saw it and had written Charlotte about it while she was still in the States. He had picked out a particular place there that he wanted them to use for their own camp site.

그는 그들 가족을 위한 캠프 부지로 사용하려고 그곳에 있는 한 장소를 택했다.

* 역자 주: 이 글은 미완성으로 끝맺었다.

WM. A. LINTON: THE WAR YEARS

The Gathering Storm

Japan's announcement on September 28, 1940, of her definite alignment with Germany and Italy in the Axis bloc was the signal for dramatic developments in the Far East. Foreign Minister Matsuoka boldly indicated Japan's intention of going to war with any nation that might begin hostilities with either one of the other members of the tri-partite alliance. He announced Japan's firm purpose to carry through the New Order in East Asia and warned that Japan would brook no interference from any source in the accomplishment of this aim. These announcements were made in bold and defiant terms that left little hope for conciliation. On the other side, Britain reopened the Burma Road. The United States tightened the embargo on certain war supplies needed by Japan and correspondingly stepped up the pace of her aid to Britain.

As a result of these developments, the chronic condition of strain that had existed in Far Eastern affairs for almost a decade suddenly assumed a state of acute tension. About October 1, 1940, the outlook was ominous that many people on both sides of the ocean felt a declaration of war between Japan and the United States might be imminent. Friends and relatives of our missionaries besieged the Nashville office of the Board with special delivery letters, telegrams and long distance calls, expressing anxiety and ur-

윌리엄 A. 린튼: 전쟁 시기*

점차 심해지는 폭풍

일본이 1940년 9월 28일에 독일과 이탈리아와 동맹으로 연합한다는 분명한 입장을 선언한 것은 동아시아에서 전개될 극적인 국면들의 신호였다. 외무대신 마츠오카는 삼국연합의 어느 국가에 적대행위를 한다면 일본은 그 나라와 전쟁에 돌입하겠다는 의도를 대담하게 표하였다. 그는 일본의 확고한 목적은 동아시아에서 새로운 질서를 만들어가는 것이라고 선언하면서 일본이 이 목적을 성취해 나갈 때 그 어떤 출처의 방해도 용납하지 않을 것이라고 경고했다. 이러한 선언은 대범하고 도발적이어서 화해에 대한 희망의 여지를 남겨놓지 않았다. 다른 편에서, 영국은 버마 루트(역자 주: 미얀마의 라오 시에서 중국 쿤밍에 이르는 전략적 내륙도로)를 재개하였다. 미국은 일본이 필요로 하는 전쟁 물자에 대한 금수조치를 강화하였고, 영국을 지원하는 단계로 나아갔다.

이와 같은 전개 과정의 결과로 거의 십 년간 동아시아에 존재했던 만성적인 압박 상황이 갑작스럽게 심각한 긴장 상태를 띠게 되었다. 1940년 10월 1일경에 상황은 매우 불길하여져서 태평양을

---

* 이 글은 남장로회 선교회가 일제의 억압으로 한국에서 철수하였을 때 인돈이 미국 남장로회 해외선교본부에서 선교 관련 업무를 하던 내용과 해방 후 한국에 다시 복귀할 때까지의 내용을 기술하고 있다. 레터지 10쪽 분량의 활동보고서이다. 저자는 미상이며, 문체나 글의 내용으로 보아 인돈의 행적과 선교본부의 상황을 정확하게 파악하고 있었던 사람이 작성한 것으로 보인다. 2차 세계대전 시기에 인돈이 한국을 떠나 다시 선교 현장에 복귀할 때까지 활동한 내용과 한국선교회 및 미국 해외선교본부의 상황이 보고서의 형식으로 매우 체계적으로 정리되어 있다.

ging discretionary action. Out in the East equally alarming things were happening. In September, 1940, the Japanese officials rounded up scores of Christian pastors and leaders in Korea. Many were thrown in jail to suffer prolonged inquisition, beating, and abuse. In parts of Japan popular feeling was intense, there were open demonstrations of unfriendliness toward Christianity, and here and there even mob violence did not appear unlikely.

On October 5, 1940, in view of the ominous situation, the Board sent a cablegram to the Japan, China and Korea Missions saying:

"Full discretion given Missions to authorize special furloughs and draw necessary funds if developments should even require."

The purpose of this message was to pass full initiative to the field, and to short-cut the usual time-consuming procedures in case any emergency should arise where even a short delay in action might prove serious. This message was followed within two or three days by strong representations from the State Department of our own government through its consuls to all American citizens in the Far East urging them to return as quickly as possible to the United States except where there were acutely important reasons to detain them.

In deciding the all-important question of whether or not to withdraw, our missionaries were influenced by several consideration:

1. The extraordinary pressure of the American Consular authorities in the Far East. The warning to withdraw was repeatedly and

사이에 둔 양측의 많은 사람이 미국과 일본 사이에 임박한 전쟁 선포를 직감했다. 선교사들의 친구와 친지들은 내슈빌의 해외선교본부 사무실에 특송편지와 전보와 장거리 전화를 퍼부으면서 걱정을 표하였고, 신중한 행동을 요구하였다. 멀리 동아시아에서는 경고를 발하는 사건들이 일어나고 있었다. 1940년 9월에 일본 관리들은 수십 명의 한국 기독교 목회자와 지도자를 체포하였다. 많은 이가 투옥되어 기나긴 심문과 구타, 학대의 고통을 겪었다. 일본 측에서는 대중적 감정이 격해져서 기독교에 대한 적대감이 공공연하게 나타났고, 여기저기에서 군중들의 폭력이 일어나더라도 하나도 이상하지 않은 상황이었다.

1940년 10월 5일에 불길한 상황을 지켜보면서 해외선교본부는 일본과 중국, 한국에 있는 선교사들에게 아래와 같은 전보를 보냈다:

"선교회에 완전한 재량권을 부여하여 특별 안식년을 허락하고 앞으로 전개 과정에서 요구되는 필수 자금을 끌어오도록 한다."

이 메시지의 목적은 선교 현장에 완전한 주도권을 넘겨주는 것이며, 비상 상황이 일어났을 때 행동을 취할 때에 짧은 지연도 심각한 문제가 될 수 있는 현장에서 일반적으로 시간을 잡아먹는 절차를 줄이려는 것이었다. 이 메시지는 우리 정부의 국무부가 영사들을 통해서 동아시아에 있는 미국 시민들에게 계속 머물러야 하는 아주 중요한 이유가 있지 않다면 가능한 한 빨리 미국으로 복귀하라고 촉구하는 강력한 주장이 있은 후 2~3일 안에 이루어진 것이다.

철수해야 할지 말아야 할지에 관한 지극히 중요한 문제에 대하여 결정을 내릴 때 우리 선교사들은 몇 가지 고려사항에 영향을 받

urgently given.

2. The possibility of war and of internment in concentration camps. Personal safety was not the major concern. The point was that imprisonment would have been utterly useless. It would have cut them off from all communication or association with the native people.

3. In many localities, especially in Korea, Christian work had been virtually stopped by the police. Missionaries were so completely preoccupied with visits from gendarmes and detectives that little if any time was left for work.

4. More and more, Christian activities were being made to conform to national policy that was out of harmony with Christian principles.

5. Many missionaries felt that because of the strong national animosities that existed, their presence on the field as Americans had become for the time being a definite hindrance to the work.

6. The presence of the missionary in many cases had become a source of danger and persecution to the native Christian.

Accordingly, in the late fall of 1940 there occurred one of the most dramatic events in missionary history — the mass withdrawal of thousands of American missionaries from the Far East. Among them were approximately of 125 members of our own forces from China, Japan and Korea. Some fifty of these were of our Korea Mission, leaving behind only five missionaries who remained on

았다:

1. 동아시아 미국 영사 당국의 비상한 압력. 철수 경고가 반복적으로 긴급하게 내려졌다.

2. 전쟁의 가능성과 집단 수용소 억류의 가능성. 개인의 안전이 주요 관심사가 아니었다. 핵심은, 투옥은 아무런 소용이 없을 것이라는 점이었다. 현지인들과 모든 소통과 교류가 단절될 것이다.

3. 많은 지역에서 특히 한국에서 기독교 사업은 경찰에 의해 사실상 금지되었다. 선교사들은 경찰관과 형사들의 검문으로 완전히 붙들려 있어서 그나마 일할 시간도 없었다.

4. 점점 더 기독교 활동은 기독교의 원리들과 맞지 않는 국가 정책에 순응해가고 있었다.

5. 많은 선교사는 이미 존재하는 강력한 국가의 반감 때문에 미국인으로서 그들이 현장에 있으면 당분간 선교 사업에 분명한 장애물이 될 것이라고 느꼈다.

6. 많은 경우 선교사들의 존재가 현지 기독교인에게 위험과 박해의 근거가 되었다.

따라서 1940년 늦가을에 선교 역사에서 가장 극적인 사건 가운데 하나가 일어났다. 다름 아니라 수천 명의 미국 선교사가 동아시아에서 집단 철수를 한 것이다. 그들 가운데는 중국과 일본과 한국에서 떠나는 약 125명의 우리 선교 인력이 포함되었다. 이들 가운데 약 50여 명이 우리 한국선교회 사람이었고, 다섯 명의 선교사만 (역자 주: 최종적으로 남은 인원은 네 명이었다)을 남겨두고 떠났다. 그들은 선교회의 재산에 대한 처리와 한국인들에게 선교 사업을 이양하는 처리를 마무리 짓기 위해서 현장에 당분간 남기로 했다.

the field temporarily to complete arrangements concerning our properties and the transfer of the work to Korean hands.

Called to help in the Board's Office

The conditions of tension and unrest throughout the world, and the sudden arrival in the United States of more than one-third of our entire body of missionaries, imposed an extraordinary administrative burden on the Nashville office. For some time the Board had recognized that its Executive Secretary was overworked. In addition to his duties in general administration, he was carrying full responsibility for the Candidate Department, the Definite Object Department, and the entire portfolio of foreign correspondence with national churches and missions in all our fields — an aggregate task which today is shared by five members of the Board's staff.

And now, unexpectedly, a new burden was added which included:

The problem of adjustment for the returned missionaries in the United States, their housing, their employment, their place in the Church;

The arranging of transfers of missionaries to other fields;

Adjustments on the field to accommodate the work to a greatly contracted force;

The complete overtaxing of the facilities of transportation ac-

해외선교본부 행정 지원을 위해 부름 받음

긴장과 불안의 정세가 온 세계에 두루 퍼져 있었고, 선교사 전체 인력 가운데 1/3 이상이 갑자기 미국에 들어오면서 내슈빌의 본부는 전례 없는 행정적 부담을 짊어지게 되었다. 본부는 어느 때부터인가 총무의 업무가 과중하다는 것을 깨닫게 되었다. 일반적인 행정업무에 더하여 총무는 선교지원자 담당부서와 지정목적사업부서에 대한 총책임을 맡으면서 해외선교사들이 국내 교회와 해외 모든 선교회에 보내는 편지의 모든 일람도 관장하고 있었다. 이 모든 업무를 지금은 다섯 명의 본부 관계자가 나눠서 담당하고 있다.

그리고 당시에 예기치 못하게 아래의 내용을 포함하는 새로운 업무부담이 추가되었다:

- 미국에 복귀한 선교사들의 정착, 주택, 고용, 교회 배정 문제.
- 선교사들을 다른 지역으로 전환하는 조정 작업.
- 현장에서 매우 축소된 인력에 선교 사업을 맞추기 위한 조정.
- 바다를 건너는 운송기관 업무에 완전히 혹사당하기.
- 전단지, 기사, 보고서 등을 통해 모국 교회에 전반적인 상황을 설명하는 것.
- 완전히 불확실하고 예측할 수 없는 세계정세 속에서 결정을 내리고 정책을 세우는 책임을 매달마다 감당하는 것.

부담을 조금 덜어주는 것이 긴급하게 필요했다는 점은 분명했기 때문에 본부는 총무에게 이러한 업무를 도울 수 있는 가장 적합한 사람을 찾아 즉시 확보할 수 있는 권한을 부여하는 조치를 취했다. 다행히도 현장은 풍성했다. 고국에 복귀한 선교사들 가운데 특별한

ross the ocean;

The interpretation of the whole situation to the home church through leaflets, articles, reports, and the like;

Carrying from month to month the responsibility of making decisions and formulating polices in the face of a wholly uncertain and unpredictable world situation.

It was obvious that some relief was urgently necessary, and the Board took action authorizing the Executive Secretary to secure immediately the best-qualified man he could find to assist him in these duties. Fortunately, the field was rich. Among the missionaries who had returned to this country were men of extraordinary competence. The selection was not easy, but after due consideration the choice fell on the Rev. Wm. A. Linton of Korea, a man whose character, personally, poise, ability and experience seemed to fit him ideally for the responsibilities he would be asked to assume.

Responding to the Board's urgent appeal, Mr. Linton arrived in Nashville before the end of September, 1941, and took up his work immediately as Assistant to the Executive Secretary. For five years thereafter he was a valued member of our office force, ingratiating himself with the staff and office workers, and five times receiving the official commendation of the Board for his timely and dedicated service during this critical period.

경쟁력을 갖춘 사람들이 있었다. 그래서 선택하기가 쉽지 않았지만, 신중한 고려 끝에 한국의 윌리엄 A. 린튼 목사를 선택했다. 그의 성품, 인격, 자세, 능력, 경험으로 보아 그는 맡아야 할 책임들에 부합한 이상적인 사람이었다.

본부의 긴급한 요청에 응답하여, 린튼은 1941년 9월 말 이전에 내슈빌에 도착했고, 총무 보좌역의 업무를 곧바로 담당하였다. 그 후 5년 동안 그는 유능한 선교본부 인원이 되었고, 직원과 본부 근무자들의 마음을 사로잡았으며, 위기의 시기에 그의 적절하고 헌신적인 봉사로 인하여 본부가 주는 공식적인 표창을 다섯 번이나 수상하였다.

지원자 포트폴리오

린튼은 도착한 순간부터 선교지원자 담당 부서의 모든 책임을 맡았고, 신임 선교사들의 선발과 임명 업무를 담당하였다. 분명히 이 일은 선교본부와 관련하여 가장 중요한 역할 가운데 하였다. 인간적인 측면에서 볼 때 선교회의 모든 사업은 그에 맞는 선교사들이 보충될 때 가장 힘차게 이루어질 수 있다. 린튼은 자신이 가지고 있는 고유한 인품과 경험의 장점들, 선교사로 봉사하는 데 필요한 핵심적인 동기들에 대한 이해도, 지원자들의 성품과 자질을 날카롭게 꿰뚫어보는 통찰력, 친절하게 협상하고 연락하는 재능을 활용하여 이 과업을 담당하였다. 20년이 지난 현재, 우리의 전체 해외선교 사역에서 활동하는 가장 훌륭한 선교사들 중에는 그가 본부 사무실에서 일하는 동안 임명을 받는 남성들과 여성들이 있다.

이 시기에 모집 업무를 특별히 어렵게 만들었던 두 개의 특별한

The Candidate Portfolio

From almost the moment of his arrival, Mr. Linton assumed full responsibility for the Candidate Department, charged with the recruiting and appointment of new missionaries. This, obviously, is one of the most important functions with which the Board is concerned. On the human side no enterprise of Missions is stronger than its complement of missionaries. Mr. Linton brought to this task the peculiar assets of his own personality and experience, an understanding of the essential motivations of missionary service, a keen insight into the character and qualifications of applicants, and a gift for kindly negotiation and correspondence. Today, twenty years later, some of the finest missionaries in our entire overseas work are men and women who received their appointment during his years in the office.

Two special factors made the work of recruiting particularly difficult at that time:

1. The decade that followed the financial crash of 1929 was a time of missionary contraction. Contributions to missions fell suddenly to one-half their former level. Mission boards found themselves unable to support their workers on the field. Losses that occurred in the missionary ranks were not replaced. Volunteers for service were regretfully informed that no appointments could be made. They were encouraged to find work in this country in the hope that a better day might come when they could enter upon

요인이 있었다:

1. 1929년 경제 붕괴 이후의 10년간은 선교사들이 줄어드는 시기였다. 선교 기부금이 이전 수준의 절반으로 급격하게 떨어졌다. 그러자 선교본부는 현장의 인력들을 지원할 수 없다는 사실을 알게 되었다. 선교사 인력의 손실이 발생한 부분은 다시 채워지지 못했다. 선교 지원자들은 유감스럽게도 그들을 임명할 수 없다는 통지를 받았다. 그들은 선교의 소명으로 나아갈 더 좋은 날이 올 것이라는 희망을 가지고 본국에서 사역을 찾도록 권유를 받았다. 대학과 신학교의 학생들은 지원하는 것이 소용이 없다는 사실을 알게 되었고, 그들의 관심을 다른 분야로 돌리거나 그렇지 않으면 선교사로 나갈 수 없는 그들의 절망과 실망을 채워줄 해외의 봉사를 찾았다. 그리하여 적어도 규모에서는 전체 학생 세대의 선교에 대한 열정은 억눌려 있었고, 이러한 시대의 끔찍한 결과는 1940년대에 그 증거로 여실히 나타나고 있었다. 그때가 린튼이 선교본부 사무실에 들어왔던 시기였다.

2. 미국이 1941년에 전쟁에 참전한 이후, 우리나라는 선교사 적령기의 젊은 남성들과 여성들의 군복무에 대한 요청을 유난히 계속하고 있었다. 다양한 정부 업무를 위해 대학에서 공부한 젊은이들을 엄청나게 요청하였고, 위급한 상황에서 국가에 봉사하는 사람들을 기다려주는 사회적 인정은 선교 봉사에 나설 수 있는 사람들의 숫자를 줄어들게 하였다. 애국주의에 대한 자극이 강력하였다. 선교 지원자들이 선교를 향한 목적을 포기한 것은 아니었지만, 전쟁이 끝날 때까지 해외선교본부에 지원할 시기를 연기하도록 이끌렸다.

their missionary calling. Students in college and seminary learned that it was futile to volunteer, and turned their interests to other fields of work lest in seeking service abroad they should meet only with frustration and disappointment. Thus, in a measure at least, the missionary passion of a whole generation of students was stifled, and the disastrous results of that era were still in evidence in the early 1940's when Mr. Linton came to the office of the Board.

2. After the United States entered the war in 1941, the claims of the armed forces of our country on young men and women of missionary age were especially insistent. The tremendous demand for college-trained young people in various government enterprises, and the social approval that awaited those who served the Nation in the hour of need, worked to diminish the number that were available for missionary service. The impulses of patriotism were strong. It was not that candidates had forsaken their missionary purpose, but many were led to postpone the hour of their enlistment in Foreign Mission service until the war was over.

The degree of success that Mr. Linton achieved in the face of these extraordinary difficulties is a testimony to his dedicated skill and effectiveness. While the number of appointments did not measure up to the most productive years of our recruiting experience, the steady flow of reinforcements to our mission fields during the war period stands of itself as a remarkable achievement.

Another special objective to which Mr. Linton devoted much

린튼이 이러한 비상한 어려움들에 직면하여 이루어낸 성공의 정도는 그가 바친 능력과 효율성이 어떠했는지 보여주는 척도이다. 비록 선교사 임명 숫자는 선교본부 역사에서 가장 많았던 해에 미치지는 못했지만, 전쟁 시기 동안에 선교지에 지속적으로 인력을 충원한 것은 그 자체로 놀라운 업적을 나타낸다.

린튼이 특별히 많은 생각과 힘을 쏟은 또 다른 특별한 목표는 젊은 남녀를 선교사 '보충역'으로 구성하여 그들을 해외 선교를 위해 훈련하고, 전쟁이 끝났을 때 동아시아의 선교지로 충원될 수 있도록 준비시키는 것이었다. 선교본부 기록에 따르면 1945년부터 1957년까지 (12년간) 445명의 새로운 선교사가 선교지로 파송되었고, 이는 당시까지 우리 선교부의 역사에서 12년의 기간으로는 가장 큰 숫자였다. 이러한 급격한 성장은 기회와 필요를 예견하고, 지금 열매를 맺고 있는 그 씨앗을 인내하면서 심었던 사람에게 공로를 돌려야 한다.

지정목적사업부

선교본부는 스태프를 보강하는 데 한 걸음 더 나가는 차원에서 1945년 1월 1일에 리처드 길레스피(Richard T. Gillespie) 목사를 영입하여 선교지원자부의 총무로 일하게 하였다. 린튼은 시종일관 선교사였다. 그래서 그가 비록 미국에 물러나와 있는 동안에는 선교본부 사무실에서 일하고 싶어 했지만, 상황이 허락하는 대로 곧장 한국으로 되돌아갈 소망과 목적을 진지하게 품고 있었다. 그는 신임 선교지원부 총무가 업무를 익혀가는 처음 몇 개월 동안 길레스피 박사에게 커다란 도움을 주었다. 린튼이 점차 선교지원 업무에

thought and work was the building of a missionary "reserve corps" of young men and women who would prepare themselves for work abroad and be in readiness to reoccupy our fields in the Far East when the war had ended. The records of the Board show that between 1945 and 1957 (twelve years) 445 new missionaries were sent to the field, the largest number in any twelve-year period in the history of our work up to that time. Much of the credit for this forward surge belongs to the man who had anticipated the opportunity and need, and had sown in patience the seed that was now bearing fruit.

Definite Objects Department

As a further step in strengthening its staff the Board brought to the office on January 1, 1945, the Rev. Richard T. Gillespie to serve as Candidate Secretary. Mr. Linton had made it quite clear that he was first and last a missionary, and while he was willing to serve in the office during the period of his detention in the United States, it was his earnest hope and purpose to return to Korea as soon as conditions would allow. He was of great help to Dr. Gillespie during the first months when the new Candidate Secretary was familiarizing himself with the work. As he gradually relinquished his responsibilities in the Candidate field, the Board committed new tasks to his capable hands, and for the last year of his sojourn in Nashville Mr. Linton carried the major load of the Definite Objects

서 맡은 책무를 내려놓게 되면서, 선교본부는 새로운 과업을 그의 능력 있는 손에 맡겼고, 내슈빌에 머무는 그의 마지막 해 동안 린튼은 지정목적사업부의 주요한 업무를 수행했다. 선교본부에서 이 부서가 갖는 중요성은 매년 선교부의 해외 사역을 위한 기부금 총액의 약 1/3이 지정목적사업부를 통해 만들어진다는 사실에서 알 수 있다. 선교 지원자 업무에서와 마찬가지로 여기서도 린튼은 선교본부가 그에게 기대해왔던 분별력과 효율성을 가지고 그의 책임을 수행했다.

종합

내슈빌 본부에 있는 동안 린튼이 수행한 담당 업무들을 여기서 간략하게 살펴본 것으로는 그의 활동이 선교본부에 실제로 어떤 영향을 끼쳤는지에 대하여 아주 부분적인 모습만 보여줄 뿐이다. 그의 가장 커다란 공헌은 좀 더 일상적이고 비공식적인 봉사의 형태였으므로 그러한 노력들을 구체적으로 분류하기는 어려울 것이다. 본부의 다른 직원들은 그의 훌륭한 판단과 오랜 경험이 필요하여 날마다 그를 찾았고, 그는 언제나 시간을 할애했다. 선교 정책과 진행 과정의 그 어떤 단계에서도 그가 잘 모르는 부분은 없었다. 더군다나 그는 탁상행정의 견해를 수정하면서 '현장의 관점'을 본부에 제시하였다. 그는 반대되는 판단을 할 때에도 완전히 숨김없는 솔직함으로 제시하였고, 친절함과 선한 유머로써 회의 자리에 그 어떤 긴장감이나 어색함을 몰아냈다. 그는 사무총장의 사무실에 가까운 자리에서 근무하면서 의지할 수 있는 튼튼하고 편안한 어깨를 내주었고 그의 조언들은 언제나 도움이 되었고 활력을 주었다. 자신

Department. This important phase of the work seeks to enlist chu-rches and individuals in the particularized support of missionaries and of definite projects in the program of the fields abroad. Its significance for the Board can be seen in the fact that from year to year approximately one-third of all contributions for our overseas endeavor are made through the Definite Objects Department. In this, as in the Candidate work, Mr. Linton handled his responsibilities with the understanding and effectiveness that the Board had come to expect of him.

General

This brief review of the scheduled tasks performed by Mr. Linton in the Nashville office offers only a partial insight into the real meaning of his work for the Board. Possibly his greatest contribution came in more casual and informal services that do not lend themselves to definite classification. He was always available, and was sought out every day by other members of the staff who came to rely on his good judgment and long experience. There was no phase of missionary policy or procedure with which he was not familiar. Moreover, he brought to the office she "field point of view" which often served as a corrective to armchair opinions. His judgment, even when contrary, was always given with complete and open frankness, with an unfailing kindness and good humor that left no room for tension or embarrassment. Occupying

이 속한 부서의 범위를 훨씬 넘어서는 데까지 그의 영향력을 넓히면서 모든 역량을 쏟아 공동책임을 다하였다. 시간이 지날수록 그는 본부가 임명한 위원이 참석하지 못할 때에는 선교부 간, 혹은 교파 간 위원회에 선교부를 대표하는 자리에 나갔다. 그의 총 5년의 임기 동안 본부 업무 외에도 여러 곳의 교회에서 강연하는 일정으로 활발하게 활동했다.

린튼의 유용함을 대표하는 단 하나의 장점을 꼽는 일은 어려울 것이다. 오히려 그의 재능과 인격이 놀랍게 조화를 이루었던 것이 그의 강점이었다:

그는 신조와 교리에 대하여 독실하고 건전하였다.

그의 내면의 믿음은 깊고 튼튼하였다. 그의 아들이 전시 임무 중에 행방불명되었다는 소식을 듣고 아들의 생사가 불확실하여 여러 달 동안 그의 마음이 흔들릴 때에도 그가 유지한 침착함과 차분함을 그의 동료들은 잊을 수 없을 것이다.

진실함은 그의 모든 행위 가운데 뚜렷하게 나타났다. 완전한 정직과 신뢰는 그의 모든 말과 친구는 물론 반대자를 대하는 그의 태도에서 잘 드러났다.

그는 행위와 말에서 순수함을 잃지 않았다. 그러면서도 점잔을 빼는 일체의 가식이 없었다. 그는 언어이건 행동이건 간에 비열함의 기미조차 혐오했다.

예리한 유머 감각과 다정다감한 좋은 성품이 그의 얼굴에서 나타나는 지울 수 없는 미소에 반영되었다.

그는 자신의 업무를 위해 철저하게 준비하였다. 조지아 공대에서 이학사(B.S.) 학위를 받고 졸업한 사람이 뉴욕의 컬럼비아 대학

as he did an office adjacent to that of the Executive Secretary, he offered a strong and convenient shoulder upon which to lean, and his counsels were invariably helpful and stimulating. He shared a mutuality of responsibility with the entire force which extended his influence far beyond the scope of his own particular departments. Time and again he was called upon to represent the Board at meetings of inter-board or interdenominational committees when the regularly-appointed member of the staff could not attend. And through the entire five-year period he carried, in addition to his office work, a lively schedule of speaking engagements here and there throughout the Church.

It would be difficult to put one's finger on any single quality that accounted for his usefulness. Rather, it was in a remarkable combination of gift and character that his strength seemed to reside:

He was staunchly sound in creed and doctrine.

His personal faith was deep and secure. None of his associates can forget the poise and calm with which through many months he carried in his heart the haunting uncertainty of the fate of his son who was reported missing in action.

Integrity was conspicuous in all that he did. Complete honesty and truthfulness were reflected in his every word and attitude toward friend or foe alike.

His actions and speech were unfailingly chaste, yet with no hint of prudishness. He abhorred any suggestion of baseness, whether

교에서 중등교육 분야의 문학석사(M.A.)를 취득하였고, 동시에 성서신학교에서 2년 동안 특별 과목을 수강하였다. 이후 디케이터의 컬럼비아 신학교에서 신학수업을 이수하고 신학사(B.D.) 학위를 받았고, 1930년에 사우스웨스트 조지아 노회에서 안수를 받았다. (이후 1957년에는 벨헤이븐 대학이 선교와 교육의 탁월한 봉사를 인정하여 그에게 명예박사 학위를 수여하였다.)

무엇보다도 그는 모든 일에서 그리스도에 대하여 변함없는 충성을 고백하는 헌신된 크리스천이었다.

선교지 복귀

일본이 1945년 8월에 극적으로 항복하자, 오랫동안의 기다림이 끝나고 선교사들이 해외 선교지로 즐겁고 기쁜 얼굴로 돌아왔다.

한국과 일본, 중국의 선교회 스테이션들을 재개하는 것은 어렵고 복잡한 일이었다. 극동지역으로 바다를 운항하는 여객선도 없었고, 비행 편은 아직 시작하지 못했다. 여권은 국무부가 엄격하게 통제를 유지하고 있었고 특별한 긴급성을 증명할 때에만 발급했기에 받기가 어려웠다. 모든 것은 당분간 군대 수중에 있었다. 그 누구도 한국이 어떤 상황인지, 선교회 재산이 어느 정도 피해를 입었는지, 음식을 구할 수 있는지, 선교 사업의 상황은 어떤지, 할 수 있다면 어떤 선교 프로그램이 가능한지 알지 못했다.

선교본부는 선교사 인원들이 전면적으로 한국에 복귀하기에 앞서 소수의 선발된 인원들이 준비되는 대로 현장으로 가서 상황을 점검하고 향후 조치에 대하여 선교본부에 조언하는 사전조사가 필요하다는 확신을 하고 있었고, 선교사들도 이에 공감하였다. 이에

of language or conduct.

A keen sense of humor and a genial good-naturedness were reflected in the ineradicable smile that gave expression to his face.

He brought to his task a through preparation. A.B.S. graduate of Georgia Tech, he won his M.A. at Columbia University (New York) in the field of Secondary Education, while at the same time pursuing special courses for two years at the same time pursuing special courses for two years at the Biblical Seminary. Later, on completion of the full theological curriculum at Columbia Seminary (Decatur), he received his B. D. degree, and was ordained by Southwest Georgia Presbytery in 1930. (Still later, in 1957, Belhaven College honored him with a doctor's degree in recognition of his outstanding service as missionary and educator).

He was, above all, a dedicated Christian who manifested in all that he did an unswerving loyalty to Christ.

Return to the Field

With the dramatic surrender of Japan in August, 1945, the long years of waiting were over and missionaries turned their faces joyfully and expectantly to their fields of work abroad.

The reoccupation of our stations in Korea, Japan and China was a difficult and complicated operation. There were no passenger ships playing the ocean to the Far East, and air travel had not yet been inaugurated. Passports were hard to obtain as the State

따라 역량 있는 사람들로 신중하게 선발된 그룹을 극동의 각 선교 지역으로 파송하기로 결정했고, 그들의 조사결과 보고서를 기다리기로 했다. 추진 방법은 미국에 와 있는 중국과 일본을 한국을 대표하는 각 선교회에 요청하여, 그들 중에서 가장 적합한 사람들을 추천하여 조사팀을 구성하도록 하였다. 그런 다음에 선교본부는 공식적으로 이 일을 담당할 사람들을 임명하였다.

한국 조사위원회는 여섯 명으로 구성되었고, 린튼이 이 그룹의 의장으로 임명되었다. 한국으로 출발하기 전에 그는 그들이 여권을 발급받아서 나갈 수 있도록 선교본부가 지원하는 일에 최적의 도움을 주었다.

나머지 이야기는 이 짧은 글의 범위를 넘어서지만 마지막으로 한마디만 하고자 한다. 전후(역자 주: 해방 후) 기간 중에 보여준 한국의 선교 사업의 부흥과 놀라운 회복과 발전은 상당 부분 새로운 시대를 열었던 이들 선구자들이 보여준 지혜와 통찰력에 힘입은 것이다. 이들 가운데서도 린튼은 독보적인 지도자였다. 그는 1946년 6월 1일에 샌프란시스코에서 출항하면서 그가 맡은 과업을 힘차게 붙잡았다. 한국에서 남장로회 교육선교의 최고 설계자로 오랫동안 인정받으면서 그는 선교회의 주요한 두 학교, 전주의 남자 고등학교와 광주의 여자 고등학교의 교장(역자 주: 여기서 광주의 여자고등학교 교장은 전주의 기전여학교 교장을 맡은 것을 잘못 기술한 것)으로 임명되었다. 그 후 선교회가 처음으로 대학 수준의 학교인 대전기독대학(역자 주: 공식 명칭은 대전(장로교)대학으로 Taejon Presbyterian College)을 시작했을 때, 그것은 남장로회 교육선교의 최고의 업적이었고, 린튼은 설립자요 첫 학장으로 선임되었다. 그는 건강이 악화되어 어쩔 수 없이

Department maintained a tight control and issued them only on proof of extraordinary urgency. Everything remained for the time being in the hands of the military. No one knew that the conditions were in Korea, the extent of damage to our properties, the availability of food, the state of the work, or the kind of missionary program, if any, that might be feasible.

It was the conviction of the Board, shared by our missionaries, that any wholesale return of personnel to Korea should await a preliminary survey by a selected few who would proceed to the field as soon as arrangements could be made to assess the situation and advise the Board concerning further steps. Accordingly, it was decided to send such a group, carefully selected for their competence, to each of our Far Eastern lands and await a report of their findings. The method followed was to ask each company of missionaries in the United States representing the three fields, China, Japan, and Korea, to nominate those of their own number who might be best qualified to compose their Survey team; and the Board then appointed them officially to this task.

The Korea Survey Committee was made up of six men, and Mr. Linton was named Convener of the group. Prior to his departure from this country he rendered optimum assistance to the Board in securing their passports and clearing the way for them to proceed.

While the rest of the story falls outside the scope of this brief account, one final word may be allowed. The revival of the work in

1959년(역자 주: 연도 오류로 린튼이 학장직을 사임하고 물러난 것은 1960년)에 그의 임무를 다른 사람들에게 넘겨줄 때까지 이 중요한 자리를 지켰다.

1960년 7월 1일에 린튼 부부는 미국으로 돌아왔고, 그것이 그의 마지막 안식년이 되었다. 6주 후인 그해 8월 13일에 그는 테네시 주 녹스빌에서 영원한 안식으로 부름 받았다.

고귀한 사람의 이 땅에서 생애는 이렇게 끝이 났다. 그러나 그의 삶이 끼치는 영향은 계속되어 그의 보살핌과 가르침을 받은 수천 명의 학생의 가슴 속에 살아 있을 것이다. 선교사들과 한국인들 모두 그에 대한 기억을 깊은 존경과 영예로 간직하고 있다. 그는 한국인들을 사랑했고, 그들의 언어를 유창하게 구사했으며, 그들을 위한 48년간 지치지 않는 봉사는 그들의 신뢰와 사랑을 오래도록 얻게 하였다.

"지혜 있는 사람은 하늘의 밝은 빛처럼 빛날 것이요, 많은 사람을 옳은 길로 인도한 사람은 별처럼 영원히 빛날 것이다."

Korea and the remarkable in large measure to the wisdom and far-sightedness shown by these pioneers of a new era. In all of this Mr. Linton was an outstanding leader. He sailed from San Francisco on June 1, 1946, and took hold vigorously of the task he was assigned. Long recognized as the chief architect of our educational work in Korea, he was appointed to be principal of our two chief institutions — the Boys' High School in Chunju and the Girls' High School in Kwangju. Later, when the Mission inaugurated its first school of college grade, the Taejon Christian College, as the capstone of our educational program, it was Mr. Linton who was chosen to be its Founder and first President. He held this important post until he was forced by falling health to surrender his duties to others in 1959.

On July 1, 1960, Dr. and Mrs. Linton returned to the United States on what proved to be his last furlough. Only six weeks later, on August 13, of that year, he was called to his rest in Knoxville, Tennessee.

So ended the earthly career of a noble man. But the influence of his life will continue to live in the hearts of thousands of students who came under his care and instruction. Missionaries and Korean people, spoke their language fluently and his forty-eight years of untiring service in their behalf earned for him their lasting confidence and affection.

"They that be wise shall shine as the brightness of the firmament, and they that turn many to righteousness as the stars for even and ever."

인돈의 셋째 며느리(Betty Linton)(왼쪽)

A Collection of Memories of W. A. Linton

An outline of the late Rev. Linton's Career

from Rev. KO Sung Mo

Rev. W. A. Linton was an extraordinary person who was full of faith, wisdom and resources, moral character and talents. In his childhood, his mother died, so he was brought up at his aunt's home. After graduation from college he planned to come to Korea as a missionary. At that time his aunt advised him not to go to Korea. She wanted to offer him whatever he needed if he would stay in the U.S.A. and go into business. In spite of this, as a young man of 20 years of age, he counted wealth and rank and desire as refuse and made a decision to devote himself to God and work in Korea. This reveals his faith, spirit and noble personality. After coming to Korea, while studying the Korean language study, he was able to make himself understood in Korean. One day he told me his feelings, after having been in Korea a few years. He said, "I should return to Korea as a pastor after finishing seminary training instead of being just a school teacher." I agreed with his opinion and replied, "It is not too late for you to study theology and it

고(故) 린튼 목사 생애에 대한 개요

고성모 목사[*]

W. A. 린튼 목사는 믿음, 지혜와 재능, 도덕적 인성과 소질이 충만한 특별한 사람이었다. 유년 시절에 어머니가 돌아가시자 그는 이모의 집에서 자라났다(역자 주: 인돈의 어머니는 그가 대학에 재학 중일 때 돌아가셨고, 유년 시절에 어머니와 아버지가 별거 중일 때 이모가 인돈의 집에 들어와 함께 살았다). 대학 졸업 후에 그는 한국에 선교사로 들어갈 계획이었다. 당시 그의 이모는 한국에 가지 말라고 그를 타일렀다. 이모는 그가 미국에 남아 사업을 한다면 그가 요구하는 무엇이라도 주려고 하였다. 이러한 제안에도 불구하고, 스무 살의 젊은이는 부와 지위와 욕망을 무가치하게 여기고 하나님께 자신을 바치고 한국에서 일하기로 결단하였다. 이러한 모습이 그의 믿음과 정신과 고상한 인격을 드러낸다. 한국에 들어와 한국어를 공부하면서 그는 전라북도 군산의 영명공업학교에서 가르쳤다(역자 주: 영명학교는 공업학교가 아니라 미국 남장로회가 세운 미션스쿨이었다). 1년 동안 언어를 배운 뒤에 그는 한국어를 이해할 수 있게 되었다. 어느 날 그가 한국에

---

[*] 인돈이 한국에서 처음 선교 사역을 시작할 때 한국어를 가르친 어학 선생이자 평생의 친구로, 전북노회장을 역임하였다.

may be better to finish seminary and begin your mission work as a pastor." He accepted my advice and returned to the United States. On furlough he began to attend a theological seminary. After finishing seminary, he came to Korea again. This completion of his seminary training was the motivation of his successful work and the fulfilling of his mission which was endowed from God. He was a great person who promoted the fame of the Southern Presbyterian Mission. The unique purpose of missionary activity is centered in the spreading of the Gospel, evangelization.

He was enthusiastic, meticulous and co-operative. He had an excellent ability of leadership in every aspect of the mission work. He chose the course of educational work which fit him and his talents as a missionary. In religious endeavor, intellectual people who foresee into the far future keep their eye on the education (culture) of younger men. Mr. Linton was such a person. He devoted hid life to the educational field. His distinguished services emitted everlasting light. He was a pioneer and a great man in educational circles who endured every difficulty and did not submit (yield to) under the pressure of the Japanese regime in any way. Since the emancipation from the Japanese in August, 15, 1945 his vision of education was enlarged. He insisted on the necessity of higher education which is the way to suit a progressing new age. This was his great ideal. He said, if we neglect higher education our Christian society will lag way behind in this age and most diffi-

몇 년 동안 있으면서 느낀 감정을 나에게 말한 적이 있었다. "나는 학교 교사로 남기보다는 신학교에서 훈련을 받은 뒤 목사가 되어서 한국에 다시 와야 할 것입니다." 나는 그의 의견에 동의하면서 대답했다. "당신이 신학을 공부하기에는 아직 늦지 않았고, 신학교를 마치고 목사로 선교 사업을 하는 것이 더 좋을 것입니다." 그는 나의 조언을 받아들였고 미국으로 돌아갔다(역자 주: 인돈이 신학을 공부하기 위해 미국으로 들어간 것은 두 번째 안식년 기간인 1928년이었고, 1930년에 컬럼비아 신학교를 졸업하고 목사 안수를 받고 귀국하였다). 그는 신학교를 졸업하고 다시 한국에 돌아왔다. 그가 신학 훈련을 이수한 것은 성공적으로 선교 사역을 할 수 있었던 바탕이 되었고, 하나님이 맡기신 사명을 완수하기 위함이었다. 그는 남장로회 선교회의 명성을 드높인 위대한 사람이었다. 그들의 선교사업의 유일한 목적은 복음을 전파하는 복음화에 집중되었다.

그는 열정적이고, 꼼꼼하고, 협동심이 강했다. 그는 선교사업의 모든 방면에서 탁월한 리더십을 발휘했다. 그는 그에게 잘 맞으며 선교사로서 자신의 재능을 발휘할 수 있는 교육사업의 진로를 택했다. 신앙적 열정을 가지고 먼 미래를 내다볼 줄 아는 지적인 사람들은 젊은이들의 교육에 주목한다. 린튼은 그런 사람이었다. 그는 그의 일생을 교육 분야에 바쳤다. 그의 탁월한 봉사는 영원히 빛났다. 그는 교육계의 선구자이며 위대한 인물로서 일제 정권의 압박 아래에서도 모든 환란을 이겨내며 어떤 방식으로도 굴복하지 않았다. 1945년 8월 15일에 일제로부터 해방된 이후로 그의 교육 비전은 확대되었다. 그는 발전하는 새로운 시대에 맞추어나가기 위해 고등교육의 필요성을 주장하였다. 이것은 그의 위대한 이상이었다. 그

culties in the future.

He was not only an idealistic person, but also a practical man who could get end products and results in every task. He was an exemplary teacher to us, and he fulfilled his task well, and completed a great work. He was practical, and did more than just talk. He dedicated his life to education in Korea from the age of 20 to over 70. During these years he was devoted to Chun Heung elementary school, Shin Heung High school, Ki Jun Girls' high school, and Taejon College, He shed his own tears, sweat, and blood (energy) in this land for the development of education, the future hope for the prosperity of our Korean nation.

His character was meticulous and systematic. Because of his perfection in not making errors in activities nor conversation, he had both when he acted and when he spoke. In light of this he was often called upon to be advisor in difficult situations. Everyone co-operated with him, and trusted him so much so that he succeeded in his great work, and was admired for it. He was bright, accurate, and quick in judgment of right and wrong.

If he had entered the political world, he might have been a great politician. He could deal with every difficulty and master the most adverse social circumstance. It seemed to me he had a quick wit and excellent political brain. He was like a skillful captain who brings his ship safely into harbor after encounters with the great storms of the ocean.

는 우리가 고등교육을 등한시한다면 기독교 공동체는 시대에 뒤처져서 장래에 어려움을 겪게 될 것이라고 말했다.

그는 단순히 이상주이자만은 아니었고, 모든 일에서 최종 마무리를 하고 결과물을 산출할 줄 아는 실제적인 사람이기도 했다. 그는 우리에게 본받을 만한 스승이 되었고, 그가 맡은 책임을 잘 완수하였으며, 대단한 일을 해냈다. 그는 실제적인 사람이었고, 말하는 것 이상을 실천했다. 그는 20세부터 70세까지 자신의 삶을 한국에서 교육 사업에 바쳤다. 이 시기에 그는 전흥초등학교(1949년 기전여학교에서 분리된 기전국민학교로 1949-1956년 교장이 인사례였음. 즉 선교회가 직접 운영했던 초등학교. 인사례가 대전으로 오면서 1956년 4월 1일부터는 장평화가 교장을 맡음. 1962년 호남기독학원 산하 전흥(기전+신흥) 국민학교로 개칭. 1975년 폐교되면서 시설만 기전여중으로 편입), 신흥고등학교, 기전여자고등학교, 대전대학(역자 주: 현재 한남대학교)에 헌신하였다. 그는 이 나라에서 교육의 발전을 위해, 그리고 한국 민족의 번영을 위한 미래의 희망을 위해 자신의 눈물과 땀과 피(에너지)를 쏟았다.

그의 성격은 꼼꼼하고 체계적이다. 자신의 활동과 대화에서 실수하지 않으려는 철저함 덕분에 그는 말하고 행동할 때 권위를 얻었다. 이러한 점에서 그는 어려운 상황에서 조언해주기를 자주 요청받았다. 모든 사람이 그와 협력하였고 그를 매우 신뢰하였기 때문에 성공적으로 큰 업적을 이룰 수 있었고, 존경을 받았다. 그는 현명하고, 정확하고, 옳고 그름을 판단하는 데 신속했다.

만일 그가 정치계에 입문하였다면 아마도 위대한 정치가가 되었을 것이다. 그는 어떠한 어려움도 잘 대처하며 아주 불리한 사회적 상황도 능수능란하게 처리할 수 있었다. 그는 기지가 넘쳐났고 정

He was clever and extraordinary heroic. He was generous and treated people with a warm heart. However, he treated people at times in a stern manner. In so doing he clearly revealed his attitude and gave a stimulus to them which helped them to go forward in the right direction. So I would say that it was not so much a cold heart as a deeply concealed warm heart.

There was on special characteristic of his nature. Ever since his youth he was a good joker and often teased people with his jokes. This is one example. One day a Japanese police detective came to investigate him. During the conversation Mr. Linton teased him jokingly. At first the detective paid no attention to him, but suddenly he was caught in the joke. His jaw dropped and finally he could not help but laugh. At last he went away. This was his special talent that was not ordinarily seen.

He had a strange sense of responsibility. Whenever he accepted a responsibility he thoroughly discharged his duty. He made every effort to overcome any trouble. Here is an example: During the construction of the Kijon High School, Mr. Linton needed treatment of his illness so he had to go to the U.S. for several months. After his recovery he returned to Korea. On the way back to his home from the Chonju Railroad Station by car, he stopped first at the Kijon School to inspect the construction. Only after that did he go to his home. Everyone who saw Mr. Linton at that time could not help but admire him for his devotedness, his enthusiasm and

치적 감각이 뛰어났다. 그는 마치 거친 폭풍우가 몰아치는 바다에서 배를 안전하게 항구로 인도하는 능숙한 선장 같았다.

그는 창의적이고 용감무쌍하였다. 그는 관대하였고 사람들을 따뜻한 마음으로 대하였다. 그러나 때때로 그는 사람들을 매우 엄격한 태도로 대하였다. 그럴 때 그는 자신의 견해를 분명하게 드러냈고 그들에게 자극을 주어 바른 방향으로 가도록 돕고자 했다. 그러므로 나는 그것이 냉정한 감정이었다기보다는 깊숙한 곳에 따뜻한 마음을 품었다고 말하고 싶다.

그의 성격에는 한 가지 특별한 점이 있었다. 젊었을 때부터 그는 농담을 잘 했고 사람들을 곧잘 놀리기도 했다. 한 예가 있다. 어느 날 일본 형사가 그를 조사하러 왔다. 대화 도중에 린튼이 그에게 농담을 하였다. 처음에 그 형사는 대수롭지 않게 여겼으나 갑자기 농담에 쏙 빠져들었다. 입이 떡 벌어지도록 웃지 않을 수 없었다. 그러고는 떠났다. 이것은 보통 사람에게서는 볼 수 없는 그의 특별한 재주였다.

그는 이상할 정도로 책임감이 강했다. 그가 책임을 맡았을 때에는 그가 맡은 일을 철저히 수행하였다. 그는 어떠한 어려움도 이겨내기 위해서 모든 노력을 다했다. 한 예를 든다. 기전고등학교를 건축하고 있을 때 린튼은 병 치료를 받기 위해 미국에 가서 몇 달 동안 머물러야 했다. 회복 후에 그가 한국으로 돌아왔고, 전주역에서 자동차로 그의 집으로 돌아오는 길에 먼저 그는 기전학교에 들러서 건축 상황을 점검하고 그 후에야 집으로 돌아왔다. 그때 린튼의 모습을 보았던 모든 이는 그의 헌신과 열정과 책임감에 그를 존경하지 않을 수 없었다. 그는 교육사업뿐만 아니라 교회가 도움을 요청

his sense of responsibility. He helped not only in educational tasks but he also helped the churches if they needed it regardless of rain or shine, cold or heat.

After the liberation August 15, 1945, he was happy to return to Korea ahead of any other missionary. After 3 or 4 years silence he at last heard the good news of the emancipation of Korea. During that stay in the U.S. he had no way to hear from his Christian flock whom he had nurtured. He know not of the devastation, of the ruined churches, nor of the bowing before the Japanese shrines. When he had heard the news, he could sit tight in the U.S. no more. Returning soon to Korea, he become indeed, our respected teacher, to whom we are greatly indebted. To us who were suffering torture under the Japanese regime he gave encouragement, sympathy, and strength. At the end of the Japanese regime as they accused us of being spies of American missionaries, they kept their eyes on us as dangerous people. American missionaries were considered spies, were watched closely, and put under torture. Whereas Mr. Linton suffered various pains in this land, he returned to sacrifice the rest of his life for his Korean people. Indeed, he was our benefactor.

After the liberation many victims gathers from various parts of Korea. How could these windows, orphans, and helpless old men live? Among those wandering around were church members who had lost by fire all their own property as well as that of the chur-

할 때에는 비가 오거나 맑을 때나, 춥거나 덥거나 가리지 않고 교회를 도왔다.

1945년 8월 15일 해방 이후에 다른 선교사들보다 먼저 한국에 복귀하게 되어 행복해 했다. 3~4년간 아무런 소식을 듣지 못하고 있다가 마침내 그는 한국이 해방되었다는 기쁜 소식을 들었다. 미국에 있는 동안 그가 목회했던 크리스천 신도들에게 소식을 들을 방법이 전혀 없었다. 그는 교회의 참상과 파괴를 알지 못했고, 일본 신사에 참배한 사실도 몰랐다(역자 주: 인돈이 일제의 위협 속에서 한국에서 철수하기 전에 그는 이미 미션스쿨과 한국교회의 신사참배를 목격하여 잘 알고 있었다). 그가 소식을 들었을 때 더 이상 미국에 머물러 앉아 있을 수 없었다. 한국으로 복귀하자마자 그는 우리의 존경스러운 선생이 되어주었고, 우리는 그에게 큰 빚을 지고 있다. 일제 정권 아래서 고문을 당한 우리에게 그는 격려와 동정과 힘을 보태주었다. 일본 정권 말기에 그들은 우리에게 미국 선교사들의 스파이라는 혐의를 두면서 우리를 위험인물로 취급하며 계속 감시하였다. 미국 선교사들은 스파이로 간주되었고, 밀착 감시를 당하였고, 고문을 당했다(역자 주: 남장로회 선교사들 가운데 스파이 혐의를 받아 일제에 의해 고문을 당한 사람은 없었고, 추방 전까지 일제의 감시와 방해를 받았다. 타마자 선교사의 경우 남장로회 재산을 넘기라는 협박을 당하며 121일간 감옥에 투옥된 바 있었으나 고문을 받았다는 기록은 없다). 린튼은 이 땅에서 여러 가지 고통을 당했으나, 다시 돌아와서 그의 남은 생애를 한국인들을 위해 바쳤다. 그야말로 순전한 은인이었다.

해방 이후에 한국의 여러 곳에서 많은 피해자가 몰려들었다. 이들 과부들과 고아들과 의지할 곳 없는 노인들이 어떻게 살아갈 수

ches. Who would take care of them? Mr. Linton stood up to do the task. He became engrossed in relief tasks, and the rebuilding of lost churches. Sometimes he took clothes and food with him in his car and went a long way over the steep mountains, through rivers, to villages where personnel and church needs were so great, even helping to rebuild churches. Although he is now dead, his merit still survives among us.

Again, he was an exemplary person to us. His character was fully understandable. His nature was quite, and he hardly made any mistakes in talking or conduct. Whenever he met people he was kind and soft and smiled, asked about their church and family without fail.

Especially after the Korean War, some 30 to 40 people came to interview Mr. Linton from morning till night. He stepped out on the porch by himself to meet him, and again to see them off when they left. He listened to every visitor from the beginning to the end, even though their story was long and tedious. Always he did his best to help them. He seemed to go beyond the call of duty in being polite to not only the guests who came from far away, but also for all the other visitors every day.

He was a good hunter in his youth, and could shoot two pheasants, one flying before him, and another one behind him at the same time. In later years, he all but gave us this hobby.

He was diligent and thrifty. It may not be too much to say that

있을까? 이와 같이 방황하는 사람들 가운데는 전쟁의 참화로 교회는 물론 그들의 모든 재산을 잃어버린 교인들이 많았다. 누가 그들을 돌볼 것인가? 린튼이 일어나 그 일을 맡았다. 그는 구호사업과 무너진 교회를 다시 재건하는 일에 몰두하였다. 그는 종종 차에 옷과 음식을 가지고 멀리 다니며 강을 건너서 가파른 산악 지역에 있는 마을에까지 가서 도움이 절실히 필요한 사람들과 교회를 도와주었고, 여러 교회를 재건하는 일을 돕기도 하였다. 그는 지금 죽었지만 그의 공덕은 여전히 우리 가운데 살아 있다.

다시 말하지만, 그는 우리에게 모범이 되는 사람이었다. 그의 성격은 충분히 이해할 만했다. 그는 본성적으로 조용한 사람이었고, 말이나 행동에서 어떤 실수도 하지 않았다. 누구를 만나든지 그는 친절하고 부드럽고 미소가 가득했고, 어김없이 그들의 교회와 가족에 대하여 물었다.

특히 한국전쟁 후에 약 30명에서 40명의 사람이 아침부터 저녁까지 린튼을 인터뷰하러 찾아왔다. 그는 현관문 앞에까지 친히 나가서 그들을 만났고, 그들이 떠날 때 다시 나와 배웅하였다. 그는 모든 방문자의 이야기가 장황하고 지루할지라도 그들의 말을 처음부터 마지막까지 경청하였다. 그리고 언제나 그들을 돕기 위해 최선을 다했다. 그는 자신이 맡은 책임 이상으로 수고하였고 멀리서 찾아오는 손님들뿐만 아니라 날마다 찾아오는 방문객들 모두를 예의바르게 대하였다.

그는 젊었을 때 명사수였다. 그의 앞에 나는 꿩과 그의 뒤로 나는 꿩을 동시에 잡을 수 있었다. 나중에는 이 취미를 포기하고 말았다. 그는 부지런하고 검소했다. 그가 명예에 대하여 아무런 갈망이 없

he had no desire for fame. It was his only pleasure to do his best in his work appointed to him by God. He devoted his brilliant life to Korea, for distant from America. At last he fell into illness and had to return to the U.S., where after a few days he passed away.

1965. 2. 11
Ko Sung Mo

었다는 것은 아무리 말해도 지나치지 않을 것이다. 하나님이 맡기신 책무를 최선을 다해 수행하는 것이 그의 유일한 즐거움이었다. 그는 자신의 빛나는 삶을 미국에서 멀리 떨어져 있는 한국을 위해 바쳤다. 마침내 그가 병에 걸려 미국으로 돌아가야 했고, 며칠 후에 거기서 세상을 떠났다(역자 주: 인돈은 건강이 악화되어 선교사직을 사임하고 미국으로 돌아간 후 두 달 만에 사망하였다).

1965년 2월 11일
고성모

모요한 목사에게 보내는 한글 편지

고성모의 친필 편지

모요한 목사 귀하[*]

하나님 은혜 중 그간 평안하시오며 댁내가 두루 만복하심 빕니
다. 이 곳 노발도 주님 도우시는 중 별고 없습니다. 그간 여러 가지
지장되는 일로 인하여 인 목사의 약사 수집을 속히 해보내지 못해
죄송스러운 마음 금할 수 없습니다. 이제야 대강 수집해서 보내드
리오니 고인의 역사 편집에 참고와 도움이 되기를 외람되이 바랍니
다. 손이 떨려서 글씨를 잘 쓰지 못합니다. 꿩을 그리고 매를 그려놓
고도 재수정할 요기가 없어 부끄러움을 무릅쓰고 보내드립니다. 내
용도 더 수정 못 해 드림을 무한히 부끄럽습니다. 그러나 한 가지
드릴 말씀은 과장하거나 허위는 없습니다. 그의 인격과 사업에 대
하여 그 위대하고 훌륭한 바를 어찌 다 기록하리요. 고인의 친구의
한 사람으로서 감명 깊이 한 마디 한 마디 조심스럽게 써 보냅니다.
고인이 병으로 인하여 본국으로 갈 때 구바울 원장 댁에서 세상에
서는 최후 작별을 하고 귀국 후 치료하다가 별세했다는 비보를 받
고 슬픔을 금할 길이 없었습니다. 졸필이지마는 정성껏 써 보내오
니 오서낙자(편집자 주: 誤書落字)와 난필(편집자 주: 亂筆)을 깊이 양해
하심 바라며 복 많이 받으시기 빌고 붓을 놓습니다.

1965년 2월 11일 고성모

---

[*] 편집자 주: 원문에서는 수신인이 발신인 아래 표시되었으나 편지글의 형식상 편지의 제
일 앞으로 옮겼다.

Mokpo,

Dec. 31, 1964

Dear Charlotte:

I have your note written shortly before Christmas and so am answering it today that I may get it in on the old years. I shall try before your date line to get you some items about William's history out here. As you know so well his work was not so much spectacular as that steady hard pressure on events that in the end is likely to accomplish so much more. That steadfast courage and good-natured insistence on excellence is stamped on the character of thousands whom he taught and led.

Yesterday I was in Chunju again for a committee meeting and we went up on the Tate-Linton-Boyer Hill to look over that land as the possible site of the new hospital, — if it becomes a reality. It will be a major venture and seems pretty remote but it may come just as so many of the things that William envisioned did become.

Things were busy here for Christmas. We had Stokie and the Boyer had all the rest of the tribe. Bob ran off, however to Chunju, — I am afraid that it does not mean anything for the future thought. Things are quiet in the station now; we are trying to get finances, straightened up for the year-end. I had to go to considerably in the hole at the Bible school to put in house repairs, got a wall around the house in which Mr. Choi is still living, — we are still trying to

김아각(D. J. Cumming)이 인사례에게 보낸 편지

목포

1964년 12월 31일

친애하는 샬롯에게,

나는 당신이 크리스마스 직전에 쓴 글을 받고 오늘 답신을 쓰면서 지난 시절 일을 나누려고 합니다. 나는 당신의 일정에 맞추어서 이곳에서 윌리엄의 행적에 대하여 당신이 몇 가지 내용을 받아볼 수 있도록 노력하겠습니다. 당신도 잘 아시다시피 그의 활동은 그저 눈부시다기보다는 결국에는 완수할 일들과 그 이상의 것들에 대한 강한 압박이 지속적으로 있었습니다. 변함없는 용기와 탁월함에 대한 타고난 고집이 그가 가르치고 이끈 수천 명 사람의 성품에 각인되어 있습니다. 어제 내가 위원회 회의차 전주에 다시 갔을 때 테이트-린튼-보이어 언덕에 올랐고, 계획이 실현된다면 앞으로 새 병원의 부지가 될 땅을 내려다보았습니다. 그 일은 아마도 중요한 모험적 사업이 될 것입니다. 아직은 좀 멀리 있지만 그래도 윌리엄이 꿈꾸었던 많은 일이 실현된 것처럼 이 일도 실현될 것입니다.

이곳은 크리스마스 행사로 바쁩니다. 스토키(Stokie/역자 주: 로버트 스미스Robert L. Smith 목사)와 보이열 가족이 남아 있는 선교회 사람들의 전부입니다. 밥(Bob/역자 주: 로버트 호프만Robert E. Hoffman 목사)은 이곳을 떠나 전주로 갔습니다. 그러나 미래를 위해서는 아무런 의미가 없을 것 같아 걱정됩니다. 목포 스테이션의 활동은 현재 조용합니다. 우리는 연말에 재정을 확충하는 노력을 기울이려고 합니다. 성경학원에 상당히 집중해서 집수리를 해야 했고, 현재 최 선생

get him out, — and then in requiring the whole place. They told us it was dangerous and an inspection threatened to cut off our current if we did not get this big job done. Most of this has to come out of '65 budget and we don't like that.

Our month's class begins the night of the fourth and I had to take over this time. We do have permission to let the people sleep in the lower part of the church and with stoves going down there it ought to be better than having them in the cold dormitory. — Miss Root is coming down for a week or ten days of work in the class. We wish you could be here too.

We all send the best to you for the New Year.

Cordially yours,

Kim

P.S. Mr. Lee Kui Dong came in a while ago to say that his church is going to take over partial support of the Bible woman whom you have been helping there. Bob will write you.

이 살고 있으면서, 전체 공간을 요구하고 있는 집 주변에 벽을 세웠습니다. 우리는 최 선생을 내보내려고 아직도 애쓰고 있습니다. 그들은 우리에게 그 집은 매우 위험하다고 말하였고, 시설 점검을 통해 우리가 큰 공사를 하지 않는다면 전기를 차단하겠다고 위협하였습니다. 이 비용은 1965년 예산의 대부분이 지출되어야 하기 때문에 그렇게 하고 싶지 않습니다.

선교회 한 달 성경공부반이 4일 밤에 시작되는데 이번에는 내가 맡아야 했습니다. 우리는 사람들이 교회 아래층에서 잠을 잘 수 있도록 허락을 받았습니다. 난로를 아래로 가지고 가서 추운 기숙사에 있는 것보다는 그곳이 더 좋을 것입니다. 루트(역자 주: 유화례 선교사)가 일주일이나 10일간 내려와서 수고할 것입니다. 당신도 이곳에 있으면 좋겠습니다. 우리 모두가 당신에게 새해 안부를 전합니다.

진심을 담아,
김아각

추신: 이기동 씨가 얼마 전에 와서 그의 교회가 당신이 이곳에서 지원했던 전도부인의 재정 지원의 일부를 담당하겠다고 말하였습니다. 밥이 당신에게 편지할 것입니다.

January 18, 1965

Mrs. W. A. Linton

Presbyterian Home

Box 1110

High Point, North Carolina 27261

Dear Mrs. Linton

Thank you so much for the thoughtful Christmas card. We had a wonderful Christmas in Mokpo with Kenneth and Sylvia, Betty, and Mother and Dad Boyer. We especially got a big bang out of all that butter and milk from their fine cow. We could hardly manage to get back on the train after three or four days with them. We are all working hard during this winter vacation time to get ready for the Educational Survey Team that is coming out from the Board to look over the College organization and prospects in April. Pray for us that we will make the right decisions and also make the right presentation. I don't know whether you have heard that Dr. J. R. McCain formerly of Agnes Scott has consented to be the promotional representative for Taejon and Shikoku Colleges in the States seeking to raise money from foundations. We are looking to him for great things this year and in the years to come.

Kathy and I have tried to think about some particular memories

1965년 1월 18일

윌리엄 A. 린튼 부인

장로교 안식관 Box 1110

노스캐롤라이나, 하이포인트

친애하는 인사례 여사,

　사려 깊은 크리스마스카드에 진심으로 감사드립니다. 우리 가족은 목포에서 케네스(Kenneth)와 실비아(Sylvia)와 베티(Betty) 그리고 부모님 보이열(Boyer) 선교사님 내외분과 멋진 크리스마스를 보냈습니다. 무엇보다도 특별한 대사건은 그들이 기르는 훌륭한 소에서 얻은 우유와 버터를 먹었던 일이었습니다. 그들과 삼사 일을 보낸 후에 기차를 타고 다시 돌아오기가 아주 힘들었습니다. 우리 모두는 이번 겨울 휴가 기간 동안 해외선교본부에서 파송하여 대학 조직과 전망에 대하여 살펴보기 위해 4월에 내한하는 교육조사팀을 맞을 준비를 하였습니다. 우리가 바른 결정을 내리고 바르게 준비할 수 있도록 우리를 위해 기도해주십시오. 나는 당신이 전 아그네스 스캇 대학 학장이었던 J. R. 매케인 박사의 소식을 들었는지 모르겠습니다. 그는 미국에서 대전대학과 시코쿠 대학(역자 주: 미국 남장로회가 일본에 설립한 기독교대학)을 위해 기금을 모금하는 재단의 홍보대표를 맡기로 했습니다. 우리는 그가 올해와 향후에 큰 업적을 이룰 것이라 기대하고 있습니다.

of Grandpa that we would like to record. I'm afraid we're not very good at remembering and writing up anecdotes, but there are one or two things that we would like to put in for whatever they may be worth.

Our associations, of course, were mostly in and around the College. I admired Grandpa for taking on the job of starting the College in the first place when his experience had been mainly in secondary education and had no college administrative experience at all to take on this huge job of beginning right from scratch was much more than even a much younger man would be willing to take on. He took it as the great challenge of his later years. We remember him for the joke and twinkle in his eye as he worked with his associates here. I remember him for the discipline that he brought to a very difficult job, for his leadership. I remember how he made himself and example of what he wanted others to be in self-discipline. I remember how he would go over to the College before breakfast to what all was going on so that when things came up later in the day, he didn't have to be told, but he could tell other people. I remember how I so often get there right under the wire or maybe a little behind the wire after strenuous efforts to get ready for class and how he took me aside one day and reminded me that if I was going to bring any leadership to my job that I had to be an example too. He said, "John, remember that when you're dealing

캐시(역자 주: 모요한 선교사의 아내이자 보이열 선교사의 딸)와 나는 우리가 기록하고 싶은 할아버지(역자 주: 인돈을 가리킴)의 특별한 기억에 대하여 생각해보려고 노력했습니다. 우리가 일화를 기억하거나 기록하는 데 재주가 없어서 염려가 되지만, 한두 개의 일화는 그것이 가치가 있든지 없든지 말씀드리고 싶습니다.

우리의 관계는 역시 대부분 대전대학 안에서 대학을 중심으로 이루어졌습니다. 나는 할아버지가 처음으로 대학을 시작하는 일을 맡은 것을 존경했습니다. 그분의 경험은 주로 중등교육에 대한 책임이었고 대학의 행정 경험이 전혀 없었음에도 아무런 사전지식도 없이 대학을 여는 거대한 책임을 맡으셨습니다. 이 일은 더 젊은 사람이 감당하려고 해도 훨씬 더 힘든 일이었습니다. 그분은 이 일을 그의 마지막 생애의 커다란 도전으로 여겼습니다. 우리는 그분이 동료들과 일할 때 그의 눈에 빛나던 눈빛과 농담을 기억합니다. 그분이 아주 어려운 일을 감당할 때 가지셨던 자제력과 그분의 리더십을 기억합니다. 그분이 다른 사람으로 하여금 가지도록 바라셨던 자기 절제의 모범을 어떻게 보여주셨는지 기억합니다. 나는 그분이 아침 식사 전에 대학으로 가서서 모든 일이 어떻게 진행되고 있는지 파악하고 이후에 그날 업무들이 진행될 때 그것에 대하여 보고 받지 않으시고 오히려 다른 사람들에게 그 일에 대해 말씀해주신 것을 기억합니다. 나는 자주 수업에 일찍 들어왔지만 가끔 수업을 준비하기 위해 많은 노력을 하다가 조금 늦게 들어올 때도 있었는데, 그분이 어느 날 나를 한쪽으로 데리고 가서서 내가 나의 일에 리더십을 발휘하려면 그 일의 모범을 보여야 한다고 되새겨주셨던 것

with these folks as a foreigner, you can't get tough, but if you're an example and are ahead of them, then you can keep talking and they'll go along with you."

We remember Grandpa for the way he never gave up his goal for getting the College permit and really getting things under way. We knew at the time that he was having a good bit of physical distress but we had no idea how much until later. Then when the permit was finally received, it wasn't too hard to see that he could see his job was mostly done and that he didn't need to cover up things so much.

Kathy, as a child, remembers him as one whose sermons at the English church service could be understood by the children. I think it was this capacity for clarity and simplicity that made so many of the Korean folks love him.

We hope very much that you are getting along well and are in good health. Again we thank you so much for thinking about us at Christmas time.

Much love from us both.
John & Kathy

을 기억합니다. 그분은 말씀하셨습니다. "존, 당신이 외국인으로서 이 친구들을 대한다면 당신은 강인해질 수 없다는 사실을 기억하시기 바랍니다. 그러나 당신이 이들의 모범이 되고 그들보다 앞서 행하면 당신의 말은 힘을 가질 수 있고 그들이 당신을 따를 것입니다."

우리는 할아버지가 대학의 인가를 얻으려는 목표를 결코 포기하지 않고 그 가운데서 실제적으로 일을 추진해나갔던 방식을 기억합니다. 우리는 그 당시 그가 어느 정도 육체적 질병을 가지고 있었다는 사실을 알고 있었지만 나중에서야 얼마나 심각했는지 알았습니다. 최종적으로 대학 인가를 받았을 때 그가 자신의 책임을 대부분 이루었다는 사실을 인식하면서 이제는 사실을 더 이상 숨길 필요가 없다는 사실을 인식하는 것이 그렇게 힘들지는 않았습니다.

캐시는 자신이 아이였을 때 그분의 영어 예배 설교는 아이들도 쉽게 이해할 수 있었다고 기억합니다. 나는 그것이 명료함과 단순함의 능력이었고, 수많은 한국 동료가 그를 사랑한 이유였다고 생각합니다.

우리는 당신이 잘 지내시고 건강하시기를 간절히 소망합니다. 다시 한 번 우리는 크리스마스 시즌에 당신이 우리를 생각해주신 것에 대하여 진심으로 감사드립니다.

우리 두 사람의 많은 사랑을 담아서,
존과 캐시로부터

PRESBYTERIAN MEDICAL CENTER

CHONJU, CHOLLA PUKDO, KOREA

February 22, 1965

Dear Mrs. Linton:

Good to have your letter of Jan 19th. I am happy to tell you that Mr. Kim Hong Jun's daughter did in fact pass our intern exams, and was No. 3 out of 34 applicant for the 12 positions for the year beginning in April. She seems to be a most promising young doctor, and I hope she does well. She made the grade on her own ability.

I am happy to bring up some recollections of Mr. Linton that I will always cherish. His cheerful attitude and his deep understanding of Koreans, and his love for them in spite of their often disappointing actions. He taught me much in how to handle Korean problems and situations. I think he was one of the few missionaries who truly could see things from the Korean point of view.

One of my sharpest memories of him was the day we all had to finally evacuate Chonju in July 1950. When word came that the North Koreans had come across the bridge at Kongju and were in Nonsan we all knew it was time to leave. He up to the last was optimistic that the North Koreans could be repulsed before they got as far as Chonju. When the final word was in I went looking for him all over and was directed to the governor's office in the Provincial

구바울(Paul S. Crane) 박사가 인사례에게 보낸 서신

장로교의료센터(역자 주: 현 전주예수병원)

대한민국 전라북도 전주

1965년 2월 22일

친애하는 인사례 여사,

1월 19일에 보내신 서신 잘 받았습니다. 김홍전 선생(역자 주: 남장로회의 지원으로 미국 유학을 마치고 대전대학에서 교수로 일함. 인돈 부부는 그를 각별하게 여겼음)의 딸이 인턴 시험을 사실상 통과했다는 소식을 당신께 전하게 되어 기쁩니다. 4월부터 근무하게 될 올해 12개의 포지션에 지원한 34명 중에서 3등이었습니다. 그녀는 전도가 매우 유망한 젊은 의사인 것 같고, 훌륭하게 일을 잘 해주기를 바랍니다. 그녀는 자신의 능력으로 성적을 받은 것입니다(역자 주: 구바울은 선교사들과의 친분 관계로 김홍전의 딸이 높은 성적을 받은 것이 아님을 강조하고 있다).

내가 늘 소중하게 간직할 인돈 박사에 대한 회상을 꺼내놓을 수 있어서 기쁩니다. 그분의 생기 넘치는 태도, 한국인에 대한 깊은 이해, 종종 실망스러운 행동을 할 때에도 그들에 대한 사랑. 그분은 내게 한국의 문제와 상황을 어떻게 해결해야 하는지에 대하여 많은 것을 가르쳐주셨습니다. 그분은 한국의 관점에서 문제를 제대로 볼 줄 아는 몇 안 되는 선교사 중 한 명이었다고 생각합니다.

그분에 대한 뚜렷한 기억들 중 하나는 1950년 7월에 우리 모두가 전주에서 완전히 철수해야 하는 날이었습니다. 북한 사람들이 공주의 다리를 건너와 논산에 이르렀다는 소식이 전달되었을 때, 우리 모두는 이제는 떠나야 한다고 생각했습니다. 마지막 순간까지

capitol. I went in and found him with the Governor, Kim Ka Jung, completely relaxed and cheerily discussing old days and their years of friendship. He would not be hurried or pressured to move till he was ready and his conversation was finished. His calm in the face of military collapse in this area of Korea, and his unhurried preparations for evacuating gave me great strength and admiration for him during those hectic days and in the years ahead.

The pleasant time we had almost every Saturday out hunting I will always remember. He was a sure shot at a pheaant, and usually walked along the lower edges of a hill with his gun casually laid across his arms, but once the pheasant jumped he rarely missed to bring it down. One of the best hunts I ever had with him was in 1947 when we went boar hunting near Chinan. That day we saw 14 boar, and he got a fine one with one shot from a carbine. An army captain along emptied his M-1 rifle at three boar and missed them all. Mr. Linton seemed to be where the game was, and rarely missed an opportunity to bring home the bacon.

Another time I remember is when it was first found that he was afflicted with cancer. I had to tell him his problem, and the completely relaxed and matter-of-fact manner in which he accepted this diagnosis and followed advice for treatment in an unhurried, low key fashion was a great mark of his inner stability and deep Christian philosophy of life. He could not be panicked, and he always took an optimistic view of even the most serious matters.

그분은 북한 사람들이 공주에 도착하기 전에 퇴각할 것이라고 낙관적으로 전망하셨습니다. 최후 통지가 왔을 때 나는 그분을 찾기 위해 돌아다녔고 결국 도청의 지사 사무실로 향했습니다. 내가 안으로 들어갔을 때 도지사 김가전 씨와 그분이 함께 있는 것을 발견했고, 완전히 편안한 자세로 옛일과 그들의 오랜 우정에 대하여 즐겁게 이야기하고 있었습니다. 그분은 대화가 끝나 떠날 때까지 이동하려고 서두르거나 압박을 느끼지 않았습니다. 한국이 이 지역에서 군사적으로 붕괴된 상태에서도 그분의 침착성과 서두르지 않으면서 철수를 준비하고 있는 모습은 당시 정신없던 때와 이후의 시절에도 나에게 큰 힘과 그분에 대한 존경을 갖게 했습니다.

우리가 거의 매주 토요일마다 사냥을 나가서 즐거운 시간을 보낸 것을 나는 늘 기억할 것입니다. 그분은 꿩 사냥의 명사수였고, 그의 팔에 편안하게 총을 걸치고 언덕의 낮은 능선을 걸었지만 꿩이 솟아오르면 그것을 놓치는 법이 없었고 한 방에 떨어뜨렸습니다. 그와 함께 했던 최고의 사냥은 1947년에 우리가 진안 근처로 멧돼지 사냥을 갔던 때였습니다. 그날 우리는 14마리의 멧돼지를 찾았고 카빈총으로 한 방에 제일 실한 놈을 잡았습니다. 함께 나간 육군 대위는 M1소총으로 탄이 떨어질 때까지 세 마리의 멧돼지를 쏘았지만 모두 놓쳤습니다. 린튼은 사냥감이 있는 곳에 있었고, 기회를 놓치지 않고 집으로 전리품을 가져왔습니다.

내가 기억하는 또 다른 시기는 그분이 암에 걸렸다는 사실을 처음 알게 된 때입니다. 나는 그분에게 그분이 겪고 있는 문제를 말해야 했고, 완전히 편안하고 있는 사실 그대로의 태도로 병의 진단을 받아들이면서 느긋하고 차분하게 치료에 대한 소견을 따랐던 모습

The graciousness he displayed in meetings, and serving at table made any dinner in the Linton home a pleasant occasion. He was never petty, or malicious about anyone, and always tried to give people the benefit of the doubt. The graceful manner in which he took the decision to build the college in Taejon rather than in Chonju, as he had wished, was also a mark of his greatness of spirit. With enthusiasm he toured the hills outside of Taejon to look over the present site. I have many pictures of this first exploration trip to locate the college if you desire them. They are color slides in Statesville at Lyls. You are welcome to use then.

Sincerely yours,

Paul

은 그분의 내면의 견고함과 삶에 대한 깊은 기독교적 철학을 보여 주는 대단한 표지였습니다. 그분은 당황해하지 않았고, 가장 심각한 문제들에 대해서도 언제나 낙관적인 견해를 가졌습니다.

모임 때 그가 보여준 품위와 식탁에서 시중을 드는 모습은 린튼의 집에서 갖는 저녁 식사를 언제나 즐거운 행사로 만들어주었습니다. 그는 누구에게도 옹졸하거나 악의를 품지 않았고, 언제나 사람들의 말을 믿어주려고 노력했습니다. 그가 원했던 전주가 아니라 대전에 대학을 세우려는 결정을 할 때 그가 취한 품위 있는 태도는 그가 지닌 영혼의 크기를 보여주는 표지였습니다. 그분은 현재의 자리를 찾기 위해서 열정적으로 대전 외곽의 언덕을 돌아보았습니다. 당신이 희망하신다면 나는 대학의 자리를 정하기 위한 첫 번째 탐사 여행의 사진들을 많이 가지고 있습니다. 이 사진들은 스테이츠빌(Statesville)의 라일스(Lyls)에 있는 컬러 슬라이드입니다. 그러니 사용하셔도 좋습니다.

진심을 담아,
폴

Gibson Road, Asheville, N.C.

January 15th, 18(9)65.

Dear Charlotte:

Your letter came some days ago and I will try to write something, through I fear it is rather inadequate and rambling. I had you down for a New Year's greeting card or note, but did not know your address, so please accept my good wishes for the New Year, with hopes that you will completely recover from your stroke. I was sorry Henry did not get down here last summer, or if he did, that I did not get to see him.

Linton (as I always called him) and I were associated for one year in the Kunsan school, he as Principal, and I was a rather poor teacher of Algebra, English, etc. John McEachern, Linton and I lived together as bachelors in a large house (you may remember it) and the only big event of the year was entertaining Dr. Egbert Smith when he was visiting our Mission and was at Kunsan. Linton and I went hunting every Saturday, he was a good shot with his light 16 gauge shot gun, and always a good companion. We had many pleasant times together, differing on many subjects which was quite normal. He left for America in March, soon after the "Mansei" event in 1919. Probably you have the famous (?) picture of us three bachelors with the milk goats and dogs.

After going to the U.S. I was with Linton at the Biblical seminary

이보린(John Bolling Reynolds)이 인사례에게 보낸 서신

노스캐롤라이나 애슈빌, 깁슨 로드

1865년(역자 주: 1965년의 오탈자임) 1월 15일

친애하는 샬롯에게,

당신의 편지가 며칠 전에 도착해서 뭔가 써서 보내려고 합니다
만 적절치 못하거나 장황할까 봐 염려됩니다. 내가 당신에게 새해
인사 카드나 편지를 써서 보내려고 했지만, 주소를 몰라서 못했습
니다. 내가 보내는 새해 안부를 받아주시고 병환에서 쾌유하기를
소망합니다. 헨리가 작년 여름 이곳에 오지 못해서 아쉬웠지만, 그
가 왔더라도 내가 그를 만나지 못했을 것입니다.

(내가 언제나 그를 그렇게 불렀듯이) 린튼과 나는 군산학교에서
일 년간 함께 지냈습니다. 그는 교장이었고 저는 수학과 영어 등을
가르치는 변변치 못한 선생이었습니다. 존 매커첸(John McEachern)
과 린튼과 나는 독신으로 (당신도 기억하듯이) 큰 집에 함께 살았
는데, 그해의 가장 큰 행사는 에그버트 스미스(Egbert Smith) 박사가
우리 선교회를 방문하면서 군산에 머무를 때 그를 접대하는 것이었
습니다. 린튼과 나는 매주 토요일마다 사냥을 나갔는데, 그는 가벼
운 16구경 샷건을 가진 명사수였고, 언제나 우승자였습니다. 우리
는 즐거운 시간을 많이 보냈지만, 많은 주제에 대하여 이견이 있었
고, 그것은 매우 자연스러운 일이었습니다. 그는 1919년의 '만세'
사건 직후 3월에 미국으로 떠났습니다(역자 주: 인돈은 1919년 첫 번째
안식년을 맞아 미국으로 건너갔다). 아마도 당신은 우리 세 명의 독신자가
젖 산양들과 개들과 함께 찍은 유명한(?) 사진이 있을 겁니다.

in N.Y. for one year during which time he was taking most of his work at Teachers College, Columbia U.

When I moved to Chunju in 1927 we were associate again in the school, and I was trying to get a "Manual Training" department started but furlough came along and I decided to leave the Mission work as I was not in sympathy with the work as a Missionary should be.

We played tennis together a good deal, and in Baseball he pitched and I caught, and we missionaries rolled over the school team, knocking home runs right and left.

My only criticism is that he was too monopolized by the Winns, for it was impossible to have him visit our home in Chunju in the early days nor did he get much chance to go else where on vacations. The result was that we differed on theology considerably, he following a conservative line, and I getting more and more a heretic. But our relations were always most cordial, and it was a great disappointment to me that he was not able to pend some years in retirement here where we could meet again. But such is life!

I fear what I have written is not much good, but it may help a bit. Anyway I feel flattered that you should have asked me to write something.

Best wishes to you from both of us.

Yours sincerely,

미국으로 돌아온 이후 나는 뉴욕의 성서신학교에서 린튼과 1년 동안 함께 있었고, 그 사이에 그는 컬럼비아 대학교 교육대학원에 다니며 공부하고 있었습니다.

내가 1927년에 전주로 옮겼을 때 우리는 또다시 학교(역자 주: 전주 신흥학교)에서 함께 지냈습니다. 나는 '기술교육' 학과를 시작해보려고 노력하고 있었으나 안식년이 돌아오면서 선교사로서 해야 하는 선교 사업에 공감하지 못했기 때문에 선교회를 떠나기로 결심했습니다.

우리는 함께 테니스를 많이 쳤습니다. 야구할 때는 그가 투수를 했고 내가 포수를 했습니다. 우리 선교사들은 오른쪽 왼쪽으로 여러 번 홈런을 날리면서 학생 팀을 가볍게 이겼습니다.

내가 그를 비판했던 유일한 점은 윈(Winn) 선교사 남매가 그를 너무나 독점해서 전주에 있는 우리 집에 그가 올 수 없었다는 것이었고, 또한 휴가 때 다른 곳으로 쉬러 갈 기회가 많지 않았다는 사실이었습니다(역자 주: 린튼은 같은 애틀랜타 출신인 위인사, 위애미 선교사 남매와 각별하게 지냈고, 명절이나 휴가 때마다 함께 어울렸다). 그 결과로 우리는 신학적으로 너무나 이견이 컸고, 그는 보수적인 노선을 따랐고 나는 점점 더 이단이 되어갔습니다(역자 주: 장로교 보수신학의 거장인 이눌서의 아들인 이보린은 아버지의 뒤를 이어 남장로회 한국 선교사로 활동했지만, 이후 선교회를 사임하고 남장로교회를 떠나 유니테리언이 되었다. 끝까지 한국을 사랑하였고, 사후 그의 유지에 따라 양화진에 묻혔다). 그러나 우리의 관계는 언제나 진심어린 것이었고, 이곳에서 몇 년이라도 은퇴 후의 느긋한 삶을 보내며 우리가 다시 만나지 못하게 된 것이 내게는 너무나 큰 실망이 되었습니다. 그렇지만 삶이 그런 것이죠!

John Bolling

Did your boys tell you that they ran into me at the Chosun Hotel
last May? I was so surprised when one of them said, "What in the
world are your doing here?" It was a mutual surprise.

내가 적은 글이 폐가 되지 않을까 염려됩니다. 그러나 조금이나마 도움이 되기를 바랍니다. 어쨌든 당신이 내게 무엇이라도 좀 써서 보내달라고 요청하셔서 기쁘게 생각합니다.

우리 두 사람의 안부를 당신께 전하며,
존 볼링

추신: 아드님들이 작년 5월에 조선호텔에 있는 나에게 달려왔다는 말을 당신에게 하던가요? 아드님 중 한 사람이 "세상에, 여기서 뭐 하고 계세요?"라고 말할 때 나는 매우 놀랐습니다. 서로 놀랐던 것이죠.

Reminiscences on the life of Dr. William A. Linton

H. Petrie Mitchell

"Grandpa" as he was known and loved by many of us in this Mission was truly a man who loved the Lord and the Lord's work. Although he was certainly one of the most dedicated Christians I have ever known his great faith and dedication did not result in his having a "long-face" attitude toward life. Rather he had a been sense of humor, and all both young and old were quick to sense it. It was interesting to see genuine, loving interest Grandpa had in all children. I have been with him in many home situations, and I was always impressed with his knack for making conversation with all ages of children. When he might so easily have not taken the time to engage them in conversation or play with them; nevertheless, he always took the time to do so, and I would venture to say there was hardly a child in our Mission whom he did not know and who did not know him.

Speaking of Grandpa's sense of humor it was always refreshing for us younger missionaries to be around him, because he was quick to help us to see the lighter or humorous side of rest situations, even difficult ones. He kept many of us from taking ourselves on a given problem too seriously.

In my opinion (and it is supported by many Koreans with whom

윌리엄 A. 린튼 박사의 삶에 대한 회고

미첼(H. Petrie Mitchell)

　그분은 이곳 선교회에서 우리가 '할아버지'처럼 따랐고, 많은 이의 사랑을 받으신 바와 같이, 주님과 주님의 일을 사랑했던 진실한 사람이었습니다. 그분은 이제껏 내가 보아온 사람 가운데 가장 헌신적인 기독교인 중 한 사람이었지만 그렇다고 그의 위대한 신앙과 헌신은 삶에 대하여 '침울한 얼굴'의 태도를 가진 것으로는 나타나지 않았습니다. 오히려 그는 예리한 유머 감각이 있었고, 젊은이나 나이든 사람이나 모두 그것을 쉽게 알아차렸습니다. 할아버지가 모든 아이에 대하여 가진 진실한 사랑의 관심을 들여다보는 것은 흥미로운 일이었습니다. 나는 집안의 여러 상황에서 그와 함께했고, 모든 나이대의 어린이들과 대화를 하는 그의 재주에 언제나 깊은 인상을 받았습니다. 그분이 시간을 내어 아이들과 함께하며 대화를 하거나 노는 것이 여의치 않았을 때도, 그럼에도 불구하고 언제나 시간을 내어 그렇게 하셨고, 그래서 나는 우리 선교회에는 그분이 알지 못하거나 그분을 모르는 아이가 하나도 없었다고 감히 말할 수 있습니다.

　할아버지의 유머 감각에 대하여 말하자면, 그것은 언제나 우리 젊은 선교사들에게 활기를 불어넣어주어서 그분 주변에 모이게 하였습니다. 왜냐하면 그분은 모든 상황 가운데, 심지어 어려운 상황 속에서도 우리가 좀 더 밝고 재미있는 측면을 볼 수 있도록 도와주셨기 때문입니다. 그분은 우리 가운데 많은 이가 직면한 문제를 너

I have talked) probably no other missionary has ever achieved the broad knowledge and command of the Korean language which Dr. Linton had. His knowledge of the Korean language went far beyond the formal or literary styles and included the provincial and local expressions. Moreover, having made a formal study of phonetics and the bases of speech many of us heard from our Korean brethren that his Korean speech could be easily mistaken for that of a Korean. Despite his fantastic command of the Korean language he was very patient and understanding with new missionaries in their struggles and problems in learning the language. He was always willing to work with such beginners and no problem was too small or too complex for him to give his time and energy in trying to resolve it.

Although some of us came to know Dr. Linton in the latter years of his life when it was no longer possible for him to engage skillfully and vigorously as he had in tennis and various forms of outdoor exercise, some of us had the pleasure of hunting with him. It was always good sport to hunt with him since he seemed to have a sixth sense for knowing where the pheasants were hiding, and it was unusual when he failed to down a bird with one shot. In fact, it was a bit embarrassing to hunt with him, as he seldom missed with his double-barrel whereas some of the rest of us were too often unsuccessful with automatic or pump shotguns.

If I were asked how I would describe Dr. Linton or I would say

무 심각하게 받아들이지 않도록 이끌어 내주셨습니다.

　내 의견으로는 (그리고 그것은 내가 이야기 나눈 많은 한국인들도 동의하는 바이지만) 그 어떤 선교사도 린튼 박사가 이루신 한국어에 대한 폭넓은 지식과 통달함에 비견될 수 없을 것입니다. 그분의 한국어에 대한 지식은 언어의 형식적, 문자적 표현법을 넘어서 지방이나 지역의 표현까지도 섭렵했습니다. 게다가 음성학과 화법의 기초들을 공식적으로 배우셨기 때문에 우리는 한국인 형제들에게서 그분의 한국어 말투는 마치 한국 사람의 말투로 오해되기 일쑤라는 말을 들었습니다. 그분은 환상적인 한국어 통달 수준에도 불구하고 신임 선교사들이 언어를 배우면서 애쓰는 문제들을 이해하면서 기다려주셨습니다. 그분은 언제나 이러한 초보자들과 함께 일하고자 하셨고, 그분은 문제를 해결하기 위해 노력하면서 시간과 에너지를 쏟으면서 작은 문제나 복잡한 문제를 가리지 않았습니다.

　우리 중 어떤 이들은 린튼 박사님을 생애 말년에 알았기 때문에 그분이 더 이상 예전에 하시던 대로 그들과 테니스를 치거나 다양한 야외 활동을 솜씨 있게 힘차게 하실 수 없었음에도 그분과 사냥을 하는 즐거움을 누렸습니다. 그분과 함께 사냥하는 것은 언제나 즐거운 스포츠였습니다. 왜냐하면 그분은 꿩이 어디에 숨어 있는지 아는 육감을 지니신 것 같았기 때문이며, 한 방에 새를 떨어뜨리지 못한 적은 거의 없었습니다. 사실 그분과 함께 사냥하는 것은 다소 당황스러운 일이었습니다. 왜냐하면 우리 대부분은 자동 샷건이나 펌프 연사식 샷건을 가지고도 너무나 자주 실패하는 것과 달리 그분은 이중 총신을 가진 총으로도 거의 놓치는 법이 없었기 때문입니다.

that above all else — his marvelous command of the Korean language, his astounding knowledge of Korean customs and practices, his infectious sense of humor, his outgoing love and interest in people and children in particular, his total commitment to the Word of God and his real concern for the spiritually lost — he was a Christian gentleman. He was God's gentleman.

Someone who was here and involved in the issue at the time can express this much better than those of us who know it second-hand. However, I am convinced that our Mission took the firm, unequivocal position it did on the shrine issue during pre-World War II days lately because of such men as Dr. Linton. Furthermore, Dr. Linton not only took his stand in Korea but he did not hesitate to take that same stand in the United States in an effort to help the home church and Christians in general to see and understand the spiritual issues at stake.

H. Petrie Mitchell

만약 내가 린튼 박사님을 어떻게 묘사할 것이냐는 질문을 받는다면 무엇보다도 그분의 놀라운 한국어 실력, 곧 한국의 관습과 관례에 대한 믿을 수 없는 지식, 전염성 강한 그분의 유머 감각, 사람들과 특별히 어린이들에 대한 넘치는 사랑과 관심, 하나님의 말씀에 대한 전적인 헌신 그리고 영적으로 잃어버린 자에 대한 그분의 진실한 관심을 포함하여 그분은 크리스천 신사였다고 말할 것입니다. 그분은 하나님께 속한 신사였습니다.

이곳에 있으면서 당시에 이 문제와 연관되었던 사람들은 간접적으로만 아는 우리보다 이 일에 대하여 훨씬 잘 말할 수 있을 것입니다. 그러나 나는 확신하건데, 우리 선교회는 2차 세계대전 이전 시기 동안 신사참배 문제에 대하여 분명하고 일치된 입장을 지켰습니다. 그것은 주로 린튼 박사님과 같은 분들 때문이었습니다. 더 나아가 린튼 박사님은 한국에서뿐만 아니라 미국에서도 모국 교회와 전체 크리스천이 위기에 놓인 영적인 문제들을 잘 보고 이해할 수 있도록 도우려고 노력하시면서 똑같은 입장을 취하셨습니다.

H. 페트리 미첼

401 Clairmont Ave., Decatur, Ga.,

July 4, 1967

Dear Mrs. Linton:

I have your letter of the 20th June and am by many adsorptions of time and energy,

"In answer to your question about Dr. Linton: in 1912 we were home, engaged in our campaign for recruits for Korea. we heard of young Linton though our mutual friend, Dr. Hull, of the North Ave. church, which Linton attended. He was a student at Georgia Tech and we enlisted him for Korea, securing his support. He went to Korea with our party, consisting of eighteen, including children." We sailed from San Francisco (in late August, I think) via. Honolulu.

Dr. Linton was the youngest missionary ever appointed by the Board up to that time. He went out for educational work. Because he was so young he learned the language remarkably well — in contrast to most who do not reach the field until their late twenties or early thirties.

As you know, although he continued in educational work, doing brilliant work, later on he studied for the ministry and was or

조지아 주 디케이터, 클레어몬트 애버뉴 401번지

1967년 7월 4일

친애하는 린튼 여사에게,

시간과 여력이 소진되어 오랫동안 책상 앞에 앉아 있지 못하다가 6월 20일에 당신이 보낸 편지를 받고 곧장 답장을 쓰고 있습니다.

린튼 박사에 대한 당신의 질문에 답합니다: 1912년에 우리는 고국(역자 주: 미국)에서 한국에 갈 신임 선교사 모집을 위해 캠페인을 벌이고 있었습니다. 우리는 린튼 청년에 대하여 서로 간의 친구 사이였던 노스애버뉴 교회의 홀(Hull) 박사에게 들었습니다. 당시 린튼은 그 교회에 출석하고 있었습니다. 그는 조지아 공대의 학생이었고 우리는 그에 대한 지원을 확보하면서 그를 한국의 신임 선교사 명단에 넣었습니다. 그는 아이들을 포함하여 18명으로 구성된 우리 일행과 함께 한국에 들어왔습니다. 우리는 (내 생각으로는 8월 말에) 샌프란시스코에서 출항하였고 호놀룰루를 경유하였습니다.

린튼 박사는 그 당시까지 선교회가 임명한 가장 젊은 선교사였습니다. 그는 교육선교를 위해서 한국에 왔습니다. 그는 젊었기 때문에 그만큼 더 탁월하게 언어를 잘 배웠습니다. 선교지에 들어온 대부분의 사람이 20대 말에서 30대 초반이었던 것과는 대조적이었습니다.

dained — that too in contrast with some who asked for or ordination without special preparation.

We were home again on his first furlough and saw a great deal of him at Montreat and Decatur. We like to think that we had some part in his acquaintance and engagement to Charlotte Bell! (who graduated from Agnes Scott with my youngest sister). Her father was our very close friend and associate. So you see why the family have a very warm place in our hearts, and that includes especially Hugh and Dwight families!

We sympathize with you in having to part with Dave. I expect that you will have the same confidence in him that we had with our children when we sent them home — not one of them ever gave us any anxiety as to their conduct.

Hugh took time out to write me from the camp-site, whither he had fled to catch up on desk work, and I appreciate it.

I have a request. I have been intending to send some aid to Ai Myengi (OOO daughter) on funeral expenses. I have a letter from her (written by her husband, I think) informing me of the amount they need to clear up indebtedness, but they state the amount in Won. Will you do me the favor of telling me the present exchange

당신도 아시듯이, 그가 훌륭한 업적을 이루면서 교육선교를 계속 이어나갔지만, 이후에 목회를 위해 신학 훈련을 받고 목사 안수를 받았습니다. 그것은 특별한 준비 없이 목사 안수를 받았던 사람들과는 대조적이었습니다.

　우리는 그의 첫 번째 안식년 휴가 때 같이 고국으로 돌아왔고 몬트리트와 디케이터에서 아주 많이 만났습니다. 우리는 그가 (내 막내 여동생과 같이 아그네스 스캇 대학을 졸업한) 샬롯 벨과 친분을 맺고 마침내 약혼을 하게 된 것에 기여를 했다고 생각합니다! 샬롯의 아버지(역자 주: 유진 벨 선교사)는 우리의 아주 친한 친구이며 동료였습니다. 그렇기 때문에 당신은 린튼 가족이 특별히 휴와 드와이트 가족(역자 주: 한국 선교사로 활동한 인돈의 셋째 아들 휴 린튼과 넷째 아들 드와이트 린튼)을 포함하여 우리의 가슴 속에서 얼마나 따뜻한 곳에 자리하고 있는지 아실 것입니다!

　당신이 데이브(Dave)와 떨어져 있어야만 하는 것을 안타깝게 여깁니다. 우리가 우리의 자녀들을 고국으로 떠나보냈을 때 우리가 가졌던 믿음을 당신이 똑같이 그에게 가질 것이라 생각합니다. 그 아이들 중에 어느 한 사람도 그들의 행동에 대하여 우리의 걱정을 끼친 적이 없었습니다.

　휴(Hugh)가 시간을 내어 캠프 지역에서 나에게 편지를 보냈습니다. 그가 어디든지 날아가 사무직을 잡았다고 하더라도 나는 감사하게 생각합니다.

rate, and if you can answer at once it will facilitate matters.

With affectionate regards from us both for you and yours,

Cordially,

J. Fairman Preston

P.S. If you have any specific questions with regard to Dr. Linton, do not hesitate to call on me.

한 가지 요청 사항이 있습니다. 애명(○○○ 딸)에게 장례식 비용에 보태려고 얼마를 보내려고 합니다. 그 아이에게 편지를 받았는데(내 생각에는 남편이 쓴 것 같습니다), 그들이 빚을 청산하는 데 필요한 금액을 알려왔습니다. 그런데 그 금액을 원화로 말하였습니다. 당신께서 요즘 환율이 얼마인지 나에게 알려주실 수 있을까요? 당신이 알려주신다면 이 문제를 용이하게 처리할 수 있을 것입니다.

당신을 향한 우리의 따뜻한 안부와 우리의 안부를 전하며,
친애하는 존 페어맨 프레스톤으로부터

추신: 린튼 박사와 관련한 구체적인 질문이 있으시다면, 주저 말고 찾아주세요.

Memories of William Alderman Linton

New York, N.Y.

Jan. 24, 1964

Dear Mrs. Linton,

Ever since your husband's Home-going, I've been wanting to write to you of what he meant to me. But as you know letters so often get pushed aside for a later day. A free week between semesters, the first in Biblical's history, will enable me, at last to fulfil my desire.

I've wanted you to know how much I admired your husband as a friend, a Christian and a dedicated missionary. He spoke to me more than once of the debt of gratitude he owed my father for the language help given him years ago in Korea. He has far more than repaid it in his kindness to me, the daughter, and in the new and challenging sphere of work he opened for me. As you well know it was because of his determination to do something for the language situations existing on the fields of the So. Pres. Ch. when he was Candidate secretary during Korea's war disturbed years. As a result, of his conferee with me, he opened up the beginnings of the work now being carried on each summer in Montreat. The trip I took to Congo and Brazil was a direct result of this. I'll always be grateful for that.

윌리엄 앨더만 린튼에 관한 기억

뉴욕 주, 뉴욕 시

1964년 1월 24일

친애하는 린튼 여사께,

당신의 남편이 고향으로 돌아가신 이래로, 그분이 나에게 어떤 분이셨는지 당신에게 편지를 쓰고자 했습니다. 그렇지만 당신도 아시듯이 편지들이 너무나 자주 나중으로 미루어졌습니다. 학기 사이의 자유로운 주간인 성서학의 역사 첫 주에 마침내 나의 바람을 이루고자 합니다.

내가 당신의 남편을 친구이자 그리스도인이자 헌신적인 선교사로서 얼마나 존경하는지 당신이 아셨으면 좋겠습니다. 그분은 나의 아버지(역자 주: 일본에서 활동하던 언어학자 Thomas F. Cummings로, 인돈은 선교사 초기에 그에게 한국어 발음하는 방법과 영어 교수법에 대한 큰 도움을 받은 바 있음)가 그에게 오래 전 한국에서 언어 습득에 큰 도움을 주신 것에 대하여 나에게 자주 감사를 표했습니다. 그는 딸이었던 나에게 친절을 베푸셔서 그 이상의 답례를 하셨고, 나를 위해 새롭게 도전하는 사역의 장을 열어주셨습니다. 당신께서도 잘 아시다시피, 이 일은 전쟁(역자 주: 일제 말기의 태평양전쟁)으로 한국에서 사역이 막혀 있는 동안 그분이 남장로회 선교사 지원자 담당 총무로 일하고 있을 때 선교회의 선교지에 상존하는 언어 교육의 문제를 해결하기 위해 무엇인가를 해야 한다는 결단 때문이었습니다. 그분은 나와

Of all the language work I've been enabled to do none has been more far reaching in its results and none has given me as great joy and satisfaction in its performance as has that at Montreat. It has always been a source of delight to me as well as a sacred trust which God has blessed abundantly both to individual missionaries and to the countries in which they are serving Him.

One more blessing from Montreat has been the many friends, in fact some of my dearest ones have come out of these summer classes. Besides, my interest in their fields of service and their work have enriched my life and enlarged my understanding and vision of missionary work and its problems and rewards.

In some ways I feel that more than any other person, except my father, Mr. Linton has influenced my life and work and enriched it. Many doors of opportunity have opened to me because of his faith in me and backing of me and my work. I am deeply grateful to him for it all.

I tried to express some of this feeling about Mr. Linton at the beginning of my address at the Consultation in Montreat a year ago last fall. I'll continue to feel deeply indebted to him and carry with me the memory and inspiration of a very gracious, helpful and kind friend and Christian whom God used in many ways to bless many people.

Your Mission letters are always read with real interest as well as those of your sons.

협의하신 후에, 몬트리트에서 현재 매해 여름마다 진행되고 있는 사역의 첫 시작을 여셨습니다. 내가 콩고와 브라질에 다녀온 여행은 이 일의 직접적인 결과였습니다. 나는 언제나 그것에 대하여 감사할 것입니다.

제가 지금까지 할 수 있었던 모든 언어 훈련 사역 가운데 몬트리트에서 했던 것보다 더 많은 결과를 얻은 것이 없었고, 그 실적에 대하여 더 큰 기쁨과 만족을 준 것이 없었습니다. 이 일은 언제나 내게 기쁨의 근원이었고, 개개인의 선교사들과 그들이 하나님께 봉사하는 나라들에게 하나님이 풍성하게 축복하신 거룩한 신탁이었습니다.

몬트리트에서 얻은 또 하나의 축복은 많은 친구를 만난 것입니다. 실제로 나의 가장 친한 친구들은 이곳의 여름 수업시간에서 사귀었습니다. 또한 그들의 선교 지역과 선교 사역에 대한 관심은 나의 삶을 풍성하게 하였고 선교 활동 및 그것의 문제점과 유익함에 대한 나의 이해도와 비전을 크게 확장시켰습니다.

어떤 면에서 나는 아버지를 제외하고는 누구보다 린튼 선생님이 나의 삶과 사역에 영향을 끼쳤고 풍성하게 해주셨다고 생각합니다. 그분의 나에 대한 믿음과 나와 나의 사역에 대한 지원으로 인하여 많은 기회의 문이 나에게 열렸습니다. 나는 이 모든 것에 대하여 그분에게 깊이 감사합니다.

나는 린튼 선생님에 대한 이러한 마음을 지난 해 가을 몬트리트에서 있었던 회의에서 연설을 시작하면서 표현하고자 했습니다. 나는 그분에게 크게 빚을 지고 있다고 계속 느낄 것이며, 하나님이 많은 사람을 축복하기 위해 여러 모양으로 사용하신 아주 상냥하고 유

May God continue to bless you all in the work in which He is using you.

Lovingly,

Esther Cummings

용하고 친절한 친구이자 그리스도인에 대한 기억과 영향을 간직할 것입니다.

당신의 선교 편지와 당신의 아드님들이 보낸 편지는 언제나 흥미진진하게 읽고 있습니다.

하나님이 여러분을 사용하시는 일들 속에서 여러분 모두를 언제나 축복하시기를 기원합니다.

사랑을 담아,
에스더 커밍스(Esther Cummings)

More Memories of William Alderman Linton

When Dr. William Linton of the Kore Mission was forced to return to the U.S. because of the war in Korea (World War II), he was appointed Candidate Secretary of the Board of World Mission. Speaking of this office to Miss Esther Cummings, Mr. Linton said "I made up my mind that if I did nothing else while in this position, I was going to do something to improve the language learning situations in our Mission fields."

In 1913 when Dr. Thomas F. Cummings was in Korea to help missionaries with their language problems, Mr. Linton came and took a week's work with him. Dr. Cummings was able to solve most of his problems and give him some suggestions on a new method of teaching English which he practiced on Korean school boys. "Many of these boys learned English so well that they were often asked in what part of the U.S. they had learned to speak it." Dr. Linton reported.

In the winter of 1943, he heard that although Dr. Cummings had died in 1942, his daughter, Esther, was continuing his work with linguistics. As a result of a conference between them, Dr. Linton decided to begin an experiment with a group in Portuguese.

Rev. and Mrs. Milton (Daugherty), missionaries in Brazil, both fluent speakers of Portuguese, were home on furlough. They were also both interested in the problem of language learning and how

윌리엄 앨더만 린튼에 대한 추가적인 기억

한국선교회의 윌리엄 린튼 박사가 한국에서 전쟁(2차 세계대전)이 일어나 강제로 미국으로 돌아오게 되었을 때 그분은 세계선교부의 선교사 지원자 담당 총무로 임명받았습니다(역자 주: 정확하게는 인돈은 해외선교부 총무를 돕는 역할로서 선교사 지원자 담당 업무를 맡았다. Assistant to Secretary로서 총무 보좌역이었다). 에스터 커밍스 양에게 그의 직무에 대하여 이야기하면서, 린튼은 "내가 이 직책에 있는 동안에 다른 할 일이 없다면 우리 선교회의 선교지에서 언어 훈련 상황을 개선하는 일을 하기로 결심하였다"라고 말하였습니다.

1913년에 토마스 F. 커밍스 박사가 한국에 와서 선교사들의 언어 학습 문제를 도왔을 때, 린튼도 와서 일주일 동안 그에게 교육을 받았습니다. 커밍스 박사는 그의 언어 문제 대부분을 해결해주었고, 그가 한국의 학생들에게 영어를 가르칠 때 연습하도록 새로운 교수 방법을 제안하였습니다. "이 학생들 중 많은 이가 영어를 잘 배워서 미국 어느 곳에서 영어를 배웠는가라고 종종 질문을 받았다"라고 린튼 박사가 보고했습니다.

1943년 겨울에 그는 커밍스 박사가 1942년에 돌아가셨지만 그분의 딸 에스더가 아버지의 언어 연구를 계속 이어가고 있다는 말을 들었습니다. 그들 간에 논의한 후에, 린튼 박사는 포르투갈어를 사용하는 사람들에게 시험을 해보기로 결정하였습니다.

밀튼(Milton Daugherty) 목사 부부는 브라질 선교사들인데, 이 둘은 포르투갈어에 능통하였고, 안식년으로 고국에 들어와 있었습니다. 그들은 또한 언어 학습의 문제와 신임 선교사들이 그 문제를 해

to help solve them for new missionaries.

In the early summer session, 1944, of the Biblical Seminary in New York, three appointees for Brazil, Dorothy Dell Downing, the Rev. and Mrs. Joseph Woody and the Daughertys were enrolled for special work in methods of language learning as applied to Portuguese in an intensive three week course.

At the close of the session Dr. Linton arranged a special demonstration of their Portuguese fluency before the Board of World Missions and selected missionaries from Brazil. A young Brazilian woman studying in the U.S. helped in putting on the demonstration. All present were so impressed with the results that Dr. Linton felt justified in carrying on the program. Two more groups were sent to Biblical to work on French, then in the summer of 1945, the first group of candidates met in Montreat, N.C. for language study in French.

In the following summer under Dr. Linton's direction the rest of the main languages used by the candidates of the Pres. Church, U.S. were added until Portuguese, French, Spanish, Korean, Japanese and Mandarin were taught each summer to the appointees going to their special areas. Later an orientation program of three weeks was added to become the Summer Institute of Montreat for Missionary Appointees. Hundreds of candidates have profited by their language training and owe a debt of gratitude to Dr. Linton for his vision and its execution.

결하도록 돕는 데 관심이 있었습니다.

1944년 뉴욕의 성서신학교의 초여름 수업 때, 브라질 지원자 세 사람과 도로시 델 다우닝(Dorothy Dell Downing), 조셉 우디(Joseph Woody) 목사 부부 그리고 도허티 부부가 3주간의 집중 수업으로 포르투갈어에 적용한 언어학습 방법을 위한 특별학습에 등록했습니다.

수업 마지막 시간에 린튼 박사는 세계선교부와 브라질 출신의 선별된 선교사들 앞에서 이들의 포르투갈어 실력을 보여주는 특별한 시연을 준비했습니다. 미국에서 공부한 젊은 브라질 여성이 시연을 도왔습니다. 참석한 모든 사람은 그 결과에 큰 감명을 받았고, 린튼 박사는 이 프로그램을 계속 수행하는 것이 옳다고 느꼈습니다. 또 다른 두 그룹의 사람들이 프랑스어 훈련을 위해 성서신학교로 위탁되었고, 이후 1945년 여름에 첫 번째 그룹의 지원자들이 프랑스어 언어 연수를 위해 노스캐롤라이나 몬트리트에 모였습니다.

그 다음해 여름에 린튼 박사의 지도 아래 남장로회 선교사 지원자들이 사용하는 주요 언어들 대부분이 추가되었고 포르투갈어, 프랑스어, 스페인어, 한국어, 일본어, 중국어(만다린)를 매해 여름마다 해당 지역으로 가는 선교사 임명을 받은 사람들에게 가르쳤습니다. 이후에 3주간의 오리엔테이션 프로그램이 추가되어 선교사 임명자들을 위한 몬트리트 여름학교(the Summer Institute of Montreat for Missionary Appointees)가 되었습니다. 수백 명의 지원자가 언어 훈련 과정을 통해 수혜를 얻었고, 린튼 박사의 비전과 이 기관의 운영에 대하여 감사의 빚을 졌습니다.

위의 내용이 정확하다면, 몬트리트에 있는 이 여름학교는 미국

If the information given is correct, this summer institute at Montreat became the pattern for the one developed at Meadville, Pa. by the N.C.C.

Esther Cummings

교회협의회(NCC)가 펜실베니아 주 미드빌(Meadville)에서 발전시킨 학교의 선례가 되었습니다.

에스더 커밍스

Memories of William Alderman Linton

Dear Charlotte,

I'm glad that Betty is going to write the life of Mr. Linton, and I hope she can get lots of information from records at the Board of World Mission. Perhaps the M.C. Dept. would have copies of some of Mr. Linton's letters that would help. Then too other places that would be a help might be "Annual Reports of World Mission Board", especially back numbers.

Perhaps it would be good if Betty could go to Nashville and look up all the records and information from there.

I wish I had "writing ability" to express all the nice things that I feel about Mr. Linton.

The Lintons were exceeding helpful to the "Single Ladies".

If we had problems we could go to the Lintons and they always had time to listen to us, and patience to see us overcome the trouble.

Another thing about the Lintons they always opened their house to those of us needing a home. In fact there was hardly ever a time they had the privilege of enjoying their home alone.

They were so helpful to my mother and sister when they came out to Korea to see me.

The Mission valued Mr. Linton's wisdom and understanding about knotty problems and always turned to him for advice.

버니스 그린(Burnice Greene)이 인사례에게 보낸 서신

윌리엄 앨더만 린튼에 관한 기억

친애하는 샬롯에게,

베티(역자 주: 인휴의 아내이자 인사례의 셋째 며느리 루이스 엘리자베스 린튼 Lois Elizabeth F. Linton)가 린튼 씨의 생애를 기술하려고 한다니 기쁩니다. 그녀가 세계선교부 기록에서 많은 정보를 얻을 수 있기를 바랍니다. 아마도 선교 편지 담당부서가 도움이 될 만한 린튼 씨의 편지들의 사본을 보관하고 있을 것입니다. 또한 도움이 될 만한 다른 곳은 아마도 '세계선교부 연례보고서' 중에서 특히 과월호일 것입니다.

베티가 내슈빌(역자 주: 당시 미국 남장로회 해외선교본부가 있던 지역)에 가서 그곳의 모든 기록과 정보를 찾아볼 수 있다면 좋겠습니다.

나에게 린튼 씨에 대하여 느꼈던 모든 좋은 일을 잘 표현할 수 있는 '글쓰는 능력'이 있었으면 좋겠습니다.

린튼 가족은 '독신 여성선교사들'에게 크게 도움을 주셨습니다.

문제가 생기면 우리는 린튼 가정을 찾아갔고, 그들은 언제나 시간을 할애하여 우리의 이야기를 들어주었고, 인내심을 가지고 우리가 어려움을 극복할 수 있도록 살펴주었습니다.

린튼 가정에 관해 언급할 또 한 가지는 그들은 언제나 가정이 필요한 우리에게 그들의 집 문을 열어주었다는 사실입니다. 사실 그들은 그들 가정만의 즐거운 시간을 보낼 특권을 가질 여유가 거의 없었습니다.

그들은 나의 어머니와 여동생이 나를 만나러 한국에 왔을 때 극

He was in a way a "go between" in representing the Mission with the Korean government.

I feel very grateful in having had a friend like Mr. Linton (that goes for Mr. and Mrs. Linton).

I hope Betty can get the help she needs in writing the life of Mr. Linton. Charlotte, I hope you are keeping and enjoying living at Presbyterian Home.

Miss Willie Burnice Greene
230 Howard Street, N.E.
Atlanta, Georgia 30317

진히 도와주었습니다.

선교회는 복잡한 문제들에 대한 린튼 씨의 지혜와 이해도를 높이 평가했고, 언제나 그에게 조언을 구하였습니다.

그는 어떤 면에서는 선교회를 대표하여 한국 정부와 상대하는 '매개자'였습니다.

나는 린튼 씨(린튼과 린튼 여사 모두 해당합니다)와 같은 친구를 갖게 된 것을 매우 감사하게 생각합니다.

나는 베티가 린튼 씨의 생애를 기술하는 데 필요한 도움을 받을 수 있기를 바랍니다.

샬롯, 당신이 장로교 안식관에서 계속 지내시면서 즐겁게 생활하기를 바랍니다.

월리 버니스 그린(Willie Burnice Greene)

230 Howard Street, N.E.

Atlanta, Georgia 30317

Memories of William Alderman Linton

On the boat sailing from San Francisco for Korea, Aug. 23, 1912, I first met Mr. Linton, a young man of 21. I was impressed with his devotion to Christ in one so young — that devotion which was shown continuously throughout his life.

He added much to the goodly fellowship on the boat and to the spiritual discernment which he showed in our conversations.

My remembrance of him throughout the years has been his out-standing cheerfulness as he looked upon life and his ability to smooth out difficulties, both with the Koreans and in Mission meetings. As I remember him at those times he kept that ready smile, which was characteristic of him.

No situation ever seemed to depress him, because of his deep faith, and love for the people with whom he worked, Koreans and contemporaries.

One of the times, and I think the last one when I saw him, was when he presided at a Mission meeting in a home (Charlotte, you may be able to tell where this was. It was not the last meeting we had in Chunju, but it seems to me it was a call meeting at your house or the one where we met in Kobe as refugees in 1950). If it was at your house I remember you serving coffee. There were some knotty problems to solve, but 1 remember his graciousness and tact in presiding.

도마리아(Mary L. Dodson)가 인사례에게 보낸 서신

윌리엄 앨더만 린튼에 관한 기억

1912년 8월 23일에 샌프란시스코에서 한국으로 가는 배에서 나는 처음으로 21살의 젊은 린튼 씨를 만났습니다. 아주 젊은 청년으로서 그리스도를 향한 그의 헌신에 나는 감명을 받았습니다. 그런데 그 헌신은 그의 생애 동안 계속하여 나타났습니다.

그는 항해 중에 나눈 좋은 동료애와 우리의 대화중에 그가 보여주었던 영적인 분별력을 크게 발전시켰습니다.

오랜 시간 동안 그를 지켜보면서 내가 기억하는 것은 삶을 바라보는 그의 뛰어난 쾌활함과 한국인들과 관계할 때나 선교회 회의에서 겪는 어려움들을 부드럽게 풀어가는 그의 능력이었습니다. 그 시절에 내가 기억하는 한 그는 미소를 머금었고 그것이 그의 특징이었습니다.

그 어떤 상황에서도 그는 낙담하지 않는 것 같았고, 그것은 그의 깊은 믿음과 함께 일하는 사람들, 곧 한국인들과 동기들에 대한 사랑 때문이었습니다.

그런 경우의 하나가, 내 생각에는 그를 마지막으로 본 때, 그가 어느 집에서 선교회 회의를 주재하고 있을 때였습니다(샬롯, 아마도 당신이 그곳이 어딘지 아실 수 있겠죠. 우리가 전주에서 가졌던 그 마지막 회의는 아니었지만, 내 생각에는 그때가 당신 집에서 열린 회의였거나 아니면 1950년에 피난 갔을 때 고베에서 모인 회의였던 것 같습니다). 회의가 당신 집에서 열렸다면, 내 기억으로는 당신이 커피를 대접하였던 것 같습니다. 풀어야 할 여러 가지 복잡

He was one of the best linguists Korea has ever had among the missionaries.

His going was a great loss to the Korea Mission, to the Korean church and to our new college, but God calls home His workers when their work is completed. But His work and the influence of the worker goes on.

I consider it a privilege to have known, him and worked in the same Mission with him.

Mary L. Dodson

하게 얽힌 문제가 있었는데 나는 그가 회의를 주재하면서 보여준 그의 상냥함과 재치가 떠오릅니다.

그는 한국의 선교사들 가운데서 단연 최고의 언어학자 중 한 명이었습니다.

그의 죽음은 한국선교회와 한국교회와 우리의 새로운 대학(역자 주: 한남대학교의 전신인 대전대학)으로서는 커다란 손실이었습니다. 그러나 하나님은 그들의 사명을 마쳤을 때 그의 일꾼들을 집으로 부르십니다. 그러나 그분의 사역과 일꾼의 영향은 계속됩니다.

그를 알고 그와 함께 같은 선교회에서 일한 것이 나에게 특권이었다고 생각합니다.

메리 L. 도슨(역자 주: 도마리아)

THE REV. WILLIAM ALDERMAN LINTON, D. Ed.
(1891~1960)

By ELMER T. BOYER

William Alderman Linton was born February 8, 1891, and spent his early years at Thomasville, Georgia. He was graduated from Georgia Institute of Technology in June, 1912, was appointed a missionary to Korea in that same year, and was sent to Korea that fall. He served as an educational missionary for 48 years, first at Kunsan, then at Chunju. The last few years he lived at Taejon where he lead in the establishment of Taejon Presbyterian College and became its first president.

In 1922, he married Charlotte Bell, a daughter of the late Eugene Bell, missionary at Kwangju, Korea, for many years. In 1931, Dr. Linton received a master's degree in education at New York City's Columbia University. To further his usefulness as a missionary, he attended Columbia Theological Seminary, Decatur, Georgia, where he was graduated in 1930 with a bachelor of divinity degree. In 1957, he received a doctor of education degree from Belhaven College, Jackson, Mississippi.

Dr. Linton was not only an able educator who influenced thousands of young men, preparing them for the new day in Korea, but also he was a faithful presbyter, attending meetings of presbytery

윌리엄 앨더만 린튼 목사, D. Ed.
(1891~1960)[*]

엘머 T. 보이어(Elmer T. Boyer)

윌리엄 앨더만 린튼(William Alderman Linton)은 1891년 2월 8일에 조지아 주 토마스빌(Thomasville)에서 출생하여 그의 유년기를 보냈다. 그는 1912년 6월에 조지아 공대를 졸업하였고, 같은 해에 한국 선교사로 임명받았다. 그리고 그해 가을에 한국에 파송되었다. 그는 교육선교사로 군산과 이후 전주에서 48년을 봉사하였다. 마지막 몇 해는 대전에서 살면서 대전장로회대학의 설립을 이끌었고, 초대 총장이 되었다.

1922년에 그는 한국 광주에서 오랫동안 활동한 고(故) 유진 벨(Eugene Bell) 선교사의 딸 샬롯 벨(Charlotte Bell)과 결혼하였다. 1931년에 린튼 박사는 뉴욕 시의 컬럼비아 대학교에서 교육학 전공으로 석사 학위를 받았다. 선교사로서 더욱 유용하게 일하기 위해서 그는 조지아 주 디케이터(Decatur)의 컬럼비아 신학교에서 공부하였고, 1930년에 신학사(B.D.) 학위를 받으며 졸업하였다. 1957년에는 미시시피 주 잭슨(Jackson)에 있는 벨헤이븐 대학으로부터 박사학위를 받았다.

린튼 박사는 수천 명의 젊은이에게 영향을 끼친 유능한 교육가로 그들이 한국의 새로운 날을 준비하도록 했을 뿐만 아니라, 신실

---

[*] 이 추모의 글은 인돈이 소천한 후 미국 남장로회 한국선교회를 대표하여 보이열 선교사가 작성하였다.

and general assembly where his advice and counsel were sought by many. Koreans trusted his judgment. They confided in him often, and he was very careful never to betray a confidence. He did not talk much, unless he had something to say of help and value. He served on many importance committees of presbytery, general assembly and the mission.

As a diplomat, Dr. Linton dealt wisely with Japanese officials for many years and with Korean officials since the "liberation." These officials greatly appreciated his ability as an educator and his long years of service in behalf of the young people of his beloved Korea.

An evangelist, Dr. Linton visited many weak churches over weekends, where he was always welcome as preacher, teacher and friend.

Also, he was a linguist. The Koreans understood him well, and the new missionaries were helped by his teaching and advice in learning the Korean language.

He enjoyed hunting, hiking, and camping. He had a keen sense of humor and a winning personality. Children, as well as adults, loved him. He held a very high standard of Children ethics. He was a wise father, a devoted husband, a true friend and a most capable missionary.

In the passing of Dr. Linton, Korea has lost a valuable friend, the Korea Mission a most useful missionary, and we have lost a good

한 장로로 노회와 총회에 참석하면서 많은 이가 그의 조언과 상담을 받았다. 한국인들은 그의 판단을 신뢰하였다. 그들은 곧잘 그를 신뢰하였고 그는 매우 신중한 사람이었기 때문에 결코 그들의 신뢰를 저버리지 않았다. 그는 도움이 되거나 가치 있는 말이 아니면 말을 많이 하지 않았다. 그는 노회와 총회와 선교회의 중요한 많은 위원회에서 봉사하였다.

외교에 능한 사람으로서 린튼 박사는 여러 해 동안 일본 관료들을 지혜롭게 응대하였고, '해방' 이후에는 한국 관료들과 상대하였다. 한국의 관료들은 교육가로서 그의 능력과 그가 사랑한 한국의 젊은이들을 위해 오랫동안 봉사해온 헌신에 대하여 깊이 감사했다.

복음전도자로서 린튼 박사는 주말마다 미약한 교회들을 많이 방문하였고, 설교자와 교사와 친구로서 언제나 환영을 받았다.

또한 그는 언어학자였다. 한국인들은 그의 말을 잘 이해하였고, 신임 선교사들은 한국어를 배우면서 그의 가르침과 조언을 통해 도움을 받았다.

그는 사냥과 하이킹과 캠핑을 즐겼다. 그는 탁월한 유머 감각이 있었고, 매력적인 사람이었다. 어른뿐만 아니라 아이들도 그를 사랑했다. 그는 아주 높은 기독교 윤리의 기준을 지니고 있었다. 그는 지혜로운 아버지였고, 헌신적인 남편이었으며, 진실한 친구요 매우 유능한 선교사였다.

린튼 박사가 돌아가심으로 인하여 한국은 훌륭한 친구를 잃었고, 한국선교회는 가장 유능한 선교사를 잃었으며, 우리는 좋은 친구요 지도자를 잃었다.

린튼 박사는 1960년 8월 13일에 테네시 주 녹스빌(Knoxville)에

friend and advisor.

Dr. Linton was called to his reward August 13, 1960, at Knoxville, Tennessee. He leaves his beloved wife, Charlotte Bell Linton, four sons, William, Eugene, Hugh and Dwight (Hugh and Dwight are missionaries to Korea), 18 grandchildren and a host of friends who mourn his passing.

Characteristic of his life, his service and his hope for the future is this passage of scripture:

I have fought a good fight, I have finished my course, I have kept the faith. Henceforth there is laid up for me a crown of righteousness, which the Lord, the righteous judge will award to me on that day, and not to me only, but also unto all who have loved his appearing II Timothy 4:7-8.

서 부름을 받아 그의 상급을 받았다. 그는 사랑하는 아내 샬롯 벨 린튼(Charlotte Bell Linton)과 네 아들, 윌리엄, 유진, 휴, 드와이트(휴와 드와이트는 한국 선교사이다) 그리고 18명의 손주와 그의 소천을 슬퍼하는 수많은 친구를 남기고 갔다.

그의 삶과 그가 행한 봉사와 그가 지닌 장래에 대한 소망을 잘 표현해주는 성경 구절은 다음과 같다:

"나는 선한 싸움을 다 싸우고, 달려갈 길을 마치고, 믿음을 지켰습니다. 이제는 나를 위하여 의의 면류관이 마련되어 있으므로, 의로운 재판장이신 주님께서 그 날에 그것을 나에게 주실 것이며, 나에게만이 아니라 주님께서 나타나시기를 사모하는 모든 사람에게도 주실 것입니다"(디모데후서 4:7-8).